Christoph Ernst Luthardt

Die modernen Weltanschauungen und ihre praktischen Konsequenzen

Christoph Ernst Luthardt

Die modernen Weltanschauungen und ihre praktischen Konsequenzen

ISBN/EAN: 9783743302440

Hergestellt in Europa, USA, Kanada, Australien, Japan

Cover: Foto ©ninafisch / pixelio.de

Manufactured and distributed by brebook publishing software
(www.brebook.com)

Christoph Ernst Luthardt

Die modernen Weltanschauungen und ihre praktischen Konsequenzen

Apologetische Vorträge

über die

Grundwahrheiten des Christenthums

im Winter 1864 zu Leipzig gehalten

von

D. Chr. Ernst Luthardt.

Elfte verbesserte Auflage.

Leipzig,
Dörffling und Franke.
1889.

Vorwort

zur erſten Auflage.

Wir leben in einem apologetiſchen Zeitalter. Zwei Welt=
anſchauungen ſtehen einander gegenüber und ſind im Kampfe
mit einander begriffen um die Herrſchaft über den modernen
Geiſt. Es iſt die Aufgabe der Vertreter der chriſtlichen Welt=
anſchauung, dieſe als die allein befriedigende Löſung des
Problems des geſammten Daſeins, des Menſchenlebens und
ſeiner Räthſel, des Menſchenherzens und ſeiner Fragen, vor
dem modernen Denken und mit den Mitteln der modernen
Geiſtesbildung nachzuweiſen; damit man erkenne, daß das
Chriſtenthum die allezeit junge und ſtets neue, für alle Zeiten
und Kulturzuſtände gleich angemeſſene und befriedigende Wahr=
heit, weil die univerſelle Wahrheit iſt. Ein ähnlicher war der
Gedanke Paskal's in ſeinen Pensées. Was er mit großen Strichen
entworfen und unvollendet gelaſſen, das haben wir Späteren aus=
zuführen mit den Mitteln und nach den Bedürfniſſen unſerer
Zeit. Man wird leicht erkennen, daß die folgenden Vorträge
aus den Pensées Paskal's herausgewachſen ſind.

Beruf wie Neigung haben mich bereits ſeit langem zur Be=
ſchäftigung mit den apologetiſchen Fragen geführt; bei meiner
Lektüre wie meinen Studien habe ich dieſen Geſichtspunkt nie
aus den Augen verloren. Akademiſche Vorleſungen, die ich über

jene Fragen hielt, gaben die Veranlassung zu öffentlichen Vor=
trägen für einen weiteren Zuhörerkreis, welche eine unerwartete
Theilnahme fanden und die Aufforderung und Verpflichtung
der Veröffentlichung durch den Druck zur Folge hatten. Die
Abendstunden, welche jenen Vorträgen gewidmet waren, werden
mir eine stets theure Erinnerung bleiben. Die Vorträge folgen
hier fast ebenso wie sie gehalten wurden. Nur konnte ich sie
hier, da die Beschränkung des Zeitmaßes wegfiel, theils mehr
nach dem Stoff von einander abgrenzen, theils auch hie und
da erweitern. In den Anmerkungen am Schlusse fügte ich Er=
läuterungen und literarische Nachweise hinzu, welche theilweise
für einen engeren Leserkreis berechnet, sowohl das Gesagte recht=
fertigen oder erklären, als auch zu eigener weiterer Erwägung
behülflich sein sollen.

Es ist nicht die Aufgabe solcher Vorträge, bloß eigene Ge=
danken zu geben. Nicht sowohl neue wissenschaftliche Forschungen
sollen sie bieten, als vielmehr Verwerthung des Vorhandenen.
Die Anmerkungen werden erkennen lassen, welchen Schriftstellern
ich am meisten verdanke. Die Einheit des Ganzen liegt in dem
Grundgedanken der es beherrscht, und dieser Grundgedanke ist
der Gedanke meines Lebens. So vielfach ich den Stoff Anderen
entnommen — in der Sache selbst gebe ich ein Stück, vielleicht
das Beste meines Eigensten; denn persönliche Organe der Wahr=
heit will Gott haben.

So sei denn Ihm das Wort auch in dieser Gestalt befohlen!
Sein Segen begleite es auf dem Gange den es anzutreten im
Begriffe steht, auf welchem es die alten Freunde der christlichen
Wahrheit grüßen und neue gewinnen möge.

Leipzig, den 25. April 1864.

Zur zweiten und dritten Auflage.

Kaum war das Buch ausgegeben, als die Nothwendigkeit einer zweiten Auflage sich herausstellte. Die Zeit war zu kurz als daß ich wesentliche Veränderungen oder Verbesserungen hätte anbringen können: ich begnügte mich nur die Druckfehler und ähnliche Kleinigkeiten zu korrigiren. So möge denn das Buch in seiner ersten Gestalt, in welcher es sich so rasch Freunde gewonnen, begleitet von dem Segen Gottes, von Neuem seinen Gang antreten!

Leipzig, den 28. Mai u. 13. Oktober 1864.

Zur vierten Auflage.

Die überaus freundliche Aufnahme, welche meine „Apologeti= schen Vorträge" in weiten Kreisen, auch über die Grenzen Deutschlands hinaus gefunden haben — sie sind meines Wissens bereits in fünf fremde Sprachen übersetzt worden —, legte mir die Pflicht auf, die neue Auflage genau durchzusehen und wo es nöthig war zu verbessern. Die Anordnung des Buches selbst ist dieselbe geblieben: sie ist das nothwendige Ergebniß des Grundgedankens. Aber im Einzelnen habe ich ziemlich viel gebessert und gemehrt. Besonders erfuhr der Abschnitt über den Menschen eine Erweiterung, welche durch die gegenwärtigen Verhandlungen gefordert erschien, und die Darstellung des Heiden= thums glaubte ich umarbeiten zu sollen, da sie in der ersten Gestalt zu wenig genügend war.

Wie lange der Kampf in dem wir stehen noch währen und welches sein Ausgang sein wird, vermag Niemand zu sagen.

Aber daß er für die Zukunft unseres Volkes von entscheidender
Bedeutung ist, das ist gewiß. Für die Wahrheit selbst die wir
vertreten braucht uns nicht bange zu sein, und auch an
Freunden wird es ihr nie fehlen auf Erden. Aber ob sich das
öffentliche Leben der Nationen auch ferner unter die Ein=
wirkung jener Wahrheit stellen werde, das ist damit nicht ohne
Weiteres gewiß. Thun wir wenigstens unsere Schuldigkeit und
erfüllen unsere Pflicht gegen unser Geschlecht und unser Volk!
Ich bin gewiß, daß bei Vielen der Kampf der Gegenwart die
Frucht der Erkenntniß tragen wird, daß es das Christenthum
ist welches das Denken und Leben der Menschen und Völker
von seiner Unwahrheit befreit und zur Wahrheit erhebt. Und
ich darf wohl auch hoffen, daß Gott auch fernerhin meinem
Büchlein schenken werde, noch manchen Suchenden zur Ge=
winnung dieser Erkenntniß einen Dienst leisten zu dürfen. So
sei es denn von Neuem Ihm befohlen!

Leipzig, den 2. Oktober 1865.

Zur fünften Auflage.

Mit Dank gegen Gott lasse ich das Buch zum fünften Male
hinausgehen. Dießmal als ersten Theil einer Apologie des
Christenthums. Denn ich hoffe noch im Laufe dieses Jahres
den schon lange gehegten Vorsatz ausführen zu können, auf
diese Vorträge über die Grundwahrheiten des Christenthums
eine zweite Reihe folgen zu lassen, welche die eigentlichen Heils=
wahrheiten desselben behandeln soll, wie sie sich um Sünde und
Gnade herum gruppiren. — —

Mögen diese Vorträge denn auch ferner dazu dienen, Fragende zu bescheiden, Irrende zurechtzuweisen, Glaubende zu stärken!

Leipzig, den 16. Januar 1867.

Zur sechsten Auflage.

Unmittelbar nachdem der 2. Theil dieser Vorträge, welcher die Heilswahrheiten des Christenthums behandelt, in zwei rasch auf einander folgenden Auflagen erschienen war, wurde eine neue Auflage des 1. Theils nöthig. Dieß ist mir ein Zeichen, daß Gott meine Arbeit noch brauchen kann im Dienst seines Reiches. Im Leid des Lebens, wie es keinem Menschen er= spart bleibt, ist auch dieß ein Trost, mit dem uns die ewige Gnade tröstet, daß wir Gott dienen dürfen mit dem Werk unsrer Hände. So möge denn Gott dieß Buch auch ferner in seinem Dienst gebrauchen, so lange es ihm gefällt.

Leipzig, den 16. März 1868.

Zur siebenten Auflage.

Die apologetische Literatur hat inzwischen durch Delitzsch' System der christl. Apologetik 1869 eine Bereicherung erfahren, welche alle Freunde der christlichen Wahrheit dem theuren Ver= fasser zu größtem Danke verpflichtet. So verführerisch es war, dieß Werk für mein Buch zu verwerthen, so glaubte ich doch an diesem nichts mehr ändern und mich nur auf etliche Nach= träge in den Anmerkungen beschränken zu sollen.

Leipzig, den 1. November 1869.

Zur achten Auflage.

Es waren vorwiegend die naturwissenschaftlichen Partien, welche einer erneuten Durchsicht und verschiedener Nachträge bedurften, die ich zumeist der Güte eines befreundeten Natur= forschers verdanke. Im Uebrigen ist diese Auflage im Wesent= lichen unverändert geblieben. Unter den verschiedenen Ueber= setzungen war mir besonders die von Dr. Myriantheus in Jerusalem veröffentlichte, in der Druckerei des heil. Grabes gedruckte griechische Uebersetzung (1869), deren Subskribenten= verzeichniß so ziemlich die ganze Hierarchie der griechischen Kirche aufzeigt, eine große Freude. So thue denn dieß Buch das Werk das ihm beschieden ist auch in fremden Zungen!

Leipzig, den 17. Mai 1873.

Zur neunten und zehnten Auflage.

Auch dießmal wieder sind es besonders die naturwissen= schaftlichen Partien, welche von kundiger Hand durchgesehen, korrigirt und ergänzt wurden. Bei dieser Gelegenheit will ich nicht unterlassen auf Prof. Zöckler's umfassendes und gelehrtes Werk über die „Geschichte der Beziehungen zwischen Theologie und Naturwissenschaft" (Gütersloh, Bertelsmann 1877) nach= drücklich aufmerksam zu machen, in welchem ein überaus reicher Stoff in lichtvollster und belehrendster Weise behandelt ist. Zu den zahlreichen Uebersetzungen meiner Vorträge ist die italienische des Waldenser Professor Comba in Florenz (Dieci lezioni sopra le verità fondamentali del cristianismo etc. 1876. Firence etc.) hinzugekommen, welche im Unterricht der Waldenser theologischen

Anstalt benutzt wird. Es ist mir dieß eine besondere Freude und ich darf es wohl als Unterpfand nehmen, daß mein Buch seinen Weg noch nicht vollendet hat.

Leipzig, den 14. Oktober 1878 u. 15. Juli 1883.

Zur elften Auflage.

Fünfundzwanzig Jahre sind vergangen, seit ich diese Vor= träge gehalten und zum ersten mal veröffentlicht habe. Nur zu freudigem Dank gegen Gott kann es mich bewegen, zu sehen, daß ihre Zeit noch nicht abgelaufen ist, sondern sie noch ferner ihren Dienst thun sollen.

Die apologetische Thätigkeit ist so alt als die Kirche und sie wird dauern bis zum Ende derselben. Denn stets wird es nöthig sein, sowohl Rechenschaft zu geben von dem guten Grunde unsres Glaubens als auch den wankenden Glauben zu stärken und ihm zu zeigen, daß er nicht nöthig habe an sich selbst irre zu werden. Die letzte Entscheidung ist immer eine sittliche; sie liegt im Willen, nicht im Verstande; in der Gewissensüber= führung und der Willensbestimmung, nicht in der Verstandes= überführung und der intellektuellen Nöthigung. Wenn man diese Vorträge neuerdings hie und da in anderem Sinne ver= standen hat, so sind sie selbst an diesem Mißverstand und dieser Mißdeutung unschuldig; denn deutlich genug und wieder= holt sprechen sie sich hierüber aus und auch ihre ganze Haltung bezeugt das. Daraus aber folgt nicht, daß die göttliche Wahr= heit sich nicht auch vor unsrer Erkenntniß rechtfertige als die Lösung der Widersprüche des Daseins, die uns bedrücken, wenn sich die Erkenntniß nur den Weg führen lassen will den sie zu gehen hat. Wenn Lessing einmal es als ein würdiges Thun bezeichnet, auch nur den Staub von den Stufen zu kehren, welche zum Heiligthum führen: warum soll es nicht auch ein richtiges und würdiges Thun sein, die Steine aus dem Wege zu räumen, die man selbst oder andere ohne Noth dem Glauben vor die Füße werfen und ihm damit den Weg zum Heiligthum zu versperren drohen? Ob er den Weg wirklich geht, das bleibt dann immer noch Sache des eigenen Willens, dessen Entschluß ihm weder erspart noch von Menschen abgenöthigt werden kann. Genug wenn man ihm zeigt, daß er durch jene vermeintlichen Hindernisse sich nicht abhalten zu lassen braucht. Diesen Dienst sollten meine Vorträge leisten, und ich darf mit Freuden sagen, haben sie gar Manchem geleistet. So mögen sie denn ferner ihren Beruf erfüllen, bis sie durch etwas Vollkommeneres abgelöst werden!

Leipzig, den 10. August 1889.

Luthardt.

Inhaltsverzeichniß.

Erster Vortrag.

Zweiter Vortrag.

Dritter Vortrag.

Vierter Vortrag.

Die Weltschöpfung. S. 59–88.

Fünfter Vortrag.

Der Mensch. S. 89—120.

Sechster Vortrag.

Die Religion. S. 121—143.

Erster Vortrag.

Der Gegensatz der Weltanschauungen in seiner geschichtlichen Entwicklung.

Die Vorträge welche ich vor Ihnen zu halten im Begriff stehe, verehrte Anwesende, haben die Aufgabe, die allgemeinen Grundwahrheiten des Christenthums Ihnen darzulegen und sie dem modernen Denken gegenüber zu rechtfertigen. Der christlichen Weltanschauung steht gegenwärtig eine nichtchristliche entgegen, und immer mehr droht sich eine Scheidung der gesammten Richtung der Gedanken in der modernen Welt zu vollziehen, welche ein Bruch mit der Geschichte und darum verhängnißvoll für die Zukunft wäre. In solchen Zeiten ist es die Pflicht Aller, welche die christliche Wahrheit vertreten und welche wissen was unser Volk ihr verdankt und an ihr besitzt, das Ihre zu thun, um den Zusammenhang des geistigen Lebens zu wahren.

Zwar ist der christliche Geist in der Gegenwart von einer Klarheit und Stärke wie nur selten vordem. Man darf nur den Ernst der theologischen Arbeit betrachten, oder die Predigten der Gegenwart mit denen der Vergangenheit, oder die große Rührigkeit auf dem praktischen Gebiete und die opfervollen Arbeiten der äußern und innern Mission mit den früheren Zeiten vergleichen, um zu erkennen, daß der christliche Geist eine Macht ist. Aber der nichtchristliche Geist ist auch eine Macht wie nie zuvor. Wir haben zwar früher bereits Zeiten der schärfsten Verneinung des Christenthums gehabt. Voltaire beherrschte die Bildung seiner Zeit. Er konnte hoffen, daß es in wenigen Jahrzehnten mit dem Christenthum aus sein werde. Solche Hoffnungen kann jetzt kein Verständiger

hegen. Und doch ist der nichtchristliche Geist jetzt eine größere
Macht als damals. Aus zwei Gründen. Damals bildete die
Macht der kirchlichen Sitte noch einen Damm gegen die Geister
der Verneinung und rettete das Christenthum durch die Zeiten
des Unglaubens hindurch. Aber vor dem Strom der neuen
Zeit brechen diese Dämme der festen Formen der Ueberlieferung
immer mehr zusammen. Sodann waren die Angriffe früher
mehr sprunghaft, jetzt sind sie systematisch. Der französische
Geist hat etwas Stürmisches und Tumultuarisches, aber er ist
nicht so gefährlich als der deutsche. Wenn ein Renan ein
Leben Jesu schreibt — es ist geistreich, pikant, in Aller Händen;
aber es ist ein Roman. Es ist ein interessanter Roman. Der
Roman ist der Liebling unsrer Zeit; und was kann interessanter
sein als ein Roman, dessen Held Jesus Christus ist, ein liebens=
würdiger Revolutionär, ein idealischer Schwärmer und Fana=
tiker, umgeben von Frauen die seine Person mehr lieben als
sein Werk, von Anhängern die ihm die Rolle eines Wunder=
thäters aufnöthigen u. s. w.? Aber was gilt es? — in wenigen
Jahren ist das Buch vergessen, während das schwere Geschütz,
welches vor mehr als dreißig Jahren David Strauß und die
Genossen seiner Richtung seitdem gegen den Glauben der Kirche
aufgefahren, im Lager der Gläubigen viel größere Verwirrung
angerichtet hat als jene französischen Plänkler. Seit jenen An=
griffen des französischen Geistes in den Tagen Voltaire's hat
die Verneinung des Christenthums eine Schule durchgemacht,
die philosophische Schule des deutschen Geistes, und ist zu einem
System zusammenhängender Weltanschauung geworden, welches
sich an die Stelle des Christenthums zu setzen den ernsthaften
Versuch macht. Und nachdem sie das philosophische Gewand
abgestreift, ist diese Weltanschauung in die allgemeine Denk=
weise der Zeit übergegangen, nicht bloß der Gebildeten, sondern,
wenn auch in etwas massiver und roher Gestalt, bis hinunter
in die Arbeiterklassen, mit anderen Richtungen der Zeit sich
verbindend.

Es ist Pflicht eines Jeden, sich über die großen Gegensätze

klar zu werden, um seine Stellung zu denselben mit Bewußt=
sein zu nehmen. Nichts ist unwürdiger· als mit Unwissenheit
abzuurtheilen. Und doch ist auf religiösem Gebiete ·nichts
häufiger. Sonst gilt überall, daß man die Akten eines Pro=
zesses kennen müsse, um ein Urtheil darüber abgeben· zu
können. Man hat dem Christenthum den Prozeß gemacht,
man spricht das Urtheil; aber wie viele von denen, welche
mit dem Urtheil so schnell bei der Hand sind, kennen die Akten?
Die Bibel. und die Lehrschriften der Kirche sind die Haupt=
aktenstücke. Die religiöse Frage ist von allen Fragen die eine
Zeit bewegen doch immer die tiefste und die uns am nächsten
berührt. Es ist nicht richtig, in einer solchen Frage auf bloße
Autorität hin zu urtheilen und seine Stellung sich durch Andere
anweisen zu lassen. Und es ist nicht recht, gleichgiltig zu
bleiben. In keiner Frage ist Gleichgiltigkeit so wenig ver=
stattet und eines Mannes so wenig würdig als in der Frage
der großen religiösen Gegensätze. Nirgends aber ist es auch
so wenig möglich, über den Parteien stehen· und in der Mitte
bleiben zu wollen. Denn es handelt sich hier um ausschließende
Gegensätze. Sonst mag es oftmals das Richtige sein die Wahr=
heit in· der Mitte zu suchen; hier gilt nur Entweder — Oder.
Der Eine sagt: es gibt einen Gott, der Andere sagt: es gibt
keinen Gott; will nun der Dritte sagen: die Wahrheit liegt
in der Mitte —? Größere Gegensätze gibt es nicht als die
der christlichen und der nichtchristlichen Weltanschauung. Goethe
sagt einmal in seinem westöstlichen Divan — und dieses Wort
ist seitdem oft wiederholt worden —: das eigentliche,· einzige
und tiefste Thema der Welt= und Menschengeschichte, dem alle
übrigen untergeordnet sind, bleibt der Konflikt des Unglaubens
und Glaubens.[1] Es sind ganz verschiedenartige Prinzipien
welche die. gesammte Anschauung bestimmen. ·Der Einzelne
muß ein bestimmtes Verhältniß zu einem von beiden ein=
nehmen. Das Prinzip aber, zu welchem er sich bekennt, ·ist
entscheidend für den ganzen Menschen und sein ganzes Leben.
„Es liegt Alles daran, in welchem Prinzip ein Mensch steht:

denn nach diesem bildet sich sein ganzes theoretisches wie prak=
tisches Verhalten."² Vergegenwärtigen wir uns denn den großen
Gegensatz in seiner geschichtlichen Entwicklung, um uns zum
Bewußtsein zu bringen, um welche Frage es sich eigentlich handle
in dem großen Kampfe der Geister, in welchem wir gegen=
wärtig stehen und bei welchem wir Alle mit betheiligt sind!

Als das Christenthum in die Welt eintrat, ist es als eine
neue Weltanschauung in dieselbe eingetreten. Zunächst
zwar war es die Predigt vom Kreuze, das Wort von der Ver=
söhnung, das Evangelium von der Gnade Gottes in Christo
Jesu, die Lehre von Buße und Glaube als dem Wege zum
Heil des Menschen und zur ewigen Seligkeit; das Christenthum
ist zunächst Heilslehre. Aber dieser Heilslehre liegt eine um=
fassende Weltanschauung zu Grunde, und diese Weltanschauung
war eine völlig neue.

Sie hatte Vorbereitungen, sie hatte Anknüpfungen in der
bisherigen Entwicklung des Geistes, in der Philosophie, noch
mehr im unmittelbaren Wahrheitssinne der Menschen und in
ihrem Gewissen; aber ihrem Wesen nach war sie doch etwas
schlechthin Neues.

Schon die allerersten Fundamentalsätze von der Einheit
Gottes und der Einheit des Menschengeschlechts mußten eine
vollständige Revolution der Geister herbeiführen. Denn das
war eine ganz neue Denkweise. Wie so anders mußte man
die Welt ansehen, wenn man sie nun als das Werk eines
Schöpfers, als die freie Liebesthat des Vaters erkannte, der
alle Dinge trägt und regiert mit der Macht seiner Weisheit
und Liebe, dem auch das Fernste nicht zu fern und das Kleinste
nicht zu klein ist, der nicht bloß einzelne Lieblinge unter den
Menschen hat, sondern dem sie alle gleicherweise am Herzen
liegen, der nicht bloß für ihr äußeres Leben bis in's Einzelne
sorgt, sondern der vor Allem das Heil ihrer Seele sucht und
die Liebe ihres Herzens begehrt. Das waren lauter neue Ge=
danken, von denen die alte Welt nichts wußte. Und daß in

den Adern aller Menschen Ein Blut fließe, daß sie Alle Brüder
seien und von einem Bande der Liebe umfaßt sein sollen, daß
der Fremde kein Feind sondern unser Nächster sei, daß wir
nicht das Unsere sondern das des Andern ist suchen sollen,
daß unser Leben ein Leben des Dienstes und der Aufopferung
für die Andern sein soll, daß Selbstsucht die Grundsünde des
Menschen, Hingebung, Liebe die Grundtugend sei — wem
wäre das vorher in den Sinn gekommen? Und nun vollends,
daß Ein Gedanke die Geschicke der Völker und Staaten wie
der Einzelnen regiere, daß es eine Geschichte der ganzen
Menschheit gebe von Einem Anfang an auf Ein Ziel hin, auf
das Ziel des Reiches Gottes; daß es ein Reich Gottes auf
Erden geben soll, zu dem Alle gesammelt werden sollen, welches
Alle in sich vereinigen wolle, und daß dieses Reich Gottes be=
reits begründet sei in Dem, welcher die Mitte der Geschichte,
der Abschluß der alten, der Anfang der neuen Zeit, nicht bloß
der Verkündiger, sondern auch der Begründer desselben sei, die
Offenbarung Gottes selbst, die Offenbarung des Lebens, des
Lichts und der Liebe Gottes in der Geschichte, in der Mensch=
heit: Jesus Christus, in welchem alle Linien der bisherigen
Geschichte zusammenlaufen, von welchem alle Linien der neuen
Geschichte ausgehen, welcher das Ziel auch jeder einzelnen
Seele sei, in welchem jeder Einzelne seine Bestimmung erreiche,
so gut wie die Gesammtheit der Menschen, um so auch ein
Glied dieses großen Reiches Gottes zu werden, welches auf
Gerechtigkeit und Gnade, auf die tiefste und wahrste sittliche
Grundlage gegründet sei —: welch' einen Blick eröffnete das
über die ganze Geschichte, über die Führungen der Menschheit
wie über die Lebensführung der einzelnen Seele, und schloß
beides, das Größte und das Kleinste, das Ganze und das
Einzelne in eine wunderbare Einheit zusammen![3] Auch nicht
der größte Philosoph, auch nicht der umfassendste und hoch=
fliegendste Geist hatte vordem Solches geahnt, geschweige ge=
dacht, erkannt, ausgesprochen, vollends es zur allgemeinen An=
schauung des Volkes, zur populären Sache, zur Macht der

Gemüther und des Lebens zu machen vermocht.[4] Kurz: das Christenthum trat als eine neue Weltanschauung in die Welt.

Uns sind das alles jetzt geläufige Gedanken; es gehört jetzt zu den Elementarsätzen der christlichen Denkweise was damals neu, überraschend, unerhört war. Die Gedanken haben nichts von ihrer Größe verloren: sie sind dieselben jetzt wie zuvor, ebenso wahr, ebenso erhaben, ebenso erleuchtend und erwärmend; nur wir haben die lebhafte Empfindung ihrer Größe, Hoheit und Schönheit verloren, wir sind ihrer zu gewohnt — so sind sie uns zu gewöhnlich geworden. Das ist das Loos aller großen Wahrheiten.

Es war natürlich, daß diese neue Weltanschauung des Christenthums nicht alsbald durchdrang. Sie mußte erst einen hartnäckigen Widerstand überwinden, bis sie den Sieg errungen hatte. Zwar stand ihr keine einheitliche Denkweise entgegen. Die Welt der antiken Gedanken hatte sich aufgelöst. Dieser Zersetzungsprozeß hatte schon lange begonnen, schon seit dem Aufkommen der Philosophie, seit dem 6. Jahrhundert v. Chr. Denn die Philosophie arbeitete an den überlieferten religiösen Anschauungen und setzte an die Stelle der geistigen Mächte, welche bis dahin das Leben der Gemeinschaft beherrscht hatten, die Welt der eigenen Gedanken. Zwar wollte die alte Philosophie selbst die Stelle der Religion ersetzen. Sie war nicht bloß eine spekulative Theorie, sie hatte praktische Natur und Tendenz. Die großen Staatsmänner machten ihre Schule durch, um sich vorzubereiten für ihre praktische Thätigkeit. Sie behandelte die sittlichen und politischen Fragen eben so gut wie die naturwissenschaftlichen. Aber sie wurde keine populäre Macht. Sie blieb immer etwas Aristokratisches und auf engere Kreise beschränkt. Sie vermochte nicht an die Stelle der Religion zu treten. Denn sie mußte an die Stelle der Thatsachen, wie sie die Religion fordert, nur selbsterfonnene Gedanken zu setzen.[5] Und sie selbst löste sich auf in die verschiedensten Richtungen. Ihr Hauptergebniß war schließlich die Herrschaft des Zweifels an aller Wahrheit, die Erschütterung aller Ueberzeugung und Gewißheit.

Und doch können die Menschen Gewißheit nicht entbehren. Der Philosophie zur Seite traten deßhalb allerlei Geheimlehren, je geheimnißvoller um so erwünschter. Man deutete die alte Religion und ihre Mythen allegorisch um und machte sie zu Symbolen der Weisheit und der Sittenlehre. Eine ganze Welt von Anschauungen und Gedanken hatte sich aufgehäuft als das Resultat der vorhergehenden Entwicklung. Aber es war eine Welt von Ruinen. Bedeutende Geister sammelten diese Bruchstücke der vorigen Zeiten und suchten einen neuen Bau damit aufzuführen. Eine angestrengte Geistesarbeit wurde auf diese Restauration der heidnischen Denkweise verwendet. Der Neuplatonismus Alexandriens war dieser Versuch. Phantasie und Tiefsinn vereinigten sich hier, ein Gebäude herzustellen, welches an Fülle der Gedanken das christliche weit übertreffen und durch den philosophischen Tiefsinn die armselige Lehre dieser „Barbaren", wie man die Christen nannte, überwinden sollte. Es war freilich ein wunderliches Gemisch. Alle Religionen und Nationen hatten ihren Beitrag dazu liefern müssen. Aber es war doch immer ein stattlicher Versuch, von bedeutenden Geistern, und nicht von den unedelsten, vertreten. Und die allgemeine Bildung, mit welcher die heidnische Denkweise auf das Engste verflochten war, stand ihm zur Seite. Und doch mußte dieser Versuch mißlingen. Die heidnische Weltanschauung wurde besiegt von der christlichen. Seitdem beherrscht diese die Kulturwelt.

Zwar rächten sich die überwundenen geistigen Mächte des Judenthums und Heidenthums, indem sie in Gestalt der Irrlehre innerhalb der Kirche selbst und auf dem Boden des Christenthums sich geltend zu machen suchten. Vor Allem war es die Lehre von der Person Jesu Christi, auf welche sie sich warfen, um sie entweder im jüdischen oder im heidnischen Sinne umzudeuten. Man beschränkte — im Geiste des Judenthums — die Bedeutung Christi auf die Würde eines bloßen Propheten, wenn auch des höchsten, oder man verflüchtigte — im Geiste des Heidenthums — seine geschichtliche Wirklichkeit zur bloßen Idee; man leugnete die Wahrheit seiner göttlichen, oder man beeinträchtigte die Wahrheit seiner menschlichen Natur; man ließ entweder der Einheit beider Naturen oder dem Unterschied derselben nicht das gebührende Recht widerfahren. In dem allen handelte es sich nicht bloß um einen einzelnen Lehrsatz, sondern um das Wesen des Christenthums selbst. Denn dieses ist in der Person Jesu Christi beschlossen. Immer aber war es der jüdische oder der heidnische Geist, welcher aus der außerchristlichen Welt in die christliche eingedrungen war und hier nun in christlicher Gestalt seinen alten Kampf fortsetzte. Aber auch dieser innerkirchliche Gegensatz gegen die volle Wahrheit der christlichen Anschauung ward überwunden und diese zur ausschließlichen Herrschaft gebracht.

Das Mittelalter ist die Zeit dieser ausschließlichen Herrschaft. Wie sich die äußere Welt der Christenheit im Statthalter Christi und im deutschen Kaiser zusammenfaßte, diesen beiden obersten Mächten der ganzen Erde, der Sonne und dem Mond, welche dem gesammten irdischen Leben sein Licht verleihen, so bildete auch die Welt des Geistes eine geschlossene Einheit. Zwar praktisch machte sich der heidnische Geist immer wieder geltend; aber er mußte sich doch vor der Autorität der Kirche und der kirchlichen Betrachtung und Behandlung aller Dinge beugen. Das Mittelalter ist die Zeit der Herrschaft einer einheitlichen Weltanschauung. Das ist seine Größe und sein Reiz. In den großen Dichtwerken dieser Zeit, in den großen Erzeugnissen ihrer Kunst tritt uns diese einheitliche Weltanschauung entgegen. So ist es nie wieder gewesen. Die Vernunft diente dem Glauben, die Philosophie der Theologie. In dem großen theologischen Lehrgebäude, der „Summa" des Thomas Aquinas, des größten Lehrers des Mittelalters, treten die Heiden Aristoteles und Plato als Zeugen für die christliche Wahrheit auf, ähnlich wie in den großen Domen, diesen entsprechendsten Repräsentanten jener Zeit, Alles, auch das Fremdartigste, selbst die Welt der Ungethüme und Dämonen, dem großen einheitlichen Bau dienstbar sein muß. Und das alles zur Verherrlichung der Kirche, dieser höchsten Macht auf Erden, welche die ganze Ordnung der menschlichen Gesellschaft einheit= lich zusammenhält.

Das war das Mittelalter, die glänzendste Herrschaft des Christenthums über die Welt und seiner Denkweise über den Weltgeist. Allein der heidnische Geist war zwar gebunden, aber nicht innerlich überwunden. Bald trat er nur um so stärker und nackter hervor.

Es war das Wiederaufleben der antiken Welt in den klassi= schen Studien, wie sie in Italien am Ausgang des Mittel= alters so leidenschaftlich getrieben wurden, welches auch den Geist des Heidenthums erweckte, in Rom selbst und auf dem römischen Bischofsstuhle heimisch machte und die Welt mit einem neuen Heidenthum bedrohte, wenn nicht die Reformation die Gefahr dieses Heidenthums in der Christenheit abgewehrt hätte. Das ist eines der größten, wenn auch der wenigst bekannten und anerkannten Verdienste der deutschen Reformation für die abendländische Christenheit überhaupt.

Wir sind gewohnt die Zeit der klassischen Studien in Italien nur im Glanze höherer Verklärung zu sehen. Aber bei näherer Betrachtung gewinnt sie vielfach eine andere Gestalt. Aller= dings blühten im mediceischen Zeitalter die Wissenschaften und Künste in Italien wie nie weder vorher noch nachher, und schmückten das Leben mit einer seltenen Feinheit der Sitte und Bildung. Aber es fehlte dem Ganzen die rechte sittliche Unterlage. Die klassischen Studien hatten eine für uns un= erhörte unsittliche Leichtfertigkeit des Lebens und Treibens zur Folge. Zwar der Graf Picus von Mirandola macht eine glänzende Ausnahme. Sein Diktum: „die Philosophie sucht die Wahrheit, die Theologie findet, die Religion besitzt sie" — ist fast die Geschichte seines Lebens zu nennen. Aber er steht einsam da. Die bedeutendsten Vertreter der klassischen Bildung werfen einander Sünden vor die man nicht aussprechen kann. Poggius schrieb „Späße" (facetiae) welche an Gemeinheit und Unsittlichkeit kaum ihres Gleichen haben und doch in dreißig

Jahren zwanzig Auflagen erlebten. Am Mediceerhofe herrſchte heidniſcher Geiſt in den Formen ſeiner Bildung und wiſſen= ſchaftlichen Intereſſes. Die platoniſche Akademie in Florenz ſetzte die platoniſche Philoſophie an die Stelle des Chriſten= thums. Savonarola kämpfte mit allem Feuereifer gegen die heidniſche Sittenloſigkeit und den heidniſchen Unglauben, wie ſie auch unter den hohen Prälaten vertreten waren. „Da ſagt Einer zum Andern" — ſo führt er ſie redend ein —: „Was dünket dich von unſerm chriſtlichen Glauben? Wofür hältſt du ihn?" Und dieſer antwortet: „„Nun du kommſt mir doch als ein rechter Tropf vor: der Glaube iſt nur ein Traum, eine Sache für die empfindſamen Weiber und Mönche.‟" Und nicht Buß= prediger bloß urtheilten ſo, auch ein Macchiavelli ſpricht es offen aus: ja, wir Italiener ſind vorzugsweiſe irreligiös und böſe. Er ſetzt hinzu: weil die Kirche in ihren Vertretern das übelſte Beiſpiel gibt. Mit der Bildung des Alterthums er= neuerte man auch ſeinen Unglauben und ſeine Sünden. Wie es im Klerus ausſah, geht über alle Beſchreibung. Auch päpſt= liche Beamte wie Guicciardini fällen das ſchärfſte Urtheil darüber. Am römiſchen Hofe war viel Sinn und Liebe für die ſchönen Künſte herrſchend, aber wenig Theologie und Chriſtenthum. Man konnte dem Oberhaupte der Chriſtenheit das Wort in den Mund legen: „Wie viel uns das Märchen von Chriſto genutzt, iſt Allen genugſam bekannt", und nicht minder die andere Aeußerung, daß man ſich beſſer dabei be= finde, wenn man die Unſterblichkeit der Seele nicht glaube. Die Dinge ſtanden ſo, daß man es für nöthig hielt, auf dem Laterankonzil des Jahres 1513 den Glauben an die Un= ſterblichkeit der Seele im Namen der Kirche von Neuem ein= zuſchärfen. [6]

Es war ein Segen für die ganze Kirche, daß im Gegenſatz zu jenem gebildeten Heidenthum Italiens in der deutſchen Reformation der ſittliche Ernſt des Gewiſſens und des chriſt= lichen Glaubens mit ſolchem Nachdruck ſeine Stimme erhob in Luther, und die klaſſiſche Bildung, mit dem Chriſtenthum einen

Bund schloß in Melanchthon. Das wirkte auch auf Italien und erfüllte die Opposition gegen die Kirche mit religiösem und sittlichem Ernst. Die Reformation hat den Geist der Verneinung weit zurückgeworfen und ihn genöthigt ein anerkennendes Verhältniß zum religiösen Glauben einzunehmen. Mehr als dreihundert Jahre brauchte er, um wieder da anzulangen, wo er jenes Mal gestanden — nun freilich bereichert mit dem Ertrag der Entwicklung die er inzwischen durchgemacht.

Betrachten wir diese Bewegung des negativen Geistes aus der mehr positiven religiösen Stellung, in die er zurückgeworfen war, zur ausgesprochenen Verneinung im modernen Heidenthum!

Die nächste Erscheinung, die uns hier entgegentritt, und mit welcher diese Bewegung beginnt, ist der sogenannte Socinianismus.

Um die Reformationszeit trat nämlich eine Reihe unruhiger Geister auf, welche die kirchliche Trinitätslehre bekämpften. Diese antitrinitarische Bewegung erhielt in dem Italiener Faustus Socinus ihren klarsten, zusammenfassendsten und einflußreichsten Ausdruck. Er gab (1574) seine ansehnliche und behagliche Stellung am mediceischen Hofe von Florenz auf und wandte sich nach Deutschland und Polen, wo er der Mittelpunkt der sogenannten Unitarier (Leugner der göttlichen Dreieinigkeit) wurde, die in Polen und Siebenbürgen eine socinianische Gemeinschaft bildeten und von da ihren Einfluß weiter nach Westen erstreckten.

Der Socinianismus leugnet die Offenbarung und die Welt des Uebernatürlichen nicht; er hält an der Autorität der Schrift fest, aber er macht sein eigenes Denken zum Maßstab aller religiösen Wahrheit. Das Wesen des Christenthums besteht ihm in der Lehre von der Unsterblichkeit. Zu diesem Behufe ist Christus erschienen und auferstanden. Aber Christus ist nicht göttlicher Natur. Die Schrift wisse nichts davon. Es sei leichter, sagt der Socinianer Wollzogen, daß der Mensch ein Esel als daß Gott Mensch sei. Doch ist Christus nicht ein gewöhnlicher Mensch. Er ist der Sohn der Jungfrau, und er ist vollkommen heilig und gerecht und gottähnlich, darum auch zum Herrscher der Welt erhoben und göttlich zu verehren. Das Wesentliche an ihm ist also sein prophetisches und sein königliches Amt; sein hohenpriesterliches Amt wurde gestrichen: Christi Tod dient nur zur Bestätigung seiner Lehre, nicht zur Versöhnung.

Der Socinianismus ist eine Verbindung supranaturaler (übernatürlicher) Elemente mit rationalistischer Denkweise.

Einen Schritt weiter auf der Bahn der Verneinung that der englische Deismus im 17. und 18. Jahrhundert. Er ist ein Versuch an die Stelle des positiven Christenthums die sogenannte natürliche Religion zu setzen. Den Anfang machte Lord Herbert von Cherbury († 1648); viele Andere wie Toland, Tindal, Woolston, Bolingbroke u. s. w. folgten ihm nach. Es war nicht ein frivoler, sondern ein ernst sittlicher Geist aus dem diese Richtung zunächst hervorging. Es sollte nur eben das Christenthum auf die allgemeinen religiös=sittlichen Grund= lagen des Lebens zurückgeführt werden. Die Existenz Gottes, die Pflicht seiner Verehrung, Tugend und Frömmigkeit als der wahre Gottesdienst, die Pflicht die Sünde zu bereuen und zu lassen, und der Glaube an die göttliche Vergeltung theils in diesem theils in jenem Leben: diese fünf Sätze sind nach Her= bert die „Grundsäulen der reinen Religion". Was darüber ist, das ist vom Uebel.

Als Herbert seine Schrift „Von der Wahrheit und ihrem Unterschied von der Offenbarung, 1624" vollendet hatte, war er voll Zweifel ob ihre Veröffentlichung zur Verherrlichung Gottes gereichen werde. Da warf er sich auf die Kniee, Gott um seine Erleuchtung darüber anzuflehen: „Gib mir ein Zeichen vom Himmel; wo nicht, so werde ich mein Buch unterdrücken!" „Ich hatte kaum diese Worte ausgeredet — so erzählt er — als ein lautes und doch zugleich sanftes Getöse vom Himmel kam, keinem Schalle auf Erden gleich. Dieß richtete mich der= maßen auf und gab mir eine solche Befriedigung, daß ich mein

Gebet für erhört hielt." Wunderbar! Zur Beglaubigung einer Schrift welche alle unmittelbare Offenbarung leugnete, sollte Gott ein unmittelbares Zeichen gegeben haben! Und daß Gott in Christo sich geoffenbart habe sollen wir nicht glauben, weil wir glauben sollen daß sich Gott dem Lord Herbert von Cherbury geoffenbart habe!

Bald aber ging man weiter und erklärte allen Offenbarungsinhalt der Schrift für selbstsüchtige Erfindung der Priesterschaft und mißhandelte den sittlichen Charakter der biblischen Persönlichkeiten. Welch' eine große Erregung der Gemüther diese Angriffe hervorriefen, ersieht man aus der Menge der Entgegnungen. Gegen Tindal's Werk allein „Das Christenthum so alt als die Welt" sind mehr als hundert Gegenschriften erschienen. Bald aber drängten andere religiöse Bewegungen Englands, besonders das Auftreten des Methodismus, diese Richtung in den Hintergrund.

Hier haben wir also eine Verneinung der Offenbarung; aber sie läßt noch Gott, Tugend und Unsterblichkeit stehen.

Ganz andere Gestalt nahm die naturalistische Richtung in Frankreich an. Hier ward sie frivol, unsittlich und gottesleugnerisch. Auf dem Boden eines Epikureismus, welcher das sittliche Wohlsein zum obersten Gesetz des Lebens machte, bildete sich hier eine freigeisterische Denkweise aus, die, von einer großen Zahl einflußreicher Schriftsteller vertreten, die Revolution vorbereiten half. Rousseau hatte zwar religiöses Gefühl, vertrat den Glauben an Gott, und hat wiederholt die Hoheit des Christenthums, der heiligen Schrift und Jesu Christi anerkannt; aber er zerstörte den Sinn für das geschichtlich Gewordene durch seinen Traum von einem Naturzustande, in welchem er allein die Heilung für die Schäden der menschlichen Gesellschaft sah, und welcher doch weder je wirklich gewesen noch auch je möglich ist. Voltaire, dessen Witz sein Zeitalter beherrschte und an welchen Friedrich der Große schrieb: „Es gibt nur Einen Gott und nur Einen Voltaire", mißhandelte mit seiner Satyre Christenthum und Kirche — sein oft wiederholtes Wort war:

„écrasez l'infame!" — und haßte Christum, deſſen Sturz vom Thron ſeiner Herrſchaft über die Geiſter er für die nächſten Jahrzehnte prophezeien zu können glaubte. Die franzöſiſche Encyklopädie Diderots und d'Alemberts, deren Einfluß ein ungemein großer war, ruhte auf dem Boden einer ordinären Sinnlichkeitstheorie und vertrat eine entſprechende ordinäre Geſinnung. Und um den deutſchen Baron Holbach ſammelte ſich ein Kreis von Gourmands, aus welchem unter andern materialiſtiſchen Schriften das berüchtigte Buch Système de la nature, 1770, 2 Bde. hervorging, welches die Ausſchließlichkeit der Materie predigt. „Der Menſch iſt nur Materie, Denken und Wollen ſind Bewegungen des Gehirns; der Glaube an Gott wie die Annahme der Seelenſubſtanz beruht auf einer Verdoppelung der Natur, auf einer falſchen Unterſcheidung zwiſchen Geiſt und Materie; von einer Freiheit des Menſchen kann ſo wenig die Rede ſein als von einer Unſterblichkeit; die Selbſtliebe, das Intereſſe iſt das einzige Prinzip des Handelns, und die menſchliche Geſellſchaft beruht auf einem Syſtem gegenſeitiger Intereſſen!"

Weiter abwärts konnte die negative Richtung nicht gehen. Von der Leugnung der Gottheit Chriſti war ſie ausgegangen, bei der Leugnung des Geiſtes überhaupt war ſie angekommen. Die bewegende Macht in ihren letzten Erſcheinungen war nicht der Gedanke, ſondern die Geſinnung. Dieſe iſt der Boden der Gedanken.

In Deutſchland vollzog ſich dieſelbe Bewegung, nur langſamer, aber gründlicher, und darum auch viel bedenklicher.

Hier war ungleich mehr ſittlicher Ernſt als in Frankreich vorhanden; deßhalb leiſtete der poſitive Geiſt auch einen viel nachhaltigeren Widerſtand.

Zwar verpflanzte der Hamburger Rektor Reimarus in den von Leſſing herausgegebenen ſogenannten Wolfenbüttler Fragmenten den engliſchen Deismus in ſeiner ganzen Schärfe und Bitterkeit auf deutſchen Boden. Seine Polemik richtete ſich nicht nur gegen die Schrift und den ſittlichen Charakter der biblischen Personen, sondern auch gegen die Person Jesu selbst. Jesu Plan war nur ein politischer, sein Wort am Kreuz: mein Gott, mein Gott, warum hast du mich verlassen! spricht seine verzweifelnde Klage über das Mißlingen desselben aus. Aber die Jünger haben noch in der zwölften Stunde den politischen Plan in einen religiösen umgewandelt und aus Jesus einen religiösen Messias gemacht. Allein das war doch noch zu starke Speise; jene Angriffe riefen einen allgemeinen Widerspruch hervor. Zwar war am Hofe Friedrichs II. französischer Un= glaube heimisch und theilte sich den höheren Ständen mit. Aber er beschränkte sich auf diese; im Großen und Ganzen war noch zu viel alte Ehrenfestigkeit vorhanden. Dem Geist der Zeit entsprach mehr die Aufklärungsrichtung als die direkte Verneinung des Christenthums. Die schwerfällige Form mathe= matischer Demonstration, womit die Wolffische Philosophie den christlichen Glauben hatte stützen, bald aber ersetzen wollen, vertauschte man mit dem leichten Gewande des Räsonnements in der Popularphilosophie, und die Lehre der Kirche reduzirte man auf vernünftige religiöse Allgemeinheiten. Man wollte Religion und Sittlichkeit, aber nicht das Mysterium. Nur das Klare ist das Wahre, klar ist aber nur was auf der Hand liegt und nicht in der Tiefe: das war der herrschende Grund= satz jener Zeit. Mendelssohn bewies das Dasein Gottes und die Unsterblichkeit der Seele. Daraus baute man sich das Ge= bäude des religiösen Glaubens auf. Mit diesem Geiste der Zeit schloß die Theologie einen Bund und proklamirte die Ueber= einstimmung von Offenbarung und Vernunft.

Diesen ganzen dogmatischen Bau warf zwar Kant, der Königsberger Philosoph, über den Haufen, indem er in seiner „Kritik der reinen Vernunft" bewies, daß alles Denken nur subjektiv sei, wir demnach von Gott und dem Uebersinnlichen überhaupt mit objektiver Gewißheit nichts wissen, so denn auch Gottes Dasein u. s. w. nicht philosophisch beweisen können. Nur eine sittliche Gewißheit — zeigte er in seiner „Kritik der praktischen Vernunft" — gebe es im Gewissen und seinen

Forderungen. Gott, Unsterblichkeit, Vergeltung sind Forderungen des Gewissens. Auf dieser Grundlage baute er seine sittliche Welt auf. Dem Sittengesetz zu gehorchen ist unbedingte Pflicht für einen Jeden. Der kategorische Imperativ: du sollst! hat das Szepter zu führen. Das ist die Sittlichkeit des Menschen. Freilich wie Schiller ihm entgegenhält, eine Moral für Knechte, nicht für die freien Kinder des Hauses.⁷ Alle Religion aber — fährt Kant fort — hat Werth nur sofern sie dieser Moral des Gesetzes dient. Die Religion ist nur eine Handhabe für die Moral — die christliche Religion allerdings die beste, Christus, wie ihn die Kirche lehrt, das Ideal der Sittlichkeit. Wie weit er selbst, der Jesus der Geschichte, dieses Ideal verwirklicht hat, können wir nicht entscheiden. Schwerlich war er mit demselben ganz übereinstimmend. Aber wir haben uns nicht an den geschichtlichen Christus zu halten, sondern an den idealen d. h. an die Idee der sittlichen Vollkommenheit. Diese sollen wir zu verwirklichen suchen im Leben.

Aus diesen Elementen ist der Rationalismus erwachsen, welcher das Christenthum auf das Maß des gesunden Menschenverstandes zurückführt. Geraume Zeit hat er die Lehrstühle und Kanzeln beherrscht, und behauptet noch jetzt vielfach seinen Platz in der allgemeinen religiösen Denkweise. Er hat etwas sittlich Ehrenhaftes, aber in hohem Grade Beschränktes, wenn ich diesen Ausdruck gebrauchen darf: etwas Philisterhaftes. Er lehrt Gott, aber einen Gott der, von der Welt geschieden, nur das Zusehen hat, wie die Welt, nachdem er sie einmal geordnet, nach ihren Gesetzen abläuft. Wunder und Weissagung und unmittelbare Offenbarung überhaupt gibt es nicht und kann es nicht geben. Gott kann nicht unmittelbar eingreifen. Auch das Christenthum ist keine Offenbarung im eigentlichen Sinn, Jesus Christus kein Wunder, sondern nur der weiseste und tugendhafteste Mensch der je gelebt, durch seine Lehre, die er mit dem Tode besiegelt hat, der Wohlthäter der Menschheit.

Hat der Socinianismus noch etwas Uebernatürliches in

der Person Jesu übrig gelassen, so streicht das der Rationa=
lismus und beschränkt Alles auf die Moral. Aber er läßt doch
den persönlichen Gott, die sittliche Freiheit und die Unsterblich=
keit der Seele.

Aber diese drei Grundwahrheiten des religiös=sittlichen Be=
wußtseins hebt der Pantheismus auf. Auf die Periode des
Rationalismus folgt die des Pantheismus. Mit Nothwendig=
keit. Man konnte nicht bei einem Gott stehen bleiben der die
Welt nur von außen bewegt.

> Was wär' ein Gott, der nur von außen stieße,
> Im Kreis das All am Finger laufen ließe:
> Ihm ziemts, die Welt im Innern zu bewegen,
> Natur in Sich, Sich in Natur zu hegen,
> So daß, was in Ihm lebt und webt und ist,
> Nie Seine Kraft, nie Seinen Geist vermißt.[8]

Gott ist das kosmische (Welt=) Leben selbst, oder die all=
gemeine Vernunft in den Dingen, von der Welt nicht wesens=
verschieden; Gott und Welt sind nur zwei Ausdrücke für die=
selbe Sache, zwei Seiten derselben Welt, die Innenseite und
die Außenseite derselben. Damit ist freilich alle Religion auf=
gehoben. Denn zu diesem Gott gibt es kein persönliches Ver=
hältniß, weil er selbst nicht persönlich ist und kein persönliches
Verhältniß zu uns hat. Es kann eine gewisse religiöse Stim=
mung geben, in welcher der Einzelne aufgeht im Allgemeinen,
aber keinen Glauben, keine Liebe, keine Hoffnung, kein Gebet
zu diesem Gott. Damit ist im Grunde auch die Sittlichkeit
aufgehoben. Denn es gibt keinen freien Willen. Alles voll=
zieht sich mit innerer Nothwendigkeit. Den Armen derselben
kann sich kein Mensch entreißen. Er glaubt nur frei zu sein;
„man glaubt zu schieben und man wird geschoben". Je scharf=
sinniger Einer ist, um so mehr erkennt er wie alle Handlungen
durch die Umstände bedingt sind. Demnach gibt es auch keine
sittliche Verantwortlichkeit, keine Vergeltung, kein Leben nach
dem Tode, sondern nur ein Untergehen des Einzellebens im
allgemeinen Leben.

Diese Gedanken hatte Spinoza (ein portugiesischer Jude in Holland, † 1677) zusammenhängend ausgesprochen; in unserm Jahrhundert sind sie durch die Philosophie von Neuem in Bewegung gesetzt worden. Sie haben ein Umbildung durch Hegel erfahren; aber die Grundlage ist dieselbe. Die Folgerungen daraus für Religion und Theologie hat David Strauß gezogen. Durch seine sogenannte Glaubenslehre geht die Leugnung alles Uebernatürlichen beharrlich hindurch. „Das Jenseits ist zwar in allen der Eine, in seiner Gestalt als zukünftiges aber der letzte Feind, welchen die spekulative Kritik zu bekämpfen und womöglich zu überwinden hat" — damit schließt er. Seitdem aber ist er noch viel bitterer geworden.

An die Stelle des Pantheismus trat der Materialismus. Den Uebergang bezeichnet Ludwig Feuerbach. „Gott war mein erster, die Vernunft mein zweiter, der Mensch mein dritter und letzter Gedanke": in diesen Worten spricht Feuerbach selbst kurz und bezeichnend die absteigende Bewegung seines philosophischen Denkens aus. Den Menschen aber meint er in seiner empirischen sinnlichen Wirklichkeit. Die Philosophie wird ihm zur Wissenschaft von diesem sinnlichen Menschen, wird Anthropologie. Alle Religion ist Selbsttäuschung, eine Verirrung des menschlichen Geistes. Die Idee Gottes ist nur die Idee des Menschen die der Mensch sich gegenständlich macht und zur Vorstellung eines besonderen Wesens verdichtet, auf welches er dann die Eigenschaften seiner eigenen Natur in vergrößertem Maßstabe häuft. Sich selbst demnach denkt er indem er Gott denkt. „Der Mensch schuf Gott nach seinem Bilde." Am Menschen aber sind die Sinne Alles; sie sind alle Wirklichkeit und Wahrheit. Auf diesen philosophischen Sätzen ruht der Materialismus; und er glaubt sie durch die Thatsachen begründen zu können. Es gibt keinen Geist, keine Seele, alles ist nur Thätigkeit des Stoffes: das ist seine Weisheit.

Dieß ist das Ende der Entwicklung. Darüber hinauszugehen ist nicht möglich. Man ist im Sumpf der Materie angekommen.

Die herrschende Denkweise nun ist ein Produkt aller dieser verschiedenen Elemente, welche geschichtlich nacheinander aufgetreten sind und im Geiste des gegenwärtigen Geschlechts sich abgelagert und Spuren ihres Daseins zurückgelassen haben. Bald tritt das eine, bald tritt das andere Element stärker hervor. So vielgestaltig die herrschende Denkweise aber auch ist —, sie hat doch etwas Gemeinsames in ihrer Richtung und hat ein gemeinsames Prinzip. Worin besteht dieses? Guizot bezeichnet es als die Leugnung des Uebernatürlichen.[9] Und allerdings, die Frage des Uebernatürlichen ist die Frage der Gegenwart. Renan sagt einmal: man muß sich gar nicht einlassen mit dem Uebernatürlichen; damit muß man fertig sein. Man schließt ab mit der natürlichen Ordnung der Dinge. Wir können sagen: das Gemeinsame jener Denkweise ist, daß man die Welt, den Kosmos zum Prinzip macht. Die Welt aber ist zweiseitig: Geist und Materie. Bald wird daher mehr der Geist, bald mehr die Materie betont; die Richtung ist bald mehr idealistisch, bald mehr realistisch, bald edler, bald ordinärer. Aber immer ist doch der Kosmos das Prinzip. Das stellt sich in der geschichtlichen Entwicklung immer entschiedener heraus. Der Deismus hat Gott noch stehen lassen, aber er hat ihn in den Ruhestand versetzt; der Pantheismus hat ihn mit der Welt vermengt, der Materialismus hat ihn völlig verneint. Was man dagegen geltend macht, ist die Welt, der Weltgeist, das Weltleben, die Weltmaterie.[10]

Hierin liegt der Gegensatz gegen die christliche Weltanschauung. Dieser ist Gott das Prinzip aller Dinge, das Prinzip der Welt, des Menschen, seines Geistes und seiner Materie. Die christliche Weltanschauung ist entschieden theistisch. Darum handelt es sich also, ob Gott oder die Welt das Prinzip und das Zentrum aller Dinge und somit auch unsrer Gedanken sein soll. Und darin liegt die eminent praktische Bedeutung dieses Gegensatzes. Er ist bestimmend für die ganze Gedankenrichtung. Die Voraussetzung aber und der bestimmende Beweggrund der verschiedenen Denkweise ist nicht zunächst eine

verschiedene Philosophie, ein verschiedenes Denken, sondern
eine verschiedene Sinnesweise. Es ist die Gesinnung und die
Richtung der Seele und des Herzens, welche im letzten Grunde
bestimmend ist für die Richtung der Gedanken unseres Geistes.
Denn es ist ein Gegensatz der Lebensrichtungen, ob man die
Welt für das hält was uns ein Genüge thut, oder den leben=
digen persönlichen Gott.

Zweiter Vortrag.

Die Widersprüche des Daseins.

Zwei große Weltanschauungen stehen einander gegenüber. Jede Weltanschauung ist der Versuch, das große Räthsel des Daseins zu lösen und die Antwort auf die Frage aller Fragen zu geben. Dieses Räthsel ist die Welt, der Mensch selbst. Das Dasein selber das uns umgibt und das wir leben, ist die Frage. Wir sehen ein Gebiet des Geistes, wir sehen ein Gebiet der Natur. Woher ist die Welt des Geistes und der Natur? Woher sind die Gesetze die in ihr walten? Und wozu, warum ist diese Welt? Dieses kosmische Dasein ist eine Frage die an uns herantritt und der wir uns nicht entziehen können.

Man antwortet: Die Welt die uns umgibt ist eine Stufenreihe auf den Menschen hin. So ist der Mensch die Antwort auf die Frage, welche die Welt ist? Aber ist der Mensch nicht selbst die größte aller Fragen? Ist er nicht das widerspruchsvollste aller Wesen? Sein Verhältniß zur Welt ist ein Widerspruch, sein Verhältniß zu sich selbst ist widerspruchsvoll, er ist ein geborener Widerspruch. Und nicht blos sein natürliches Dasein, noch mehr sein sittliches Sein ist voller Widersprüche. Diese Frage läßt uns nicht ruhen. Wir können nicht umhin nach der Antwort zu suchen. Von jeher hat man darnach gesucht. Alle Philosophien, alle Religionen sind ein Versuch der Beantwortung. Das Interesse ist nicht bloß ein intellektuelles, es ist ein sittliches, nicht bloß des Wissens sondern des Gewissens. Es ist das innerste Bedürfniß des Herzens darüber in's Reine zu kommen.

Betrachten wir das Problem, um zu sehen wo die Antwort liegt! Wir stehen in der Welt. Die Existenz der Welt ist eine Frage die sich unsrem Geiste aufdrängt. Woher ist sie? Kein denkender Mensch kann sich dieser Frage entziehen. Der Pantheismus antwortet: sie ist von sich selbst; die Substanz ist ewig, sie hat sich als Welt gesetzt; das Sein selbst ist der Grund dieses Daseins. Aber woher ist dieses Sein? Der Pantheismus antwortet: es ist eben. Der Grund der Existenz ist die Existenz selbst. Das heißt: der Pantheismus weiß keine Antwort zu geben. Aber sollen wir aufhören zu fragen, weil der Pantheismus aufhören muß zu antworten?

Aber nicht bloß der Ursprung der Welt ist ein Problem; nicht minder ist das ganze wirkliche Dasein der Welt und der Verlauf ihrer Geschichte voller Räthsel. Herrscht das Gesetz der Nothwendigkeit in derselben oder die Freiheit? Walten Gesetze, sittliche Gesetze darin oder Willkür? Bald erscheint es uns so, bald wieder anders. Wer kann gleichgiltig diesem wechselvollen Getriebe des Daseins gegenüberstehen? Aber wer will die Antwort geben?

Und vollends: Warum ist dieß Alles? Die Frage nach dem Warum ist die höchste aller Fragen, die sich dem menschlichen Geist am meisten aufdrängt, deren sich der Mensch am wenigsten entschlagen kann, die seiner auch am würdigsten ist, und die er doch zugleich am wenigsten zu beantworten vermag. Warum ist überhaupt Etwas? warum ist nicht Nichts? Hat das Sein einen Zweck, ein Ziel, eine Bestimmung? Der Pantheismus kennt nur eine Ursache, einen Ursprung, aber kein Ziel und keinen Zweck. Aber diese Frage nach dem Warum läßt sich nicht zum Schweigen bringen. Sie ist die Frage des geistigen Interesses, sie ist die höchste Aufgabe des Forschens, sie ist der eigentliche Ausdruck des Denkens. Der Mensch muß aufhören zu denken, wenn er aufhören soll nach dem Warum zu fragen.

So ist die Welt nach Ursprung, Dasein und Zweck eine Frage die dem menschlichen Geiste gestellt ist.

Man kann antworten: der Mensch ist die Antwort. — Ist der Mensch wirklich die Antwort? Vielleicht auf die Frage nach dem Warum. Aber auch auf die Frage: Woher? Strauß meinte zwar, der Menschengeist habe „als bewußtloser Natur= geist" die Welt „geschaffen, die Verhältnisse der Gestirne ge= ordnet, die Erden und Metalle geformt, den organischen Bau der Pflanzen und Thiere eingerichtet".[1] Aber ein jeder Ver= ständige wird sagen: das ist Wahnsinn.

Und wenn der Mensch auch die Antwort ist auf die Frage nach dem Warum — ist er nicht selbst die Frage aller Fragen?

Schon das Verhältniß des Menschen zur Welt ist ein innerer Widerspruch. Der 8. Psalm schildert diesen Wider= spruch. — „Wenn ich ansehe den Himmel, Deiner Finger Werk, den Mond und die Sterne, die Du bereitet — was ist der Mensch daß Du sein gedenkest, und das Menschenkind daß Du Dich sein annimmst?" Es ist der Gegensatz zwischen Ohn= macht und Größe, zwischen Hoheit und Niedrigkeit, dessen Empfindung der Sänger ausspricht. Dem Universum gegen= über ist der Mensch ein Atom, ein verschwindender Punkt, ein Nichts. Und doch hat er das stärkste Gefühl der Selb= ständigkeit und Hoheit gegenüber der Welt. Er muß jeden Augenblick fürchten vom Universum verschlungen zu werden, in diesem großen Meer wogender Kräfte und Massen unter= zugehn. Und doch erhebt er sich in seinem Bewußtsein stolz über das Universum. Wie ohnmächtig ist der Mensch! „Es ist nicht Noth — sagt Pascal[2] — daß das ganze Universum sich waffne um ihn zu vernichten; ein Hauch, ein Tropfen Wasser genügt um ihn zu tödten. Aber wenn auch das Universum ihn vernichtete, wäre der Mensch doch größer; denn er weiß daß er stirbt, aber das Universum weiß nicht daß es ihn ver= nichtet." La pensée fait la grandeur de l'homme. „Der Ge= danke ist es, der die Größe des Menschen ausmacht." Aber ist dieser Gedanke auch eine Macht gegenüber der Welt? Der Mensch hat ein Gefühl der Freiheit, und doch sieht er sich überall bedingt, abhängig, gebunden von den geringsten und materiellsten Mächten. Er ist einer Nothwendigkeit unterworfen, und doch mit dem Gefühl der Freiheit begabt. Wie löst sich dieser Widerspruch? Das Verhältniß des Menschen zur Welt ist ein innerer Widerspruch.

Aber der Mensch ist selbst ein solcher. Welches Meer von Widersprüchen ist hier vereinigt! Die Widersprüche der Erkenntniß, des Gefühls, des Willens, des ganzen Daseins.

Im Menschen ist ein Hunger nach Erkenntniß, nach Wahrheit, nach Gewißheit. Und doch nichts als Ungewißheit. Was Goethe im Faust gedichtet hat, ist nicht eine abenteuerliche Uebertreibung. Es ist in uns Allen etwas von jenem unersättlichen Hunger nach Erkenntniß:

Daß ich erkenne was die Welt
Im Innersten zusammenhält,
Schau' alle Wirkungskraft und Samen
Und thu' nicht mehr in Worten kramen —

aber nur um hinzuzufügen:

Das will mir schier das Herz verbrennen,
Daß wir nichts Rechtes wissen können.

„Wir tasten ewig an Problemen — sagt Goethe einmal —, der Mensch ist ein dunkles Wesen, er weiß wenig von der Welt und am wenigsten von sich selbst."[3] In uns Allen ist das Verlangen zu wissen. Dieses Verlangen greift über die Grenzen dessen, was für dieses irdische und leibliche Dasein nothwendig ist, weit hinaus. Wir wollen wissen — nicht bloß um der praktischen Ergebnisse willen die wir verwerthen können. Es wäre eine Erniedrigung unserer Natur, den Trieb der Erkenntniß darauf einschränken zu wollen. „Lange ehe man ein Wort von Physik wußte, lange ehe die Chemie entstanden war, fragten die Weisen aller Zeiten nach dem Ursprung aller Dinge, nach dem letzten Ziel des Weltalls."[4] Haben sie die Antwort darauf gefunden? Und wiederholt sich nicht diese Geschichte des menschlichen Geistes noch tagtäglich? Wie nun? Soll das Loos des Menschen sein: nach der Wahrheit fragen müssen und sie nicht finden können? immerdar lernen und nicht zur Erkenntniß der Wahrheit kommen?

Oder soll er sich mit jenem leidigen Troste begnügen, mit welchem Mephisto den Faust zu beruhigen sucht:

O glaube mir, der manche tausend Jahre
An dieser harten Speise kaut,
Daß von der Wiege bis zur Bahre
Kein Mensch den alten Sauerteig verdaut —?

Und doch kann es der Mensch nicht lassen daran zu nagen, und müßte er sich alle Zähne daran ausbeißen.

Aber das ist es nicht allein.

Der Mensch hat ein Verlangen nach Seligkeit. Er begehrt ein höchstes Gut, welches ihm volle Genüge gäbe und sein höchstes inneres Bedürfniß stillte. Er sucht es in allen Gütern die diese Erde ihm bietet, und findet es nicht. Er strebt nach Glück, und fühlt sich doch elend.[5] Nur der Mensch strebt nach Glück, und nur der Mensch ist unglücklich. Wir suchen etwas Höheres als wir selbst sind; und weil wir die nicht finden, sind wir unglücklich. Wir bekleiden das Endliche mit dem Schein des Unendlichen; aber der Schein zerrinnt vor unsern Augen. Wir sprechen von einer ewigen Liebe, von einem unendlichen Schmerz, von einem unsterblichen Ruhm — aber sind das mehr als Worte? Wir finden die Unendlichkeit nicht in der Endlichkeit. Wir stehen in der Welt des Endlichen, aber wir fragen nach dem Unendlichen. Wir gehen über die Welt des Zeitlichen und Irdischen hinaus und streben mit unserer Sehnsucht in die ewigen Fernen. Wir suchen Gott als unser höchstes Gut — denn wir sind für Gott geschaffen; dieser Zug in uns ist unaustilgbar. Und doch — wo ist Gott zu finden? Er verliert sich in's Dunkel. Und wiederum, jenem Zuge zu Gott widerstreitet in uns ein anderer, der uns von Gott abzieht. Wir tragen Alle in uns ein geheimes Widerstreben gegen Gott. Und doch sind wir für Gott! Si l'homme n'est fait pour dieu, pourquoi n'est-il heureux qu'en dieu? Si l'homme est fait pour dieu, pourquoi est-il si contraire à dieu? „Ist der Mensch nicht geschaffen für Gott, warum ist er nur glücklich in Gott? Ist er aber

geschaffen für Gott, warum ist er so voll Widerstreben gegen
Gott?" „Vergebens suchst du, o Mensch, in dir selber die
Heilung für dein Elend. Alle deine Einsicht kann nicht weiter
als bis zu der Erkenntniß gelangen, daß du in dir selber
weder die Wahrheit noch das wahre Gute findest. Die Philo=
sophen haben es dir versprochen, aber ihr Versprechen nicht
halten können."[6] Und doch können wir es nicht lassen dar=
nach zu verlangen. „Mein ganzes Herz brennt darnach, zu
wissen, wo das wahre Gut zu finden ist. Nichts sollte mir
zu theuer sein für die Ewigkeit."[7] „Wir sehnen uns nach
Wahrheit, und finden in uns nichts als Ungewißheit. Wir
suchen nach Glück, und finden nur Elend und Tod. Wir sind
unfähig uns nicht nach Wahrheit und Glück zu sehnen, und
sind doch zu beidem unfähig. Das Verlangen ist uns gelassen
nur um uns zu strafen, um uns fühlen zu lassen wovon wir
gefallen sind."[8] Aber eben darin, daß der Mensch ein Ge=
fühl seines Elends hat, besteht seine Größe. La grandeur de
l'homme est grande en ce qu'il se connait misérable; il est donc
misérable puisqu'il l'est; mais il est bien grand puisqu'il le
connait. „Die Größe des Menschen besteht in der Erkenntniß
seines Elends; er ist also elend, weil er es ist; aber er ist
groß, weil er es weiß." „Niemand ist unglücklich darüber
daß er kein König ist, als ein entthronter König."[9] So ist
in uns ein Widerspruch zwischen Begehren und Erreichen. Das
Begehren selbst ist es was uns unglücklich macht, und doch ist
gerade dieses das Zeichen unsrer Größe, aber einer gefallenen
Größe. Wo liegt die Lösung dieses Räthsels?[10]

Aber es ist nicht bloß die Erkenntniß und die Empfindung,
es ist auch der Wille, welcher sich in einem solchen Wider=
spruch mit sich selbst befindet. Denn wie das Verlangen nach
der Wahrheit im Menschen ist, so auch ein Streben nach
dem wahren Guten, ein Zug zum Sittlichen und ein Ver=
langen nach sittlicher Freiheit. Und doch liebt der Mensch das
Unsittliche. Sein Wille erhebt sich zum Edlen im Aufschwung
über das Unsittliche und Gemeine, und doch wieder läßt er

sich von der Macht desselben herabziehen. Zwar rühmt Goethe von Schiller:

Und hinter ihm, im wesenlosen Scheine
Lag was Alle bändigt, das Gemeine.

Und gewiß, Schiller war voll hohen, edlen Strebens. Aber sollte er allein frei gewesen sein von dem Loos aller Sterblichen, über die Schwachheit unsrer sittlichen Natur klagen zu müssen? Und gerade diejenigen, welche am meisten vorangeschritten sind auf dem Wege der Sittlichkeit und Heiligung, klagen am meisten über die Entfernung, die sie noch von ihrem Ziele trennt. Ein Jeder muß einstimmen in diese Klage. Wir müssen Alle die Macht der Leidenschaft erfahren. Wie sie den Verstand überredet und betrügt, so auch unsern Willen. Der Wille ist das Tiefste und Höchste im Menschen, eine unvergleichliche Macht, mächtig genug eine Welt in Brand zu stecken — und doch wieder, wie ohnmächtig ist er! Wie gering ist oft die Versuchung, die ihn in einer schwachen Stunde zu Fall bringt! Wie ohnmächtig ist er gegenüber dem eigenen Herzen! wie gebunden von den Neigungen, Gewohnheiten, Gelüsten, Schwachheiten der Natur! Es ist das Höchste was der Mensch sagen kann: ich will! Aber wie selten ist es, daß er wirklich will! Er möchte wollen, und doch kommt es nicht zum wirklichen Wollen. Ein kleiner Gott ist der Mensch durch seinen Willen, und doch wiederum ist er ein Knecht aller Dinge und seiner eigenen Natur. „Erkenne daher, du Stolzer, welches Paradoxon du dir selber bist!"[11]

Das Gefühl dieser Widersprüche und das Unvermögen sie zu lösen ist es was zu allen Zeiten so viele schmerzliche Klagen über den Jammer des Lebens der Brust der Menschen, ihrer Dichter und Denker, erpreßt hat. Denn das eine Mal greift der Mensch im stolzen Selbstbewußtsein oder im trotzigen Uebermuth nach den Sternen und möchte den Himmel stürmen, das andere Mal liegt er im Staube, und wie oft im Schmutze!

Die Dichter aller Zeiten klagen darüber. Die Klage ist nicht etwa bloß das Erzeugniß einer ungesunden Kultur, welche

Bedürfnisse und Wünsche hervorruft, die 'sie nicht zu befrie=
digen im Stande ist. Vielmehr gerade durch das Volkslied,
diese unmittelbarste Aeußerung des natürlichen Volksgeistes,
geht der Ton der schwermüthigen Klage hindurch. Und eben
hierin liegt das Ergreifende dieser Lieder und Weisen. [12] Und
nicht allein bei Völkern, welche etwa von Natur zur Schwer=
muth geneigt sind, finden wir es so; auch bei den Völkern,
welche den hellsten Blick und die vollste Empfänglichkeit für
das Leben und seine Güter und Freuden hatten, bei den
Griechen voran.

Schon der alte Homer klagt:

> Denn nichts Anderes ja ist jammervoller auf Erden,
> Als der Mensch, von Allem was Leben haucht und sich reget. [13]

Und des Theognis Wort, daß das Beste für uns sei, nie ge=
boren zu werden oder wenigstens so bald als möglich nach
der Geburt zu sterben, wiederholt sich in immer neuen Wen=
dungen. Um die Wette schildern die Dichter die Uebel des
Lebens in den verschiedenen Stadien desselben, von den Thor=
heiten der Jugend an bis zum traurigen Alter, „aller Uebel
Sammelort", so daß denn kein Vernünftiger begehre dieses
Leben noch einmal zu leben. Und selbst ein Plinius, sonst
kurz und gedrungen in seiner Rede, wird beredt, wenn er das
menschliche Elend schildet. Unglücklicher als alle anderen Ge=
schöpfe ist ihm der Mensch. Denn allen andern gewährt die
Natur was sie brauchen. Aber beim Menschen „kann man
nicht sicher entscheiden, ob die Natur für ihn eine bessere Mutter
oder eine bösere Stiefmutter gewesen". Als das hülfloseste
von allen Geschöpfen tritt er in die Welt, mit Thränen be=
grüßt er den Tag seiner Geburt, zu allen möglichen Leiden
wird er geboren. „Es gibt nichts Elenderes und doch zugleich
Hochmüthigeres als den Menschen. — Unter so vielen und so
großen Uebeln ist es noch das Beste, daß er sich das Leben
nehmen kann." [14]

Sollte das wirklich die höchste Weisheit sein — der Selbst=
mord? Und sollte das die Lösung aller Räthsel sein — der

Tod? Wie kann dasjenige unser Denken befriedigen, was doch von unsrem sittlichen Bewußtsein verdammt wird? Und wie kann dasjenige das Räthsel lösen wollen, was selbst das größte Räthsel ist! Fügt doch der Tod zu allen den Räthseln, welche der Mensch in sich trägt und welche sein Leben in sich schließt, im Grunde nur noch das größte hinzu. Denn wie der Tod das Gewisseste ist, so ist er auch das Ungewisseste. Denn — um mit Paskal's Worten zu reden — „Alles was ich weiß, ist daß ich bald sterben muß; aber das was ich am wenigsten weiß, ist dieser Tod selbst, dem ich doch nicht zu entgehen weiß." [15] Und doch ist er zugleich das Ernsteste was es für uns gibt. Denn er ist der Anfang einer Ewigkeit — sei es der Ver= nichtung oder eines andern Lebens. Es liegt doch ein er= schütternder Ernst in der Gewißheit: du mußt sterben! — Leben wir fort oder nicht? Wir müssen es wissen. Und wenn wir fortleben — wie leben wir fort? glücklich oder unglücklich? Wir müssen es wissen, denn es handelt sich um eine Ewigkeit. Diese Frage ist von solchem Gewicht und geht uns so nahe an, daß man alles Gefühl verloren haben muß, um dagegen gleichgiltig sein zu können. Je nachdem wir ein ewiges Leben zu hoffen haben oder nicht, nimmt unser Denken und Thun nothwendig eine ganz verschiedene Richtung an, so daß es ganz unmöglich ist, das Verhalten seines Lebens mit Ueberlegung zu bestimmen, ohne es nach diesem letzten Gesichtspunkte zu bestimmen. [16]

Kurz: dieses ganze Dasein ist ein Räthsel, welches seine Lösung fordert. Wir können uns dieser Frage nicht entziehen, denn es ist die Frage unsres Lebens. Es muß eine Antwort darauf geben, und wir müssen die Antwort finden können. Wir müssen dieser Antwort gewiß sein, wenn wir ruhig und sicher sein sollen. Die Welt kann nicht die Antwort sein. Die Weltanschauung, welche die Welt zum Prinzip macht, kann nicht die richtige sein. Denn die Welt ist eben das Räthsel selbst. Ist der Mensch die Antwort auf das Räthsel der Sphinx? Aber der Mensch wird selbst zur Sphinx. Wer löst dann

dieses Räthsel? Die christliche Weltanschauung versichert das
lösende Wort zu besitzen, indem sie uns an Gott und den
Willen seiner ewigen Liebe verweist. Finden wir hier die Wahr=
heit die wir suchen?

Um sie zu finden, muß man sie suchen. Und um recht zu
suchen, muß man sie finden wollen.

Es ist unwürdig und sollte uns auch unmöglich sein, daß
wir für alle möglichen Fragen und Erscheinungen ein Interesse
haben, und für die höchste aller Fragen keines. Denn wir
sind geschaffen für die Wahrheit und „die Wahrheit ist die
Speise der Geister".[17] Gerade das ist unsere Größe. Und
wenn mir auch ihre Thüre verschlossen bliebe, lieber wollte ich
in der Traurigkeit meines Herzens mich vor der verschlossenen
Thüre niedersetzen, „damit wenigstens diese Traurigkeit ein
Zeugniß ablege, daß ich mich geschaffen fühle für die Wahrheit",[18]
als daß ich, gleichgiltig gegen sie, jemals darauf verzichtete
nach ihr zu fragen. Aber das heißt nicht ein Interesse haben
für die Wahrheit, nur flüchtig naschen an der Oberfläche der
Erkenntniß und nicht in ihre Tiefe bringen. Was Baco von
der Philosophie sagt, daß sie, nur leise gekostet, von Gott ab=
führe, in der Tiefe erfaßt aber zu Gott hinführe, das gilt von
aller Wahrheitserkenntniß. Denn die Wahrheit wohnt in der
Tiefe: denn Gott wohnt in der Tiefe; er steht hinter den
Dingen. Der Wege der Forschung sind viele, aber das Ziel
ist eines: das ist Gott, der die Wahrheit ist. Aber man muß
auch vordringen bis zum Ziel. Warum sollten wir's nicht?
Weil es Dunkelheiten auf dem Wege gibt? Wo sind sie nicht?
Leben wir nicht unter lauter Geheimnissen? Ist uns doch das
Leben selbst, der Begriff des Lebens ein dunkles Geheimniß!
Wenn die Wirklichkeit voll Dunkel ist, wie soll es für unser
Erkennen keine Dunkelheiten geben? Wo hat man jemals in
der Welt ein System von Wahrheiten aufgestellt, in welchem
kein Dunkel wäre? „Je weiter man in der Erfahrung fortrückt,
desto näher kommt man dem Unerforschlichen", sagt Goethe.[19]
Mehren sich nicht die Geheimnisse, je weiter der forschende Geist

in die Tiefe bringt? Wir müssen nur den Dingen und Fragen
wirklich stille halten und sie auf uns wirken lassen und nicht
von Einem zum Andern jagen, ohne in irgend etwas uns wirk=
lich zu versenken. Und sodann: wir müssen die Wahrheit
der Sache finden wollen, und es muß uns nicht um unsere
eigenen Gedanken dabei zu thun sein. Die Erkenntniß der
Wahrheit beginnt nach Pythagoras mit Schweigen, das heißt
mit der stillen innerlichen Hingabe an sie, nicht mit dem Räsonne=
ment oder mit der Lust des Zweifels. Es gibt zwar einen
suchenden Zweifel, welcher die Verheißung sich aneignen darf,
daß Gott es dem Aufrichtigen gelingen läßt; aber es gibt auch
eine Lust am Zweifel, welche „immerdar lernt und doch nicht
zur Erkenntniß der Wahrheit kommt". Das ist nicht bloß ein
Fehler des Denkens, sondern im letzten Grunde ein Fehler des
Willens. Man bezweifelt die Sätze der Mathematik nicht.
Warum nicht? Weil man kein Interesse hat sie zu bezweifeln.[20]
Aber die Existenz Gottes zu bezweifeln — daran kann man
wohl ein Interesse haben. Unsre Gedanken hängen viel mehr
mit unsern Neigungen und Wünschen, kurz mit unserm ganzen
sittlichen Zustand zusammen als man glaubt. „Das Herz hat
seine Gründe, von denen der Verstand nichts weiß", sagt Paskal.
Und ein stolzer Philosoph, Fichte, hat bekannt: „Unser Denk=
system ist oft nur die Geschichte unsres Herzens. Alle meine
Ueberzeugung kommt aus der Gesinnung, nicht aus dem Ver=
stande; und die Verbesserung des Herzens führt zur wahren
Weisheit."[21] Wir leben nicht wie wir denken, sondern wir
denken wie wir leben.[22] Unser Verhältniß zur Wahrheit ist
nicht bloß ein intellektuelles, sondern vor Allem ein sittliches.
Wie wir sittlich zu ihr stehen, das ist entscheidend auch für unsre
Gedanken. Wie oft geschieht es, daß Einer sittlich herunter
kommt, und dann auch in seinen Gedanken. Der Verstand ist
käuflich; er dient mit allerlei Gründen den Wünschen des
Herzens. Die Wahrheit ist eine ernste große Sache. Es ist
nicht leicht ihren Blick auszuhalten. Zuerst bringt er uns
strafend und richtend in's Herz; dann erst erleuchtend und

erhebend. Man muß jenes sich zuerst gefallen lassen, wenn man diese Wirkung erfahren will. Kurz: die Erkenntniß der Wahrheit ist eine sittliche That; sie liegt im Willen, nicht zunächst im Verstande. Denn wenn man auch alle Miß= verständnisse und Zweifel beseitigt hat, schließlich ist es doch der Wille, der über die Annahme oder Nichtannahme entscheidet. Man muß die Wahrheit erkennen wollen. [23]

Das Christenthum erklärt sich nun für die Wahrheit. Man muß ein Verhältniß zu ihm einnehmen; man kann nicht um dasselbe herum kommen. Man kann es bestreiten, man kann es hassen, aber man kann es nicht ignoriren; denn es tritt einem Jeden in den Weg und nöthigt ihn, eine Antwort auf die Frage zu geben, die es an ihn richtet.

Man sagt uns freilich oftmals: das Christenthum ist eine schöne Theorie: aber es ist eben eine Theorie. Es ist zu ideal, es paßt nicht in unsere Verhältnisse. Unsere öffentlichen An= gelegenheiten, das staatliche Leben mit seinen Aufgaben und Veränderungen, die großen Aufgaben der Menschheit, Wissen= schaft und Kunst, Handel und Industrie u. s. w., das Alles verträgt sich nicht mit dem Christenthum. Das Christenthum fügt sich nicht wirklich ein in diese realen Verhältnisse. Es steht dem gesammten wirklichen Leben zu fremdartig gegenüber. Es ist ein Gedicht, aber das Leben ist Prosa. Es ist wie eine Erscheinung aus einer andern Welt; aber wir leben eben in dieser Welt. Es richtet unsere Gedanken auf jene andere Welt; aber wir gehören mit allen unsern Kräften eben in diese Welt. Es steht im Widerspruch mit unsern natürlichen Gefühlen und Gedanken. Es ist die Verneinung des Menschlichen. Es bringt auch keine wirklichen, ganzen und einheitlichen Menschen zu= wege. Der Christ ist im besten Falle „ein Engel der auf einem Thier reitet". Das Christenthum ist nicht menschlich genug. Was sollen wir damit anfangen? Wir können es nicht brauchen. Es kann nicht die Wahrheit sein die wir suchen und nöthig haben.

Was werden wir darauf antworten? Wir antworten vor

Allem mit dem Beweis der Thatsachen; wir rufen das Zeugniß der Geschichte an. Ist es nicht Thatsache, daß das Christen= thum die höchste und fruchtbarste geistige Macht der Geschichte geworden ist? Auch die Bekämpfer des Christenthums müssen dieß zugestehen. Sie würden seine Wahrheit nicht so heftig bestreiten, müßten sie nicht die Wirklichkeit seiner Macht und seines Einflusses anerkennen und selbst auch bei jedem Schritt den sie thun, im Gebiete des äußern wie des geistigen Lebens, fühlen. Also ist das Christenthum nicht bloß eine Theorie und ein Gedicht: es ist eine Macht der Wirklichkeit, und zwar die größte Macht derselben. Und steht die nachchristliche Zeit nicht unendlich höher als die vorchristliche? Erst mit dem Christen= thum hat das Zeitalter der Humanität begonnen. Also muß es doch wohl der menschlichen Natur angemessen sein. Auf allen Gebieten der Wissenschaft und Kunst hat es neue Tiefen des menschlichen Gemüthes und Geistes erschlossen; im Bereiche des gesellschaftlichen Lebens hat es eine unvergleichlich größere Innigkeit und Zartheit des menschlichen Gefühls und des per= sönlichen Verhältnisses erzeugt. Also muß es doch wohl nicht die Verneinung des Menschen, sondern die Wahrheit seines Lebens sein. Die Geschichte legt Zeugniß ab, daß das Christen= thum Wahrheit ist. Aber seine Wahrheit muß sich selbst be= zeugen. Das ist es was uns obliegt: zu zeigen, daß die Grund= wahrheiten des Christenthums die Wahrheit unsres Denkens sind. Das ist auch die Aufgabe der folgenden Vorträge. Es gründet aber das Christenthum sein ganzes System von Wahr= heiten auf die Gewißheit von Gott. Das erste Wort des Christenthums lautet: Gott! Die Lösung des Räthsels dieses Daseins liegt in Gott. Die Wahrheit die wir brauchen und suchen, ist Gott, der lebendige, persönliche Gott. Das ist das Fundament der ganzen christlichen Weltanschauung.

Dritter Vortrag.

Der perſönliche Gott.

Es gibt keine höhere Frage als die Frage nach Gott. Sie entscheidet über alle andern Fragen. Sie entscheidet auch über unſer ganzes Leben. Alles hängt von der Antwort auf die Frage ab: Gibt es einen Gott oder nicht? Darnach beſtimmt ſich die ganze Weltanſicht, darnach auch die geſammte Lebens⸗ richtung. Sie iſt alſo die vorderſte oder oberſte von allen Fragen und ihr Intereſſe das höchſte das es gibt. Es iſt un⸗ begreiflich, daß man allen möglichen Fragen das Intereſſe ſeines Geiſtes zuwendet und an dieſer gleichgiltig vorübergehen kann. Und wären es auch die höchſten Fragen der Wiſſenſchaft und Kunſt oder die würdigſten Aufgaben des Geiſtes und Be⸗ rufs, welchen man ſein Leben widmet — was iſt alles Andere gegen dieſe Frage und gegen dieſes Intereſſe? Und wie kann man über jenen dieſes Höchſte vergeſſen? Nichts Anderes hat ein ſolches Anrecht über uns als dieſe Frage, und mit allen andern iſt ſie ſo enge verſchlungen, daß ſie im Grunde es iſt, die in allen Fragen uns entgegentritt, welche das Menſchen⸗ leben bewegen. Sie iſt die Frage nicht des Gelehrten oder des Staatsbürgers ſondern des Menſchen, und zwar des ganzen Menſchen, ſeines ganzen geiſtigen und ſittlichen Lebens.

Iſt es eine Frage des ganzen Menſchen, ſo iſt auch die Antwort Sache des ganzen Menſchen. Nicht bloß unſer Denk⸗ vermögen und ſeine Erkenntnißthätigkeit entſcheidet darüber. Das iſt nicht der ganze Menſch. Es gehört dazu auch eine innere ſittliche Entſcheidung. Nicht der Kopf allein, auch das Gewiſſen und das Herz müſſen hier mitſprechen. Denn Gott

ist dem Gewissen und dem Herzen fühlbarer noch als der Ver=
nunft. Ist Gott das unterste Prinzip, so ist die Gewißheit
von ihm nicht erst Sache der Reflexion, sondern bereits des
unmittelbaren Gefühls. Denn die Grundprinzipien ruhen auf
unmittelbarer Gewißheit des Gefühls, die Lehrsätze auf Folge=
rungen. Und von nichts hat der Mensch eine solche unmittel=
bare Gewißheit wie von Gott.

Die Gottesleugnung ist Leugnung einer Gewißheit die wir
in unserm Geiste tragen, deßhalb auch eine Verirrung des
Geistes die unmöglich sein sollte. Der geistreiche und scharf=
sinnige Göttinger Physiker Lichtenberg zeichnet diese Verirrung
in jener bekannten Weissagung: „Unsere Welt wird noch so
fein werden, daß es ebenso lächerlich sein wird Gott zu glauben
als heutzutage Gespenster. Und dann", fährt er fort, „wird
die Welt noch feiner werden: dann werden wir nur noch an
Gespenster glauben. Wir selbst werden sein wie Gott."[1] Die
Schrift aber sagt Pf. 14: Die Thoren sprechen in ihrem Herzen,
es ist kein Gott.

Es wohnt eine unmittelbare Gottesgewißheit in unserm
Geiste. Wir können uns des Gottesgedankens gar nicht ent=
schlagen. Wir können die Welt, wir können uns selbst nicht
denken, ohne daß unwillkürlich damit der Gedanke Gottes sich
verbindet. Ueber alles Sichtbare und Endliche hinaus eilen
unsre Gedanken nach einem Höchsten, Unsichtbaren, Unend=
lichen; und nicht eher kommt ihre Bewegung zur Ruhe, als
bis sie an ihrem Ziele angelangt sind. Wir müssen Gott
denken. Das Gottesbewußtsein ist ein ebenso wesentliches
Element unsres Geistes wie das Weltbewußtsein und das Selbst=
bewußtsein. Der Gottesgedanke ist eine innere Nothwendigkeit
des Geistes. „Der sich erhebende Geist, sagt Lichtenberg, wirft
den Leib auf die Kniee." Und der heidnische Moralphilosoph
Epiktet spricht: „Wenn ich eine Nachtigal wäre, so wollte ich
das Geschäft einer Nachtigal verrichten; wäre ich ein Schwan,
das Geschäft eines Schwanes. Da ich aber ein vernünftiges
Wesen bin, so ist das meine: Gott zu loben; es ist mein Be=

3*

ruf, ich will ihn erfüllen."² Es ist der größte Gedanke, den
der Mensch denken kann, Gott zu denken, und es ist ein noth=
wendiger Gedanke. Sollten wir von der inneren Nothwendig=
keit desselben aus nicht auf die Wirklichkeit seines Inhalts
außer uns schließen dürfen? Wir können gar nicht anders.
Gott denken heißt Gottes gewiß sein. Wir können nicht umhin
Gott zu denken, und wir können ihn nicht anders denn als
wirklich denken: das ist eine Nothwendigkeit unsrer Vernunft.
Allerdings muß dieses Gottesbewußtsein in uns entwickelt wer=
den — aber nur wie alle unmittelbaren Wahrheiten und Ge=
wißheiten, die wir in uns tragen. Auch das Selbstbewußtsein
muß entwickelt werden. Ist es darum etwa angelernt oder
sonst von außen angenommen? So ist es auch mit jenem,
welches von vornherein unserm Geistesleben als ein nothwen=
diger Bestandtheil desselben einwohnt.

Deßhalb ist es auch allgemein. Nur der Mensch hat
Religion, aber alle Menschen. „Kein Volk ist so roh und
wild, daß es nicht den Glauben an einen Gott hätte, wenn es
gleich sein Wesen nicht kennt" — sagt Cicero.³ Dieses klassische
Wort spricht nichts als eine unleugbare Thatsache aus. Die
Erfahrung der Jahrtausende hat es bestätigt. Seit Cicero's
Tagen hat man mehr als eine halbe Welt entdeckt, und überall
hat man Gottesverehrung und Religion gefunden; kein Volk
ist ohne ein Bewußtsein von Gott. Die Atheisten haben ein
Interesse daran gehabt ein Volk von Atheisten zu finden, aber
ihre Bemühungen sind vergeblich gewesen. Die Neger Afrikas,
die schwarzen Neuholländer, die Wilden Amerikas — sie alle
kennen ein höheres Wesen. Wo man Menschen fand, da hat
man auch Religion gefunden. Wo das Gegentheil der Fall
zu sein schien, da war es nur die Folge einer oberflächlichen
Beobachtung. Unendlich verschieden allerdings erscheint die Ge=
stalt der Religion, und zuweilen sind von ihr nur noch dürftige
Spuren vorhanden, oder sie existirt nur noch im grausigen
Zerrbild. Aber auch in dieser Entstellung erkennen wir ihre
ursprünglichen Züge. Und wenn auch ein Volk oder ein

Stamm bis zu einer fast thierischen Verwilderung und Stumpf=
sinnigkeit des Geistes gesunken ist, so daß es den Adel der
menschlichen Natur gänzlich ausgezogen zu haben scheint —
auch dann erlischt die Erinnerung an Gott nicht völlig.

Was aber so allgemein ist, worin Alle übereinstimmen, das
kann nicht falsch sein — ist bereits Cicero's bekanntes Argu=
ment.[4] Denn dieß muß im Wesen des Menschen selbst be=
gründet sein. Das war die Wahrheit, welche die Apologeten
der ersten Jahrhunderte den Heiden immer wieder entgegen=
hielten: Wir tragen das Zeugniß von Gott in unsrer Seele,
wir können gar nicht umhin Gott zu kennen und seiner gewiß
zu sein.[5]

Man kann sich zwar ableugnen diese Gottesgewißheit zu
haben, deren man sich doch nicht entschlagen kann. Aber man
überredet sich dann nur, das nicht zu wissen, das zu wissen
man doch nicht umhin kann. Der Atheismus ist nicht eine
Nothwendigkeit des Gedankens, sondern eine That des Willens,
und zwar eine willkürliche That desselben. Die Gründe, die
man für ihn aufstellt, dienen in der Regel nur den eigent=
lichen Grund zu verdecken. Und wie oft kommen sie nicht
über das Argument jenes Hindu hinaus, der einem Missionar
das Dasein Gottes bestritt, weil er denselben nicht sehe, worauf
ihm dieser entgegnete, er, der Missionar, sehe auch seinen,
des Hindu, Verstand nicht.[6] Zwar wohnt in uns allen die
Gewißheit von Gott; aber man muß diese innere Gewißheit
auch gelten lassen wollen. Sie ist nicht ein Wissen aus Be=
weisen, die den Verstand zur Beistimmung nöthigen, sondern
ein Wissen aus innerer Ueberführung, welcher der Wille sich
beugt. Der Glaube an Gott ist nicht eine Wissenschaft
sondern eine Tugend. Seine Gewißheit erwächst nicht
aus Reflexion, sondern ist vor aller Reflexion. Es ist nicht
der Verstand, der unser Herz überzeugt, sondern es ist unser
Herz, welches den Verstand überzeugt, ähnlich wie bei den
moralischen Wahrheiten nicht die Beweise des Verstandes das
Gewissen überzeugen, sondern das Gewissen den Verstand

überzeugt. Die Gottesgewißheit wohnt in unsrem Herzen und
darum auch in den Gedanken unsres Verstandes. Denn „Gott
hat gewollt — sagt Paskal —, daß die göttlichen Wahrheiten
nicht durch den Verstand in das Herz, sondern durch das Herz
in den Verstand eingehen. Denn die menschlichen Dinge muß
man kennen um sie zu lieben, die göttlichen muß man lieben
um sie zu kennen." Und Lichtenberg meint: „es wäre die
Frage, ob die bloße Vernunft ohne das Herz je auf einen Gott
gefallen wäre. Nachdem ihn das Herz erkannt hatte, sucht ihn
die Vernunft auch."[7] Allenthalben sucht sie ihn und seine
Spuren, in der Natur, in der Geschichte, in unsrem eignen
Geiste. Das ist die erhabenste Beschäftigung des menschlichen
Geistes und das größte Zeichen seiner Würde, daß er den
Spuren Gottes nachgeht, um auch denkend dessen gewiß zu
werden, dessen er innerlich unmittelbar gewiß ist — mit einer
Gewißheit, deren Sicherheit unabhängig ist von der Gewißheit,
welche die Gedanken erlangen; denn nicht empfängt sie ihre
Sicherheit erst vom Denken, sondern sie theilt vielmehr diesem
ihre Sicherheit mit.

Von jeher hat man Beweise für das Dasein Gottes
aufgestellt. Schon in der vorchristlichen Philosophie, bei Plato
und Aristoteles und bei Cicero, sind sie heimisch. Die christ=
liche Theologie und Spekulation hat sie dann nur herüber=
genommen und weiter ausgebildet. Sie wollen nicht das be=
weisen was man noch nicht weiß, sondern nur die unmittelbare
Gewißheit auch vor dem denkenden Verstande rechtfertigen,
indem sie die Spuren des Gottes, den wir bereits wissen und
kennen in unsrem Herzen, allenthalben nachweisen.

Die Natur rings um uns beweist Gott. „Die Himmel
erzählen die Ehre Gottes und die Veste verkündigt seiner
Hände Werk; ein Tag sagt's dem andern und eine Nacht
thut's kund der andern: es ist keine Sprache noch Rede da
man nicht ihre Stimme höre" Ps. 19 —: dieser Gedanke geht
durch die ganze Schrift hindurch, und in unsrem Innern findet
er ein Echo. Die Natur erweckt unwillkürlich in uns die

Ahnung des Unendlichen. „Ob und was ein Gott sei — so läßt Claudius in seiner „Chria" einen Aufklärungsphilosophen dociren —, das lehre allein die Philosophie und ohne sie könne man keinen Gedanken von Gott haben. Dieß nun sagt der Magister wohl aber nur so. Mir kann kein Mensch mit Grund der Wahrheit nachsagen daß ich ein Philosoph sei; aber ich gehe niemals durch den Wald, daß mir nicht einfiele, wer doch die Bäume wohl wachsen mache, und dann ahndet mich von ferne und leise etwas von einem Unbekannten, und ich wollte wetten, daß ich dann an Gott denke, so ehrerbietig und freudig schauert mich dabei." 8 Ueberall umweht uns der Odem Gottes. „In ihm leben, weben und sind wir." Wer kann ihm entfliehen? „Wo soll ich hingehen vor deinem Geist, wo soll ich hinfliehen vor deinem Angesicht?" Wie auf dem Angesichte des Menschen die unsichtbare Seele sich einen un= sichtbaren Ausdruck gibt, so verräth uns die Natur — gleich= sam das Angesicht Gottes — den verborgenen Geist der da= hinter wohnt. Aber freilich, man muß die Gottesidee mit= bringen. Erst durch diese wird die Natur redend. Die Natur ist wie eine Schrift die aus lauter Konsonanten besteht. Wir müssen die Vokale in uns selber tragen, um diese Schrift lesen zu können. Aber der Laut in unsrem Innern fordert auch den Mitlauter der Natur, um zum artikulirten Wort zu wer= den. Allerdings, die Natur offenbart Gott nicht ohne Wei= teres. Gott verbirgt sich hinter dem Gesetz der Nothwendigkeit, das in der Natur herrscht. 9 Die Natur verhüllt Gott eben so gut als sie ihn offenbart. Sie ist ein Schleier, aber ein durchsichtiger. Alle Dinge verbergen ein Geheimniß. Sie reizen uns das Geheimniß zu enthüllen. Das letzte Geheim= niß ist Gott. Aber man muß Gott suchen um ihn zu finden, man muß ihn kennen um ihn zu suchen, man muß ihn lieben um ihn zu kennen. Die nichts von Gott wissen wollen, die finden ihn auch nicht in der Natur, denen wird sie vielmehr ein Anlaß zu Zweifeln. „Wie alle Dinge von Gott reden zu denen die ihn kennen, und ihn enthüllen denen die ihn lieben, so verbergen sie ihn auch allen denen die ihn nicht kennen."[10]

Es ist vor Allem das Dasein der Welt selbst, welches ihn uns verkündigt und beweist. Die Welt ist, also ist auch ein Urheber der Welt. Dieser Schluß drängt sich einem Jeden unwillkürlich auf. Und so unverkennbar tritt uns in der Welt Gottes unsichtbares Wesen, seine ewige Macht und Gottheit entgegen, daß der Apostel Paulus Jeden für unentschuldbar erklärt, der Gott nicht in seinen Werken erkenne (Röm. 1, 19. 20). Und wie er, so haben auch die heidnischen Philosophen Griechenlands und Roms gesprochen.[11] Mit Recht; denn es ist eine nothwendige Schlußfolgerung. Die Welt ist geworden. Woburch ist sie geworden? Durch sich selbst? Die nichts Höheres kennen als die Welt müssen sie zu ihrem eigenen Schöpfer machen. Aber wie kann sie ihr eigner Schöpfer sein? Wo ist die schöpferische Kraft? Jede Kraft die wir finden ist eine endliche Kraft; keine einzelne also ist schöpferisch. So ist es die Summe der Kräfte? Aber die Summe von Endlichem gibt noch kein Unendliches. Jede Kraft ist bedingt durch andere Kräfte. Die Summe von bedingten Kräften gibt keine Kraft die schlechthin bedingend und nicht bedingt wäre. Alle Ursachen die wir wirksam sehen sind Mittelursachen; keine einzelne ist letzte, oberste Grundursache. Die Summe von Mittelursachen gibt aber keine absolute Ursache. Wir müssen also jenseits der endlichen Dinge, Kräfte und Ursachen eine oberste, letzte, absolute Macht und Ursache fordern, durch welche diese Welt der endlichen Dinge und Kräfte geworden ist. So fordert es der Gedanke, so fordert es das unmittelbare Gefühl und Bewußtsein. Alle Dinge die uns umgeben weisen uns über sich hinaus; keines läßt uns bei sich stehen bleiben; Alles ist nur ein Wegweiser der uns weiter weist, über die Natur hinaus zu einem Uebernatürlichen. Und dieses Uebernatürliche, das wir suchen jenseits der Welt, wohin wir gewiesen werden von der Welt, ist Gott, der persönliche Gott, die persönliche Macht der Welt.[12]   „Ich habe die Erde gefragt — sagt Augustin einmal in einer glänzenden Stelle in seinen Bekenntnissen (X, 6) —, sie hat gesagt: ich bin es nicht; und Alles was in ihr ist hat dasselbe bekannt. Ich habe das Meer und die Tiefen gefragt und Alles was da kriecht und lebt, und es hat geantwortet: wir sind nicht dein Gott, suche höher. Ich habe die wehenden Winde gefragt, und die ganze Luft hat geantwortet mit allen ihren Bewohnern: ich bin nicht Gott. Ich habe den Himmel gefragt, Sonne, Mond und Sterne, und sie haben gesagt: auch wir sind der Gott nicht den du suchest. Und ich habe gesprochen zu ihnen allen die mich um=geben: ihr habt mir gesagt von meinem Gott, daß ihr es nicht seid, so redet mir von ihm: und sie riefen alle mit lauter Stimme: Er hat uns gemacht". Alle Dinge haben eine Sprache für uns, wir können sie verstehn. Ihre Sprache ist das Zeug=niß von Gott dem Schöpfer.

Man hat diesen Beweis, der vom Dasein der Welt her=genommen wird, verschieden formulirt. Die Bewegung in der Welt fordert eine oberste, bewegende Kraft, die Wirkungen in der Welt einen letzten Urheber, das bloß mögliche Sein, das auch nicht sein kann und einst nicht war, fordert eine noth=wendige Ursache: das sind die Wege, auf denen von jeher, schon in der vorchristlichen Zeit, der philosophische Gedanke vom Dasein der Welt aus das Dasein Gottes erschlossen und gefordert hat. Man hat die Reihe dieser Schlüsse in der neuen Zeit fortgesetzt und gesagt: das geschichtlich gewordene Leben weist über sich zurück auf ein ewiges Leben. Das organische Leben hat einen Anfang genommen auf Erden, fordert also Einen, der ihm diesem Anfang gewirkt hat. Ferner: die Zweitheiligkeit der Welt, wie sie aus Geist und Materie besteht, fordert Gott. Denn da beide, Geist und Materie von einander wesensverschieden und jedes der Gegen=satz und die Schranke des andern ist, so ist demnach jedes von beiden endlich: keines kann das andere aus sich heraus setzen. Die materielle Natur kann nicht den persönlichen Geist, der Geist des Menschen kann nicht die materielle Natur aus sich erzeugen. Es ist eine Thorheit, das Bewußtsein aus dem Stoff entstehen lassen zu wollen; es ist Wahnsinn, die stoffliche Welt vom Menschengeist gebildet sein zu lassen. Kurz: das Dasein der Welt fordert Gott.

Was sollte das auch für ein Leben sein, welches aufginge in diesem Strome der Endlichkeit? Es muß über dem Wechsel der Zeit, über dem Strom der Geschichte ein Ewiges sein, das der Grund und Ursprung aller Dinge ist. Unser Herz wie unser Denken fordert ein Letztes, Höchstes, Ewiges — Gott.

Wie das Dasein der Welt, so ist nicht minder i h r e Zweck= mäßigkeit ein Beweis für Gott. Schon die alte Welt hat es geliebt, Gott als den ordnenden Verstand der Welt, als den Künstler des Kosmos zu denken und zu bezeichnen.[13] Und gewiß, die Welt ist ein Kosmos, ein harmonisches Ganze, ein wunderbarer Bau von innerer Zusammenstimmung. Das Kleinste hängt mit dem Größten, das Größte mit dem Kleinsten zusammen; auch das Entlegenste ist ein nothwendiges Glied des Ganzen, und in wunderbarem Zusammenwirken muß Eines dem Andern dienen. Es ist nichts überflüssig, es ist nichts zweckwidrig. Man kann diese Zweckordnung der Welt in's Kleinliche herabziehen und zufällige Beziehungen herstellen, und hat es zuweilen gethan und dadurch die bekannte spöttische Entgegnung veranlaßt, daß Gott nach dieser Betrachtungs= weise die Korkbäume in Afrika wachsen lasse, damit wir unsre Stöpsel daraus schneiden können. Aber aller jener Mißbrauch wie dieser Spott macht uns doch nicht irre in der unmittel= baren Gewißheit dieser Zusammenstimmung und Aufeinander= beziehung des Ganzen und Einzelnen. Und je mehr sich der menschliche Geist in die Zweckordnung der Schöpfung vertieft, je mehr er sein Ohr schärft für den Einklang des Ganzen, um so voller tönt ihm aus den unendlich vielen einzelnen Stimmen der Dinge Himmels und der Erde die wunderbare Harmonie des Universums entgegen.

Wie ist diese Harmonie geworden? Durch Zufall? Das heißt eine Thatsache durch ein leeres Wort erklären wollen.

Der Zufall kann mit den Dingen spielen und überraschende Verknüpfungen hervorbringen. Aber er hat keine Vernunft und produzirt keinen Vernunftzusammenhang. Es herrscht aber in den Dingen ein objektive Vernunft, eine unverkennbare Intelligenz. Wir glauben sie nicht bloß — und wir können nicht umhin sie zu glauben —, sondern der Glaube empfängt seine Bestätigung durch die Thatsachen der Erfahrung. Dieser Glaube ist der Sporn der Forschung, und die Forschung ist die Bewährung des Glaubens. Nur der Glaube daß Vernunft in unserem Sonnensystem sei, hat Keppler seine großen Entdeckungen machen lassen. Und von seiner Welt der Botanik bekannte Linné, er habe die Spuren Gottes darin gesehen. Es gehört Intelligenz dazu, den Zusammenhang der Welt zu erkennen —: sollte keine Intelligenz dazu gehört haben ihn zu schaffen?[14]

Es ist unmöglich an die Stelle Gottes die Naturkräfte und Naturgesetze zu setzen. Die Naturkraft ist eine Macht, eine blindwirkende Macht, die ein Produkt erzeugt, aber sie ist nicht eine Intelligenz, welche freiwaltend einen Zusammenhang herstellt. Das Naturgesetz ist die Regel, welche den Verlauf der Sache bestimmt, aber nicht die Weisheit, welche Ordnung und Ziel setzt. Es ist unmöglich eine bewußtlose Intelligenz anzunehmen, denn das ist ein Widerspruch in sich selbst; oder von bewußtlosen Ideen zu reden, denn Ideen fordern ein bewußtes und vernünftiges Prinzip welches sie erzeugt.[15]

Wenn ein Schiffbrüchiger auf einer einsamen Insel eine geometrische Figur in den Sand gezeichnet fände, würde er nicht auf die Existenz eines Menschen schließen und seine Seele dadurch mit lebhafter Freude und Dank gegen Gott erfüllt werden?[16] Aber die Welt ist mehr als eine geometrische Figur. Und unsere Seele sollte nicht von Freude und Dankbarkeit erfüllt werden, daß wir eine höhere, eine göttliche Intelligenz voll Weisheit und Güte in ihr walten sehen? Diese Intelligenz zu leugnen ist nicht ein Irrthum des Verstandes, sondern ein Fehler des Herzens.

Die Zweckordnung der Natur konnte schon die alte vor=
christliche Welt finden; aber das göttliche Walten in der Ge=
schichte zu erkennen und seinen Spuren mit freudiger Be=
wunderung und freudiger Erhebung nachgehen zu können, ist
ein Vorzug der christlichen Zeit. Denn diese hat überhaupt
erst mit dem Gedanken der Einen Menschheit und des Einen
Gottes auch den Gedanken einer einheitlichen, zusammenhängen=
den und fortschreitenden Geschichte der Menschheit gewonnen.
Dieser Gedanke war der vorchristlichen Zeit ein unbekannter,
uns ist er ein geläufiger geworden. Und vor allem dem abend=
ländischen Geiste ist er naheliegend. Er gehört zu den schönsten
Erhebungen des menschlichen Geistes; es gibt kaum eine er=
hebendere Betrachtung als diese. Was ist verschlungener, man=
nigfaltiger und widersprechender als die Geschichte der Völker?
Auf den ersten Anblick scheint sie ein unentwirrbarer Knäuel
von Menschen und Thaten zu sein. Beim zweiten Blick er=
scheint sie wie eine stete Wiederholung: Erhebung und Sinken,
Blüthe und Verfall, immer wieder dasselbe in anderen Formen.
Aber der tieferen Betrachtung wird die Geschichte zu einem
wunderbaren Gewebe, aus allen jenen vielfachen Fäden gebildet,
an welchem immerfort gewoben wird, welches immer weiter
voranschreitet, nach bestimmten sittlichen Gesetzen. Eine hohe
Gerechtigkeit waltet darin, ein sittliche Weltordnung beherrscht
das Ganze, und Schritt vor Schritt geht es vorwärts, einem
zukünftigen Ziele entgegen. Die Schrift, der Apostel Paulus
vor Allen, hat die ersten Linien zu dieser universalen Be=
trachtung der Geschichte der Menschheit gezogen. Aber es ge=
hört nicht viel Christenthum dazu, um sich diese Betrachtung
anzueignen und ihr weiter nachzugehen. Auch ein Lessing hat
die Geschichte als Erziehung des Menschengeschlechtes verstanden
und verstehen gelehrt. Und mehr als einer unserer großen
Historiker hat Jesum von Nazareth als die große Wende der
Zeiten erkannt, auf welche alle vorhergehenden Linien hin=
laufen und von welcher alle folgenden Linien ausgehn — als
den Schlüssel des Räthsels der Weltgeschichte. Vor Andern war

es Johannes v. Müller der es aussprach, daß ihm von hier aus erst das Verständniß der Geschichte aufgegangen sei.[17] Mag man von Jesu Christo halten was man will — diese zentrale Stellung in der Geschichte muß man ihm zuerkennen. Und auch Philosophen die keinen persönlichen Gott kannten, wie Fichte, selbst Strauß, dieser bewußte und entschiedene Nichtchrist, er= kannten eine moralische Weltordnung an. Aber das ist nur ein anderes Wort für Gott. Denn wie kann es ein unbewußtes Walten nach sittlichen Gesetzen geben? Es ist unmöglich.

Aber wir brauchen uns nicht in das Meer der Geschichte zu versenken und ihren Räthseln nachzugehn, um Gott zu finden — in seinem eigenen Leben kann ein Jeder Gottes waltende, leitende, fürsorgende Hand finden, wenn wir nur die Augen aufthun, wenn wir nur glauben wollen was wir sehen und erfahren, und wie oft zu unsrer tiefsten Beschämung er= fahren! Denn das ist die Erfahrung die wir Alle machen können, daß Gott einen Jeden einzeln nimmt und ihn so führt wie er es gerade braucht.

Wir finden Gott in der Welt, in ihrem Dasein, ihrer Ord= nung, ihrer Geschichte — wir finden Gott in unsrem eignen Geiste.

Wir finden in uns die Idee Gottes, wie wir die anderen höchsten Wahrheiten in uns finden. Wir erzeugen nicht diese Ideen des Wahren und Guten und Schönen u. s. w. in unsrem Geiste — wir denken sie bloß. Sie sind nicht unser Werk, sondern sie sind das Werk der Wahrheit selbst. Die objektive Vernunft erzeugt sie. Sie selbst ist es, die sich widerspiegelt in unserem Geist, die ihr göttliches Licht mannigfaltig in dem Spiegel unsres Inwendigen bricht. Welches ist aber die ob= jektive Wahrheit und wo ist sie? Die höchste Idee die wir haben ist die Idee Gottes. In ihr vereinigen sich alle andern Ideen. Sie ist die Wahrheit der Wahrheiten. Nicht wir er= zeugen sie, sondern die objektive Vernunft erzeugt ihre Idee in unsrer Vernunft. Wir denken Gott nur weil er ist. Gott ist der Schöpfer unsrer Gottesidee. Die Thatsache unsrer

Gottesidee ist der Beweis für Gottes Sein. So lehrte der Philosoph Cartesius. Und wir werden nicht anders sagen können.

Und wie die Thatsache, so auch die Beschaffenheit der= selben. .Denn was wir denken, ist nicht eine bloße Idee, son= bern der wirkliche Gott. Wir können ihn gar nicht anders denken. Es ist eine Vernunftnothwendigkeit ihn so zu denken. Ihn nicht als Wirklichkeit denken, würde heißen ihn überhaupt nicht denken. Von unserem Gottesgedanken schließen wir da= her mit Nothwendigkeit auf das Gottesdasein. Das ist der be= rühmte ontologische Beweis des großen Theologen Anselmus. [13]

Zwar hat Kant eingewandt, es gebe keinen Schluß vom Denken auf das Sein, es führe keine Brücke aus der Welt der Gedanken in die der Realitäten. So wenig die Vorstellung von hundert Thalern die Existenz derselben beweise und ihren Besitz einschließe, so wenig die Idee von Gott die Existenz desselben. Aber es ist ein Unterschied zwischen willkürlichen Vorstellungen und Phantasien und einer nothwendigen Ver= nunftidee. Die nothwendigen Ideen sind Ausdruck einer Wirk= lichkeit. Führte von diesem Denken zum Sein keine Brücke, dann blieben wir mit unsrem Denken allewege außer dem Sein; objektive Gewißheit und Wahrheit des Gedankens gäbe es dann überhaupt nicht. Täuscht uns diese Nothwendigkeit unsres Denkens, dann ist alles unser Denken Täuschung und unser Geist darf sich zur Ruhe begeben, denn sein Denken ist eitel. Aber Gott Lob! dem ist nicht so. Zwischen der Nothwendig= keit der Vernunft und der Wirklichkeit des Seins ist ein Zu= sammenhang. Denn es ist eben das Sein welches wir denken, und es sind eben die Gedanken der Vernunft welche in der Wirklichkeit sind.

Kant hat diesen Schluß geleugnet; aber er hat wenigstens den andern zugelassen und selbst bewiesen: den Schluß aus dem sittlichen Bewußtsein des Menschen. Gott ist ein Postulat des sittlichen Geistes, Gott ist eine Forderung des Gewissens.

Nichts ist uns gewisser als das Gewissen. Diese Thatsache

leugnen heißt das Fundament aller Gewißheit umstoßen. Damit aber würde der ganze sittliche Bau der Welt vernichtet. Denn dieser ruht im letzten Grunde auf dem Gewissen. Es ist thöricht und es ist vergeblich, aus dem Gewissen eine anerzogene Uebung des Denkens machen zu wollen. Es kann sich verirren und hat sich oftmals verirrt. Aber folgt daraus daß es überhaupt ein Irrthum und eine Täuschung ist? Gerade die höchsten Wahrheiten sind am meisten dem Mißbrauch ausgesetzt. Es muß entwickelt werden — folgt daraus daß es überhaupt nicht vorhanden sondern nur angebildet ist? Muß nicht der Geist überhaupt entwickelt werden? Kann man darum sagen daß er nicht sei? Wenn wir ihn leugnen wollten — die Thatsache seines Daseins würde uns widerlegen. So wenn wir das Gewissen leugnen wollten — die Thatsache seines Daseins würde uns widerlegen. Wir können das Gewissen nicht mit gutem Gewissen leugnen. Eben indem wir es zu leugnen versuchen, gibt es sich uns zu erfahren, indem es uns innerlich straft. Wir können es nicht leugnen ohne uns selbst zu belügen. Das Gewissen ist eine Thatsache.

Das Gewissen ist eine Majestät. Vor seiner Autorität beugen sich Alle. Man kann seinen Befehl mißachten, aber man muß dann seine strafende Stimme hören. Man kann sich gegen dieses Strafzeugniß verhärten, aber man kann nicht erreichen daß es überhaupt nicht sei. Das Gewissen ist nicht abhängig von unserm Willen. Wir können nicht über dasselbe verfügen. Wir können nicht ihm befehlen, sondern es befiehlt uns. Wir können nicht es korrigiren und zurechtweisen, sondern es korrigirt und straft uns. Wir stehen nicht über sondern unter ihm. Es steht nicht unter sondern über uns. Daraus folgt: es stammt nicht aus unsrem Willen und unsrem Denken. Es ist kein Erzeugniß unsres eigenen Geistes. Es ist das Erzeugniß eines sittlichen Geistes außer und über uns: dessen Stimme spricht zu uns durch das Gewissen. Das Gewissen ist das Letzte, Höchste, an das wir appelliren, das höchste entscheidende sittliche Gesetz in allen Dingen. Also ist es das Er-

zeugniß des höchsten Geistes, des obersten Gesetzgebers, des ab=
soluten sittlichen Willens.   Die Thatsache des Gewissens ist
der Beweis Gottes.

Und der Inhalt des Gewissens ist ein Zeugniß von
Gott.   Denn zum Inhalt des Gewissenszeugnisses gehört dieß,
daß es uns das sittliche Gesetz als den Willen Gottes bezeugt
und unsren Willen an den Willen Gottes bindet.   Darum sagt
schon Cicero: „Das war immer die Ueberzeugung aller wahrhaft
weisen Männer, das Sittengesetz sei nicht etwas von Menschen
Erdachtes oder von den Völkern Eingeführtes, sondern ein
Ewiges, nach dem die ganze Welt sich regeln muß.   Der letzte
Grund ruht daher in Gott, der gebietet und verbietet.   Und
dieses Gesetz ist so alt als der Geist Gottes selbst.   Darum ist
das Gesetz, auf dem alle Verpflichtung ruht, in Wahrheit und
vor Allem der Geist der obersten Gottheit." [19]

Kant hat Gott aus der Nothwendigkeit bewiesen, daß es
zwischen der Pflicht und der Neigung, zwischen der Tugend
und dem Glück, welche gegenwärtig so oft in Widerstreit mit
einander stehen, eine Ausgleichung, also auch eine oberste aus=
gleichende Macht geben müsse.   Man hat in diesem Argument
den Ausdruck einer niedrigstehenden sittlichen Betrachtungsweise
gefunden; es sei ein höherer sittlicher Standpunkt, in der Tugend
selbst den Lohn derselben zu sehen und zu suchen und nicht
einen besonderen Lohn für sie zu erwarten oder zu verlangen. [20]
Aber die Wahrheit die dem Kantischen Gedanken zu Grunde
liegt ist die Idee der Gerechtigkeit.   Es gibt eine Gerechtigkeit:
so gibt es auch eine Vergeltung.   Oder soll das die höchste
Wahrheit sein:

> Ohne Wahl vertheilt die Gaben,
> Ohne Billigkeit das Glück —?

Es ist unmöglich.   Unser innerstes sittliches Bewußtsein wider=
spricht dem.   Das ist doch das höchste Dasein, in welchem die
innere Wahrheit und die äußere Wirklichkeit in Harmonie mit
einander stehen.   Dieses irdische Dasein ist voll von Widersprüchen
zwischen Wahrheit und Wirklichkeit.   Wir fordern daß diese Wider=

sprüche, welche unser sittliches Bewußtsein so oft schmerzlich berühren, eine Lösung finden in einem harmonischen sittlichen Dasein. Das ist unser Glaube und unsre Hoffnung, deren wir uns nicht erwehren können.

So kommen wir auf allen Wegen zu Gott. Wir werden also sagen müssen: unser ganzes Leben fordert Gott als die Wahrheit und das Ziel unsres Seins. In keinem irdischen Ver= hältnisse können wir ausruhen und unsere volle Befriedigung finden; Gott ist unsre Ruhe. In keinem Gedanken können wir einen Stillstand unsres Denkens machen; der Gedanke Gottes ist die wahre Befriedigung unsres denkenden Geistes. Kein Ziel des sittlichen Strebens befriedigt unsern Willen; die Gemein= schaft Gottes allein genügt der Forderung unsrer sittlichen Natur. Gott ist die Wahrheit und das Ziel unsres ganzen Seins. Und ebenso des Seins außer uns. In allem Sein außer uns sehen wir ein Abbild Gottes, einen Spiegel in dem sich sein einheit= liches Wesen in mannigfaltig zertheilten Strahlen bricht. Sie weisen uns alle auf ihr Urbild. In allen Verhältnissen dieses Lebens sehen wir Ansätze zu einem Höheren als sie selbst sind. Auch die höchsten Bildungen des menschlichen Lebens weisen über sich hinaus zu einem Höchsten. Sie wollen uns als Stufen dienen, daß wir über sie hinweg zu Gott emporsteigen. Gott ist die Wahrheit und das Ziel des gesammten Seins. Das gibt erst dem Leben in der Welt seine Wahrheit und höhere Weihe, daß wir in ihr die Gegenwart Gottes wissen und das Abbild Gottes besitzen. Das ist unser eigentlicher Besitz im Weltbesitz. Darum ist Gott zu leugnen nicht nur ein Widerspruch gegen unsre Vernunft — denn Gott ist eine Noth= wendigkeit der Vernunft — sondern auch die größte Armuth, denn es macht die Welt kalt, todt und leer und nimmt Allem seine Seele und seine Wahrheit. Kurz: Gott ist, weil er sein muß, weil alles Andere sonst nicht wäre, und weil es, auch wenn es wäre, ohne Gehalt und Wahrheit wäre. Es ist unsere innerste Gewißheit, daß Gott ist.

Das ist das unmittelbare Bewußtsein das wir in uns tragen.

Dieſes Bewußtſein iſt eine allgemeine Thatſache, eine Thatſache
des menſchlichen Geiſtes überhaupt.

Allerdings hat erſt das Chriſtenthum dieſen Inhalt unſres
Geiſtes der Menſchheit wieder zum Bewußtſein gebracht. Das
Gottesbewußtſein war wie ein verſchütteter Brunnen, den das
Chriſtenthum wieder aufgegraben hat. Aber es hat doch nur
aufgegraben, was ſchon da war. Es war wie eine Erinnerung
an eine große aber vergeſſene und mißverſtandene Wahrheit
des Geiſtes. In dieſem Sinn hat Paulus auf dem Areopag
Ap.-Geſch. 17, 23 den unbekannten Gott geprebigt, dem die
Athener unwiſſend Gottesdienſt thaten, den ſie im Grund ihrer
Seele ſuchten und meinten ohne es zu wiſſen, den die Heiden-
welt noch immer eigentlich meint und ſucht ohne es zu wiſſen.
In dieſem Sinne haben die Apologeten der erſten Jahrhunderte
an das unmittelbare Gottesbewußtſein erinnert und die Heiden
von ihrem unbewußten Glauben an Gott überführt, wie er in
Momenten innerer Bewegung, in betheuernden Anrufungen
Gottes oder dergl. hervorbreche. „O Menſchenſeele, ruft Ter-
tullian aus, die du von Natur eine Chriſtin biſt!"

Es iſt gewiß, daß Gott iſt. Aber was iſt Gott?

Wer will ihn beſchreiben? Gott iſt ein „Meer‘ ohn Grund
und Ende" — wer will ſeine Unendlichkeit in Worte faſſen?
Gott iſt ein Geheimniß — wer will ſein verborgenes Weſen
ausſprechen? Aber Gott bezeugt ſich innerlich dem Bewußtſein
des Menſchen, ſo daß dieſer wenigſtens eine ahnende Erkenntniß von dem verborgenen Gott hat. Sein innerſtes Weſen aber
hat er in Jeſu Chriſto aufgeſchloſſen, ſo daß wir ihm hier
gleichſam in ſein Herz ſchauen und ihn erkennen können wie
er für uns iſt.

Gott iſt die Macht alles Seins, denn er iſt das ewige
Leben das den Grund und das Ziel ſeiner ſelbſt in ſich hat;
er iſt ſeine eigene ewige That, darum auch der Grund und
das Ziel alles Geſchaffenen und der Herr der Welt, der in
Allem und über Allem waltet. Gott iſt der Heilige, der
keinen Widerſpruch in ſich trägt; er iſt ein Licht ohne Trübung

und der vollkommen Gute, darum auch der Grund aller sitt=
lichen Ordnung, der Schöpfer unsres eignen sittlichen Bewußt=
seins und allein das Gut, das unser sittliches Wesen befriedigt.
Gott ist endlich die Liebe, die uns ewig gewollt hat, daß
wir sein eigen sein sollen und in ihm Friede haben für unsre
Seelen. Die Schöpfung lehrt uns Gottes Macht, unser Ge=
wissen bezeugt uns seine Heiligkeit; aber die Liebe ist wahrhaft
erst in Jesu Christo offenbar geworden. Die Heidenwelt hat
eine ahnende Erkenntniß von der Macht Gottes, kaum eine
Ahnung von der Heiligkeit Gottes, aber keine Ahnung von
der Liebe Gottes. Diese Erkenntniß verdanken wir erst dem
Christenthum. Und doch ist das die Erkenntniß, die wir vor
Allem brauchen. Denn so lange wir Gott bloß als die Macht
und als die Heiligkeit kennen, bleibt die Kluft zwischen uns
und ihm unausgefüllt. Seine Macht zeigt uns nur unsre
Ohnmacht, seine Heiligkeit unsre Sünde. Diese Erkenntniß
unsrer selbst hält uns ferne von Gott, sie demüthigt uns vor
ihm, aber sie läßt uns ihm nicht nahen. „In Christo haben
wir einen Gott dem wir uns nahen ohne Stolz, und unter
den wir uns bemüthigen ohne Verzweiflung", sagt Paskal.
Und ein anderes Mal: „Die Erkenntniß Gottes ohne die unsres
Elends macht hochmüthig; die Erkenntniß unsres Elends ohne
die Erkenntniß Gottes führt zur Verzweiflung; die Erkenntniß
Christi ist das Vermittelnde: denn in ihm finden wir Gott
und unser Elend"[21], weil die Liebe die uns mit Gott wieder
vereinigt hat. Das ist die Erkenntniß, wie sie die Offen=
barung uns lehrt. Und unser Herz und Gewissen sagt Ja und
Amen dazu.

Aber der Pantheismus sagt Nein. Der Pantheismus
leugnet den Gott des Christenthums und setzt etwas Anderes
an seine Stelle.

Die Frage des Pantheismus ist zwar eine philosophische
Frage, und meine Aufgabe ist nicht in diesen Vorträgen
Philosophie zu treiben. Aber es ist eine Frage von höchster
praktischer Bedeutung, und wir können nicht an ihr vorüber=

4*

gehen. Ich werde sie so einfach und so kurz als möglich be=
sprechen. [22]

Der Pantheismus hat verschiedene Formen, aber einen ge=
meinsamen Grundgedanken; und dieser Grundgedanke von dem
er ausgeht ist der: der Mannigfaltigkeit dieser Welt und ihren
einzelnen Erscheinungen liegt etwas Allgemeines zu Grunde,
welches die Einheit dieser Welt bildet; und dieses Allgemeine
ist Gott. Das ist kein bewußter persönlicher Gott, es ist nur
das allgemeine Leben das in Allem lebt, das allgemeine Sein
das in Allem ist, oder die Vernunft in allen Dingen. Wir
nennen es nur Gott. Dieser Gott existirt nicht selbständig für
sich, er ist nur in der Welt, die Welt ist seine Wirklichkeit und
er nur ihre Wahrheit.

Dieser Pantheismus ist schon in der vorchristlichen Zeit vor=
handen gewesen. Er liegt den heidnischen Religionen zu Grunde,
diesen Religionen eines trunkenen Naturgefühls; er hat die
philosophische Weltanschauung Indiens erzeugt, diese Weltan=
schauung der träumenden Phantasie; er hat auch in Griechen=
land eine philosophische Vertretung in verschiedenen Schulen
gehabt und auch der scheinbare Monotheismus am Ausgang
der alten Welt hat sich von ihm nicht frei zu machen vermocht.

Für die christliche Welt wurde Spinoza sein einflußreichster
Vertreter. Und nachdem er längst begraben schien, hat Lessing
wieder auf ihn aufmerksam gemacht in einem berühmt gewordenen
Gespräch mit Jacobi; [23] und vor Allem hat ihn dann Schelling
erneuert und Hegel weitergeführt, und von da aus ist er viel=
fach in die allgemeine Denkweise übergegangen, oft mehr als
man selber weiß und glaubt.

Allem was ist — so lehrt Spinoza — liegt zu Grunde
die eine, ewige Substanz, welche in der doppelten Welt des Ge=
dankens und des raumerfüllenden Stoffes zur wirklichen Er=
scheinung kommt. Aus dem Mutterschooße der Substanz, als
der ewig gebärenden Natur, tauchen die einzelnen Gebilde auf,
um von dem Strome des Lebens immer wieder verschlungen
zu werden. Wie die Wellen des Meeres sich erheben und

senken, so erhebt sich das Einzelleben um zurückzusinken in jenes allgemeine Leben, das der Tod aller einzelnen Existenz ist.

Das ewige absolute Sein — lehrt Schelling in seiner früheren Zeit — geht stets auseinander in die Doppelwelt des Geistes und der Natur. Es ist Ein Leben das durch die ganze Natur hindurchgeht und im Menschen mündet. Es ist dasselbe Leben das in Baum und Wald, im Meer und im Felsgestein webt, das in den gewaltigen Kräften und Mächten des Naturlebens arbeitet und schafft, und das, im Menschenleibe eingeschlossen, hier die Gedanken des Geistes erzeugt. 24

Das Absolute, lehrt Hegel, ist die allgemeine Vernunft, welche zuerst in die Natur versenkt, hier gleichsam sich selber abhanden gekommen, dann im Menschen sich findet als selbst=bewußter Geist, in welchem das Absolute, am Schlusse seines großen Prozesses, wieder zu sich selbst kommt und sich in der Einheit mit sich selbst erfaßt. Dieser Prozeß des Geistes, das ist Gott; der Gedanke des Menschen von Gott ist das Dasein Gottes. Gott hat kein Sein und kein Dasein für sich; er ist nur in uns. Gott weiß nicht von sich; nur wir wissen von ihm. Indem der Mensch Gott denkt und weiß, denkt und weiß Gott sich selbst und ist er. Gott ist die Wahrheit des Menschen, und der Mensch ist die Wirklichkeit Gottes.

So ist schließlich der Mensch zu Gott gemacht.

Man kann nicht leugnen daß dem Pantheismus ein großer Gedanke und ein erhabenes Gefühl zu Grunde liegt — und in diesem Gedanken und diesem Gefühl ist eine Wahrheit —: der Gedanke und das Gefühl nämlich von der Einheit des Seins und von dem Zusammenhang unsres Lebens mit dem Leben das uns rings umgibt. Das Leben der Natur berührt uns sym=pathisch und ruft in uns eine entsprechende Stimmung hervor, welche ein Zeugniß für die Verwandtschaft ist, die zwischen Geist und Natur stattfindet. Seine eigenen Gesetze sind es, die unser Geist wiedererkennt in der Welt der Natur und des Geistes, und wir finden in dieser eine objektive Vernunft die gleichartig ist mit unserer subjektiven Vernunft. Aber ist dieses

Gefammtleben das uns umgibt und das Gebiet des allgemeinen
Geiftes, der in unfrem Geift fich wiederfpiegelt, das Lezte und
Höchfte, Gott felbft? Das ift der Irrthum des Pantheismus,
daß fein Denken und Empfinden gebunden ift durch diefes Mit=
telgebiet und daran haftet, ftatt durch daffelbe hindurchzudringen
zum lezten Urfprung aller Dinge und zur abfoluten Vernunft,
zu Gott.

Die Widerlegung des Pantheismus liegt fchon in feinen
praktifchen Konfequenzen.

Der Pantheismus vernichtet die Religion. Denn fein Gott
ift kein perfönlicher Gott zu dem ich in ein perfönliches Ver=
hältniß treten, den ich liebe, auf den ich vertraue, zu dem
ich beten könnte; es ift nur die Macht der Nothwendigkeit unter
die ich mich beuge, das allgemeine Leben an das ich mich ver=
lieren kann; aber ich kann nicht Gott gegenübertreten und zu
ihm fprechen: Du! — Der Pantheismus hebt die Voraus=
fetzungen der Sittlichkeit auf; denn alle Gegenfätze von gut und
bös find ihm Erfcheinungen des Einen Abfoluten. Damit hören
fie folgerichtig auf, wirkliche fittliche Gegenfätze zu fein; das
was wir böfe nennen ift im Grunde fo nothwendig wie das
Gute: — wie können wir verurtheilen was doch nothwendig
ift?[25] — Der Pantheismus zerftört die Hoffnung. Denn wie
die Blume dahinftirbt im Herbft, um nicht wieder aufzuleben,
fo verfinkt der Menfch im Strome des Lebens, um fich nicht
wiederzufinden — es ift aus mit ihm.[26] Man kann die Blume
in's Herbarium legen; fo kann man einen Menfchen im Ge=
dächtniß bewahren — aber es ift aus mit ihm. Es ift nur
euer kraffer Egoismus, fagen uns die Pantheiften, daß ihr
durchaus nicht zu Grunde gehen wollt. — Nur daß eben Gott
felbft uns diefen „Egoismus" in's Herz gegeben hat: — fo
muß er doch wohl Wahrheit fein.

Diefe Konfequenzen felbft fchon find eine Widerlegung des
Pantheismus. Aber man kann uns erwidern: Das ift eine
plumpe Widerlegung; nicht nach den Folgen muß man urtheilen,
fondern nach der Sache felbft. Zwar ift es die Sache die in

den Folgen erscheint. Aber sehen wir ab von ihnen! Die
Sache selbst ist die gleiche Widerlegung. Denn der Pantheis=
mus ist ein dreifacher Widerspruch: zur Vernunft, zum Gewissen
und zu unserm Herzen.

Er ist ein Widerspruch zur Vernunft. Denn er redet
von Gott und verneint ihn doch. Der Gott des Pantheismus
ist das Unendliche, aber dieß Unendliche ist nur im Endlichen
wirklich; das heißt: es selbst, das Unendliche ist nicht wirklich.
Denn wie soll das Unendliche gleich sein dem Endlichen? Ist
das Endliche seine Wirklichkeit, so ist es nicht die Wirklichkeit
seines Wesens, also nicht das Unendliche selbst. Also verneint
der Pantheismus das Unendliche, indem er es setzt. Und hin=
wiederum: wie soll das Endliche gleich sein dem Unendlichen?
Man sagt uns: indem es stirbt, hebt es sich als Endliches auf.
Aber nur um einem andern Endlichen zu weichen. So kom=
men wir aus der Endlichkeit nicht hinaus in die Welt des Un=
endlichen. Das Unendliche ist nirgends zu finden. — Der Gott
des Pantheismus ist das Allgemeine, welches stets übergeht in
das Besondere und Einzelne. Nach welchem Gesetz? Spinoza
antwortet: „nach göttlicher Nothwendigkeit". Das ist ein Wort.
Die allgemeine Substanz an sich erzeugt keine besonderen Bil=
dungen. Denn die allgemeine Substanz wirkt nach dem Gesetz
der Nothwendigkeit, die Einzelbildung aber beruht zugleich auf
dem Gesetz der Freiheit. So muß man diese mit jener ver=
binden, um die Wirklichkeit zu verstehen.[27] — Der Gott des
Pantheismus ist entweder die Natur aus welcher der Geist her=
vorgeht, oder der Geist der aus der Natur hervorgeht. Die
Natur aber ist das Bewußtlose, der Geist das Bewußte. Wie
kann das Bewußtlose aus sich Bewußtsein erzeugen? Es ist eine
alte Regel der Logik, daß die Wirkung nichts enthalten kann
was nicht zuvor in der Ursache gelegen. Das Bewußtsein ist
dem Bewußtlosen gegenüber etwas schlechthin Neues und
Anderes. Wie kann es also von diesem erzeugt sein? — Der
Gott des Pantheismus ist nach Hegel der absolute Begriff. In=
dem der Mensch das Absolute d. h. Gott weiß und denkt, weiß

und denkt Gott sich selbst.   Aber wie soll mein Bewußtsein von
Gott das Selbstbewußtsein Gottes selbst sein?   Ist aber das
Gottesbewußtsein des Menschen nicht die entsprechende Wirklich=
keit des Absoluten, und soll dieses doch, wie Hegel fordert, Sub=
jekt sein: nun so muß es eine höhere Wirklichkeit haben als im
menschlichen Geist, ein höheres Subjekt sein als das menschliche
Subjekt, es muß ein überweltliches Subjekt sein, ein übermensch=
liches Selbstbewußtsein, ein selbstbewußter persönlicher Geist über
aller Weltwirklichkeit. — Durch die ganze Welt geht der Zug
zur Persönlichkeit.   Von der untersten Stufe des Daseins an
strebt das Leben sich zum persönlichen zu erheben.   Im Menschen
wird es Person.   Woher dieser persönliche Zug des Lebens,
wenn er nicht das Gesetz der Welt ist; und woher dieses Gesetz,
wenn das Prinzip der Welt ein unpersönliches ist?   Die Mensch=
heit aber schließt sich zusammen zum einheitlichen Organismus
des Reiches Gottes, der auch wieder seine Persönlichkeit sucht,
um an ihr seine Spitze zu haben — in der absoluten Persön=
lichkeit, Gott, in welcher Alles gipfelt.²⁸   So fordert also das
Denken die Persönlichkeit des Absoluten; der Pantheismus ist
ein Widerspruch zur Vernunft.

Nicht minder ein Widerspruch zum Gewissen. — Unser
Gewissen fordert die Herrschaft des Sittengesetzes; die Herrschaft
des Sittengesetzes aber fordert den persönlichen Gott.   Denn
nur Er kann der oberste Gesetzgeber, nur Er kann der oberste
Richter sein.   Es ist ein allgemeines Bewußtsein, daß das Sit=
tengesetz auf einer mehr als menschlichen, daß es auf der höchsten,
göttlichen Autorität ruhen muß.   Zwar das bürgerliche Recht
kann Produkt des menschlichen Willens, des wechselnden Willens
sein.   Das Sittengesetz aber ist ewig, das hat einen ewigen
Grund, einen übermenschlichen Urheber.   Nur darauf beruht
seine unverbrüchliche Autorität.   Nur Gott kann also der oberste
Gesetzgeber sein.   Und nur Gott der oberste Richter.   Wir fordern
eine oberste Gerechtigkeit, die sich nicht irren kann wie die mensch=
liche, der sich der Schuldige nicht entziehen kann wie der mensch=
lichen.   Es muß eine oberste Instanz geben, an welche der Un=

schuldige appelliren, welcher der Schuldige nicht entrinnen kann.
Man sagt etwa: das Gewissen ist der Gesetzgeber und der Richter.
Aber wenn es nicht der Gesetzgeber, wenn es nicht der Richter
ist? Es kann getrübt, geschwächt, abgestumpft sein, es kann
schweigen, man kann sich dagegen verschließen. Wo bleibt dann
die Gerechtigkeit, welche doch das Grundgesetz des irdischen
Lebens ist? Wohlan, es sei nichts als das Gewissen. Gut, so
fordern wir ein untrügliches, ein unerbittliches, ein unentrinn=
bares Gewissen, d. h. ein absolutes Gewissen — das ist Gott:
er ist das oberste Gewissen der Welt.

Gott ist eine Forderung unsres Gewissens und eine For=
derung unsres Herzens. Wir sind geschaffen zur Hingebung,
zum Glauben, zur Liebe, zur Hoffnung, zur Seligkeit. Soll
die Welt der Gegenstand unsres Glaubens, unsrer Liebe u. s. w.
sein? Die Welt ist eine stete Vergänglichkeit — wie sollen wir
da zum Frieden kommen? Glaube und Liebe sind ein persön=
liches Verhältniß; wir sind für ein persönliches Verhältniß ge=
schaffen. Soll der Mensch der höchste Gegenstand unsrer Liebe
sein? Die Schwester Paskals erzählt von einem Papier, das
ihr Bruder beständig bei sich getragen, worauf die Worte ge=
schrieben waren: „Es ist unrecht, daß man Anhänglichkeit zu
mir hat, so gern und freiwillig es auch geschehe; ich würde
die nur täuschen, in denen ich ein solches Verlangen hervor=
riefe: denn ich bin Niemandes Ziel und habe nichts das ihn
befriedigen könnte. Bin ich nicht bereit zu sterben? Und dann
würde auch der Gegenstand ihrer Anhänglichkeit todt sein.“
Und in den Pensées drückt er das so aus: „Es ist falsch daß
wir werth seien von Andern geliebt zu werden, und es ist
unrecht daß wir es wollen.“ [29] Zwar ist es das Höchste und
Beste unter den Menschen, daß sie einander lieben. Aber dieß
Höchste und Beste ist nur die Weissagung eines Höheren und
Besseren. Und wo die Liebe wahr ist, lieben wir im Menschen
mehr als den Menschen. Was Heloise in Abälard liebte, was
ihre Seele bildete, verschönte und ihr Flügel gab — es war
nicht Abälard; es war mehr als er. Alle irdische Liebe weist

über sich hinaus. Erst die Liebe zu Gott ist des Menschen ganz
würdig und füllt ihn ganz aus. So hoch steht der Mensch.
Aber die Liebe ist ein persönliches Verhältniß. Die Liebe zu
Gott fordert den persönlichen Gott. Streichen wir die Persön=
lichkeit Gottes, so streichen wir das Beste, Schönste und Höchste
was in uns ist: Glaube, Liebe, Hoffnung, und was an ihre
Stelle tritt ist die Resignation — nicht die stille friedliche Er=
gebung in Gottes Willen, sondern die kalte stumme Resignation,
die sich beugt weil sie muß, die sich nicht der Liebe beugt sondern
der Macht, die, indem sie die Augen schließt, versinkt in den
ewigen Tod, in welchem es aus ist mit uns, mit unsrem Besten,
mit unsrem persönlichen Sein. Der Pantheismus vernichtet
unsre Persönlichkeit, weil er die Persönlichkeit Gottes vernichtet.
Sein Gott ist ein Gott der Todten und nicht der Lebendigen,
denn er ist selbst nicht das wahrhafte und wesentliche Leben.[30]
     Kurz: der Pantheismus ist der absolute Widerspruch zu
unsrem innersten Wesen, zu unsrer innersten Wahrheit, zu
unsrem innersten Bedürfniß, ein Widerspruch der Vernunft,
des Gewissens, des Herzens. Wer Mensch sagt, der muß auch
Gott sagen, und wer Gott sagt, der muß auch den persönlichen
Gott bekennen; wer sagt: Ich bin, der muß auch sagen: Du
bist. Von da aus bestimmt sich dann die ganze Richtung
unserer Gedanken.

Vierter Vortrag.

Die Weltschöpfung.

Je nachdem man die Frage über Gott beantwortet, entscheidet sich auch die Frage über die Welt. Ist Gott ein lebendiger persönlicher Gott, dann ist die Welt von ihm geschaffen und diese Schöpfung eine freie That seiner Macht, Weisheit und Liebe. Das ist die Grundlage der christlichen Weltbetrachtung. Sobald wir aber dieses Gebiet betreten, begegnen uns alle die Einwendungen, welche die Naturwissenschaften und eine natür= liche Betrachtung der Dinge gegen die religiöse Weltbetrachtung und speziell gegen die biblische Darstellung erheben. Dadurch ist eine Reihe von Fragen und Bedenken hervorgerufen worden, welche in weiten Kreisen die Gemüther beschäftigen und oft über das Maß hinaus beunruhigen.

Der Konflikt zwischen den Naturwissenschaften und der religiösen Weltbetrachtung ist ein Erzeugniß erst der neueren Zeiten. Er steht im Zusammenhang mit den großen Fortschritten, welche Physik und Chemie, Astronomie und Geologie in der neuen Zeit gemacht haben. Seitdem das Teleskop und Mikroskop ganz neue Welten aufgeschlossen haben, seitdem Rosses Teleskop die von Herschel entdeckten fernen Nebelflecke zum Theil in Sternensysteme aufgelöst, zum Theil unterstützt durch die Experimente der Spektral=Analyse sie als wirkliche Nebelmassen von kometenähnlicher Beschaffenheit er= wiesen, seitdem Ehrenberg die Welt der Infusorien entdeckt und z. B. in einem Kubikzoll Biliner Polierschiefer 40,000 Mill. kieselartiger Panzer der Galionellen gefunden — seitdem hat ein neues Verständniß dieser sichtbaren Welt sich zu bilden be=

gonnen und ein leichtbegreifliches höheres Selbstgefühl des
menschlichen Geistes sich bemächtigt, der nun keine Ferne des
Raumes, kein Dunkel der Zeiten sich mehr verschlossen glaubt.
Die auf diesem Wege gewonnenen Erkenntnisse haben zu einem
Ganzen natürlicher Weltbetrachtung sich zusammenzuschließen
angefangen, welche sich auf Thatsachen beruft und handgreifliche
Gewißheit für sich in Anspruch nimmt und dadurch imponirt;
denn alles Handgreifliche macht der Natur der Sache nach
immer einen großen Eindruck auf unsren Geist. Auf der andern Seite ist es die Art des religiösen Glaubens, daß er sich
nicht bloß auf eine einzelne Provinz des inneren Geisteslebens
beschränken lassen, sondern das gesammte Denken des Menschen
durchdringen und es in Einheit mit sich setzen will. Wider-
sprechende Betrachtungsweisen aber in sich zu dulden, wider-
strebt der Natur des menschlichen Geistes. Dadurch ist denn
vielfach ein Zwiespalt in das moderne Geistesleben gekommen,
und daraus ein Gefühl eines unbehaglichen Schwankens und
einer bänglichen Unsicherheit entstanden, welche nicht weiß ob
und in welchem Grade sie Zugeständnisse machen und durch
dieselben etwa die gestörte Harmonie der inneren Gedankenwelt
wieder gewinnen soll. Schon Schleiermacher fürchtete von den
Ergebnissen der Naturwissenschaft nicht bloß für die Theologie,
sondern für das evangelische Christenthum überhaupt. „Mir
ahndet, — schreibt er an Lücke 1829 (Theol. Studien und
Kritiken II, 489 f.) — daß wir werden lernen müssen uns
ohne Vieles zu behelfen, was Viele noch gewohnt sind als mit
dem Wesen des Christenthums unzertrennlich verbunden zu
denken. Ich will gar nicht vom Sechstagewerk reden; aber der
Schöpfungsbegriff, wie lange wird er sich noch halten können
gegen die Gewalt einer aus wissenschaftlichen Kombinationen,
denen sich Niemand entziehen kann, gebildeten Weltanschauung?“
„Und unsere neutestamentlichen Wunder — denn von den alt-
testamentlichen will ich gar nicht erst reden — wie lange wird
es noch währen, so fallen sie auf's Neue, aber von würdigeren
und weit besser begründeten Voraussetzungen aus als früherhin

zu den Zeiten der windigen Encyklopädie. Was soll dann
werden, mein lieber Freund? Ich werde diese Zeit nicht mehr
erleben, sondern kann mich ruhig schlafen legen. Aber Sie,
mein Freund, und Ihre Altersgenossen, was gedenken Sie zu
thun? Wollt Ihr Euch dennoch hinter diesen Außenwerken
verschanzen und Euch von der Wissenschaft blokiren lassen?
Das Bombardement des Spottes wird Euch wenig schaden.
Aber die Blokade! Die gänzliche Aushungerung von aller
Wissenschaft, die dann nothgedrungen von Euch, eben weil
Ihr Euch so verschanzt, die Fahne des Unglaubens aufstecken
muß! Soll der Knoten der Geschichte so auseinandergehen:
das Christenthum mit der Barbarei und die Wissenschaft mit
dem Unglauben?" So Schleiermacher. — Nun, er hat sich
schlafen gelegt und Lücke, an den er schrieb, auch, und nun
sind wir da und haben die Arbeit zu thun, die jene uns un=
gethan zurückgelassen haben. Was sollen wir nun sagen? Sollte
es wirklich so gefährlich stehen als es Schleiermacher schildert
und als es Viele wohl auch jetzt noch denken mögen?

Als die Israeliten vor dem verheißenen Lande standen, da
sandten sie Kundschafter voraus, welche Land und Leute er=
kunden und darüber Bericht erstatten sollten. Die kamen zurück
mit einem verzagten Herzen und haben durch ihren Bericht
auch dem übrigen Heer das Herz bange gemacht. Nur zwei,
Josua und Kaleb, behielten getrosten Muth und forderten in
gutem Vertrauen zu Gott und ihrer Sache auf voranzugehen,
und seiner Zeit hat Gott sich zu den Muthigen bekannt und
die Aengstlichen zu Schanden gemacht. So hat auch Schleier=
macher einen flüchtigen Streifzug in das Land der Naturwissen=
schaften gemacht und ein verzagtes Herz mit zurückgebracht. [1]
Sollen wir uns nun dadurch auch das Herz bange machen
lassen? Ich glaube, so bedenklich stehen die Dinge nicht.

Der meiste Streit auf Erden entsteht durch Verrückung der
Grenzen, und Vieles kann geschlichtet werden was sich verwirrt
hat, wenn nur die Grenzen eingehalten werden. „Schiedlich,
friedlich." Das ist denn auch hier das Erste und Nöthigste,

daß die Grenzen zwischen den beiden Gebieten, um die sich's
handelt, rein gehalten und bewahrt werden. Damit ist bereits
die Hauptsache gewonnen. Die Religion und Theologie haben
Wahrheiten, über welche die Naturwissenschaft nichts weiß, die
sie daher zu verneinen kein Recht hat; und wiederum die Natur=
wissenschaft hat eine Reihe von Erkenntnissen, mit welchen die
Religion nichts zu thun hat und über welche die Theologie
nichts zu sagen weiß. Und auch wenn beide von derselben
Sache handeln, so sind es doch ganz verschiedene Seiten der=
selben. Die Religion sagt uns daß Gott uns unser tägliches
Brod gebe; die Naturwissenschaft lehrt uns wie das Getreide
auf dem Felde draußen wachse. Kann man nun sagen, weil
das Eine stattfindet, so findet das Andere nicht statt? Beides
ist in seinem Rechte, aber beides an seinem Orte. Die Er=
kenntniß der Grenzen ist der Weg des Friedens. Zwar kann
zuweilen Unsicherheit über die Grenzen stattfinden und dadurch
Konflikt entstehen. Aber um deßwillen braucht man nicht gleich
Krieg anzufangen, sondern man sucht die richtigen Grenzen auf=
zufinden und festzustellen. Das mag Zeit kosten und Geduld
und Arbeit erfordern. Und so kann es wohl geschehen, daß
wir uns werden bescheiden müssen nicht alsbald alle Fragen
jetzt schon entscheiden zu können. Aber was wir jetzt noch nicht
vermögen, das dürfen wir von der Zukunft erwarten.

Eine solche Frage nun, wo es vor Allem auf die Scheidung
der beiden Gebiete ankommt, ist gleich die erste von den Fragen
die uns hier zu beschäftigen haben, die von der Schöpfung
selbst. Und dieß ist im Grunde die entscheidende Frage. Diese
aber liegt diesseits der Grenzen im Gebiete der Religion.
Denn der Schöpfungsbegriff gehört der Religion an und
nicht der Naturwissenschaft. Diese mag uns über den äußeren
Hergang belehren; die Thatsache selbst aber, daß Gott die Welt
geschaffen, lehrt uns nicht die Naturwissenschaft sondern die
Religion. Hierüber kann die Naturwissenschaft aus eigenen
Mitteln nichts sagen. So weit sie auch in ihrer Forschung
zurückgehen und das Werden der kosmischen Bildungen ver=

folgen mag — zuletzt muß sie doch bei einem Stoff und bei einem Leben und bei Gesetzen stehen bleiben. Woher dieser Stoff, woher sein Leben und die in ihm waltenden Gesetze seien, darüber weiß die Naturwissenschaft nichts. Denn sie hat immer die Materie zur Voraussetzung und beginnt erst mit der= selben. Die Frage nach der Entstehung der Materie verläßt den Boden der sinnlichen Wirklichkeit und geht in das Gebiet der Spekulation oder des Glaubens. Da hört also die Natur= wissenschaft auf Naturwissenschaft zu sein und wird·Philosophie oder Religion. Ob man die Materie von Gott geschaffen sein lasse, oder sie als ewig oder von sich selbst seiend denke, oder ob man gar nichts darüber denke — für die Naturwissenschaft selbst ist das völlig gleich; denn sie fängt erst an mit der Exi= stenz des materiellen Seins. In dieser Frage also ist zwischen Naturwissenschaft und Glaube kein Konflikt und kann keiner sein. Findet hier doch ein Konflikt statt, so ist es ein Konflikt ver= schiedener Weltanschauungen, die beide Sache des Glaubens — weil einer Grundannahme — sind, sei es nun eines philo= sophischen oder des religiösen. Was ein Konflikt mit der Natur= wissenschaft scheint, ist vielmehr ein Konflikt mit 'der Philo= sophie der Jünger der Naturwissenschaft.[2]

Welches ist nun dieser Gegensatz?

Die Welt ist eine Thatsache. Woher ist sie? Entweder von sich selber oder das Werk eines Schöpfers. Dieses Letztere ist die Lehre der Schrift. Nirgends in der alten Welt außer= halb des Offenbarungsgebiets und der Schrift ist der reine Schöpfungsbegriff vorhanden. Man ließ die Welt entweder aus einer ewigen Materie entstanden sein, wie die Philosophie des Abendlands es dachte und nur etwa noch einen göttlichen Verstand hinzufügte, dessen Geschäft war den vorhandenen Stoff zu bilden, oder man ließ sie aus der Gottheit gleichsam aus= geflossen sein, wie die Phantasie des Morgenlandes träumte.[3]

Aber beides steht im Widerspruch mit dem reinen Gottesbegriff. Dieser fordert mit Nothwendigkeit die Welt als eine That der göttlichen Freiheit. Ist die Welt aber eine solche freie That

des allmächtigen Willens Gottes, dann ist sie „aus Nichts" ge=
schaffen d. h. sie hat keinen Stoff zur Voraussetzung, sondern
der Stoff der Welt ist selbst erst eine Schöpfung Gottes. Frei=
lich gilt sonst, daß aus Nichts Nichts wird; denn alles Werden
hat ein Sein zur Voraussetzung; aber das Sein selbst hat im
letzten Grunde nur Gottes Willen zur Voraussetzung. Die
Entstehung dieses Seins aber entzieht sich aller Vorstellung.
Auch jetzt noch ist uns die Entstehung des Lebens ein unburch=
bringliches Geheimniß. Wie etwas wird, vermag kein Mensch
zu sagen, und wir werden auch nie dahinter kommen. Wie
will man sich vollends vorstellen, wie das anfängliche Sein
überhaupt geworden ist?⁴ Aber wir sollen uns auch, sagt der
Hebräerbrief 11, 3, des Weltanfangs nicht auf sinnenfälligem
Wege vergewissern können, sondern er soll uns ein Gegenstand
des Glaubens sein: eben deßhalb sei die Welt durch die
Geistesmacht des Wortes Gottes geworden. So ist denn die
Schöpfung der Welt ein Glaubenssatz der Religion. Und ein
Satz von durchgreifender religiöser Bedeutung. Denn eben weil
wir Geschöpfe Gottes sind, sind wir auch bestimmt und fähig
mit Gott in einem Verhältnisse zu stehen — mit andern Wor=
ten: die Religion beruht auf dem Lehrsatz von der Schöpfung.
Hat die Welt einen Anfang genommen, so hat sie auch ein
Ziel der Vollendung und eine Mitte ihrer Geschichte — in
Jesu Christo; alles wahre und wesentliche Verständniß der ge=
schichtlichen Entwicklung also beruht auf dem Satz von der
Schöpfung. Wir sehen: dieser Satz ist von durchgreifender
praktischer Bedeutung.

Im Widerspruch zu ihm aber steht die Lehre des Pantheismus
und des Materialismus.

Der Pantheismus lehrt einen ewig sich vollziehenden
Uebergang des Absoluten oder der Idee in die Wirklichkeit.
Aber das sind bloße Worte. Kein Pantheist vermag uns zu
sagen, auf welchem Wege die Idee zur Wirklichkeit gelange.
Von der einen zur andern führt keine Brücke, sondern nur
ein Sprung, und zwar ein unmöglicher Sprung, bei welchem

diese pantheistische Philosophie (der Hegel'schen Schule) den Hals bricht.

Die Konsequenz des Pantheismus ist der Materialismus d. h. die Lehre nach welcher die materielle Natur Ein und Alles und das eigentlich Seiende ist. Der Materialismus leugnet den Geist, den absoluten, göttlichen, wie den kreatürlichen, menschlichen; aus der Materie allein — und der mit ihr verbundenen Kraft der Bewegung — will er die Welt und den Menschen erklären. Jenen kann man den physikalischen Materialismus nennen, diesen nennt man den psychologischen. Wir haben es hier zunächst mit dem ersteren zu thun. Dieser Materialismus ist alt; schon in der griechischen Philosophie war er zu Hause, obwohl hier noch in naiver Gestalt. Von jeher reizte das Räthsel der Natur den Forschungstrieb des menschlichen Geistes. Man fragte nach dem Urgrund der Dinge und suchte ihn — so die jonischen Naturphilosophen — in der Natur selbst und ihren Elementen, im Wasser und in der Luft oder in einem chaotischen Urstoff. Andere aber, die sogenannten Atomisten, wie Demokrit, setzten an die Stelle der Urstoffe die Atome, d. h. ausgedehnte aber untheilbare Stofftheile, die an sich zwar unveränderlich sind, aber durch ihre verschiedene Verbindung und Vertheilung im leeren Raume die Mannigfaltigkeit der Erscheinungen hervorrufen. Fragte man aber was diese Atome so in Bewegung setze und verbinde oder trenne, so war die Antwort: die Nothwendigkeit oder der Zufall. Zwar erkannte der tiefere philosophische Geist Griechenlands, daß, um die Vernunft in der Welt zu erklären, eine höchste Vernunft angenommen werden müsse, welche, wenn auch nicht weltschöpferisch, doch wenigstens weltbildend sei. Von Anaxagoras an haben die großen Philosophen Griechenlands diesen Gedanken vertreten. Aber Epikur kehrte zur atomistischen Lehre zurück. Durch die zufällige Verbindung der Atome ist die Welt mit ihren Gebilden entstanden, lehrte Epikur. Daraus folgerte er dann, daß das richtige und sicherste Werkzeug der Erkenntniß die Sinne seien, und das Ziel des Lebens

nicht die Verwirklichung einer sittlichen Aufgabe sondern die
Glückseligkeit, b. h. die Lust, wenn auch eine eblere und Maß
haltende Lust. In diesen Sätzen sind bereits alle wesentlichen
Elemente auch des modernen Materialismus enthalten. Als
das Christenthum und seine Weltanschauung die Gedankenwelt
des menschlichen Geistes eroberte und beherrschte, war die
materialistische Denkweise auf lange hinaus beseitigt, bis erst
in neuerer Zeit sich dieselbe wieder geltend machte und große
Erfolge errang. Die Opposition gegen alles geschichtlich Ge=
wordene und besonders gegen alles Kirchliche, wie sie im vorigen
Jahrhundert in Frankreich herrschte, ging aus in den kon=
sequenten Materialismus eines La Mettrie und des Système
de la nature. Es gibt nichts als Materie, keinen von der
Materie unterschiedenen Geist — das ist sein Fundamentalsatz.
Die Richtung unserer Zeit, welche der Pflege der materiellen
Interessen einseitig zugewandt ist, kam dieser Denkweise zu
Hülfe. So hat sie in unseren Tagen an L. Feuerbach, K. Vogt,
Moleschott, Büchner, Häckel u. s. w. zahlreiche und rücksichts=
lose, au vielen andern Naturforschern vorsichtigere und rück=
sichtsvollere Vertreter gefunden. Es handelt sich bei ihr, trotz
der philosophischen Begründung, welche ihr Feuerbach gegeben
hat, nicht um eine wissenschaftliche Theorie, sondern um eine
entschieden praktische Tendenz. Man will — wenigstens die
entschiedenen und bewußten Materialisten wollen es — die
geistigen und besonders die religiös=sittlichen Grundlagen be=
seitigen, auf denen der gegenwärtige Bestand unserer Gesell=
schaft ruht. Vor allem ist es die Existenz der Kirche, welcher
man das Recht abspricht und durch die materialistische Lehre
den Boden unter den Füßen zu entziehen sucht, wie z. B.
K. Vogt seiner Zeit in der Paulskirche mit der rückhaltlosen
Offenheit, die wir an ihm gewohnt sind, ausgesprochen hat:
es müsse noch eine Zeit kommen, in welcher das Ding, das
man Kirche nenne, vom Erdboden verschwunden sein werde.

Diese Materialisten nun lehren: Die Materie ist Alles und
außer ihr ist nichts; sie ist ewig und unvergänglich, „der Ur=

grund alles Seins"; alles Leben und alle Bildung ist nur
Stoffwechsel; nur die Form ist das Veränderliche und Ver=
gängliche; bald gehen die Atome diese, bald gehen sie jene
Verbindung ein, und bilden so einen ewigen Fluß und Wechsel
der unzählig verschiedenen Gestalten, in denen der Stoff unsren
Sinnen erscheint. „Derselbe Kohlenstoff und Stickstoff, welche
die Pflanzen der Kohlensäure, der Dammsäure und dem Am=
moniak entnehmen, sind nacheinander Gras, Klee und Weizen,
Thier und Mensch, um zuletzt wieder zu zerfallen in Damm=
säure und Ammoniak. Hierin liegt das Wunder des Kreislaufs":
so belehrt uns Moleschott in seinem Kreislauf des Lebens S. 84,
d. h. er hält es für seine höchste Bestimmung einmal zu Dünger
zu werden.[5]

Nach dieser Lehre ist also der Stoff das Erste. Aber woher
ist dieser Stoff? Man sagt uns: er ist eben. Aber das heißt
die Frage nicht beantworten, sondern verbieten. Man sagt:
der Stoff ist ewig. Woher weiß man das? Man gesteht zu:
diese Voraussetzung ist nothwendig; denn sonst müßte man
einen Schöpfer annehmen, und das will man nicht. Aber
wie kann die Eigenschaft der Ewigkeit an sich im Wesen der
Materie liegen? Mit dem Stoff verbindet man die Kraft.
Woher ist diese? Es kann weder der Stoff aus der Kraft,
noch die Kraft aus dem Stoffe sein; denn beide sind ganz
verschiedener Natur. Aus sich selbst aber kann die Kraft auch
nicht sein; denn sie ist nicht für sich selbst, sondern sie ist an
den Stoff gebunden. Der Materialismus will das Räthsel des
Daseins erklären und beginnt mit zwei räthselhaften, unerklär=
lichen Größen. — Der Stoff soll aus einer unendlichen Zahl
von Atomen d. h. untheilbaren Stofftheilen bestehen. Woher
hat der Materialismus seine Atome? Aus der Erfahrung?
Nein, denn sie sind nicht wahrnehmbar. Man hat nie ein
Atom gesehen und kann keines sehen. „Mit der Grenze der
sinnlichen Erfahrung — sagt aber Vogt, Köhlerglaube und
Wissenschaft S. 105 — ist auch die Grenze des Denkens ge=
geben." Und doch liegen die Atome jenseits der Grenze der

Erfahrung! — Diese Atome treten zusammen in verschiedenen
Bildungen — fährt man fort. Nach welchem Gesetz? Nach
dem Gesetz der Wahlverwandtschaft. Aber können diese eigen=
schaftslosen Atome Wahlverwandtschaft haben? Und wenn sie
auch welche haben —' wodurch entsteht die Bewegung dieser
Atome? Denn die Materie ist das an sich Bewegungslose und
jede Veränderung derselben fordert eine äußere Ursache, wie
Kant uns gelehrt hat. Aus dem Gesetz der Anziehung? Aber
woher stammt diese? Und woher stammt das Ordnungsmäßige
der Bewegung, vermöge dessen in sich zusammenstimmende
regelmäßige und sich gleichbleibende Bildungen entstehen? Wir
müssen eine höhere Kraft fordern, welche die Körper in das
Verhältniß der Anziehung zu einander setzt, und einen intel=
ligenten Willen, der die Bildung des Stoffs nach Gesetz und
Ordnung regelt.⁶

Vollends aber scheitert die materialistische Anschauung an
der Thatsache des Organismus.

Gäbe es bloß äußerliche mechanische Verbindungen, so
könnte man mit der Annahme einer bloß mechanischen Kraft
sich begnügen. Aber woher stammt der Organismus? Ver=
gebens hat man versucht ihn auf einen bloß physikalischen Vor=
gang zurückzuführen.⁷ Man mag sich die Atome denken wie
man will, sie reichen nicht aus um den Organismus zu er=
klären. Zwischen der Krystallbildung und der organischen
Bildung ist ein wesentlicher Unterschied. Was den Organismus
auszeichnet, ist die lebendige Wechselwirkung seiner inneren
Theile und die wechselseitige Beziehung, in welche er mit den
ihn umgebenden Körpern tritt, wodurch zugleich eine stete Ver=
änderung seines Zustandes gesetzt ist. Damit eröffnet sich der
Betrachtung eine Welt nicht bloß der Ursachen sondern der
Zwecke. Es ist die höchste Betrachtung der Natur, das Gesetz
der Zweckbeziehungen in ihr zu erkennen. Dieß führt aber
auf eine höchste Intelligenz. Der Pantheismus Spinoza's und
die moderne Naturwissenschaft haben einen Kampf gegen diese
Idee der „Teleologie" begonnen: es sei ein „Wahnsinn" des

„kleinen Menschleins, dieser Eintagsfliege", die unendliche Natur nach Zweckbegriffen beurtheilen zu wollen. Die „Dysteleologie", die prinzipielle Leugnung jeder Zweckmäßigkeit der Natur= ordnung, ist zu einem Hauptlosungsworte der heutigen Natur= forscherschule, die sich mit Stolz die „exakte" nennt, geworden.[8] Aber das Gesetz des Zweckes ist ein Gesetz unsrer geistigen Natur, und darum suchen und finden wir es auch außer uns. Allenthalben tritt es uns entgegen, im Einzelnsten wie im Ganzen. Jedem Organismus liegt ein Gedanke zu Grunde. Dieser Gedanke ist früher als seine Verwirklichung, und seine Idee beherrscht das Ganze. Cuvier bestimmte den Bau sogar urweltlicher Thiere aus einzelnen Knochen. So sehr beherrscht die Idee des Ganzen auch das Einzelne. Diese Idee arbeitet für die Zukunft. Das Auge ist für das Licht, das Ohr ist für den Schall u. s. w. Aber das Auge wird in der Nacht, das Ohr in der Stille gebildet. Nachdem sie jedoch geworden, treten sie alsbald in Beziehung zu Licht und Schall. Wir sehen, es findet hier eine zwecksetzende Wirksamkeit statt, welche uns über alle äußeren Ursachen zurückweist auf den bildenden, zwecksetzenden Gedanken. Und diese Herrschaft des Gedankens wie sie uns im Einzelnsten entgegentritt, erstreckt sie sich nicht gleicherweise über das Ganze? Der ganzen Welt liegt ein Ge= danke zu Grunde, ein Plan und eine fortschreitende Verwirk= lichung desselben, von den niederen Stufen zu immer höheren, bis an ein höchstes Ziel, so daß die ganze Entwicklung von der Idee der höchsten Stufe beherrscht ist. Das Letzte ist vor dem Ersten, das Ganze ist vor dem Einzelnen — nämlich in der Idee. So beherrscht also eine ideale Macht die Entwicklung des Ganzen und alles Einzelnen. Will man diese Thatsache erklären, wenn man nur Stoff und Kraft oder bewußtlos wirkende Natur kennt und nicht die schöpferische Macht einer weltbildenden Intelligenz?

Und wenn man auch versuchen wollte mit jener Annahme für die gegenwärtige Wirksamkeit der Natur auszureichen — wie will man die erste Entstehung des organischen Lebens

überhaupt erklären? Kann organisches Leben aus unorganischem
und Lebendiges aus Leblosem werden? Strauß hat zwar, um
der Annahme einer Menschenschöpfung zu entgehen, die Menschen entstehen lassen wollen wie nach seiner Meinung der
Bandwurm entsteht, „der nicht selten etliche 20 Fuß lang"
sei, nämlich durch die sogenannte generatio aequivoca d. h.
durch selbständige Entstehung aus bloßen Stoffen ohne Vermittlung eines lebendigen Wesens. Aber die exakte Naturwissenschaft weiß nichts von diesem „Aberglauben" einer generatio aequivoca. Höchstens für das Bereich der niedersten Organismen, der winzigen Aufgußthierchen oder sogenannten
Protozoen, gesteht sie die Möglichkeit einer selbständigen Entstehung organischen Lebens zu; doch ist es ihr auch hier noch
sehr zweifelhaft ob sich solche Lebensentstehungen auch wirklich
auf dem Wege des Experimentes nachweisen lassen.⁹ Die besonneneren Forscher verlegen die Ausnahmen von der jetzt
allgemeingültigen Regel, daß Lebendiges nur aus Lebendigem
entsteht, lediglich in die Urzeit. Da habe die Materie die der-
malen gänzlich erschöpfte freie Zeugungskraft noch besessen;
oder — so meinen vollends Einige, die noch ängstlicher jedwede
Inkonsequenz zu vermeiden bedacht sind — da sind der Erde
die frühesten Anfänge des Lebens in Gestalt von Infusorien
oder von Keimen kryptogamer Pflanzen, z. B. Algen, Moose 2c.,
auf Meteorsteinen, den Trümmern zu Grunde gegangener
fremder Welten, zugetragen worden.¹⁰ Aber das heißt die
Frage nur zurückschieben. Denn woher ist das Leben auf jenen
fernen Welten entstanden? Das alles sind nichts als phantastische
Träume oder Ausflüchte der Verzweiflung, um der Annahme
einer übernatürlichen ersten Ursache des Lebens zu entgehen.
Mag man sich immerhin auf die chemischen und physikalischen
Kräfte berufen und die Natur sich als ein großes chemisches
Laboratorium vorstellen — trotz aller Fortschritte welche die
Chemie seit den letzten Jahrzehnten gemacht, hat sie noch keine
belebte Zelle hergestellt und wird es auch nie können,¹¹ und
Faust's Wagner wartet heute noch darauf, daß aus der chemischen

Retorte der homunculus hervorgehen solle. Und — es sei, die
Natur sei das große chemische Laboratorium, das auch Leben=
diges zu erzeugen vermag: aber wo ist der Chemiker, der in
diesem Laboratorium arbeitet?[12]

Kurz: dieser Materialismus ist wie eine dünne Eisdecke,
die bei jedem Schritt den man thut einbricht. Wie will man
darauf seine Weltanschauung aufbauen?

Aber — wendet man ein — wenn es auch mit diesem
Materialismus nichts ist, dennoch fällt die christliche Welt=
anschauung dahin vor den Thatsachen der Astronomie und der
Geologie.

Man sagt uns immer wieder: die Astronomie ist die
Widerlegung des Christenthums. Das kopernikanische System
hat die christliche Weltanschauung schlechterdings unmöglich ge=
macht, und die neueren Entdeckungen haben dieses Gericht nur
vollendet. Nach der christlichen Weltanschauung ist die Erde
der Mittelpunkt des Weltalls. Denn hier ist der Mensch, der
das Ziel der ganzen Schöpfung ist; hier ist Gottes Sohn
Mensch geworden zum Behuf einer Erlösung, deren Wirkung
sich auf das ganze Universum erstreckt, und mit dem zukünftigen
Geschick des Menschen und seiner Erde hängt das zukünftige
Geschick der ganzen Welt zusammen. Aber das kopernikanische
System lehrt uns, daß die Erde ein verschwindender Punkt
im Weltall ist, einer der kleinsten Trabanten von einer der
unbedeutendsten Sonnen. Der unendliche Raum ist erfüllt von
Sonnensystemen, gegen welche das unsere ein Nichts ist. In
unserm Milchstraßensystem allein sind mehr als 20 Millionen
Sonnen! Und unser Milchstraßensystem ist nur wie eine Welt=
insel im großen Weltocean! In den weitesten Fernen ist alles
voll Welten. Und was sind das für Fernen! Obgleich das
Licht gegen 42,000 Meilen in der Sekunde durchfliegt, braucht
das des nächsten Firsterns (α des Centauren, 4½ Billionen
Meilen entfernt) doch gegen 4 Jahre um zu uns zu gelangen,
die entlegensten Partien der Milchstraße 8000 Jahre, und die
fernsten uns noch sichtbaren Nebelflecken wenigstens 20 Millionen

Jahre. So versichert man uns wenigstens. Wenn wir mit einem Eisenbahnzug 6 Meilen in der Stunde zurücklegten und Tag und Nacht führen, würden wir doch 400 Jahre brauchen um bis zur Sonne, und da der nächste Fixstern 269,420 mal weiter entfernt ist, 108 Millionen Jahre um bis zu diesem zu gelangen. Wie kann man also die Erde als den Mittelpunkt des Weltalls ansehen — dieses Stäubchen im Meere des Welt= alls? Man muß die Unendlichkeit der Welt bekennen, wie Schiller in seinem Gedichte „Die Größe der Welt":

„Steh! du segelst umsonst — vor dir Unendlichkeit!"
„„Steh! du segelst umsonst — Pilger auch hinter mir:
     Senke nieder,
     Adlergedank, dein Gefieder!
  Kühne Seglerin! Phantasie!
  Wirf ein muthloses Anker hie.""

Das Christenthum steht und fällt mit dem alten ptolemäi= schen System. Dieses aber ist gefallen vor dem kopernikanischen. Einen vieltausendjährigen Wahn hat dieses über den Haufen geworfen — ein glänzender Triumph des menschlichen Geistes und ein erhebender Beweis daß die Wahrheit endlich siegen muß. Die alten Theologen haben wohl gewußt, warum sie sich dagegen wehrten; die römische Kirche hat mit richtiger Konsequenz Galilei's Sätze verdammt und ihn zum Widerruf gezwungen. Aber vergeblich.

Was werden wir dazu sagen? Allerdings, das koperni= kanische System ist Wahrheit und ein Triumph des Geistes. Aber ist es mit dem Christenthum unverträglich? Wenigstens Kopernikus war nicht dieser Meinung. Mit den Forschungen des Astronomen hat er die frommen Pflichten des Geistlichen vereinigt, und seine religiöse Gesinnung war es welche ihn zu seiner großen Entdeckung führte; seine Zeitgenossen aber glaubten ihn mit der Inschrift zu ehren, welche auf seinem Bildniß in der Johanniskirche zu Thorn sich befindet und in Uebersetzung etwa so lautet:

Nicht die Gnade die Paulus empfangen begehr' ich,
Noch die Huld mit der du dem Petrus verziehen,
Die nur, die du am Kreuze dem Schächer gewährt hast,
Die nur erfleh' ich.

Die beiden Heroen aber im Gebiete dieser Wissenschaft, Kepler und Newton, waren demüthige und eifrige Christen.[13]

Aber man kann sagen: diese großen Begründer der neuen Astronomie haben die Konsequenzen ihrer folgenreichen Ent= deckungen noch nicht übersehen. Wir müssen sachliche Gründe geltend machen.

Was wir zu erwidern haben ist vor Allem dieses: die Quantität ist nicht der Maßstab für die Qualität. Birgt nicht oft der kleinste Raum die größten Wunder? Wenn uns das Teleskop zeigt, daß unsere Welt im Universum wie ein Sandkorn sei, so zeigt uns das Mikroskop fast in jedem Sandkorn eine neue Welt.[14] Von der äußern Ausdehnung hängt nicht die Bedeutung einer Sache ab; Quantität und Qualität stehen oft geradezu im Gegensatz zu einander. Schon der 8. Psalm hat diesen Gedanken ausgesprochen, wenn er hervorhebt, wie der Mensch gegenüber den mächtigen Welt= körpern ein verschwindendes Atom sei und doch das Abbild Gottes. Der kleinste Organismus steht höher als die größte unorganische Masse, die Rose im Thal höher als das ragende kahle Felsgestein, und der Geist ist mehr werth als die ganze Materie, und so denn auch die Stätte, in welcher der Geist zu seiner Entwicklung kommt, mehr als der ausgedehnteste Raum, der nur die Vorstufe dieser Geistesentwicklung bildet. Unsere Erde enthält hierfür die schlagendsten Belege. Die Erde ist doch wohl bestimmt die Heimat des Menschen zu sein und nicht der Walfische. Und doch ist ihre Oberfläche zu zwei Dritt= theilen mit Wasser bedeckt. Und von dem einen Drittheil ist wieder ein großer Raum durch Kälte, Hitze, Sand und Morast unbewohn= bar gemacht oder doch wenigstens so beschaffen, daß es scheint als ob die Natur nur eine Probe habe anstellen wollen, wie weit wohl der Mensch unter den ungünstigsten Verhältnissen der Entwicklung fähig sei, wie Herder von den Eskimos sagt. Und warum muß er diesen seinen Antheil an der Erde noch mit allen den Raubthieren und dem Gewürme theilen, die ihm den Platz streitig machen? Man muß also nicht den äußer= lichen Maßstab der Quantität anlegen. „Die Quantität des Raumes ist absolut gleichgültig für die Offenbarungen des Geistes, der sich oft gefällt in den kleinsten Raum die größten Wunder einzuschließen." So wenig der kleine Menschenleib des Geistes unwürdig ist, der doch die Welt umspannt, so wenig die kleine Erde Gottes, um sich darauf zu offenbaren. Oder, „wie viele Quadratmeilen müßte wohl ein Planet haben, um einer Inkarnation des Ewigen den gehörigen Anstand zu verleihen?"[15]

Aber wir können auch erkennen — so weit wenigstens wir zu urtheilen vermögen —, daß unsre Erde in unsrem Sonnensystem, zwar nicht äußerlich mathematisch, aber sach= lich und in ihrer Beschaffenheit eine zentrale Stellung ein= nimmt, so daß sie nicht der sinnliche, aber wohl der geistige Mittelpunkt desselben ist. Denn kein andrer Körper unsres Sonnensystems ist so wie die Erde geeignet die Stätte orga= nischen Lebens zu sein. Eine solche Vergleichung der Erde mit jenen andern Körpern dürfen wir aber anstellen, weil nicht bloß dieselben Gesetze auf ihr herrschen wie auf jenen, sondern jene auch, wie. die Astronomie und die Physik lehren, aus Grund= stoffen bestehen, die denen unserer Erde ähnlich sind.[16] Anderer= seits aber fordert das organische Leben, wie das des Geistes und Gemüths, äußere Voraussetzungen, wie sie auf den andern Körpern unsres Sonnensystems entweder gar nicht oder nicht in derselben Vollkommenheit vorhanden sind wie auf unsrer Erde. Vor Allem ist bei der Sonne das Gewicht ihrer Masse so groß und die Bande der Materie sind deßhalb dort so viel= mal ($28^{1}/_{2}$ mal) stärker als bei uns, daß, wie Mädler sagt, „unsere Herkulesse, auf die Sonne versetzt, sich als gliederlahme, bejammernswürdige Schwächlinge produziren würden",[17] wenn der gluthflüssige Zustand der Sonne nicht von vornherein alle Mög=

lichkeit der Bewohnung und des organischen Lebens überhaupt
ausschlösse. Je weiter wir aber uns von der Sonne entfernen,
um so ungeeigneter sind die gesammten materiellen Verhältnisse
für eine menschenähnliche Existenz.[18] Um den entferntesten
Planeten, den Neptun, bei Seite zu lassen, weil bei diesem die
Verhältnisse am ungünstigsten sind, so ist bereits auf dem
Uranus, in einer Entfernung von 386 Millionen Meilen von
der Sonne, das Licht desselben so schwach, daß das Auge fast
wie das einer Nachteule konstruirt sein müßte, wenn es in dieser
traurigen Dämmerung etwas sollte erkennen können. Aber es
könnte ja Gott gefallen haben die Augen dort so zu konstruiren.
Allein die Sonne erscheint dort so klein — kaum dreimal so groß
als uns Jupiter erscheint —, daß sie sich unter den übrigen
Sternen fast verliert. Und da das Sonnenlicht dort nur $^3/_{1000}$
von der Kraft und Helle unsres irdischen Sonnenlichtes hat, so
findet kaum ein wahrnehmbarer Unterschied von Tag und Nacht,
von Abend und Morgen Statt, sondern Alles ist stets in ein=
förmiges Grau gehüllt. Da ist dann aber auch keine Poesie
möglich, und damit auch kein wahres Gemüthsleben. Da ferner
die Axe des Uranus in die Ebene seiner Bahn fällt, so steht
die Sonne immer das halbe Jahr (= 42 Erdenjahren) über
der nördlichen, das halbe Jahr über der südlichen Hälfte! Das
Verhältniß der Jahreszeiten ist zwar auf dem Saturn bei
einer Axenneigung von 40 Graden besser, auch erscheint auf
ihm die Sonne bereits größer; aber höchst wahrscheinlich bietet
die Beschaffenheit seiner Oberfläche keinen Raum für irgend eine
menschenähnliche Existenz; obendrein beträgt seine Dichtigkeit
nur $^1/_{10}$ der Dichtigkeit der Erde, kaum also wie des Korkholzes, kein
andere Planet hat eine so lockere Masse. Der Ring aber, oder
vielmehr der Komplex von (3—4) Ringen welcher ihn umgibt,
wirft seinen etliche Millionen Meilen langen Schatten 15 Erden=
jahre auf die winterliche Hälfte, so daß die Bewohner alle 15 Jahre
wandern müßten. Der Jupiter, der „Riese des Sonnensystems",
hat eine geradestehende Axe, also gar keinen Wechsel der Jahres=
zeiten, und seine Rotationsdauer beträgt nicht ganz 10 Stunden,

so daß der Tag also nur etwa 5 Stunden umfaßt, eine Kürze
der Tageslänge mit welcher wir den Gedanken eines höheren
menschlichen Kulturlebens nicht wohl zu verbinden vermögen.
Und wenn man in der Bewegung der Streifen die ihn umgeben mit Recht Veränderungen der Wolken gesehen hat —
was freilich nicht feststeht —, so würde von da aus auf Stürme
zu schließen sein, welche in einer Sekunde 7—11,000 Fuß zu-
rücklegen, während die stärksten Stürme auf der Erde nur eine
Geschwindigkeit von 60 Fuß in der Sekunde haben — so daß
also schlechterdings nichts auf diesem sturmgepeitschten Boden
existiren könnte. Die Asteroiden dürfen wir wohl übergehen,
da sie vielleicht nur versprengte Trümmer eines größeren Planeten
und jedenfalls von so geringer Anziehungskraft sind, daß die
Muskelbewegung, mit der wir einen Fuß aufheben, uns dort
haushoch in die Luft schnellen würde. Auf dem Mars, dem
„Miniatur-Abbild der Erde", wäre die Existenz noch am er-
träglichsten, aber doch nur weil er der Erde ähnlich ist, ohne
sie jedoch zu erreichen. Die Venus kommt in ihrer Beschaffenheit der Erde sehr nahe, aber bei einer Axenneigung von
72 Graden hat sie einen zu grellen Wechsel der Jahreszeiten.
Auch hat man aus der Wolkenlosigkeit ihrer Atmosphäre schließen
wollen, daß sie wasserlos, also für organisches Leben ungeeignet
sei. Der Merkur aber, dessen Oberfläche nur den neunten
Theil von der Oberfläche der Erde beträgt, ist doch gar zu
klein für den Menschen: „sein Vaterland muß größer sein".
Obendrein ist auf diesem Stern die Menge der Wärme und
des Lichts 4¼ mal größer als auf der Erde — für uns, wenn
wir an die Sommermonate denken, ein unerträglicher Gedanke.
Wir sehen, nur in der Erde ist die Idee des Planeten verwirklicht. Die andern Planeten sind nur Stufenansätze dazu;
die Erde ist der Planet schlechthin, das Ziel und der Central-
punkt des Planetensystems, — soweit wenigstens wir zu urtheilen vermögen — der einzige Körper in unsrem Sonnensystem,
der für die Entfaltung eines höheren organischen Lebens von
der Art des menschlichen geeignet ist.

Ueber die Firsternwelt aber, welche jenseits unsres Sonnen=
systems liegt, wissen wir so gut wie nichts. Wir werden an=
nehmen dürfen, daß unsre Welt ein in sich geschlossenes System
bildet, eingefaßt von den Lichtmauern der Milchstraße, mit
einem Zentrum welches Mädler (1846) in der Plejadengruppe
(etwa im Stern Alkyone, während Neuere freilich dieß für wenig
wahrscheinlich erklären) gefunden zu haben glaubte. In dieser
Firsternwelt liegt unser Sonnensystem in der sternenärmsten
Region, wie eine Insel im Ozean, zwar nicht in der Mitte, aber
der Mitte nahe, „gleichsam noch auf dem geräumigen Markt=
platz" der großen Weltenstadt,[19] ähnlich wohl wie unsre Erde
im Sonnensystem. Und wenn jenseits unsres Firsternsystems noch
neue Welten lägen — wer wollte sie erkunden und wer würde ihre
Grenzen messen? Wir haben nur Vermuthungen, nichts weiter.

Man hat in neuerer Zeit den ungeheuren Raum, den die
Astronomie aufgeschlossen, mit der ungeheuren Zeit, welche die
Geologie fordert, parallelisirt.[20] Aber abgesehen von den sehr
wesentlichen Einschränkungen, welche die früheren astronomischen
Annahmen über die Entfernung der Firsterne neuerdings durch
die Berechnungen Struve's erfahren haben, und jene Parallele
als berechtigt angenommen, so können wir sagen: so gut die
ungeheure Zeit der Erdbildungen ihr eigentliches Ziel doch im
Menschen findet — sollte nicht ähnlich der ungeheure Raum
der Welt in Beziehung zur Stätte des Menschen stehen? Wie
sich der Mensch zur Zeit verhält, so wird sich die Stätte des
Menschen zum Raum verhalten. Warum soll sich nicht auf
dieser Stätte eine Geschichte vollziehen können, welche von ent=
scheidender Bedeutung für das Universum ist? War hier die
Souveränität Gottes in Frage gestellt, so mußte sie eben hier
festgestellt werden, und war hier eine Offenbarung der Gnade
nöthig, so mußte sie eben hier erfolgen. Und was hier ge=
schah, das geschah für die Welt und war für diese entscheidend,
weil es eine That Gottes von fundamentaler Bedeutung war.
Man muß die innere Bedeutung dessen was geschah wägen,
und nicht den äußern Umfang des Raumes auf dem es ge=

schaß messen. Von dieser Betrachtung weiß die Astronomie
aus eignen Mitteln nichts, aber sie verwehrt sie auch nicht,
sondern verstattet sie und gibt auch die entsprechenden Voraus=
setzungen dafür.

Wenden wir uns zur Frage der Geologie!

Wir müssen zuerst die Thatsachen feststellen.

Die Erde ist nicht sogleich in ihrer jetzigen Gestalt und mit
den jetzt auf ihr lebenden Wesen geschaffen worden, sondern
sie bildete sich allmählig. Dieß ist die gewisseste Thatsache
der Geologie. Sei es nun daß man — nach plutonistischer
Theorie — die Erde zuerst als eine glühend geschmolzene Kugel
denkt, deren Oberfläche sich in allmähliger Abkühlung verdichtete
und mit Wasser bedeckte, oder daß man — nach neptunistischer
Theorie — von vorherein den gesammten Stoff in wässerigem
Zustande annimmt, aus welchem er sich dann erst zu krystalli=
siren und von dem Wasser zu sondern begann —: immer ist
die Erde zunächst eine chaotische Masse, welche nur allmählig sich
gliederte und belebte, und von den niederen Organismen der
Pflanzen= und Thierwelt zu immer höheren fortschritt, bis diese
Bildungsthätigkeit mit dem Auftreten des Menschen abschloß.[21]

Man bestimmt die Zeitfolge der verschiedenen Formationen
der Gebirge und Erdschichten theils nach der Lage, in welcher
sie über einander geschichtet sind, theils nach den Versteinerungen,
die sie enthalten und die einen Fortschritt der Entwickelung deut=
lich erkennen lassen. Das Urgebirge enthält noch keine Ver=
steinerungen. Diese beginnen erst mit dem sogenannten Ueber=
gangsgebirge oder der sogenannten silurischen und devonischen
Formation. Hier finden sich die ersten Versuche von Or=
ganismen in den pflanzenähnlichen Strahlthieren, krebsarti=
gen Trilobiten, Muscheln, Schnecken und Fischen. Die
dann zunächst nach oben zu folgende Steinkohlenformation
birgt in sich die Reste einer außerordentlich reich und
üppig entwickelten Vegetation. Eine mächtige Pflanzen=
welt ist hier begraben, die aus riesigen Schachtelhalmen,
baumhohen Farnkräutern, besonders aber aus kolossalen

Bärlappgewächsen oder Lykopodiaceen (den s. g. Lepidodendren 2c.) bestand, welche üppig wuchernd den sumpfigen Boden bedeckten.[22] Wie groß dieselben gewesen, sieht man aus der mächtigen Ausdehnung der Steinkohlenlager, welche aus jener Vegetation entstanden sind. Die Ostküste Englands allein enthält 338,500 Mill. Ctr. Steinkohlen. Und nun noch die großen Kohlendistrikte an der Saar und Ruhr und in Amerika! Und die noch größeren die man neuerdings in Rußland gefunden hat! Welch' eine Pflanzenwelt muß das also gewesen sein, die hier begraben ist! Dagegen treten in ihr die thierischen Ueberreste verhältnißmäßig zurück. — Auf diese Steinkohlenzeit folgt nach der nur wenig mächtigen Bildung der Zechsteinformation die Triasformation (der bunte Sandstein, Muschelkalk und Keuper), die Juraformation und die Kreideformation: diese alle zusammengefaßt unter dem Namen der sekundären Formationen. Auch hier finden sich Pflanzenüberreste, aber die thierischen treten bereits stärker hervor. Und zwar sind es zunächst Wasserthiere und Amphibien, deren Reste sich finden: Mollusken, Fische, Reptilien, besonders Saurier, die ungeschlachten Vorgänger und Vorbilder unserer heutigen Wale einerseits und Krokodile andererseits; auch einzelne Vögel. Erst später treten Säugethiere auf. Diese gehören — wenn wir von den Spuren derselben absehen, die in der Juraformation gefunden wurden — der sogenannten Tertiärperiode an, so zwar daß sie sich, von den ausgestorbenen Arten der untern Abtheilungen an, je weiter nach oben immer mehr den gegenwärtigen lebenden Gattungen nähern, besonders in den Bären, Hyänen, Hirschen, Elephanten, Rhinocerossen und ähnlichen vertreten. Auch erscheinen bereits die ersten Affen in dieser Periode, von welcher zugleich die zu Braunkohlen gewordenen Wälder ein in der Erde begrabenes Denkmal sind. Die Tertiärzeit geht in die Diluvial= und Alluvialzeit aus, mit welcher die gegenwärtige Gestalt der Erde und ihrer Erzeugnisse sich bildete. Dieser letzten Zeit erst gehört der Mensch an.

Das ist — im allgemeinsten Umriß — der Befund, welchen
die Geologie zu Tage gefördert hat. Man muß nicht nur den
Fleiß, die Ausdauer und den Scharfsinn der geologischen
Forschungen anerkennen, sondern wird auch zugestehen müssen,
daß die von der Geologie festgestellte Bildungsgeschichte unsrer
Erdrinde in den Hauptsachen als gesichert anzusehen ist. Hie=
mit steht nun aber, sagt man, der biblische Bericht in hand=
greiflichem Widerspruch. Der biblische Bericht ist Ausdruck
einer kindlichen Anschauung der Urzeit, nach welcher Gott wie
ein irdischer Werkmeister Eins nach dem Andern macht und
Theil zu Theil fügt, bis das Ganze fertig ist. Die Natur=
wissenschaft gibt uns ein anderes Bild. Aus dem Schoße der
Natur erzeugen sich durch die Macht der einwohnenden Kräfte
und Gesetze immer neue und höhere Bildungen; unendlich lange
Zeiten, viele Millionen von Jahren vergingen, bis die Erde
die Stufen der gegenwärtigen Vollkommenheit erreichte. Von
allen diesen großen Veränderungen der Erdperioden mit ihren
wechselnden Pflanzen= und Thierwelten lesen wir in der Schrift
nichts. Dieser Widerspruch muß also anerkannt werden. Wenn
aber — folgert man dann weiter — schon das erste Blatt
der Bibel einen so augenscheinlichen Irrthum enthält, wird
es dann der Mühe werth sein die folgenden Blätter aufzu=
schlagen?

Sind beide, Bibel und Geologie, wirklich einander so wider=
sprechend und unvereinbar?

Wenn wir an einem alten vielerprobten Freunde etwas
wahrnehmen oder über ihn hören, was wir nicht verstehen
können, werden wir nun gleich irre an ihm werden oder über
ihn aburtheilen, und nicht lieber mit unsrem Urtheil zurück=
halten, bis uns eine spätere Zeit etwa die nöthige Aufklärung
bringt? Ein solcher alter vielerprobter Freund ist uns Allen
die Bibel. Treten uns da Räthsel und Widersprüche entgegen,
die wir nicht zu lösen wissen, so werden wir lieber uns be=
scheiden und die Aufklärung von der Zukunft erwarten, als
daß wir schnellfertig über sie aburtheilen. Denn sind wir

gewiß, daß wir sie auch richtig verstehen, so wie wir etwa glauben sie verstehen zu müssen? Kann uns nicht noch ein anderes Verständniß aufgehen? Als Kopernikus sein System vorlegte, glaubte man im Interesse der Bibel ihm widersprechen zu müssen. Dieser Widerspruch ist verstummt, und die Bibel ist den Gläubigen seit Kopernikus so gewiß wie vor ihm. Sie haben erkannt, daß sie nicht dazu da ist Astronomie zu lehren, sondern den Weg zur Seligkeit, und daß sie von den Bewegungen der Himmelskörper eben in der populären Weise des Augenscheins redet, wie es die Menschen allein verstehen konnten und wie wir alle heutzutage noch reden. So könnte uns wohl noch ein oder der andere Mißverstand in der Auffassung der Bibel anhaften und mit der Zeit sich heben, ohne daß sie an ihrem Werthe für uns irgend etwas verlöre. Und wie wir so uns nicht einnehmen zu lassen brauchen gegen unsre Bibel, so brauchen wir auch nicht ohne Noth ängstliches Mißtrauen zu hegen gegen die Forschungen des menschlichen Verstandes und zu meinen, wir müßten diese gleich durch die äußere Autorität des Schriftworts niederschlagen. Es ist eine Nothwendigkeit des menschlichen Geistes und auch Gottes Wille, daß der Mensch forsche. Die Geschichte zeigt, daß er es gar nicht lassen könnte, auch wenn man es ihm verbieten wollte. Und nicht minder, daß es einen wirklichen Fortschritt in der Erkenntniß gibt. Wenn nur die Forschung im Geiste ernsten demüthigen Wahrheitssinns geschieht, dann wird ihr auch Gottes Segen nicht fehlen. Den Aufrichtigen läßt es Gott gelingen. Freilich geht der Weg menschlicher Wahrheitsforschung durch Irrthum hindurch. Dieser kann und soll nun einmal nicht erspart werden. Und gerade die gründlichsten Forscher auf dem Gebiete der Naturwissenschaft werden am bereitwilligsten zugestehen, daß gar Manches, was jetzt noch für sicher gilt, sich über kurz oder lang als Irrthum ausweisen kann. Es ist nur die Oberflächlichkeit, welche die vorübergehenden Meinungen gleich für ausgemachte Wahrheiten ausgibt. Und es ist nur ein sittlich verwerflicher Mißbrauch der Wissenschaft, wenn

man sich beeilt aus ihren wirklichen oder vermeintlichen Ergebnissen Waffen zu schmieden, um damit den religiösen Glauben
zu bekämpfen. Mit diesem Mißbrauch hat die Wissenschaft selbst
nichts zu thun, und ihre wahren und würdigen Vertreter auch
nichts. Das ist nur Sache der Wegelagerer.

Je mehr wir uns umsehen im Gebiete der geologischen
Forschungen, um so mehr stoßen wir auf Hypothesen, ungelöste
Probleme und Verschiedenheit der Ansichten. Es ist zwar wohl
übertrieben, wenn Lichtenberg von neun Zehnteln der 50 Hypothesen, die er über die Erdbildung aufzählt, urtheilt, daß sie
mehr zur Geschichte des menschlichen Geistes als zur Geschichte
der Erde gehören;[23] aber die rasche Eile, mit der ein Er-
klärungsversuch schon nach wenigen Jahren den andern verdrängt, die große Unsicherheit und Verschiedenheit der Ansichten,
die auch in Fundamentalfragen noch herrscht, werden Alle zugestehen müssen. Ich will nur etliche der wichtigsten hervor-
heben. Während Cuvier die Bildung der Erdrinde — die
Verschiebungen der Gesteinschichten, die Hebungen und Senk-
ungen, die Höhen und Tiefen der Erdoberfläche — nur durch
die Theorie der gewaltsamen Erdumwälzungen erklären zu
können glaubte, welche durch andere als die gegenwärtigen
Kräfte hervorgerufen sein müßten, deren Aufeinanderfolge aber
eine planmäßig wirkende Schöpferhand nicht verkennen lasse —
eine Theorie die weite Verbreitung gefunden und besonders
durch Agassiz weiter ausgebildet und begründet worden —;
lehrt dagegen die Schule Lyells, dessen Autorität gegenwärtig
die meisten folgen, daß von Anfang an dieselben Gesetze in
derselben Weise thätig gewesen seien wie gegenwärtig, und
fordert deßhalb ungeheure Zeiträume, um Raum zu gewinnen,
damit die still und langsam wirkenden Kräfte jene vielen und
großen Veränderungen hervorrufen konnten, deren Denkmale
wir im Schooß der Erde finden; wogegen dann wieder Andere in dieser unabsehbaren Langwierigkeit und Zufälligkeit
nichts Großartiges zu finden vermögen, sondern rasche und
heftige Katastrophen und geniale Entwicklungen fordern,

ähnlich wie auch in der Entwicklung des einzelnen Menschen
die ersten Monate vor und nach der Geburt Fortschritte be=
wirken, wie später ganze Jahre, ja Dezennien sie nicht hervor=
bringen. [24] Während die Einen, wie Darwin und seine Rich=
tung die ganze Mannigfaltigkeit der Organismen aus einer
oder einigen wenigen Grundformen durch allmählige Umände=
rung in unabsehbaren Zeiträumen sich entwickeln lassen durch die
verschiedenen Stufen hindurch bis zum Menschen, sehen Andere
hierin nur eine „willkürliche“ und „unwissenschaftliche“ Hypo=
these, zu der die ausreichende Begründung durch die Thatsachen
fehle, und lehren dagegen, daß im Gebiete des organischen
Lebens Neubildungen stattgefunden haben. [25] Während man
noch vor wenigen Jahren für ausgemacht erklärte, die große
Fluth, welche nach dem Ergebniß der geologischen Forschung
der gegenwärtigen Gestalt der Erde voranging, habe vor dem
Dasein der Menschen stattgefunden und habe mit der großen
Fluth, von welcher die Ueberlieferungen der Völker und die
Schrift berichten, nichts gemein, diese finde vielmehr in der
Naturwissenschaft keine Bestätigung, so glaubt man sich jetzt
durch die Funde in den Kiesbetten von Abbeville u. s. w. oder
die Knochenfunde bei Aurignac u. dgl. [26] genöthigt, zur Zeit
jener Fluth Menschen auf Erden anzunehmen, so daß jene Ueber=
lieferungen eine Bestätigung fänden und nur der Zeit nach weiter
hinaufzurücken wären. Ueber diese Zeit des Daseins der Menschen
aber herrscht dann noch solches Schwanken, daß während Fraas,
Pfaff, v. Baer 2c. sich mit einer über die biblische Zeitrechnung nicht
wesentlich hinausgehenden Schätzung von ungefähr 7000 Jahren
begnügen, B. v. Cotta dagegen mindestens 80,000 Jahre seit dem
ersten Auftreten von Menschen verstreichen läßt, Andere (wie
Vivian 2c.) bis zu mindestens 250,000 Jahren hinaufgreifen
und noch andere (wie Frank Calvert 2c.) Millionen von Jah=
ren für das Alter unsres Geschlechts fordern! Diese Beispiele
lehren wohl zur Genüge, wie viel noch fehlt, daß man in der
Geologie und Paläontologie zu allseitig gesicherten Resultaten
gerade in den Fragen, in denen sie sich mit der Bibel berühren,

gekommen wäre. Bevor aber diese gewonnen sind, kann auch
eine abschließende Vergleichung zwischen Naturwissenschaft und
Schrift gar nicht angestellt werden, und jeder voreilige Versuch
der Ausgleichung kann leicht nur mehr stören als fördern. Be=
schränken wir uns also auf das, was nach dem gegenwärtigen
Stande der Dinge möglich ist!

Da kommt es denn vor allem darauf an, den rechten
Gesichtspunkt zu gewinnen. Es kann nicht oft genug wieder=
holt werden, daß die Bibel kein Lehrbuch der Astronomie oder
Geologie ist, sondern eine Urkunde der Religion, daß sie nicht
dazu da ist, die Fragen der Naturforscher zu beantworten oder
die Untersuchung derselben zu ersparen oder auch nur zu er=
leichtern, sondern das religiöse Interesse zu befriedigen. So
ist also auch was sie von der Schöpfung der Welt sagt nicht
ein naturwissenschaftlicher Bericht, sondern ein religiöser. So
muß man also auch nicht dasjenige darin suchen, was nicht
darin stehen soll.

Da ist nun das Erste das, daß die Welt von Gott ge=
schaffen ist. Die Geologie beginnt mit dem Chaos, dem wogen=
den und gährenden. Woher dieses Chaos sei, weiß die Geo=
logie nicht. Die Schrift geht über das Chaos der Geologie
zurück und sagt, Gott habe den ersten Stoff selbst geschaffen,
aus welchem allmählich diese wohlgeordnete und bildungsreiche
Welt geworden sei. Das ist ein Satz der die Geologie gar
nicht berührt, den sie aus ihren Mitteln weder begründen noch
verneinen kann, er liegt jenseits ihrer Wissenschaft; wohl aber
ist es ein Satz von religiösem Interesse und hiefür von funda=
mentaler Wichtigkeit.

Zum Andern sagt uns die Schrift, daß das Leben auf
Erden, die Welt der Pflanzen und der Thiere einen Anfang
genommen, und zwar durch das Zusammenwirken der Natur=
kräfte und der schöpferischen Thätigkeit Gottes. Gott sprach:
„Die Erde bringe hervor", „das Wasser errege sich", und „Gott
schuf". Und von einem Anfang des organischen Lebens sagt
uns auch die Naturwissenschaft, und sie verzichtet darauf —

wenigstens die besonnene — die Entstehung desselben anders erklären zu können als durch die Annahme einer höheren, schöpferischen Kraft.

Zum Dritten sagt die Schrift, daß die Erde geworden sei in allmähliger Steigerung vom Allgemeinen zum Besonderen, vom Unvollkommenen zum Vollkommenen, vom Unfreien zum Freien, immer mehr dem Menschen sich annähernd, bis sie in diesem die Krone und das Ziel ihrer Bildungen fand. Dieß nun ist von religiöser Bedeutung, weil daraus erhellt, daß der Mensch als das Ziel der Schöpfung Gottes auch Gottes eigent= licher und letzter, darum sein erster Gedanke war, daß es Gott auf den Menschen und sein Verhältniß zu demselben abgesehen hatte. Davon weiß die Naturforschung nichts und hat nichts davon zu wissen. Denn das ist eine Frage der Religion. Aber die Voraussetzung hievon, die allmähligen Stufenfortschritte der irdischen Bildungen bis zum Menschen, bestätigt sie auf das Schlagendste, und jeder Fortschritt ihrer Forschungen ist ein Fortschritt dieser Bestätigung. Wenn die Schrift die Erde zuerst mit Wasser bedeckt sein, dann Gebirge und Festland sich empor= heben, dieses mit Vegetation sich schmücken, das Wasser mit Fischen, die Luft mit Vögeln sich erfüllen, darauf die Land= thiere folgen und das Ganze mit dem Menschen schließen läßt, so ist das — nur eben in großen Zügen und allgemeinen Um= rissen, wobei nur die Hauptglieder hervorgehoben und die Neben= glieder bei Seite gelassen werden — derselbe Entwicklungsgang, den die geologische Forschung uns aufgeschlossen hat. [27]

Man hat zwar Anstoß daran genommen, daß das Licht vor der Sonne und die Sonne jünger als die Erde sein soll. Aber was die Naturwissenschaft überhaupt über diese Frage weiß — und im Grunde kann sie darüber nur Vermuthungen aufstellen — das muß wenigstens die Möglichkeit der Schrift= aussagen anerkennen. Jetzt zwar ist das Licht uns nur durch die Sonne vermittelt. Aber es ist bekannt, daß die Körper unter verschiedenen Umständen leuchtend sein können: so bei intensiven und raschen chemischen Verbindungen zweier Stoffe

oder beim Freiwerden von Elektricität. Welcher Art nun jenes
erste Licht war, wissen wir nicht; aber daß Licht möglich ist
ohne die Sonne, wissen wir. Ueber die Bildung der Himmels=
körper aber gibt es in der Hauptsache nur eine Theorie, die
nach Kants Vorgang (1755) der große W. Herschel aufgestellt
und Laplace (1796) insbesondere für unser Sonnensystem näher
ausgeführt hat, die sogenannte Nebulartheorie, nach welcher aus
einem großen gasartigen Fluidum, das im nächtlichen Raume
ausgebreitet war, sich einzelne ungeheure Dunstkugeln bildeten,
die sich dann zu Weltkörpern gestalteten, und daß auch unser
Sonnensystem eine solche Dunstkugel war, innerhalb deren sich
zuerst die äußersten, dann die inneren Planeten und zuletzt die
Sonne in ihrer dermaligen feurigen Kugelgestalt bildete, so
daß die Sonne als besonderer Körper allerdings in gewissem
Sinne jünger wäre als die Erde. Von den Fixsternen aber
und ihrer Bildung läßt sich höchstens muthmaßen, daß ähnliche
Entwicklungen aus rotirenden Nebelmassen ihnen zu Grunde
liegen. So daß also, die Haltbarkeit dieser kosmogonischen
Hypothese vorausgesetzt, dieß alles sich wohl miteinander ver=
tragen würde.

Nur Eines ist was die Naturwissenschaft sich ausbittet, näm=
lich daß wir ihr große Zeiträume zugestehen und sie nicht etwa
in sechs 24stündige Tage einspannen wollen; denn das sei
schlechterdings unmöglich. Es genüge hiefür z. B. auf die
großen Steinkohlenlager zu verweisen, die aus einer mächtigen
Pflanzenwelt sich gebildet und z. B. in N.=A. allein nach
H. Rogers einen Raum von 6250 ☐Meilen einnehmen oder
im Saarbrücker Gebiet theilweise 19—20,000 Fuß unter den
Meeresspiegel hinabreichen;[29] oder auf die einer späteren Zeit
angehörigen mächtigen Braunkohlenlager (wie denn z. B. Hartig
das Alter eines kolossalen fossilen Cypressenstammes im Sieben=
gebirge auf 3100 Jahre bestimmt — und nun liegen dort im
Siebengebirge nicht weniger als 13 Braunkohlenflöße überein=
ander[29] —): und man könne und dürfe doch nicht annehmen,
daß Gott etwa alles das plötzlich werden lassen und ihm nur

den Schein des allmählig Gewordenen aufgedrückt habe, so
daß unser Forschen dadurch getäuscht und irre geführt würde,
wie wir uns ja auch von der Allmähligkeit der Entstehung dieser
Bildungen überzeugen können.   Und allerdings, wenn wir das
alles und so viel Anderes erwägen, so brauchen wir, wenn
auch vielleicht nicht die Billionen u. s. w., mit denen die Schule
Lyells rechnet, doch immerhin sehr große Zeiträume. Das also
ist es, was die Geologie sich von uns erbittet. — Wie es sich
nun mit den Tagen verhalte, darüber sind die Theologen, auch
die schriftgläubigen, selbst nicht einig, — da ja auch von Tagen
die Rede ist vor der Sonne. Ob man nun darunter große
Perioden verstehen möge, da ja tausend Jahre vor Gott sind
wie ein Tag, so daß darunter nicht Menschentage sondern große
Welttage gemeint wären; oder ob man die Tage nur als eine
Form der Einkleidung ansehe, in welcher die Sache selbst der
menschlichen Vorstellung nahe gebracht werden solle, die jene
Thatsachen der Schöpfungsgeschichte anders nicht zu fassen ver=
mochte — wie man dieß auch verstehen mag, das ist gewiß:
es handelt sich in den Tagewerken nicht sowohl um die Tage als
um die Werke. Denn nicht die Zeit ist das Interesse der Re=
ligion, sondern die Sache. Das aber ist die Sache, um die
sich's handelt, daß Gott die Welt geschaffen durch die Macht
seines Willens in freier Liebe, in allmähligem Fortschritte der
einzelnen Bildungen auf den Menschen zu, um in ihm das
Ziel seiner Schöpfungswerke zu finden und mit ihm ein Band
der Gemeinschaft im Geiste zu knüpfen.

Ist aber die Welt eine Schöpfung Gottes, dann ist uns
auch gewiß daß wir in ihr einen Spiegel göttlicher Macht,
Weisheit und Güte haben. Die Naturwissenschaft sieht in ihr
einen Wirkungsplatz von Naturkräften und Naturgesetzen. Mit
Recht. Aber das ist sie nicht allein. In den Erzeugnissen
dieser Kräfte und Gesetze haben zugleich göttliche Eigenschaften
sich versichtbart und göttliche Gedanken verwirklicht. Diese re=
ligiöse Betrachtungsweise hat ihr inneres Recht und ihren guten
Grund — nicht bloß eine subjektive Berechtigung sondern eine

sachliche — und kommt mit jener naturwissenschaftlichen Betrachtungsweise so wenig in Konflikt wie der Satz von Gott
dem Schöpfer mit der naturwissenschaftlichen Untersuchung der
einzelnen Bildungen. Das ist eine Betrachtungsweise welcher
der Mensch sich auch gar nicht entschlagen kann, und ohne welche
ihm die Welt arm und kalt würde. Das ist vielmehr die Freude
wie unsres Herzens so auch unsres Geistes, daß wir allenthalben
Gottes Gedanken verkörpert finden. Die Natur ist eine Welt
der Symbolik, eine reiche Bilderschrift, die wir entziffern und
lesen sollen und können. Alles Sichtbare birgt ein Geheimniß,
ein unsichtbares Geheimniß; das letzte Geheimniß von Allem
aber ist Gott.

Ist die Welt auf den Menschen hin geschaffen, so ist sie
nicht etwas uns Fremdes, sondern ein uns verwandtes Leben
tritt uns in ihr entgegen und berührt uns sympathisch. Wir
fühlen es: hier wogt ein Leben welches uns meint; wir sind
das Wort seines Räthsels; darum klingen alle die Stimmen
der Natur in der Menschenbrust wieder und der Mensch ist die
Zunge der Schöpfung. In seinem Geiste spiegelt sich das Universum und er spricht das Geheimniß desselben aus. Das Wort
der Erkenntniß seines Geistes aber soll in seinem Munde zum
Lobpreis werden, welcher den Schöpfer dieser Welt verherrlicht.

Fünfter Vortrag.

Der Mensch.

Die Schrift lehrt uns daß die Welt von Gott geschaffen, daß sie eine freie That seiner Macht, Weisheit und Liebe sei, und daß Gott bei der Schöpfung der Welt den Menschen im Sinne gehabt. Denn nicht um die Pflanzen und Thiere war es Gott zu thun, sondern um den Menschen. Dieser ist der eigentliche Gedanke Gottes, die göttliche Idee, welche die ganze Schöpfung dieser Welt beherrscht, die Verwirklichung des wesentlichen Willens Gottes. Diesen Gedanken drückt die Schrift so aus, daß sie Gott wie in einer Berathung mit sich selbst begriffen darstellt, deren Resultat die Bildung des Menschen ist. Darin liegt denn daß mit dem Menschen etwas Neues beginnt, daß er wesentlich verschieden ist von der übrigen körperlichen Schöpfung die ihn umgibt, daß diese nur eine Vorstufe auf ihn ist, daß er das Ziel und die Krone der Schöpfung, somit auch das Ende derselben ist. So erscheint der Mensch in der Schrift. Die neuere Naturforschung hat hiegegen vielfach Widerspruch erhoben. Um drei Fragen handelt es sich hiebei zunächst, um die nach dem Alter, dem Ursprung und der Einheit des Menschengeschlechts.

1. Die Frage nach dem Alter des menschlichen Geschlechts nimmt in neuerer Zeit das lebhafteste Interesse in Anspruch.[1] Nach der Bibel hat man das Alter des menschlichen Geschlechts auf etwa 6000 Jahre veranschlagt; die moderne Naturforschung aber rechnet — rechnete wenigstens bis noch vor Kurzem — mit Hunderttausenden, oder doch mit Zehntausenden von Jahren. Und natürlich, wenn Lyell Recht hat, daß die gegenwärtige Gestalt der Erde nur von den jetzt wirkenden Kräften auf unendlich langsamem Wege herbeigeführt sei, der Mensch aber schon früheren Perioden der Erdbildung angehörte, oder Darwin daß der Mensch nur durch höchst allmählige Vervollkommnung

niedrigerer Bildungen zu Staube gekommen sei, so werden wir
mit dem Ursprung unseres Geschlechts wohl in unvordenkliche
Zeiten hinauf wandern müssen. Diese Folgerung glaubt man
durch eine Reihe neuerer Funde bestätigen zu können. Man
sieht es gegenwärtig für ausgemacht an, daß der Mensch gleich=
zeitig mit solchen Thieren — Höhlenhyänen, Höhlenbären,
Mammuththieren u. s. w. — bereits auf unsrer Erde lebte,
welche die Forscher schon der ältesten Diluvialperiode zuweisen,
einer Periode die der gegenwärtigen Gestalt der Erde voran=
ging. Besonders ist u. a. der Fund zu Aurignac, am Nord=
abhang der Pyrenäen, hiefür bedeutungsvoll geworden. Man
hat hier nämlich eine Begräbnißstätte aufgegraben mit 17 mensch=
lichen Skeletten, rohen Waffen und Schmucksachen, und den
Spuren eines uralten Todtenmahles das man dort gehalten.
In Verbindung hiemit aber haben sich Reste von Knochen jener
urweltlichen Thiere gefunden, so daß wir dadurch in eine Zeit
zurückgeführt werden, in welcher der Mensch die Erde noch mit
diesen Raubthieren theilte. Aehnliche Funde haben sich seitdem
an vielen andern Orten, seit 1869 auch hie und da im süd=
lichen Deutschland (Schussenried, Thayngen) wiederholt. Die
Frage wäre aber immer noch: haben wir das Dasein des
Menschen weiter hinauf=, oder die Existenz jener Thiere weiter
herabzurücken? Ist das Menschengeschlecht älter, oder sind jene
Thiergattungen jünger als man dachte? Die besonnene Natur=
forschung hat sich denn auch neuerdings von der Frage der
Zeitbestimmung mehr zurückgezogen auf ihr Gebiet der Fest=
stellung der gegenseitigen Lagerungsverhältnisse.

Wie leicht man versucht sein kann, in den Zeitbestimmungen
zu hoch zu gehen, hat sich in den Erörterungen über die Pfahl=
bauten gezeigt.

Seitdem man im Winter 1853/54 im Zürichersee zum ersten
Male die Reste uralter Wohnungen, die auf Pfählen in das
Wasser hineingebaut waren, gefunden, hat jedes Jahr neue
Entdeckungen solcher Art gebracht. Sie eröffnen uns einen
Blick in die ältesten Kulturzustände unsres Erdtheils von denen

wir wissen. Stein und Knochen waren das Material aus dem
jene ersten Bewohner Europa's ihre Waffen und Geräthschaften
verfertigten. Dann erst scheinen andere Völker, die Kelten,
gekommen zu sein, welche durch ihre ehernen Waffen über jene
Urbewohner Herr wurden. Wafin haben jene Bewohner der
Pfahlbauten gelebt? In neuerer Zeit mehrten sich die Funde
von Erz und sogar von Eisen in diesen Bauten. Also bestanden diese noch zur Zeit der Römer. Der griechische Geschichtschreiber Herodot berichtet uns von Pfahlbauten in Thracien
noch um 500 v. Chr., in Irland waren solche noch im Mittelalter bewohnt, und auf Borneo, am Euphrat, in Zentral-
afrika u. s. w. ist das noch heut zu Tage der Fall. Der Gebrauch der Steinwaffen aber reicht weit in die Zeit des Metall-
gebrauchs herab. Noch in der Schlacht bei Hastings 1066 n. Chr.
hatten die Angelsachsen steinerne Speer- und Pfeilspitzen. Wenn
man aber auch in den ältesten Pfahlbauten aus der sogenannten
Steinzeit Spuren eines Verkehrs mit der Ostsee (Bernstein)
und vielleicht mit Asien gefunden hat, so werden wir aus dem
allen schließen dürfen, daß wir die sogenannte Steinperiode
nicht über ein bis zwei Tausend Jahre v. Chr. hinaus aus-
zudehnen haben. Also erst nach jener Zeit, in welche die Bibel
die große Fluth versetzt, werden jene ersten Bewohner Europa's
aus Asien eingewandert sein. Daß sie aber von Asien her-
kamen, scheint aus verschiedenen Anzeichen zu erhellen. Denn
wenn auch der in jenen Bauten gefundene Nephrit vielleicht
nicht mehr als Beweis wird gelten dürfen, da man diesen harten Stein neuerdings auch bei uns gefunden hat, so ist doch
z. B. das Broncemetall der dort vorkommenden Geräthschaften
wahrscheinlich asiatischen Ursprungs.

Noch auf anderem Wege zwar suchte man jene Hundert-
tausende von Jahren für das Alter des Menschengeschlechts zu
gewinnen: aus der Berechnung der Zeit nämlich, welche gewisse Anschwemmungen des Bodens nach den gegenwärtigen
Verhältnissen erforderten, schloß man auf das Alter der menschlichen Ueberreste, die man in diesem Boden fand. So hat man

an der Mississippimündung eine Cypressenholzschicht und in Ver=
bindung damit einen Schädel gefunden, dem man nach geo=
logischer Schätzung ein Alter von 57,000 Jahren zuspricht.
Aber nichts ist unsicherer als diese geologischen Schätzungen.
Vor einiger Zeit wurde an der Ostküste Schleswigs in einem
Torfmoor des Sundewitt ein Fahrzeug mit vielen Alterthümern
entdeckt. Nach geologischer Schätzung müßte dasselbe viele Jahr=
tausende alt sein; aber nach den Münzen, die sich im Schiffe
vorfanden, ist es frühestens 3—400 n. Chr. versunken. Die
Anschwemmungen sind so wechselnd, daß sie aller solcher Be=
rechnung spotten. So lange man keine besseren Beweise für
jene Annahme hat, ist sie nur eine unbewiesene Hypothese.
Wohl aber ist es von Bedeutung, daß die geschichtliche Ueber=
lieferung der Völker, soweit sie von trübenden und verzerrenden
mythischen Elementen frei erscheint, nicht wesentlich über zwei
und drei Jahrtausende v. Chr. zurückführt. Wäre dies denkbar,
wenn die Menschheit hunderttausend oder auch nur zehntausende
von Jahren alt wäre? Dieß war schon Cuvier's Argument;
und man hat es bis jetzt nicht widerlegt. Dagegen hat man
gerade im Kreise der Geologen in der neuesten Zeit angefangen
etwas haushälterischer mit den großen Zahlen umzugehen und
nicht mehr mit Hunderttausenden von Jahren um sich zu werfen;
kaum von Zehntausenden wagt man noch zu sprechen, wenn es
sich um das Alter des Menschen handelt. Und so wird es
denn mit den 6000 Jahren, welche die Bibel dem Menschen
zuschreibt, nicht so ganz verzweifelt bestellt sein, wie dies noch
vor kurzem von Manchen behauptet wurde.

Die Forschungen bestätigen daß der Mensch das jüngste
aller Geschöpfe ist. Aber er ist nicht bloß der Abschluß seiner
Welt, er ist zugleich der Anfang einer neuen Welt. Mit ihm
beginnt die Welt des Geistes und des Bewußtseins. Das
weist dem Menschen gegenüber den andern Geschöpfen eine
Stellung an, welche ihn von diesen allen wesentlich unter=
scheidet.

2. Hiegegen ist in neuerer Zeit über den Ursprung des

Menschen eine Theorie aufgestellt worden — die sogenannte
Transmutationshypothese Darwin's und seiner Schule
— welche den Menschen in einen so unmittelbaren verwandt=
schaftlichen Zusammenhang mit den ihm zunächst vorangehenden
Geschöpfen, den höchsten Thierarten, stellt, daß der Unterschied
zwischen dem Menschen und dem Thiere aufhört ein wesent=
licher zu sein und ein fließender wird. Denn, lehrt Darwin,
aus einer oder einigen wenigen Grundformen hat sich all=
mählig in unabsehbar langen Zeiträumen, durch fortschrei=
tende Veränderungen die ganz lange Stufenreihe von organi=
schen Bildungen der Pflanzen= und Thierwelt entwickelt bis
zum Menschen, welcher die höchste Entwicklungsstufe auf der
Leiter der organischen Bildungen repräsentirt. Dieser Stamm=
baum unsres Geschlechts, der so durch die Thierwelt hindurch=
geht bis zur einfachsten Pflanzenbildung, und etwa den Affen
als den nächsten Urahn des menschlichen Geschlechts zählt,
wird vielleicht nicht ganz nach unsrem Geschmacke sein. Aber
man kann uns entgegenhalten, daß solche Fragen nicht nach
dem Geschmacke zu beurtheilen seien; denn auch jetzt noch ist
manches in unsrer Organisation, was vielleicht nicht ganz nach
unsrem Geschmacke ist. Man versichert uns, es lasse sich in der
körperlichen Bildung des Menschen, selbst in der Gehirnorgani=
sation, kein wesentlicher Unterschied von dem thierischen Orga=
nismus finden; auch die Kunsttriebe habe der Mensch mit den
Thieren gemein; der ganze Unterschied bestehe in einer gewissen
höheren Entwicklungsfähigkeit des Gehirns, vermöge deren der
Mensch sich selbst bewußt werden und so sich gleichsam in Besitz
nehmen könne.[3]

Sind wir wirklich so weit gekommen, alles Ernstes die
Frage behandeln zu sollen, ob zwischen dem Menschen und
dem Thiere ein wesentlicher Unterschied stattfindet? Ist nicht
diese Thatsache selbst, daß man diese Frage nur aufwerfen
kann, der schlagendste Beweis für diesen Unterschied? Diese
große Verirrung des menschlichen Geistes wäre nicht möglich,
wenn nicht der menschliche Geist so hoch gestellt und so frei in

seinem Gedankenleben wäre, daß er bis zu einer solchen Thorheit herabsinken konnte.

Die naturwissenschaftliche Frage ist die Frage der Verschiedenheit der Arten d. h. ob zwischen den verschiedenen Bildungen der Pflanzen= und Thierwelt wesentliche und fest-
bleibende Verschiedenheiten stattfinden. Die Bibel stellt diesen
Gedanken an die Spitze ihrer Erzählung, wenn sie im Schöpfungs-
bericht zehnmal sagt, daß Gott „ein jegliches nach seiner Art"
habe werden lassen. Die Darwin'sche Hypothese muß diesen
Satz der Artenverschiedenheit leugnen. Denn sonst könnte nicht
aus einem oder ganz wenigen Keimen die ganze Stufenleiter
der verschiedensten Pflanzen und Thiere nacheinander werden.
Aber alle großen Forschungen der neueren Naturwissenschaft
ruhen auf dieser Voraussetzung von der wesentlichen Verschiedenheit der Arten, und die Beobachtung zeigt daß die
Natur eifersüchtig über der Reinhaltung derselben wacht. Sie
hat durch die Unfruchtbarkeit der Bastarde die ursprünglichen
Arten vor Ausartung sichergestellt. So weit unsre Kenntniß
reicht, sind die Arten stets dieselben. Die Thiermumien der
ägyptischen Gräber, die Abbildungen auf den ältesten Denk-
mälern zeigen nicht die geringste Abweichung von den jetzigen
Formen. Die Kameele und Dromedare auf den Ruinen von
Ninive sind als wären sie erst heute gezeichnet. Selbst jenseits
der Eisperiode finden wir Säugethiere und höhere Gewächse,
wie z. B. das Renthier, Reh, Wolf, Föhre, Tanne u. a.,
welche mit den jetzigen Arten vollkommen übereinstimmen. Die
Funde aber in den Erdschichten geben nicht den geringsten
Anhalt für die allmähligen Uebergänge und Verzweigungen
der Arten, wie sie Darwin für seine Theorie nöthig hat. Und
so haben denn auch Anhänger Darwin's selbst, wie Bronn,
Broca, Nägeli, Decandolle, Wallace 2c., das mehrfach Ungenügende seiner Beweisführung anzuerkennen nicht umhin gekonnt. Doch abgesehen von allen Fragen der Naturwissenschaft,
welche die Männer vom Fach entscheiden mögen — wie soll
es auch nur den denkenden Geist befriedigen können anzunehmen,

daß durch rein äußere Ursachen und den blinden Zufall aus
der gedachten Urzelle heraus die ganze Summe von organischen
Bildungen entstanden sei? Und wie soll von einem solchen
Prinzip aus die Gesetzmäßigkeit und Nothwendigkeit erklärt
werden, welche in dieser Stufenreihe der organischen Welt
herrscht? Aber wichtiger noch als diese Erwägung ist die sitt=
liche Betrachtungsweise. Dieß ist vor allem der Gesichtspunkt,
unter den wir die Frage zu stellen haben. Und hier nun
möchte ich statt meiner ein Kind antworten lassen. Es ist Ihnen
vielleicht jene Anekdote vom preußischen Könige Friedrich
Wilhelm IV. nicht unbekannt, wie er bei einem Aufenthalt auf
Rügen wie er gerne that sich mit Kindern unterhielt und sie exami=
nirte, indem er ihnen allerlei Gegenstände wie Steine und
Obst vorhielt und sie fragte: in welche Reiche (Mineralreich,
Pflanzenreich u. s. w.) die einzelnen Gegenstände gehörten, bis
er dann endlich auf sich selbst deutete und fragte: in welches
Reich gehöre aber ich? worauf das gefragte Kind antwortete:
in das Himmelreich. — Das ist es. Der Mensch gehört in
das Himmelreich, das Thier nicht. Das macht einen spezifischen
Unterschied. Der Mensch hat Religion, und sein Denken und
Wollen soll Gott geweiht, sein Leben ein Dienst Gottes sein.
Das Dasein des Thieres ist nur sinnlich, der Mensch lebt ein
Leben des Geistes obwohl im Leibe, steht in der Ewigkeit, ob=
wohl in der Zeit, und soll auf Erden schon seinen Wandel im
Himmel haben.

Jene Anschauung vertritt eine Wahrheit: den Zusammen
hang alles Geschaffenen, das System des Seins. Aber eben
das ist auch der Gedanke der Schrift und ihrer Anschauung:
alles dem Menschen Vorangehende ist nur eine Reihe von Vor=
stufen auf ihn; der Mensch ist nicht eher geschaffen als bis
diese Vorstufen bei ihm angelangt waren; dadurch schließt sich
das Ganze der irdischen Schöpfung zur Einheit zusammen.
Nur sieht die Schrift in diesem Fortschritt zum Menschen nicht
bloß eine natürliche Entwicklung, sondern eine schöpferische That
Gottes.

3. Der Mensch ist nach der Schrift als eine Einheit ge=
schaffen, um von da aus zur Vielheit zu werden. Der bibli=
schen Anschauung liegt der Gedanke von der Einheit des
Menschengeschlechts zu Grunde. Hiegegen hat man seit
der Zeit des englischen Deismus allerlei Bedenken aufgestellt
und in neuerer Zeit verschiedene Schöpfungsmittelpunkte an=
genommen.

Es sind die tiefsten Interessen welche die Einheit des
Menschengeschlechts fordern. Zuerst religiöse Gründe. Der
Mensch ist der Gedanke Gottes. Aber nicht Menschen über=
haupt will Gott, wie er Pflanzen und Thiere will, nicht eine
Vielheit einzelner Menschenindividuen, sondern den Menschen,
die Menschheit als einen einheitlichen Organismus. Die große
einheitliche Menschenfamilie — das ist das Ziel der Menschheit
und ihrer Geschichte; aber nur dann, wenn auch ihr Ursprung
eine Einheit ist. Und nur dann auch hat die Geschichte der
Menschheit eine einheitliche Mitte. Wir sagen von Jesu Christo
daß er der Eine Mittler des ganzen menschlichen Geschlechts,
daß er der Menschensohn ist, der die ganze Menschheit in sich
zusammenfaßt und repräsentirt, daß er die Wende der Geschichte
ist, indem die alte Geschichte mit ihm abschließt und eine neue
in ihm beginnt. Er ist nur dann der Eine Mittler und Re=
präsentant, und seine Person und sein Werk nur dann das
Eine Heil für Alle, wie auch die Sünde nur dann ein sich
durch Alle vererbendes Unheil sein kann, wenn die Menschheit
eine Einheit ist.

Aber auch von rein menschlichen Erwägungen und
Gründen ist dieß gefordert. Es ist ein unmittelbares Gefühl
das uns einwohnt, daß alle Menschen miteinander verwandt,
daß sie Brüder seien; die Stimme des Blutes macht sich in
uns geltend. Zwar ist diese Erkenntniß und dieses Gefühl erst
durch das Christenthum zum lebendigen Bewußtsein gebracht
worden; aber das war doch nur wie eine Erinnerung an
etwas, was man im Grunde schon wußte, nur aber eben sich
nicht mit Bewußtsein sagte. Auf diesem Bewußtsein der ver=

wandtschaftlichen Zusammengehörigkeit ruht das Pietätsverhält=
niß der Menschen zu einander, ruht alle wahre Humanität,
welche keinen Unterschied macht zwischen Mensch und Mensch,
sondern in jedem den Bruder anerkennt. Und auch ein wahres
Verständniß der Geschichte der Menschheit ist erst dadurch
möglich, daß wir die Menschheit als eine Einheit wissen, die
darum auch eine einheitliche Geschichte hat. Ich sehe nicht wie
dieß alles — und es sind · wesentliche Interessen unseres
geistigen und sittlichen Lebens — zu bestehen vermag, wenn
man z. B., mit Agassiz eine Vielheit von menschlichen Schöpfungs=
zentren annimmt: an verschiedenen Orten der Erde seien gleich=
zeitig oder nacheinander Menschen entstanden, „gleichwie Fichten
in Wäldern, Gräser in Wiesen, Bienen in Stöcken, Häringe
in Bänken, Büffel in Heerden."[1] Als ob es sich mit dem
Menschen ebenso verhielte wie mit Pflanzen oder Thieren!
Diese ganze Lehre von Agassiz ist im Grunde nur ein Rück=
fall in die antike Anschauung von den Autochthonen d. h. der
ursprünglichen Entstehung der einzelnen Völker in ihren Län=
dern, eine Anschauung, deren natürliche Folge die schroffe
Scheidung der Völker war, welche das Christenthum eben da=
durch aufhob, daß es einen einheitlichen Ursprung und Anfang
der Menschheit lehrte. Es ist also nicht eine gleichgiltige Frage
um die sich's hier handelt, sondern sie betrifft das Interesse
der Humanität ebenso wie das der Religion.

Zwar ist in neuester Zeit diese Frage durch das Interesse
der andern Fragen nach dem Alter und dem Ursprung des
menschlichen Geschlechts in den Hintergrund gedrängt worden;
aber sie hat ihre Bedeutung noch nicht verloren, zumal da
ein Theil der jetzt herrschenden sogen. evolutionistischen Schule
(Darwin selbst, Häckel, Schaafshausen, Caspari, v. Hellwald ꝛc.)
beides mit einander zu behaupten geneigt ist: den Polygenismus
und das Descendenzprinzip, oder den vielheitlichen Ursprung
und die Entwicklung aus thierischen Urformen.

Es ist die Rassenverschiedenheit, welche man besonders
seit der Zeit des englischen Deismus als Argument dagegen

aufgestellt hat. Hauptsächlich hat man die Verschiedenheit der
Schädelbildung und des Gesichtswinkels, der bei manchen
niederen Raffen von 90 oder 80° bis auf 70° herabsteige,
betont.[5] Damit hängen auch die übrigen Verschiedenheiten
zusammen. Sie sind nicht zufällige Einzelheiten, bloß aus zu=
fälligen äußeren Ursachen wie Hitze u. dgl. entstanden, sondern
sie haben einen gemeinsamen Zusammenhang mit einander;
dadurch bilden die einzelnen Klassen von Eigenthümlichkeiten je
eine Einheit unter sich und erzeugen dadurch verschiedene
Menschheitstypen. Die Frage ist demnach: Bilden die Menschen
Eine Art (Spezies) oder verschiedene Arten? mit anderen
Worten: verhalten sich die verschiedenen Raffen der Menschen
nur etwa wie die verschiedenen Pferderaffen zu einander, oder
unterscheiden sie sich wie Pferd und Esel? Man hat vom
naturwissenschaftlichen Standpunkt selbst Argumente für die
Arteinheit des Menschengeschlechts geltend gemacht, welche
durchschlagend sind. Das wichtigste ist dieses: wenn sich Thiere,
welche verschiedenen Arten oder Spezies angehören, wie z. B.
Pferd und Esel, mit einander vermischen, so sind die dadurch
entstehenden Mischlingsraffen nicht fruchtbar — die Maulesel
pflanzen sich nicht fort —; wohl aber gilt dieß in unbeschränkter
Weise von den Mischlingsraffen der Menschen. Also bilden
die verschiedenen Raffen der Menschen nicht verschiedene Spe=
zies, wie etwa Pferd und Esel, sondern nur verschiedene Varie=
täten, wie etwa die verschiedenen Raffen der Pferde, die man
nach Belieben kreuzen kann.[6] Die Verschiedenheiten dieser
Varietäten der Einen Menschheitsspezies aber sind nur äußerlicher
Art. Sie beziehen sich nur auf die Haare, Hautfarbe und
Schädelform. Das sind aber lauter Aeußerlichkeiten, welche sich
unter Umständen verändern können. Man kann es geschichtlich
nachweisen daß dies geschehen ist. Zwischen den jetzigen und
den alten blondhaarigen Deutschen ist in der äußern Erscheinung
ein großer Unterschied. Die heutigen Magyaren sind himmel=
weit verschieden von ihren muthmaßlichen Ahnen, den alten
Hunnen, die uns so abschreckend geschildert werden, daß die

gegenwärtigen Magyaren so gut wie gar keine Aehnlichkeit
mehr mit denselben haben. Nur „in abgelegenen Gegenden
Ungarns trifft man noch bis jetzt die abschreckende Häßlichkeit,
welche den Hunnen eigen war".[7] Es ist Thatsache, daß die
Kultur auch den leiblichen Organismus verändert. Die geistige
Veredlung hat auch eine körperliche Veredlung zur Folge, wie
andererseits die Menschen wie geistig so auch in ihrem leiblichen
Organismus entarten und sinken können. Und nicht minder
ist das Klima von einem ähnlichen Einfluß auf den Menschen
wie auf die Hausthiere.[8] Damit hängt das Andere zusammen,
daß kein Merkmal einer einzelnen Rasse ausschließlich eigen
und wesentlich ist, sondern die Uebergänge fließend und die
Gegensätze durch Mittelstufen vermittelt sind. „Weder eine be=
stimmte Schädel= und Beckenform, noch die Hautfarbe, noch
die Farbe der Haare und der Augen, noch andere spezifische
Charaktere" kommen einer einzelnen Rasse allein zu. Und in
einer und derselben Rasse, in einem und demselben Volke
finden die größten Verschiedenheiten statt. „Der deutsche männ=
liche Schädel weicht von dem weiblichen durch seine Größe
(100 : 97 im Horizontalumfange und 100 : 90 in der Größe
der Hirnhöhle und des Hirngewichts), noch mehr aber durch
seine typische Verschiedenheit ab, und zwar in höherem Grade
als viele Rassenschädel unter sich."[9] Alle diese fließenden
Unterschiede aber sind viel geringer als diejenigen, welche sich
unter Thieren derselben Art, z. B. bei Pferden oder bei Hun=
den u. s. w. finden. Der innere Bau des leiblichen Organis=
mus vollends ist überall derselbe. So verschieden sonst Weiße
und Neger von einander sind, hierin zeigen sie die größte
Uebereinstimmung. Und endlich die geistige Organisation ist
allenthalben gleich. Ueberall finden wir dieselben Gemüths=
anlagen, dieselben geistigen Eigenthümlichkeiten, die gleichen
Leidenschaften; alle Menschen verstehen einander.[10] Freilich
stehen nicht alle Rassen auf derselben geistigen Stufe. Aber
während „zwischen den Thieren und den Menschen in physi=
scher Rücksicht qualitative, spezifische Unterschiede bestehen, so

7*

sind diese zwischen den Menschenrassen nur quantitativer Art." [11]
Daß aber solche Verschiedenheiten bestehen, daß einzelne Rassen
körperlich und geistig höher stehen als andere, ist natürlich,
da die Menschheit eben ein Organismus ist, welcher Mannigfaltigkeit der Begabung und des geschichtlichen Berufs fordert.
Und auch diese Unterschiede sind fließend. Das Beispiel eines
Toussaint l'ouverture oder das des Bischofs Samuel Crowther
genügt um die geistige Begabung auch der Neger zu beweisen;
und wer hält den Shakespearischen Othello für eine unmögliche
Gestalt? So muß man also vom naturwissenschaftlichen Standpunkt aus wenigstens die Möglichkeit der Einheit des
Menschengeschlechts zugeben, und eine Reihe der bedeutendsten
Naturforscher, wie Haller, Linné, Büffon, Cuvier, Blumenbach,
Rud. Wagner, Andr. Wagner, A. v. Humboldt hat sie anerkannt.
Auch solche, welche die Wirklichkeit nicht zugestehen, wie z. B.
Waitz, Perty, Decandolle, leugnen wenigstens die Möglichkeit
nicht. Der Einwand, den man etwa gegen die Wirklichkeit
geltend macht, daß dann die Existenz des menschlichen Geschlechts an dem dünnen Faden Eines Menschenlebens hing,
eine Unzweckmäßigkeit wie wir sie die Natur sonst nirgends
begehen sehen,[12] hat für diejenigen kein Gewicht, welche an
eine göttliche Vorsehung glauben, die für ihr höchstes Geschöpf
wohl Sorge getragen haben wird. Mehr als das Zugeständniß
der Möglichkeit ist aber von der Naturwissenschaft nicht zu
verlangen. Die Wirklichkeit zu beweisen ist sie außer Stande.
Das ist die Sache der Sprachforschung. Und die vergleichende
Sprachforschung nähert sich wenigstens diesem Ergebniß. So
ist, um nur an dieses eine aber große Beispiel zu erinnern,
für die indogermanischen Völker durch die Gemeinsamkeit des
Sprachbaus und die große Menge gemeinsamer Wurzelwörter
die Einheit ihres Ursprungs außer Zweifel gesetzt.[13] Die geschichtliche Forschung aber zeigt uns eine merkwürdige Uebereinstimmung der Sagen unter den entferntest wohnenden Nationen. Die Ueberlieferungen der Schrift von der Urzeit
klingen wieder in den Sagen der Indianer Nordamerika's.[14]

Allerdings machen Amerika und die Südseeinseln geographische Schwierigkeiten in Betreff der Ausbreitung. Aber gerade da, wo die Schwierigkeit am größten, auf den Südseeinseln, finden wir dagegen unzweifelhafte sprachliche und physische Verwandtschaft. Und was Amerika anlangt, so ist noch jetzt ein lebhafter Verkehr zwischen den Horden Nordasiens und Nordamerika's über die Aleuten hin, diese Inselbrücke zwischen beiden Kontinenten.

Man hat das sittliche Bedenken der Geschwisterehen aufgestellt: die Geschichte der Menschheit beginne dann in Blutschande. Aber man übersieht, daß die Familie des Anfangs nicht bloß die Familie repräsentirt sondern auch die Gattung. Sie ist daher nicht bloß der Kreis der Verwandtschaft, sondern schließt zugleich die ganze Fülle der Verschiedenheiten bereits in sich, welche nachher im Laufe der Entwicklung sich auseinander gebreitet haben und die Voraussetzung der rechten Ehe sind, da eben das Verschiedene sich zusammenschließen soll. Daher haben wir uns auch die Empfindung bei den Gliedern der ersten Familie nicht auf die Empfindung der geschwisterlichen Liebe beschränkt zu denken. Repräsentirte jene Familie die Menschheit, so trug sie in ihrem Schoße auch die ganze Fülle der Empfindungen, welche zwischen den Menschen die mannigfaltigen Verbindungen der Nächstenliebe, der Freundesliebe und der ehelichen Liebe knüpft. Sie alle sind von vornherein vom Schöpfer in die menschliche Brust gelegt und sollten allmählig zur Entfaltung kommen. Nur in dem Maß als die Familie sich zur Menschheit entwickelte, konnten sie in ihrer Mannigfaltigkeit auseinandertreten. Erst seitdem auch konnte zwischen der geschwisterlichen und der ehelichen Liebe die Scheidung eintreten, deren Kluft nun nicht mehr übersprungen werden kann ohne ein Gesetz der Natur zu verletzen.

Wenn man aber den Einwand erhob, daß in so kurzer Zeit, wie die Schrift voraussetzt, die Menschheit sich nicht so weit habe ausbreiten können — wie also zwischen Adam und Noah, oder zwischen Noah und Abraham —, so ist dieses Be-

denken erstens ein verhältnißmäßig untergeordnetes, da es nur
eine chronologische Frage betrifft, so daß es für das wesent=
liche Interesse von geringer Bedeutung ist ob man tausend
oder zehntausend Jahre Zwischenraum fordert; und kann man
zweitens diesen Einwand durch mathematische Berechnung der
Vermehrungsmöglichkeit widerlegen. Man hat nämlich berechnet,
daß von Einem Paar nach 1600 Jahren bereits eine Billion
Menschen abstammen können.[15] Es übersteigt aber die Summe
aller Menschen auf Erden gegenwärtig schwerlich die Zahl von
1500 Millionen. Haben sich doch auch die nach Amerika im=
portirten Hausthiere von einem oder einigen wenigen ursprüng=
lichen Exemplaren in's Ungeheure vermehrt.[16]

4. Nach biblischer Anschauung ist der Mensch die Einheit
von Leib und Seele. Der Leib gehört wesentlich zu seinem Voll=
bestand: der Mensch ist ein geistleibliches Wesen. Daß wir leib=
liche Wesen sind, ist eine Thatsache der unmittelbaren Erfahrung;
daß wir eine Seele in uns haben, eine Geistesmacht unsres
Lebens, ist eine Sache unmittelbarer Empfindung. Die Schrift
bezeichnet den Leib als das Erste, als die Grundlage. Und
so ist es immer noch bei jeder Menschenentstehung. Als solches
leibliches Wesen gehört der Mensch mit der körperlichen Welt
zusammen, als der Abschluß derselben. Sein Leib ist die Re=
kapitulation der materiellen Natur. Ihre verschiedenen Gebiete
wiederholen sich hier auf höherer Stufe und vereinigt zu einem
kunstreichen lebendigen Organismus. Es ist charakteristisch für
die biblische Anschauung, zwar nicht das Wesen des Menschen
in den Leib zu setzen, aber doch den Leib als einen wesent=
lichen Bestandtheil des Menschen anzusehen, der zum Voll=
bestande desselben gehört. Dadurch steht sie in der Mitte
zwischen jener Anschauung, welche den Leib für Ein und Alles
erachtet, so daß das Leben nach dem Tode zu einem traurigen
Schattendasein herabsinkt, wie bei Homer,[17] wovon dann die
nothwendige Folge jene Moral ist, die aufgeht in der Weis=
heit: lasset uns essen und trinken, denn morgen sind wir todt,[18]
und jener andern spiritualistischen Anschauung Plato's, welcher

der Leib ein Gefängniß und eine Fessel ist, von welcher ent=
lebigt und in die reine Geistesexistenz versetzt zu werden, je
eher besto lieber, die Seligkeit des Menschen ist, wovon dann
die naheliegende Folge die stoische Weisheit des Selbstmords
ist. Nach biblischer Anschauung ist der Leib dem Menschen
wesentlich zum Vollbestande, also auch zum vollen Wohlsein,
wie jetzt so demnach auch zukünftig. Wie die Störung des
leiblichen Daseins oder die Lockerung des Bandes von Leib
und Seele in gewissen Zuständen etwas Krankhaftes ist und
eine Störung des wahren Wohlseins des Menschen, so dürfen
wir vielleicht sagen, daß die völlige Lösung beider und die
Reduzirung auf die rein geistige Existenz im Tode in gewissem
Sinne die höchste Krankheit des Menschen ist, und wahrhaft
gesund er erst wieder wird, wenn wieder die wahre Harmonie
von Leib und Seele hergestellt wird.

Aber nicht bloß wesentlich ist der Leib dem Menschen,
sondern von fundamentaler Bedeutung. Das gesammte geistige
Leben wurzelt in diesem Leibesboden und vermittelt sich durch
dieses Organ des leiblichen Organismus. Alle Lebensthätigkeit
des Geistes existirt nicht für sich, sondern nur in und durch
den Leib. Seine Aeußerungen sind an diesen gebunden. Der
Leib ist das nothwendige Instrument des Geistes. Daraus
folgt, daß jede Störung des Leibes eine störende Rückwirkung
übt auf die Aeußerungsweise des Geistes. Was wir Geistes=
krankheit nennen, weil die Aeußerungsweise des Geistes gestört
erscheint, das ist im Grunde eine leibliche Krankheit. Es ist
die Störung des leiblichen Instruments, welche das geistige
Leben gestört erscheinen läßt. Wenn die Saiten des Instru=
ments verstimmt sind, kommt das Musikstück falsch zum Vor=
trag. Das Musikstück an sich bleibt dasselbe und der Spieler
kann ganz richtig spielen, aber das Instrument ist verstimmt.
So haben wir auch das geistige Stumpfwerden im Alter zu
verstehen. Der leibliche Organismus versagt seinen Dienst.
So kommt der Geist nur sehr gebrochen zur Erscheinung. Er
zieht sich in das Innere zurück, in seine verborgene Welt, man

merkt durch den Leib hindurch nur wenig von ihm. Er selbst
ist nicht weniger geworden, nicht eingeschrumpft u. s. w. Es
fällt Alles auf die Seite der Vermittelung und Erscheinung im
leiblichen Organismus.

Solche Bedeutung also hat nach der biblischen Anschauung
der Leib. Sie ist nicht spiritualistisch. Sie erkennt die Wahr=
heit der materialistischen Betrachtungsweise an.

5. Aber nicht minder allerdings weiß sie von einer Seele
im Menschen, welche ein selbständiges geistiges Prinzip in ihm
ist, nicht die bloße Funktion der leiblichen Organe, und worin
die Gottesverwandtschaft des Menschen und sein Zusammen=
hang mit Gott steht. Auf diesen Satz führte von jeher die
einfachste Beobachtung. Denn der Mensch bietet zwei ver=
schiedene Seiten der Betrachtung dar: die eine ist die äußere,
sinnliche, welche in die Erscheinung fällt, die andere ist die
innere Welt der Empfindungen und Gedanken, welche über
das Reich der Sinne hinausführt und den Zusammenhang des
Menschen mit einer übersinnlichen Welt des Geistes erkennen
läßt, deren Zentrum Gott ist. Der Satz von der Existenz der
Seele ist eine nothwendige Voraussetzung aller Religion, aber
auch aller Sittlichkeit, ja überhaupt aller höheren geistigen Be=
trachtung des menschlichen Lebens. Hat der Mensch keine Seele,
so fehlt auch dem Leben der Menschheit die Seele — die Seele
der Poesie, die Seele aller höheren Empfindung, die Seele der
Gemeinschaft der Herzen, des höheren sittlichen Bewußtseins
und Strebens und endlich des Lebens für Gott und in Gott.
Die Welt wird zu einem grünenden Leichenfelde. Aber wir
haben eine unmittelbare Empfindungsgewißheit davon, daß wir
eine Seele haben d. i. ein selbständiges Prinzip geistigen Lebens,
welches zwar auf das Innigste mit dem leiblichen verflochten,
aber darum doch nicht eins mit demselben oder die bloße Er=
scheinung desselben ist.

Man sagt uns aber, das sei Täuschung, es sei Alles nur
Leben des Stoffs. Sie erinnern sich vielleicht noch des leb=
haften Streits, welcher vor einer Reihe von Jahren über diese

Frage, durch Rud. Wagner's Angriff auf die materialistische
Denkweise und die Entgegnung Karl Vogt's hervorgerufen, ge=
führt wurde und bis auf die Gegenwart herab die Gemüther
lebhaft bewegt und die Federn vielfach in Thätigkeit setzt.[19]
Verweilen wir bei der Betrachtung dieses psychologischen
Materialismus.

Die Idee der Seele ist eine allgemeine. Bei allen Völkern,
auf jeder Stufe der Civilisation finden wir sie. Sie ist also
eine nothwendige, nicht eine zufällige Idee. Woher stammt
sie, wenn sie nicht Ausdruck einer entsprechenden Wirklichkeit,
also Wahrheit ist? Es gibt nichts wovon wir eine größere
Gewißheit hätten als die Seele. So gewiß wir Gottes sind,
so gewiß sind wir der Seele. Vergeblich ist der Versuch sie
zu leugnen. Gerade mein Zweifel und meine Leugnung beweist
die Macht des Gedankens in mir, also das geistige Prinzip
welches denkt. Aber wie man von jeher versucht hat Gott
zu leugnen, den man doch nicht umhin kann zu wissen, so
auch die Seele. Und diese Leugnung hat man denn zum
Ausgangspunkt einer vollständigen materialistischen Weltansicht
gemacht.

Schon die alte Welt kannte diese Denkweise und das Ende
des vorigen Jahrhunderts hat sie erneuert. Ihre Wurzeln
liegen im Sensualismus d. h. in derjenigen philosophischen
Anschauung, welche alle Wahrheit auf die Sinnenwahrnehmung
gründet. Das hat zur Voraussetzung den allgemeinen Satz,
daß nur das Sinnliche Wirklichkeit und Wahrheit, also nur
die sinnliche Wahrnehmung die Quelle der Erkenntniß der
Wahrheit sei. Ludwig Feuerbach hat dieser Denkweise eine
konsequente philosophische Gestalt gegeben. Die Vertreter des
Materialismus auf dem Gebiete der Naturwissenschaft haben
Feuerbach's Sätze nur nachgesprochen; man wird in den
Schriften jener Gelehrten kaum einen einzigen Satz finden,
den Feuerbach nicht schon ausgesprochen hätte. Der allgemeine
Grundsatz dieser Denkweise ist die Leugnung alles Uebersinn=
lichen, wie z. B. Virchow ihn bekennt (Archiv f. pathol. Stu=

dien 2. S. 9): „Der Naturkundige kennt nur Körper und
Eigenschaften der Körper; was darüber ist nennt er trans=
cendent, und die Transcendenz (d. h. das Uebersinnliche) be=
trachtet er als eine Verirrung des menschlichen Geistes."
Daraus folgert man weiter: alles demnach, was wir Geist
nennen, ist nur eine Thätigkeit der Materie, die sogenannte
Seele ist nur ein Kollektivname für eine Summe von Nerven=
prozessen, „ein Kehrichthaufen", wie ein Physiologe sie genannt
hat, „der ebenso auseinanderstäubt wie er zusammengekehrt
worden", im Grunde selbst materiell und sterblich, wie die
Organe deren Funktion sie ist. Die Gedanken sind ein Er=
zeugniß des Gehirns, denn die Beschaffenheit des Gehirns ist
bestimmend für die Beschaffenheit der Gedanken. Der Neger
hat ein weniger ausgebildetes Gehirn, darum auch weniger
Intelligenz; bei dem Kinde ist das Gehirn noch wenig ent=
wickelt, darum auch sein Denken; beim Greise zusammen=
geschrumpft, darum auch sein Denken; bei den Frauen von
geringerem Umfang und Gewicht, darum kommt auch ihr
Denken dem männlichen nicht gleich. Ein Krankheit, die das
Gehirn affizirt, affizirt auch das Denken. Gehirnleiden ist
geistige Krankheit. Man hat bei Thieren einzelne Theile des
Gehirns weggenommen, damit auch Theile ihrer geistigen Fähig=
keiten, also ihrer Seele, gleichsam stückweise weggeschnitten.[20]
Also was wir Denken, Seele, Geist nennen ist nur eine
Funktion des Gehirns — so gut wie die Galle ein Erzeugniß
der Leber u. s. w. Das Gehirn schwitzt die Gedanken aus, der
Phosphor im Hirn ist es der denkt: „ohne Phosphor kein
Gedanke". Also kommt Alles auf die Beschaffenheit, also auf
die Ernährung des Gehirns, überhaupt auf die Ernährung
des Menschen an. „Was der Mensch ißt, das ist er." „Der
Mensch ist die Summe von Aeltern und Amme, von Ort und
Zeit, von Luft und Wasser, von Schall und Licht, von Kost
und Kleidung; sein Wille ist die nothwendige Folge aller dieser
Ursachen, gebunden an ein Naturgesetz ... Der Gedanke ist
eine Bewegung des Stoffs, eine Versetzung des Hirnstoffs —

auch das Bewußtsein ist nichts als eine Eigenschaft des Stoffs. Im Unnatürlichen liegt die Sünde, nicht im Willen Böses zu thun", lehrt Moleschott. Es gibt eigentlich keine Sünde, also auch kein Recht der Strafe. „Alles begreifen heißt alles ver= zeihen." — Da hört denn alle Sittlichkeit auf und die Sitten= lehre verwandelt sich in eine Speisekarte.[21]

Es gibt zwar einzelne Vertreter, des Materialismus, welche die letzten Konsequenzen desselben zurückweisen; Männer wie Virchow, Burmeister, Tyndall, Alb. Lange, Jäger u. s. w. glauben die sittliche Freiheit und Verantwortlichkeit mit jener Lehre vereinigen zu können. Allein diese Inkonsequenz macht zwar ihrem Herzen alle Ehre, hört aber damit doch nicht auf eine Inkonsequenz zu sein. So lange man in der Annahme des Uebersinnlichen nur eine Verirrung des menschlichen Geistes sieht, ist jeder Versuch den Konsequenzen des materialistischen Prinzips zu entgehen ein vergeblicher.[22]

Die Denkweise des Materialismus ist weiter verbreitet als man glaubt. Sie hängt mit der Sinnesweise unsrer Zeit zu= sammen. Es ist unleugbar, daß in der Gegenwart eine materia= listische Nützlichkeitsrichtung herrscht, deren treibende Macht der Egoismus ist. Der Materialismus aber ist die scheinbar wissen= schaftliche Rechtfertigung dieser Richtung. Darum sind beide so gut Freund mit einander.

Der Materialismus geht aus von den zwei Grund= gedanken: alle Erkenntniß stammt aus sinnlicher Wahr= nehmung, und alles was wir Geist u. dgl. nennen ist eine Thätigkeit der Materie.[23] Aber beide Sätze sind nur leicht= fertige Behauptungen.

Wenn alle Gedanken nur ein Erzeugniß der Sinnen= eindrücke sein sollen, dann gibt es überhaupt keine Gedanken, sondern nur Vorstellungen. Nun aber haben wir doch Ge= danken, auch vom Unsinnlichen, wir haben reine Begriffe, die nichts mit dem Materiellen zu thun haben, die rein geistiger Natur sind, ja wir haben den Gedanken des Absoluten, mit dem wir die Welt der Dinge und Sinne ganz verlassen. Wir

bilden Urtheile und Schlüsse, die ein selbständiges Geistes=
vermögen erkennen lassen: ja wir üben Kritik an dem sinn=
lichen Augenschein, tragen also Gewißheiten in uns welche dem
sinnlichen Eindruck entgegengesetzt sind; und wir denken nicht
bloß über das Sinnliche, sondern auch über unser Denken selbst,
welches doch etwas ganz Unsinnliches ist. Also: die Gedanken
sind nicht bloß Resultat der Sinneneindrücke, sondern zugleich
auch eines selbständigen geistigen Prinzips.

Zum Andern sagt der Materialismus: Was wir Geist,
Seele, Gedanke u. s. w. nennen, ist ein Erzeugniß des
Gehirns; nach der Beschaffenheit des Gehirns richtet sich
auch die Beschaffenheit des Gedankens; die Seele ist nur die
Funktion des leiblichen Organismus. Nun wohl — hat man
mit Recht erwidert[24] — dann ist alles Denken etwas Noth=
wendiges; denn so wenig ich mein Gehirn ändern kann, so
wenig mein Denken. Dann aber muß man es aufgeben einen
Menschen anderer Meinung machen und auf andere Gedanken
bringen zu wollen, denn er kann ja nicht anders denken als
eben dieser Gehirnstoff in seinem Kopfe denkt. Dann ist aber
nicht einzusehen, warum die Materialisten ihre Bücher schreiben,
um uns ihre Ansichten aufzureden: denn wir können ja doch
nicht wider unser Gehirn. Sie müßten auf ganz anderem Wege
uns auf bessere Gedanken zu bringen suchen. Aber ist nicht
die Logik dieselbe für alle Menschen und alle Verhältnisse, für
alle Klimate und alle Lebensweisen u. s. w.? also ein Denken,
welches unabhängig ist von der Beschaffenheit des Gehirns?
Ist nicht die Wahrheit und ihre Erkenntniß unabhängig vom
Alter und der Entwicklung oder Einschrumpfung des Gehirns?
Ist nicht die religiöse und sittliche Wahrheit dieselbe für alle
Lebensalter, und die Möglichkeit ihrer wesentlichen Erkenntniß
für alle die gleiche? Ja wir wissen, daß im höchsten Alter,
oft gerade im Sterben, wo das Gehirn also ganz eingeschrumpft
ist und bereits seinen Dienst zu versagen beginnt, die auf=
fallendsten Erhebungen des Geistes stattfinden können;[25] und
den letzten Worten Sterbender haben alle Zeiten eine besondere

Bedeutung beigelegt. Das beweist augenscheinlich, daß die Seele nicht eines und dasselbe ist mit der Funktion des Gehirns.

Allerdings ist das Gehirn das Organ des Denkens, das Instrument des Geistes. Aber jedes Instrument fordert einen der es spielt, sonst ist es stumm, obgleich in seinen Saiten alle Töne beschlossen sind und alle musikalischen Gedanken durch sie einen Ausdruck gewinnen können. Der Materialismus verwechselt die nothwendige Bedingung der Thätigkeit mit der Ursache derselben. Das Gehirn ist die nothwendige Bedingung der geistigen Denkthätigkeit, aber nicht die Ursache derselben und nicht das Prinzip des Geistes selbst. Das ist die Erschleichung welche dieser Lehre zu Grunde liegt, daß die Organe der geistigen Lebensthätigkeit zur Ursache des geistigen Lebens selbst gemacht werden. Weil wir nur durch das Gehirn denken, folgert man daß das Gehirn selbst es ist das denkt — ein „Trugschluß", auf welchen namentlich Liebig in seinen Chemischen Briefen und Helmholtz in seinen physiologischen Vorträgen hingewiesen haben. [26] Aber Vogt ruft uns zu: man zeige uns die Seele! Wohlan, er zeige uns seinen Verstand! Weil man mit dem Mikrostop keinen Geist findet, soll es keinen geben. Woher wissen wir denn, daß die Welt des Mikrostops die ganze Welt ist? Muß denn gerade das Mikrostop das Erkennungsmittel für den Geist sein? Gibt es deswegen keine Anhänglichkeit, Treue, Kindesliebe, Freundesliebe unter den Menschen, kein Gemüth u. s. w., weil der Anatom mit seinem Sezirmesser von diesen unsinnlichen Größen nichts findet im Menschenleibe? Welches Recht hat man, die sinnliche Wahrnehmung zum Maß aller Dinge zu machen? [27]

Es ist ein berechtigtes Streben unserer Zeit, alle Theorien auf Thatsachen zu gründen; es ist daraus eine eigene Philosophie, der sogenannte Positivismus Aug. Comtes in Frankreich entstanden. [28] Diese Richtung zählt ihre Schüler auch ohne diesen Namen allenthalben: man erkennt nur noch die Thatsachen an; man will nichts mehr von den bloßen Theorien

und abstrakten Spekulationen einer früheren Periode wissen.
Aber das Gebiet des Thatsächlichen geht nicht bloß in dem
des Sinnlichen auf. Es gibt auch andere Thatsachen, welche
nicht minder gewiß sind als die der sinnlichen Erfahrung.
Und zwar sind es drei Thatsachen, welche jenem Anspruch der
materialistischen Denkweise vernichtend entgegenstehn. Das sind
die Thatsachen des geistigen, des sittlichen und des religiösen
Bewußtseins.

Die erste Thatsache ist die des Gedankens und zuhöchst des
Selbstbewußtseins. Ist Alles nur selbsteignes Erzeugniß
des Gehirns — wie kommt es auf diesem Wege zum Gedanken? Das Gehirn ist doch nur Organ — wer setzt dieses
Organ in Bewegung? Dazu gehört eine Kraft, welche nicht
selbst wieder sinnlicher Art ist. Diese bewegende Kraft muß
entsprechend sein ihrer Wirkung d. h. geistiger Art. Die höchste
Wirkung aber dieser geistigen Kraft des Gedankens ist das
Selbstbewußtsein. Wie kann man dieses als einen bloßen Ge-
hirnakt bezeichnen, da es vielmehr eine geistige That des
Menschen ist, die in der ganzen übrigen irdischen Schöpfung
nicht ihres Gleichen hat? Man mag etwas dem Gedanken
oder dem Urtheil Entsprechendes auch bei den Thieren finden;
aber das Selbstbewußtsein ist etwas Spezifisches, ein schlechthin
neues Prinzip, welches den Menschen weit über das Gebiet
des übrigen irdischen Lebens hinaushebt — dieses Geistigste
was es gibt, in welchem der Mensch sich selbst löst von allem
was er an sich hat, und sich in seiner reinen Einheit mit sich
selbst erfaßt und denkt. Und dieses Selbstbewußtsein — es
bleibt dasselbe bei allem Wechsel, der sonst mit dem Menschen
vorgehen mag, äußerlich oder innerlich. Es ist lächerlich dieß
ein Produkt des Stoffs nennen zu wollen, da es die Abstraktion
von allem Stoff ist.

Die andere Thatsache ist die des sittlichen Bewußtseins. Denn das sittliche Bewußtsein, das Gewissen, ist eine
Thatsache so gut wie unser Leib. Es ist nicht etwas Auf-
geredetes, Anerzogenes, Eingebildetes, sondern aller sittlichen

Bezeugung von außen antwortet die innere sittliche Stimme mit einem vernehmlichen Echo. So weit Menschen sind ist dieses sittliche Bewußtsein vorhanden. Es mag getrübt, verkehrt sein — es selbst ist doch da und bleibt die Grundlage auch bei aller Verkehrung.

Und nicht minder ist das religiöse Bewußtsein eine Thatsache, diese innere Bezogenheit des Menschen zu einer höheren Macht, welche sich in seinem Bewußtsein wiederspiegelt und bezeugt — überall bezeugt, wo Menschen sind, unabweis= bar, unentrinnbar: eine Thatsache des geistigen Lebens so gut wie jede andere. Und selbst wenn man sie als Irrthum be= zeichnet, muß man doch die Thatsache ihrer Existenz anerkennen und ihre Möglichkeit zu erklären wissen. Sie ist aber unmög= lich, wenn Alles nur Erzeugniß des Stoffs ist.

Auf diesen drei Thatsachen aber ruht das ganze höhere Leben der Menschen. Dieses wirft der Materialismus über den Haufen. Was er dafür gibt, ist schließlich die Verthierung der Menschheit. Es ist ja nur hochmüthige Vornehmheit des Menschen, daß er sich so hoch über die Thierwelt hinaussetzt, meint der Materialismus; gerade als Thiergeborene sind wir höheren und edleren Ursprungs denn als Staubgeborene, lehren Darwin, Häckel, Dubois=Reymond u. A. im Hinblick auf ihre Affenursprungslehre einerseits und auf 1 Mos. 3, 19 andrerseits.[29]

6. Wie so viel anders ist die Anschauung der Schrift über das Wesen und die Bestimmung des Menschen!

Die Schrift sieht im Menschen die höhere Rekapitu= lation seiner, der irdischen, Welt. Von jeher hat man ihn einen Mikrokosmus genannt. Dieses gilt schon im physi= schen Sinne von ihm, noch mehr im geistigen. Es geht Ein Leben durch die ganze Natur hindurch; im Menschen erreicht es seine höchste Stufe der Vollendung. Der Mensch erscheint als das Ziel aller vorhergehenden Stufen und darum auch als das bestimmende Gesetz derselben. Er ist die Idee, die Allem von vornherein zu Grunde liegt um sich in aufsteigender Reihenfolge ihm anzunähern und zuletzt in ihm

zu verwirklichen. So werden alle niederen Stufen in ihm auf=
gehoben.

Die erste Hälfte der göttlichen Schöpfungswerke schloß nach
dem Berichte der Schrift mit der Pflanzenwelt. In ihr
kommt das Leben der Natur zuerst zu organischer Bildung
und Entwicklung. Der Pflanze am Schluß der ersten Hälfte
entspricht der Mensch am Schluß der zweiten: sein Leib, dieser
höchste sinnliche Organismus, ist das höhere Gegenbild des
ersten wachsthümlichen Organismus der Pflanze. Schon der
Leib des Menschen läßt seine höhere Bestimmung erkennen.
Dieser Wunderbau zeigt überall seine Bestimmung für das
höchste irdische Leben, für ein Leben des Geistes. Und die
Gegenwart des Geistes ist ihm allenthalben aufgeprägt. Stolz
aufgerichtet schreitet er wie ein Herrscher über die Erde hin.
Seine Füße ruhen auf dem Boden, aber das Haupt ist hoch
emporgerichtet und sein Blick schweift weithin in die Ferne,
über die Flächen der Erde hin zu den eilenden Wolken. Auf
seinem Antlitz ruht unsichtbar der Geist, der ihm seinen wech=
selnden Ausdruck verleiht: der Gedanke thront auf der ge=
wölbten Stirn und die Empfindung spielt um den beweglichen
Mund, aus den Augen aber spricht das Geheimniß eines ver=
borgenen Lebens. Bis in die einzelnsten Glieder des Leibes
hinaus gibt sich dieß Leben des Geistes kund, und mit Recht
hat man gesagt, daß schon die Hand des Menschen den König
der Erde verrathe. Von allen körperlichen Gebilden, welche
die Erde hat, ist nichts was an Wunderbarkeit und Bedeutsam=
keit der Bildung auch nur entfernt sich dem Leibe des Menschen
vergleichen ließe.[30] Er ist mit dem Leben, das in ihm wirk=
sam ist und die mannigfaltige Thätigkeit des leiblichen Daseins
bedingt, die höhere Rekapitulation alles wachsthümlichen leib=
lichen Lebens.

In der Welt der Thiere tritt eine neue Welt, die der
Sinne und Triebe und des sinnlichen Empfindens und Be=
gehrens auf. Aber in schönster Harmonie ist diese Welt der
Sinne und des sinnlichen Empfindungs= und Trieblebens im

Menschen vorhanden. Was in der Thierwelt in einseitiger Vereinzelung vertheilt ist auf die Einzelnen, das ist hier im Menschen vereinigt zu einem Ganzen. Er ist das höhere Gegenbild des Thieres — aber erhoben in die Sphäre der geistigen Freiheit. Alle seine Sinne, seine Triebe und Empfindungen, so sinnlicher Natur sie auch sind, sie sind durchgeistet, geadelt, nicht der zwingenden Nothwendigkeit, nicht der blinden Leidenschaft unterworfen, sondern in die Sphäre der Freiheit erhoben. Sie haben nichts von ihrer Stärke und Lebendigkeit eingebüßt, und haben doch aufgehört das Beherrschende zu sein und sind zum Beherrschten geworden. Diese geistige Macht der Herrschaft über sie ist es, die sie adelt und poetisch verklärt.

Der Mensch ist nur darum das höhere Gegenbild des Thieres, weil in ihm zugleich ein anderes Prinzip ist, welches ihn weit über das Gebiet auch des höchsten thierischen Lebens hinaushebt: der Mensch hat eine vernünftige Seele d. h. er ist Persönlichkeit.[31] Das ist etwas spezifisch Neues im ganzen Umfang des organischen Lebens. Eine Welt von Gaben und Kräften geistiger Art ist im Menschen vereinigt, welche auf der einen Seite in einem sinnlichen Organismus wurzeln, auf der andern Seite sich zusammenschließen in einem inneren Punkte, in welchem dieß gesammte Leben eine innere Einheit mit sich selbst bildet: im Ich. Jene Fülle von Gaben und Kräften, welche sich um dieses Ich gleichsam herumlegen, bildet den Gesammtorganismus desselben, das vielgliedrige Instrument, welches vom Ich gehandhabt wird. Dieses Ich dagegen ist der Herr, der in freier Machtvollkommenheit und Selbstherrlichkeit darüber verfügt. In ihm ist der Mensch bei sich selbst und von hier aus thut er sich kund. Die wesentlichen Aeußerungen dieses Ich sind das bewußte Denken und das freie Wollen.

Der Mensch hat Gedanken. Das ist etwas Göttliches am Menschen daß er Gedanken hat. Das Thier hat Empfindungen, Vorstellungen, Triebe u. s. w.; Gedanken im eigentlichen Sinne

hat nur der Mensch. Der Gedanke ist es der allem Sein zu
Grunde liegt. Denn Gottes ewige Gedanken sind es die in
der Welt ihre Selbstverwirklichung gefunden haben. Das ist
demnach etwas Gottesabbildliches im Menschen, daß er Gedanken
hat denen er eine Verwirklichung zu geben vermag. Darum
hat der Mensch auch eine Sprache. Denn daß er spricht, ist
die äußere Erscheinung davon daß er denkt. Denn das Denken
ist ein innerliches Sprechen des Geistes, welches im Worte sich
verleiblicht. Die Thiere sprechen nicht, weil sie nicht denken.
Ihre Sprache ist nur allgemeiner Empfindungsausdruck, weil
ihr Seelenleben nicht über die Empfindung hinausgeht, während
der Mensch denkt. Sein Denken aber hat nicht bloß individuelle
Bedeutung, sondern er trägt in seinen Gedanken allgemeine
Wahrheiten in sich. Die logischen Wahrheiten sind von all=
gemeiner Giltigkeit. Darin erhebt sich der Mensch über sein
Einzelleben zum Gesammtleben des Geistes, lebt dieses mit in
seinem Geistesleben, denkt es und spricht seine wesentlichen
Gesetze in den logischen Wahrheiten aus. Aber nicht bloß diese
formalen Gesetze des allgemeinen Geisteslebens, auch die mate=
riellen Wahrheiten desselben denkt der Mensch, die allgemeinen
Ideen des Wahren und Guten und Schönen. Die Welt der
Ideen, deren Ursprung in Gott selbst liegt und die sich in
dieser sinnlichen Welt verwirklicht haben, erkennt und denkt der
Mensch — zum Zeichen daß seine Heimat nicht bloß diese Welt
sondern jene höhere ist. Er denkt die Ewigkeit, er denkt Gott,
den höchsten Gedanken — zum Zeichen daß er für die Ewig=
keit, daß er für Gott ist. So geht das Denken des Menschen
von der untersten Stufe bis zur höchstmöglichen und bleibt doch
in allem dem zugleich bei sich selbst, schließt sich mit sich selbst
zur Einheit zusammen: der Mensch denkt sich selbst und voll=
zieht damit sein eigenes Sein als That seines Bewußtseins.
In diesem Bewußtsein setzt der Mensch sich selbst; es ist eine
nachschöpferische That — darin gibt sich die Gottesabbildlichkeit
des Menschen zu erkennen.

Der Mensch hat Gedanken, Gedanken des Höchsten und den

Gedanken seiner selbst. Das ist die eine Seite seiner Gottes=
abbildlichkeit. Die andere ist die, daß er einen freien Willen
hat. Das Thier hat Triebe, der Mensch hat einen Willen
d. h. es ist nicht etwas Fremdes, nicht bloße Einwirkung von
außen oder von seiner eigenen Natur was ihn bestimmt, son=
dern sein Handeln nimmt seinen letzten Ausgangspunkt in ihm
selbst. Er trägt in sich einen Punkt der Freiheit wohin keine
Einwirkung von außen, keine Erregung seiner eigenen Natur,
und wäre es auch die stärkste und leidenschaftlichste, keine
Wirkung seiner individuellen Eigenthümlichkeit, keine Macht der
Gewohnheit hineingreift und den Menschen bestimmt so oder
so zu wollen und zu handeln, so daß er nicht anders könnte;
sondern so sehr auch äußere Umstände oder innere Erregungen
oder bewegende Gründe auf den Menschen einwirken mögen —
schließlich ist es doch der eigene Entschluß des Menschen der
den Ausschlag gibt. Schon daß er willkürlich handeln kann
beweist seine Freiheit — welche dieselbe bleibt auch dann, wenn
er sich durch Gründe und Umstände in seinem Handeln leiten
und bestimmen läßt. Denn nicht diese Umstände und Ursachen
wollen für ihn, so daß sein Wollen und Thun nur die Form
wäre, in welcher sich das Gesetz der Nothwendigkeit vollzöge,
sondern es ist eine That eigener freier Selbstbestimmung, daß
er sein Wollen den Umständen anpaßt und nicht denselben ent=
zieht. Das ist doch immer das Letzte, daß er sich entschließt,
entscheidet: er muß nicht, sondern er will, und es gibt kein
Wollenmüssen. Er kann im einzelnen Fall auch nicht wollen,
er kann anders wollen als er will, er kann wählen. Wollen
heißt frei sein in seiner Entscheidung, und diese Freiheit ist
das Vermögen auch anders zu können, das Vermögen der Wahl.
Darauf beruht alle Verantwortlichkeit und sittliche Zurechnung.
Denn ich kann auch lassen was ich thue, ich kann thun was
ich lasse; meine That ist meine eigene freie Entscheidung. Darin
ist der Mensch Gott ähnlich. Denn das Höchste was man von Gott
sagen kann ist, daß er sein eigener Herr ist. So ist auch der Mensch
in abbildlicher Weise sein eigener Herr durch seinen Willen.

8*

Das Erste nun aber in diesem freien Willen ist die Kraft des Wollens.[32] Das ist auch das Vorderste was wir nöthig haben. Es ist nicht genug, Gedanken zu haben, reich an Geist zu sein: man muß auch Willen haben, stark im Willen sein. Willensschwäche ist ein Unglück, und wenn sie charakteristisch für eine Zeit, für ein Geschlecht ist, ein öffentliches Unglück. „Nur im Willen ist Rath." Denn Wille ist Macht der That; und nur das ist in Wahrheit ein Leben, welches That ist. Man muß die Kraft des Willens erziehen und entwickeln. Das ist doppelt nöthig in Zeiten wie die unsrigen, wo „des Ge= dankens Blässe" dem Leben angekränkelt ist und die fortwährende kritische Reflexion sich wie ein fressender Rost an das Metall des Willens ansetzt und dem Willen alle Schärfe und Energie nimmt; oder die Unstetigkeit der geistigen Genußsucht ihn zer= fahren macht und ihm die Sammlung raubt, die er zu kräftigem Handeln braucht. — Aber es ist nicht genug, bloß Kraft des Willens zu haben; man muß selbsteigenen Willen haben, einen Willen der sich nicht widerstandslos den Einwirkungen von außen oder von innen, den Richtungen der Zeit, den Meinungen des Tages oder auch den Mächten seiner eigenen Natur hingibt und preisgibt; sondern man muß sein selbst sein und sich selbst gleich und getreu bleiben in seinem Wollen d. h. ein Charakter sein. Denn Charakter ist die bestimmte, fest ausgeprägte Selbst= gleichheit im Wollen und Handeln. — Aber die Hauptsache ist die rechte sittliche Beschaffenheit des Charakters: daß in ihm die gottgemäße Wahrheit des Menschen zur Erscheinung und zum Ausdruck kommt. Das erst macht den Charakter zum wahrhaft sittlichen und auch zum gottgemäßen. Es kann Cha= rakter im Bösen geben so gut wie im Guten. Wir werden jenen bewundern, aber nur diesen lieben und ihm vertrauen. Es soll eine Idee in der sittlichen Persönlichkeit und im Cha= rakter sich verwirklichen. Die höchste Idee die der Mensch ver= wirklichen kann ist die göttliche Idee von ihm. Diese Gott= gemäßheit ist die Wahrheit des Charakters. Darin vollendet sich die menschliche Persönlichkeit.

Dieser Mensch nun, wie er aus Leib und Seele besteht, ein geistleiblicher Organismus und eine freie Persönlichkeit ist, nimmt eine doppelte Stellung ein: er steht in Verhältniß zur Welt und in Verhältniß zu Gott; er steht der Welt gegenüber als ihr Herr, Gott gegenüber als sein Abbild.

Er steht in der Mitte zwischen beiden, als das verbindende Band zweier Welten, dieser sinnlichen und der übersinnlichen höheren Welt.

Er ist die Rekapitulation der Welt, ein Mikrokosmus, eine kleine Welt für sich, aber die höhere Zusammenfassung der Welt in einer Persönlichkeit, und darum der freie Herr derselben. Schon seine Erscheinung kündigt den Herrn an. Freilich in Wirklichkeit erscheint uns der Mensch oft in kläglicher Ver= kümmerung; aber auch in der Entstellung sind die zu Grunde liegenden Züge noch zu erkennen, und diese Züge verrathen einen König. Zwar sind wir abhängig von den Mächten des Naturlebens — schwach, ohnmächtig gegenüber diesen mächtigen Naturgewalten; aber in aller Schwachheit und Abhängigkeit haben wir doch das Bewußtsein der inneren Freiheit: über= wunden triumphiren wir im Geiste; und auch in den Staub niedergeworfen schwingen wir uns im Geiste über alle Sterne. Der Mensch ist ein Herr aller Dinge. Er ist ein Herr schon durch die Erkenntniß. Denn Erkenntniß ist Zeichen und Uebung der Herrschaft. Durch die Erkenntniß einer Sache werde ich derselben innerlich mächtig und mache sie mir unterthan und zu eigen. Durch seine Erkenntniß nimmt der Mensch eine pro= phetische Stellung in der Welt ein. Sein Geist dringt in das Wesen der Dinge und forscht nach den letzten Gründen der= selben; er übersetzt die Dinge der sinnenfälligen Welt in innere Geistesbilder, in denen die Wahrheit, die der sinnlichen Hülle zu Grunde liegt, sich herausschält; er geht über die Grenzen des Sinnlichen hinüber in die Welt der geistigen Ideen, welche die Grundtypen alles Sinnenfälligen sind, und erfaßt so alles Ver= gängliche in seiner ewigen Wahrheit. Diese Erkenntniß ist jetzt getrübt und bleibt zeitlebens Stückwerk; aber auch im Bruchstück erscheint der prophetische Geist, der rascher als das rasche Licht die Bahnen der Welt auf den Flügeln des Gedankens durcheilt und aus der Zeit sich in die Ewigkeit schwingt. Es ist nichts was seiner Erkenntniß unnahbar wäre, und es soll auch nichts von ihr ausgeschlossen sein. Es wäre eine mißverstandene Sorge, etwa um die Christlichkeit und das Seelenheil, dem Erkenntniß=triebe Schranken und seinem Wissen Grenzen setzen zu wollen. Das Wissen selbst bläht nicht auf, nur das Wissen welchem der wahre demüthige selbstlose Wahrheitssinn fehlt. Es ist die ganze Welt dem Menschen gegeben, daß er sie beherrsche. Und die nächste Aeußerung unserer Herrschaft ist daß wir sie erkennen.

Die andere Form jener Herrschaft aber ist, daß er sich seine Welt thatsächlich unterthan macht. Mit dem Wissen ver=bindet sich das Können. Die Erkenntniß seines Geistes wird zum Herrscherstab seiner Hand, der auch den verborgensten Geistern der Natur gebietet, daß sie seinem Willen sich fügen und als geduldige Rosse vor seinen Wagen sich spannen, auf dem er seinen Triumphzug über die Erde hin hält und nicht eher ruht noch rastet, als bis er auch die entlegensten Steppen durchzogen und auch die widerstrebendsten Gewalten des Natur=lebens gebändigt hat. So herrscht sein Gedanke und sein Wille über die Welt, und macht sein Wissen und sein Können sich dieselbe unterthan. Und diese Welt, die er so erkenntnißmächtig und willenskräftig sich unterwirft, sie zieht zugleich ein in sein Inneres, spiegelt sich hier ab in seiner Phantasie und klingt wieder in seiner Empfindung. Als eine Welt der Bilder, als eine Welt der Töne, als eine Welt der Empfindungen und Gefühle trägt er sie in sich selbst. Die ganze äußere Welt findet in dieser kleinen Welt des Innern im Menschen einen Wiederhall und tritt dann in den mannigfaltigen Gestalten künstlerischer Darstellung in Bild und Ton und Wort heraus, und legt sich als das geistige Spiegelbild dieser Welt verklärend, vergeistigend, verschönernd, erwärmend über die äußere Wirklichkeit ihrer Erscheinung. In diesem abbild=lichen Gebilde ahmt der Mensch dem Schöpfer nach und baut

die Welt im Abbild wieder, die der große Weltbaumeister ihm
zuvor geschaffen.

In dieser mannigfaltigen Thätigkeit des Wissens und Kön=
nens, durch welche der Mensch die Welt beherrscht, vollzieht sich
sein irdischer Beruf.

Aber der Mensch gehört nicht bloß dieser Welt an.[33] Sein
Geist steht an den Grenzen einer höheren Welt, diese ragt
herein in dieses Leben. Ihre Gesetze sind andere als die Ge=
setze dieses natürlichen Lebens. Unsere Bestimmung geht nicht
auf in diesem natürlichen Leben, geht nicht auf in der Kultur
und ihrem Fortschritt. Wir haben noch eine höhere Be=
stimmung; diese ist erst die wahre Befriedigung unseres
Geistes, und diese weist uns über Zeit und Raum in die Welt
der Ewigkeit, weist uns zu Gott. Man kann sagen, das ist
die Frage der Gegenwart: die Frage der höheren Welt, die
Frage des Uebernatürlichen. Die Neigung der Gegenwart geht
darauf sie zu verneinen. Wir haben so reiche Gebiete dieser
sichtbaren Welt aufgeschlossen, daß wir dadurch verführt werden
zu meinen, das sei nun alles was ist, und sei alles was wir
brauchen. Aber die Verneinung der höheren Welt ist eine Ent=
würdigung des Menschen. Wir rauben ihm dadurch seine Krone.
Denn das ist seine Krone, daß er in eine Welt der Geister
hineinragt, deren Herr Gott ist und deren Offenbarung Jesus
Christus. Jene Verneinung ist eine Verkennung des innersten
Wesens des Menschen. Denn das ist unser innerstes Wesen,
daß wir eine Ewigkeit in uns tragen und geschaffen sind für
die Ewigkeit. Diese Ewigkeit ist es, die wir in diese vergäng=
liche Welt hineintragen und ihr einbilden sollen, damit sie mit
ewigem Gehalt erfüllt werde. Das ist unsere höchste Würde,
daß wir, in dieser vergänglichen Welt stehend, bestimmt sind
für die ewige d. h. für Gott. Propheten und Könige
dieser sichtbaren Welt sind wir zugleich Priester der
ewigen. Denn das ist das Höchste und Schönste, daß wir
was wir prophetisch erkennen und königlich beherrschen, was
wir in unserer Innenwelt geistiger Bilder und Empfindungen

tragen, und in schöpfungsabbildlicher Thätigkeit schön gestalten
in Bild und Ton und Wort, daß wir das Alles priesterlich
dem weihen, nach dem und zu dem wir geschaffen sind. Das
Verhältniß des Menschen zur Welt findet seine Wahrheit im Verhältniß zu Gott. Dessen Züge tragen wir an
uns, dessen Geschlechtes zu sein rühmen wir uns: eine kleine
Welt sind wir zugleich ein kleiner Gott, Gottes Stellvertreter
auf Erden, um uns und die Welt Gott darzubringen und das
lebendige Band zwischen der Welt und Gott zu sein. Das
heißt: die höchste Bestimmung des Menschen und die Wahrheit
seines Lebens ist die Religion. Die Bestimmung der Religion
aber ist: die Seele dieses irdischen Lebens zu sein.

Sechster Vortrag.

Die Religion.

Die Religion ist eine allgemeine Thatsache. Unter allen Völkern ist Religion. Sei sie auch noch so verkommen, veräußerlicht, entstellt: überall ist doch ein allgemeiner Zug und Trieb, der seine Befriedigung sucht, der sich eine äußere Gestalt gibt in religiösen Formen und Ordnungen des Lebens. „Du kannst Staaten sehen — sagt Plutarch — ohne Mauern, ohne Gesetze, ohne Münzen, ohne Schrift, aber ein Volk ohne Gott, ohne Gebet, ohne religiöse Uebungen und Opfer hat noch keiner gesehen." [1] Denn überall ist ein Bewußtsein von Gott, und der Mensch kann Gott nicht denken, ohne sich ein Verhältniß zu ihm zu geben, und das ist eben die Religion. Die **Allgemeinheit der Religion** ist ein Beweis von der **inneren Nothwendigkeit** derselben. Sie ist nicht ein Einfall der Menschen, den sie haben, den sie auch nicht haben könnten. Sie können nicht anders als Religion haben. Sie ist nicht eine Erfindung Einzelner, die sich die andern hätten aufreden lassen. Sie ist so wenig erfunden wie Essen und Trinken und Schlafen oder Reden u. s. w. Sie ist etwas Natürliches, **innerlich Nothwendiges, im Wesen des Menschen selbst Begründetes.** So gut wie im Wesen des Menschen selbst die Idee Gottes begründet ist, so ist damit auch das innere Verhältniß zu diesem Gott, den der Mensch weiß und von dem und zu dem er sich weiß, den er als seinen Grund und als sein Ziel weiß, gesetzt, d. h. Religion. Religion ist ein unveräußerlicher innerlicher Besitz des Menschen. Mit dem

Menschen selbst ist das religiöse Bedürfniß, ist das Suchen Gottes gesetzt.

Gott und Mensch können nicht außer einander bleiben, können einander nicht gleichgiltig gegenüber stehen bleiben; mit innerer Nothwendigkeit streben sie zu einander hin, sie sind beide für einander; denn Gott will der Gott der Menschen, der Mensch soll ein Mensch Gottes sein. In Gott ist eine innere Bewegung zum Menschen hin; denn er hat den Menschen gewollt, der Mensch ist der erste und letzte Gedanke Gottes, der Beschluß seines Willens, die Liebe seines Herzens. Im Menschen ist eine innere Bewegung zu Gott hin; denn er ist aus dem Willen Gottes hervorgegangen, er ist durch Gott und zu Gott geschaffen, Gottes Wille ist wie sein Grund, so das Gesetz seines Lebens und sein Ziel. Gott ist das innerste Streben und Verlangen des Menschen, sein höchstes Streben. Der Mensch muß streben. Leben ist streben. Wer nicht strebt hat aufgehört zu leben. Der Mensch muß streben; er muß nach dem Höchsten streben, das er denken kann. In der Größe des Ziels, das er sich steckt, besteht auch die Größe des Menschen selbst. Nur das höchste Ziel seines Strebens, nur der höchste Gegenstand seiner Gedanken, seines Willens, seines Herzens ist des Menschen ganz würdig und befriedigt ihn. Das Höchste aber ist Gott. Alle unsere Kräfte des Geistes, das ganze Leben unserer Seele finden ihr Ziel, ihre Wahrheit erst in Gott, das Gefühl seine Seligkeit, das Denken seine Wahrheit, der Wille seine wahre Freiheit in Gott. Das Herz ist unruhig allezeit in der Welt; es kann nicht ausruhen in diesen vergänglichen Dingen; nur an einem großen Herzen ruht es aus, in Gott. Unser Denken steigt vom Einzelnen zu einem Allgemeinen auf, zum Absoluten, zum höchsten Gedanken, zur höchsten Wahr= heit. Dieses Höchste das wir denken, das wir denkend suchen, es muß dem denkenden Geiste analog sein, nicht eine Sache und nicht eine Abstraktion, sondern ein denkender Geist, ein absolutes Ich, Gott. „Gebt mir einen großen Gedanken — rief Herder in seiner letzten Krankheit aus — damit ich davon

lebe!"[2] Der größte Gedanke und der, von dem wir in Wahr=
heit leben, ist Gott. Der Wille strebt nach Freiheit, nach
sittlicher Freiheit. Er sucht sie in der sittlichen Vollkommenheit,
der Verwirklichung des Sittengesetzes; in der Einheit des end=
lichen Willens mit dem höchsten Willen, mit Gott, findet der
Wille erst seine Freiheit, also seine Wahrheit. Kurz: der Mensch
strebt nach dem Unendlichen; das Unendliche hat aber Wirklich=
keit nur in Gott. Der Mensch ist für Gott, zu Gott. Die
Gemeinschaft mit Gott ist die Wahrheit des Menschen, die Re=
ligion ist die Wahrheit seines Lebens. Sie erst macht ihn in
Wahrheit zum Menschen.

Die Religion ist begründet in unserm Wesen selbst. Es
besteht ein Band zwischen uns und Gott, ein Band der Ver=
wandtschaft: wir sind göttlichen Geschlechts. In unserer Natur
selbst ist das Band geknüpft. Wie die Stimme des Bluts unter
den Menschen Bande der Gemeinschaft knüpft, so wird auch
das Band der Verwandtschaft zwischen uns und Gott zum Zuge,
der unsre Seele zu Gott emporzieht. Wenn der Lärm des
äußeren Lebens schweigt, wenn die inneren Stimmen schweigen
und wir einkehren in uns selbst, da fühlen wir diesen Zug.
Unwillkürlich zieht es uns alle innerlich nach einem Höchsten
und Unendlichen, und wir tragen in uns das Verlangen uns
an dieses Höchste hinzugeben, um in diesem uns selbst erst
wiederzufinden, aber gereinigt und befreit von aller schlechten
Eigenheit. Es ist ein Verlangen der Liebe, der persönlichen
Liebe, der Gemeinschaft und des Verkehrs von Ich und Du,
ein Verlangen nach Gott, ein Zug zu Gott. Wie die Augen
das Licht suchen und es ihnen natürlich und Bedürfniß ist das
Licht zu suchen, so suchen unsre Gedanken das Licht der ewigen
Wahrheit, „die Sonne der Geister", unsre Herzen die ewige
Liebe, Gott. Wie durch die Natur das beherrschende Gesetz
der Anziehung geht, so geht ein Gesetz geistiger, seelischer, sitt=
licher Anziehung durch die geistige Welt, ausgehend von der
großen Sonne des ganzen Weltalls, von Gott. Wie das Eisen
dem Magnete zustrebt, wie die Ströme sich in das Meer er=

gießen, wie es den Stein zur Erde niederzieht, so zieht es die
Seele zu Gott, ihrem Ursprung und ihrer Heimat. Man kann
den Zug der Dinge hemmen, aber man kann das Gesetz der
Anziehung nicht aufheben. Man kann seiner Seele und ihrem
Suchen sich in den Weg stellen und dieses hindern, aber man
wird den Zug zu Gott nicht aus dem Herzen tilgen, er bleibt
das Gesetz unsres Wesens. Es mag geschehen daß das Herz
in der Wahl seiner Liebe sich verirrt, es kann sich täuschen,
kann etwas Anderes wählen als Gott, das Geringere, das
Vergängliche, ja auch das Widergöttliche — aber im letzten
Grunde meint es doch Gott; nach ihm verlangt es, in ihm
erst findet es seine Seligkeit.[3] Dieses Band Gottes mit uns,
dieser Zug der Seele zu Gott — das ist die Grundlage
aller Religion, auch aller positiven Religion, auch aller Offen=
barung.

Das ist der Grund der Religion im Menschen. Ihre
Heimat aber ist das innerste Seelenleben des Menschen.

Die Religion ist eine unmittelbare innere Lebensthatsache.
Dieß dem religionslos gewordenen Geschlecht seiner Tage wieder
zum Bewußtsein gebracht zu haben, war die folgenreiche That
Schleiermachers. Und gewiß: vor aller Reflexion, vor allem
religiösen Denken und Handeln ist Religion schon da, im In=
nersten des Menschen. Sie ist der Herd des inneren Feuers,
sie hat ihre Stätte im Mittelpunkte des Menschen. Man kann
nicht eine einzelne geistige Fähigkeit aussondern und diese als
den Sitz der Religion bezeichnen. Sie ist da zu Hause wo
alle einzelnen Fähigkeiten des geistigen oder seelischen Lebens
sich zur unmittelbaren Einheit zusammenschließen. Sie ist eine
Sache der Erkenntniß: denn Gott und Christum erkennen
ist das ewige Leben, Joh. 17, 3. Natürlich: denn was eine
Angelegenheit unsres inneren Lebens und unsres höchsten
Interesses ist, muß auch Sache unsrer Erkenntniß sein. Aber
die Religion ist nicht bloß Gegenstand der Erkenntniß; denn
dann bestände die Religion etwa bloß in Lehrsätzen die man
weiß, und wäre nicht ein Leben das man lebt. Das Wissen

macht noch nicht den Frommen und die Rechtgläubigkeit noch nicht den Gläubigen. Sie ist eine Sache des Willens, denn sie muß eine sittliche That sein, und Gottes Willen zu wollen bezeichnet Jesus als den Weg zur Wahrheit Joh. 7, 17. Und dadurch bekommt auch alles erst seinen wahren Werth für uns, daß es auch für das Leben unsres Willens Bedeutung erhält. Aber die Religion ist nicht bloß ein Wollen und Handeln: sie ist auch Sache des Gefühls, denn sie ist die Seligkeit Gal. 4, 15, sie ist die Freude des Menschen, Friede und Freude im heiligen Geist Röm. 14, 17. Aber sie ist auch dieß nicht allein: sie ist ein Wissen und Wollen und Fühlen zumal, eben weil sie Sache des innersten Menschen, seines persönlichen Lebensgrundes ist — mögen wir diesen das Ge= müth, mögen wir ihn mit der Schrift das Herz nennen. Denn in das Herz verlegt die Schrift den Sitz der Religion, den Vorgang des religiösen Lebens: durch das Herz muß das Wort gehen Ap.=Gesch. 2, 37, das Herz muß sich dem Wort öffnen Ap.=Gesch. 16, 14, das Herz ist das Organ des Glaubens Röm. 10, 10. Dieses Leben des Inwendigen, das wir Religion nennen, kann bei den Verschiedenen verschiedene Gestalt an= nehmen, mehr die der Erkenntniß, oder die des Willens, oder die des Gefühls: es ist in allen Gestalten immer doch dasselbe Eine Wesen der Religion welches sich kund gibt, wo es nur überhaupt wirklich und wahr ist. [4]

Diese Religion nun aber, welche Sache des innersten Lebens ist — was ist sie? worin besteht ihr Wesen?

Wir werden sagen müssen: ihre Urgestalt ist Glaube; alle Religion ist Glaube. Denn Glaube ist ein innerster Lebens= vorgang, in welchem mein ganzes innerstes Wesen, mein Fühlen, Wissen und Wollen sich mit dem Gegenstand meines Glaubens zusammenschließt. Die Schrift bezeichnet den Glauben als eine gewisse Zuversicht deß das man hoffet, eine Ueberzeugung von dem das man nicht siehet Hebr. 11, 1. Das heißt also: Glaube ist nicht nur ein Meinen oder eine bloße Ansicht, sondern eine zuversichtliche Gewißheit, und zwar von etwas Unsinnlichem.

Der Glaube richtet sich immer auf das Unsichtbare. Denn was
man sieht das glaubt man nicht, sondern das sieht man eben.
Das Unsichtbare aber das man glaubt, das nimmt man nicht
bloß an und hält es für wahr, sondern man ist desselben auf
das Festeste gewiß. Diese Gewißheit ist aber nicht etwas Will=
kürliches und Eingebildetes, sondern etwas innerlich Begrün=
detes. Aller Glaube ruht auf solcher Begründung. Freilich
nicht auf verstandesmäßiger Demonstration, sondern auf einer
unmittelbaren inneren Ueberführung, in welcher ich die Sache,
um die sich's handelt, unmittelbar inne werde und einen un=
abweisbaren Eindruck davon erhalte. Diese innerliche Er=
fahrung und Erlebung ist die Grundlage alles wahren Glau=
bens. Wenn ich an eines Menschen Liebe oder Freundschaft
glaube, so daß ich derselben gewiß bin trotz aller Reden der
Menschen, oder auch trotz des widersprechenden Augenscheins
— warum anders glaube ich daran, als weil ich einen un=
mittelbaren inneren Eindruck davon empfangen habe, der mir
jene unmittelbare und zuversichtliche Gewißheit wirkte? Auf
dieser inneren Erfahrung und Erlebung ruht mein Glaube.
So ist es auch hier beim religiösen Glauben. Denn das
Uebersinnliche und Unsichtbare, welches Gegenstand meines
religiösen Glaubens ist, ist auch eine Realität, so gut wie die
Liebe oder Freundschaft eines Menschen, so daß ich also davon
innerlich berührt werden und diese innerliche Berührung und
Einwirkung unmittelbar erfahren und erleben kann. Was
so unmittelbar mir innerlich zu eigen geworden ist, das
kann ich mir dann wohl auch rechtfertigen auf dem Wege
der verständigen Erwägung und soll es; aber zunächst ruht
der Glaube nicht auf solchen Rechtfertigungen und Beweis=
führungen, sondern ist eine unmittelbare Sache des inneren
Lebens.

In dieser Unmittelbarkeit treffen Fühlen, Wissen und
Wollen. zusammen. Denn wie ich es im Verhältniß mensch=
licher Liebe oder Freundschaft zunächst fühle d. h. innerlich
inne werde und davon in meiner Seele berührt werde, daß

mich der Andere liebt, so ist auch der religiöse Glaube ein solches unmittelbares Innewerden und Berührtwerden durch die Welt der Ewigkeit und Gott selbst, also ein Fühlen. Aber mit diesem Gefühl ist zugleich ein unmittelbares Erkennen und Wissen gesetzt. Es kann mir vieles noch an der Sache, welche Gegenstand meines Glaubens ist, verborgen und unbekannt sein; aber ihr eigentliches innerstes Wesen wird mir unmittelbar kund und geht meiner Erkenntniß auf, indem ich davon innerlich berührt werde und es inne werde. Und das ist ein Wissen welchem die festeste Ueberzeugung und Gewißheit einwohnt, weil es auf erlebungsmäßiger Erfahrung ruht. Was ich aber auf dem Wege solcher Erkenntniß und Gewißheit in mich aufnehme, das mache ich damit zugleich zur Sache meines Willens. Denn eine That meines Willens ist es, daß ich mich innerlich mit dem Geglaubten zusammenschließe zur inneren Lebenseinheit. Glaube ist ein Akt der Freiheit. Glaube ist auf der einen Seite etwas Unwillkürliches: wer glaubt, kann nicht anders als glauben, es ist ihm innerlich gleichsam angethan, er ist überwunden, so daß er glauben muß; und doch wiederum ist es eine That daß er glaubt, und seine That daß er glaubt. Denn wie Fichte sagt: Glaube ist der Entschluß des Willens, das Wissen gelten zu lassen.[5] Der Glaube beruht nicht auf einer Demonstration die mich zum Zugeständniß nöthigte, so daß ich glauben müßte, wie das bei mathematischen Sätzen der Fall ist; sondern Glaube beruht auf sittlicher Ueberführung, so daß ich muß glauben wollen. Und wer nicht glauben will, der kann nimmermehr zum Glauben gebracht werden. Gott hat dafür gesorgt, daß ihm scheinbar immer noch Gründe und Rechtfertigungen oder Entschuldigungen genug für sein Nichtglauben übrig bleiben, mit denen er den tiefsten Grund seines Nichtglaubens, sein Nichtglaubenwollen auch vor sich selbst verbirgt. Glaube ist eine That der Freiheit, eben weil es eine sittliche That ist. Aber nicht eine That des Beliebens und der Willkür, sondern eine innerlich begründete That; denn sie beruht auf der inneren

Ueberführung unfres ſittlichen Weſens von der Wahrheit und
Wirklichkeit deſſen was wir glauben.

In dieſem Glauben nun iſt Liebe und Hoffnung mit
enthalten und beſchloſſen.   Denn die Aneignung des Glaubens
iſt nicht ohne die Hingabe der Liebe.   Alle innerliche Aneignung
fordert Hingabe an das was ich glaubend oder erkennend mir
aneigne.   Alles wahrhafte Erkennen fordert liebende Verſenkung
in den Gegenſtand des Erkennens.   Vollends an Liebe glauben
und die Liebe des Andern glaubend in mich aufnehmen kann
ich nicht, ohne daß auch in mir die innere Hingebung der
Liebe iſt.   So iſt alſo auch der religiöſe Glaube nicht ohne
Liebe.   Sie iſt die lebendige Gegenwart der Religion.   Und
dieſes Leben der Gegenwart iſt nicht ohne die Gewißheit der
Zukunft in der Hoffnung.   Denn Gott iſt ein Gott der Zukunft,
und ich kann mich der Gegenwart der Gottesgemeinſchaft nicht
freuen, ohne auch ihrer Zukunft fröhlich gewiß zu ſein.   Liebe
und Hoffnung ſchließen ſich mit dem Glauben zur Einheit des
religiöſen Lebens zuſammen.

Die weſentliche Aeußerung dieſes Lebens aber iſt das
Gebet.   Unter allen irdiſchen Geſchöpfen iſt der Menſch das
einzige das betet.   Das Gebet iſt Sache nur der Menſchen,
aber aller Menſchen.   Es gibt für den Menſchen nichts Natür=
licheres, nichts Allgemeineres, nichts dem er ſich weniger ent=
ziehen könnte, als das Gebet.   Das Kind lernt es wie von
ſelbſt üben, und die unſichtbare Welt, in die es mit dem
Gebet eintritt, iſt ihm wie eine bekannte Heimat; der Greis,
wenn es um ihn herum einſam wird, zieht ſich zurück in das
Gebet.   Das Gebet geht wie von ſelbſt über die kindlichen
Lippen, die kaum noch den Namen Gottes lallen können, und
über die ſterbenden Lippen, die ihn kaum mehr ausſprechen
können.   Wo nur Menſchen leben, — zu gewiſſen Stunden,
unter gewiſſen Verhältniſſen, bei inneren Bewegungen erhebt
man die Augen, faltet die Hände, beugt die Kniee um zu
beten.   Bei allen Völkern, den unbekannten wie den berühmten,
den civiliſirten wie den kulturloſen, begegnet man auf jedem

Schritte Handlungen und Formeln der Anrufung; unter allen
Völkern finden wir das Gebet, denn unter allen ist Religion. [6]
Das Gebet ist nicht erst aufgekommen unter den Menschen,
nicht gelehrt, sondern der unmittelbare, unwillkürliche Ausdruck
des Innern, mit dem Verhältniß des Menschen zu Gott un=
mittelbar und von selbst gegeben. Denn dieses Verhältniß ist
nicht ohne Verkehr. Das Gebet ist aber der Ausdruck dieses
Verkehrs. Seine Wahrheit zwar fand es in Israel, auf dem
Boden der Offenbarung; nur hier hat es jene zutrauensvolle
Kindlichkeit des Herzensverkehrs mit Gott, von der die heilige
Schrift uns so reichliche und mächtige Vorbilder überliefert und
vor Augen stellt — Vorbilder, welche für alle Zeiten muster=
giltig bleiben werden. Aber auch der Heidenwelt fehlte das
Gebet nicht, denn es fehlte ihr das Bewußtsein von Gott und
von der Gottesangehörigkeit nicht. Ist auch ihr Leben nicht
ein Gebetsleben, wie es das der frommen Israeliten war, so
ist doch das Gebet eine Macht der Sitte, welche das gesammte,
das öffentliche wie das Privatleben beherrschte und umschloß.
Und je höher ein Volk stand, um so mehr übte es die Sitte
des Gebets. Es hat etwas Beschämendes für uns zu sehen,
wie bei den hochstehenden Völkern der Griechen und Römer
kein öffentlicher Akt ohne Opfer und Gebet vorgenommen wurde,
wie auch die Handlungen des Privatlebens alle davon geweiht
waren. Dichter, Philosophen und Staatsmänner gleicher Weise
ermahnen zum Gebet oder üben es, und die Sitte des Volks
steht damit in Einklang. Als Telemach des Odysseus Sohn
mit seinen Begleitern zu Nestor nach Pylos kam, war das
erste Wort, welches der Nestoride Pisistratos an die Angekom=
menen richtete, die Aufforderung vor allem zur Gottheit zu
beten, denn „es bedürfen die Sterblichen alle der Götter".
So spricht Homer den religiösen Sinn seiner Zeit aus. Von
Sokrates aber berichtet Xenophon, daß er die Vorschrift ge=
geben: „jegliches Werk mit den Göttern zu beginnen, da die
Götter die Herren seien sowohl der Dinge des Friedens wie
des Krieges". Von dem frommen Xenophon selbst ist es be=

kannt und aus vielen Stellen seiner Schriften kann man es
sehen, von welcher Bedeutung ihm das Gebet gewesen. Und
ebenso bezeichnet es Plato als das Schönste und Beste für
einen tugendhaften Mann, daß er durch Gebet und Gelübde
fortwährend in Gemeinschaft mit den Göttern trete und bei
allem was er thue, bei dem geringen so gut wie bei dem
großen, zuerst Gott anrufe. Nicht minder haben die Staats=
männer Griechenlands und Roms die Sitte des Gebets geübt.
Der geistvolle athenienfische Staatsmann Perikles trat nie auf
um öffentlich zu sprechen, ohne zuvor die Gottheit anzurufen.
Und der große Römer Cornelius Scipio nahm, seit er die
männliche Toga angelegt, kein wichtiges Geschäft vor, ohne
zuvor im Tempel des kapitolinischen Jupiter eine Zeit lang
allein zugebracht zu haben. Und wie sich der berühmteste
Redner Athens, Demosthenes, bei seinen großen Reden zuerst
an die Götter wendet, so wird auch von Cato und den
Gracchen wie von allen älteren Rednern Roms berichtet, daß
sie ihre Reden stets mit der Anrufung der Gottheit begannen.
Dieß war aber nur Ausdruck der gesammten Volkssitte. „Keine
religiöse Lehre steht für das öffentliche und häusliche Leben
fester, als daß alles mit der Gottheit, das ist mit Gebet und
Opfer begonnen werden muß." Jeder Staatsakt, jeder Kriegs=
zug, jede Schlacht, jede Uebernahme eines öffentlichen Amts,
jede Gerichtshandlung, jede Volksversammlung, jeder politische
Vertrag u. s. w., kurz alles und jedes im öffentlichen Leben
des Staates war durch Gebet und Opfer geweiht. Nicht
minder alle bedeutsamen Vorgänge des häuslichen Lebens:
Hochzeit und Geburt, der Beginn der Mündigkeit wie die
glückliche Rückkehr von einer Reise oder Rettung aus Gefahr.
Und auch alle Feste des Volkes, seine Schauspiele und Wett=
kämpfe, dieß alles erhielt eine religiöse Weihe durch Opfer
und Gebet. Kurz, das ganze Leben war von der Religion
durchzogen und vom Gebet getragen und umschlossen. Aller=
dings ist das Gebet bei den Alten im Grunde mehr gewissen=
hafte Erfüllung der religiösen Pflicht, auch von Anfang an

mehr Bitt= als Dankgebet, und in der Regel mit einem ge=
wissen Anspruch auf Erhörung verbunden. Aber es fehlen
auch Gebete um die sittlichen Güter nicht; und in aller Ver=
äußerlichung ist es doch immer ein Ausdruck des religiösen
Lebens. Aber mit der Religion selbst fiel auch das Gebet
dahin. Sein Fall aber war der Vorbote der äußeren Auf=
lösung. Denn mit ihm wich die eigentliche Seele aus dem
Leben. Das jetzige Heidenthum kann kaum mehr in Wahr=
heit ein betendes genannt werden, so sehr ist das Gebet
zum äußerlichen mechanischen Werk geworden — zu einer
Anklage wider die Betenden selbst. Aber auch in dieser Ver=
kümmerung ist es immer noch ein Zeugniß für das Bedürfniß
des Gebets.

Was ist das Gebet? Es ist die Aeußerung unsrer Ge=
meinschaft mit Gott. Wer betet geht aus von der Welt die
ihn umgibt, von der Unruhe und dem Lärm des äußeren
Lebens das ihn umwogt, und geht ein in sich. Wir sind so
viel außer uns selber; im Gebet begeben wir uns zu uns
selbst, gehen ein in unsren tiefsten inneren Lebensgrund, in
das innerste Heiligthum unsrer Seele. Da lassen wir die
Arbeit unsrer Hände, die Arbeit unsrer Gedanken ruhen und
ziehen uns zurück in die verborgene Stille, um hier aus=
zuruhen, hier aufzuathmen, hier wahrhaft bei uns selbst zu
sein. Aber bei uns zu sein nur um bei Gott zu sein. Denn
in unsrem Innersten ist Gott uns nahe, im Heiligthum unsrer
Seele ist Gott bei uns und wir bei Gott. Der äußere Mensch
ist in der Welt, der innere Mensch soll in Gott, Gott in ihm
sein. Wir gehen in uns, um uns zu Gott zu begeben, uns
selbst und alles was uns bewegt vor Gott zu bringen. Es ist
das Bedürfniß der Liebe, alles in Gottes Schoß zu schütten;
es ist die That der vertrauensvollen Hingabe, alles in Gottes
Hände zu legen. Nichts ist zu geringfügig, um es vor Gott
zu bringen, wenn es nur eine wirkliche Bedeutung für unser
inneres Leben gewonnen hat. Das ist die Lebendigkeit unsres
inneren Verhältnisses zu Gott, daß es sich in diesem Gebets=

verkehr äußert und bethätigt. Ohne ihn wäre es todt. Diese
Hingabe an Gott im Gebet ist eine innerlich nothwendige
Aeußerung und Bethätigung der Liebe. Im Gebet geben wir
uns selbst mit allem was uns erfüllt an Gott hin. Das ist
das höchste Geben. Aber dieses höchste Geben ist zugleich das
höchste Nehmen. Denn indem wir im Gebet diese Welt der
Zeitlichkeit und Vergänglichkeit verlassen, treten wir ein in die
Welt der Ewigkeit und athmen ihre Luft. Das Gebet ist
dieses innere Athemholen der Seele. Dieses Athemholen der
Luft der Ewigkeit ist der Seele ebenso nothwendig zum Leben,
wie dem Leibe das Athemholen dieser irdischen Luft in der
wir leben. Die Welt Gottes aber ist eine Welt des Friedens
und der Kraft. Das Gebet breitet den Geist des Friedens
über unser Leben aus. Im Gebet wird die Seele stille. Da
schweigen die Stürme und Leidenschaften des Inwendigen, die
Unruhe der Sorgen und Aengste, der Leiden und auch der
Freuden. Und damit geht neue Lebenskraft und Lebensfreudig=
keit auf uns über. Wie die stärkende Luft der Berge uns mit
neuem Lebensgefühl erfüllt, so athmen wir göttlichen Lebens=
muth im Gebete, so daß wir mit neuer Freudigkeit aus dem
inneren Heiligthume des Gebets ausgehn in das äußere Leben
mit seinen Aufgaben, Pflichten, Lasten und Schmerzen — aber
so daß wir bei aller Unruhe der äußeren Lebensarbeit doch
innerlich im Heiligthume des Gebets, in seinem Sabbat bleiben.
Beten und Arbeiten macht das Leben. Aber nicht so als ob
das zwei Thätigkeiten wären, die bloß äußerlich sich mit einander
verbänden oder sich gegenseitig ablösten; sondern sie sollen stets
ineinander, stets miteinander verbunden sein. Sie schließen sich
nicht aus, sie fordern einander, wie der innere und äußere
Mensch, wie Seele und Leib. Das Gebet fordert das Arbeiten,
das Arbeiten fördert das Beten. Das Arbeiten soll die Er=
scheinung des Gebets, das Gebet soll die Seele der Arbeit,
überhaupt die Seele des Lebens sein; nicht ein einzelnes und
äußerliches Thun das zu anderem einzelnen und äußerlichen
Thun hinzutritt, sondern der stets gegenwärtige Hintergrund

alles Thuns, der alles lebendig erfüllt und trägt, von wo alles
ausgeht, worein alles mündet, so daß dadurch alles zu einem
verkörperten Gebete wird. Dadurch wird das Leben in der
Zeit an die Ewigkeit geknüpft, in sie gesenkt, und wächst aus
ihr heraus. Darin liegt das Große des Gebets, daß es dieß
zeitliche Leben in die Ewigkeit rückt, mit ewigem Gehalt er=
füllt und mit Gott selbst in unmittelbaren Zusammenhang
bringt. Es gibt daher nichts was den Menschen mehr erhöbe
und ehrte als das Gebet. Zwar ist es auf der einen Seite
die Beugung des Menschen vor Gott, aber auf der andern
zugleich die Erhebung zu Gott. Es ist doch wahrlich etwas
Großes, daß der Mensch mit Gott selbst redet, mit dem höchsten,
dem absoluten Geiste, daß er ihn in sein einzelnstes Interesse
zieht, seine Anliegen vor ihn bringt, ja auf die Willensentschlie=
ßungen Gottes einwirkt. Denn wenn Paulus sagt: „wir sind
Mitarbeiter Gottes", so will er damit sagen, daß wir mit
thätig sind am Werke Gottes. Wir sind dieß aber durch das
Gebet. Wie das geschehe? Niemand kann es sagen. Das
sind unsichtbare Zusammenhänge, die sich unsrer Beobachtung
entziehen. Aber können wir auch die Wege nicht verfolgen
auf denen Gott und Menschen sich begegnen, die Sache selbst ist
doch, ihre Wirklichkeit hängt nicht von unsrem Wissen ab.
Durch das Gebet wirken wir ein auf Gottes Thun und
Willensentschließungen; ja wir werden sagen dürfen: das
Gebet macht den Menschen der göttlichen Allmacht und Welt=
regierung theilhaftig. Denn sein Gebet ist eine Macht der
Welt, Gott nimmt es mit auf in das Gewebe seiner Welt=
regierung, und Gottes Liebe stellt ihre Macht der Macht auch
eines stummen Seufzers zu Diensten, der von ihm selbst ge=
wirkt ist. Und nicht zu kühn ist es, wenn Vinet sagt: Gott
wird den Seufzer Gebet nennen und das Gebet Macht, und
die Macht Gottes wird, wenn ich wagen darf es zu sagen, sich
vor der Macht beugen, die er in einen Seufzer gelegt hat der
von ihm ist. [8]

Kant freilich hat gemeint, das Gebet sei „eine kleine An=

wandlung von Wahnsinn". Denn ein Jeder, der über dem
Gebet von einem Andern betroffen werde, werde darüber „in
Verwirrung und Verlegenheit gerathen, gleich als über einen
Zustand dessen er sich zu schämen habe", indem man ihn, „da
er doch allein ist, auf einer Beschäftigung oder Geberde be-
treffe, die nur der haben kann, welcher Jemand außer sich vor
Augen hat, was doch in dem angenommenen Beispiele nicht
der Fall ist". [9] Aber man kann das Gebet nicht würdigen,
wenn man nicht von einem lebendigen persönlichen Verhältniß
zu Gott weiß, und Kant kennt zwar den persönlichen Gott,
aber kein lebendiges Verhältniß zu ihm, sondern an dessen
Stelle hat er den Gehorsam gegen das Sittengesetz gesetzt. So
gewiß es aber einen lebendigen persönlichen Gott gibt und ein
persönliches und lebendiges Verhältniß des Menschen zu ihm,
so gewiß ist das Gebet natürlich und nothwendig, und Religion
und ein religiöser Mensch ohne das Gebet gar nicht möglich.
Und wenn Kant dafür den Gehorsam gegen das Sittengesetz
fordert, so soll und kann freilich die Religion nicht ohne die
Moral sein, aber die Religion ist nicht selbst die Moral.
Religion und Sittlichkeit gehören zusammen; wo diese nicht ist,
da ist gewiß auch jene nicht — wie das Johannes in seinem
1. Briefe, in welchem er überhaupt die Zusammengehörigkeit
der beiden, Religion und Sittlichkeit, nachweist und in Erinnerung bringt, so ausdrückt (4, 20 f.): „Wer seinen Bruder
nicht liebet den er siehet, wie kann der Gott lieben den er
nicht siehet? Und dieß Gebot haben wir von ihm, daß wer
Gott liebet, daß der auch seinen Bruder liebe". Denn Nächstenliebe oder Bruderliebe ist die Seele der Sittlichkeit, Liebe zu
Gott aber die Seele der Religion. Beide sind unzertrennlich.
Aber eben deßhalb sind beide nicht eins und dasselbe. Das
war der große Irrthum Kant's, daß er die Religion zur
Moral machte. Und auch jetzt noch ist das ein vielverbreiteter
Irrthum, eine Folge der rationalistischen Denkweise, als ob
die Moral wenigstens die Hauptsache in der Religion, das
andere Stück der Religion aber, das Dogma, das Unwesent-

lichere, Gleichgültigere sei, während doch das Dogma ebenso
wenig die Religion selbst ist wie die Moral. Die Moral ist
die sittliche Vollkommenheit, die sittliche Gottähnlichkeit des
Menschen; die Religion dagegen ist das lebendige persönliche
Band zu Gott, das lebendige Verhältniß zu Gott, vermöge
dessen wir in Gemeinschaft mit Gott stehen und allem eine
lebendige Beziehung zu Gott geben. Nennt man jene etwa
die Frucht der Religion, so ist diese dann wenigstens die
Wurzel. Man kann die Moral nicht von der Religion los=
lösen. Denn wenn sie nicht mehr in Gott ihre Grundlage
und lebendige Quelle hat, so fällt sie selbst dahin, ihre
Autorität, Macht und Lebendigkeit ist dahin. Im einzelnen
Fall zwar kann sie losgelöst sein, wie ein Zweig den man
abgeschnitten noch eine Zeit lang grünen kann; aber all=
mählig geht ihm der Lebenssaft aus und er vertrocknet: so
auch die Moral, wenn ihr der Lebenszufluß der Religion ent=
zogen wird.

Das innere Verhältniß des Glaubens und der Liebe zu Gott
ist also das Wesen, und das Gebet die Erscheinung und
Aeußerung der Religion.

Betrachten wir nun die Stellung der Religion im
Leben! Man meint vielfach, die Religion sei eine Beein=
trächtigung des natürlichen Lebens und seiner Aufgaben und
Interessen, denn sie verweise uns auf die unsichtbare Welt;
damit entziehe sie uns der sichtbaren Welt, in der wir doch
leben und in der unsre Pflichten und Aufgaben liegen. Aber
es ist nicht an dem. Die Religion ist vielmehr die Macht
auch des irdischen Lebens. Denn indem die Religion der
Lebensverkehr mit Gott ist, an welchem wir die Quelle unsres
ganzen Lebens, den Grund und das Ziel desselben haben, so
erschließt und entbindet sie damit unser tiefstes Leben und er=
öffnet dadurch den Quell unsrer innerlichsten Lebenskräfte, daß
er sich befruchtend über unser ganzes Leben, auch dieses zeit=
liche und irdische, ergießt. So ist denn die Religion die Kraft
auch des natürlichen Lebens. Sie ist nicht eine Verkümmerung,

sondern die Entfaltung des Lebens. Allerdings erscheint uns
zuweilen die Religion in einzelnen Religiösen als eine Ver=
kümmerung des Lebens. Aber das ist eine Schuld nicht der
Religion, sondern dieser Religiösen; das ist Mißverstand, nicht
rechter Verstand der Aufgabe der Religion. Allerdings ist die
Religion die Verneinung alles Sündhaften im natürlichen
Leben. Denn da sie das Leben in Gott ist, so verneint sie
alles was in unsrem Leben gottwidrig ist. Aber das natür=
liche Leben selbst, wie es Gott geschaffen hat und will,
und wie es an sich ein Gut und eine Fülle der Güter
ist, verneint sie nicht, sondern bejaht sie und bringt es zur
schönsten Entfaltung. Die Religion ist die Triebkraft desselben,
wie die wärmere Sonne, welche dem irdischen Boden schönere
Blüthen entlockt. Und zugleich breitet sie über alle diese Er=
zeugnisse des irdischen Lebens den Duft einer höheren Weihe
aus, indem sie alles in Beziehung zu Gott setzt. Das ist denn
auch geschichtliche Thatsache, daß das menschliche Leben seine
schönste und reichste Entfaltung der Religion verdankt. Religion
ist das älteste Leben der Menschheit, von dem wir geschichtlich
wissen. Je weiter wir zurückgehen, um so mehr stehen alle
Denkmale des menschlichen Geistes in Zusammenhang mit der
Religion. Religion ist der mütterliche Schoß, von welchem aus
sich das ganze Geistesleben der Menschheit entfaltet hat. Die
gesammte höhere Kultur der Menschheit ist eine Tochter der
Religion. Zwar eine mündig gewordene — und sie soll es,
denn sie hat ihren besonderen Beruf und Aufgabe —; aber
auch die mündig und selbständig gewordene Tochter verbindet
ein Band der Pietät mit der Mutter. Und wir würden der=
jenigen Tochter schwere sittliche Vorwürfe machen, welche diese
Pietät gegen die Mutter, deren sie nicht mehr zu bedürfen
meint, verletzte, und würden überzeugt sein, daß bei solcher
Sinnesart kein Segen auf dem Leben ruhen könne. Aehnlich
ist das Verhältniß der geistigen Kultur der Menschheit zur
Religion. Sie geht nun ihre eigenen, selbständigen Wege,
und soll es. Aber es ist ein sittliches Unrecht und ruht kein

Segen auf ihr, wenn sie das geistige Band der Pietät zur Religion schnöde zerreißt. Die Religion soll die Gebiete des geistigen Kulturlebens der Menschheit nicht äußerlich beherrschen und ihnen Grenze, Maß und Ziel vorschreiben, sondern soll dieselbe als Mündige behandeln. Aber die innere Einwirkung und der innere Lebenszusammenhang soll stets fortbestehen.

Jener geschichtliche Zusammenhang der geistigen Bildung mit der Religion läßt sich auf allen Gebieten verfolgen. Die älteste Kulturgeschichte ist wesentlich Religionsgeschichte. Alle Kultur bestand im Grunde in der Religion selbst; die Pfleger der Religion waren auch die Träger und Pfleger der Bildung. Die Wissenschaften, die Gesetzgebung, die Sternkunde, die Geschichtschreibung waren Sache der Priester. Die Künste — sie sind im Dienst der Religion erwachsen und gepflegt worden. Die Königin der bildenden Künste war von Anfang an die Architektur, die übrigen standen in Abhängigkeit von ihr und haben erst allmählig sich von ihr losgelöst und sind selbständig geworden. Die Architektur hat ihre hauptsächlichste Pflege im Dienst der Religion gefunden. Die mächtigen Felsentempel Indiens und seine Pagoden, die säulenreichen Tempel Griechenlands, die ragenden Dome der Christenheit — sie sind die redenden Zeugen dieses Dienstverhältnisses. Und so ist es auch mit den übrigen bildenden Künsten. Die Skulptur von Hellas hat zunächst die Götterwelt und ihre erhabenen Gestalten zum Gegenstand gehabt, dann erst ist sie zur Darstellung auch des profanen Lebens übergegangen. Die Malerei hat ihre höchste und reichste Blüthe in der christlichen Kirche als religiöse Malerei gefunden; aus ihr erst hat sich die übrige, hat sich vor allem die höchste Gattung derselben, die historische Malerei entwickelt. Die Musik diente dem Gottesdienst, und die Poesie dem Preise der Gottheit und dann erst der Verherrlichung der Helden; und auch das Schauspiel ist zuerst eine Art Gottesdienst gewesen, bei den Griechen so gut wie in der Christenheit Deutschlands. Und das Ober-

ammergauer Passionsspiel zeigt uns noch jetzt diesen Bund
von Religion und darstellender Kunst: selbst ein Emil Devrient
hat dieses Spiel der bayerischen Bauern allen Bühnen als
unerreichtes Muster hingestellt. Ich wiederhole: es wäre
thöricht zu verlangen, die Kultur, Wissenschaft und Künste
müßten religiös sein, und der Zweck der Kirche bestimme auch
die Grenzen ihrer Berechtigung. Denn wenn sie sich auch
im Dienst der Religion entwickelt haben, so sind sie doch nicht
ein ausschließliches Erzeugniß der Religion und ihres Geistes,
sondern der natürliche Geist des Menschen ist ihr Boden dem
sie entstammen, und die Religion ist nur die himmlische Sonne,
welche diese Keime dem Boden entlockt und zu schöner Ent=
faltung gebracht hat, und welcher deßhalb auch die sich er=
schließenden Blumen dankbar sich zuwendeten. Aber wir sehen
doch daraus, daß die Religion der ursprüngliche Lebensherd,
das erwärmende heilige Feuer der Menschheit, daß sie der
himmlische Segen des irdischen Lebens ist.[10]
      Und die Geschichte lehrt uns, daß alle großen, frucht=
baren Zeiten Zeiten der Religion waren und der Verfall der
Religion auch den Verfall des übrigen Lebens nach sich zog.
Es ist als würde den Gebilden des irdischen Lebens der Zu=
fluß der Lebenskräfte abgeschnitten, wenn ihnen der Thau des
Himmels und das Licht und die Wärme der Sonne mit der
Religion entzogen wird. Das belehrendste Beispiel hiefür haben
wir am Volke Israel und seiner Geschichte im A. Testament.
Denn dieses Volk und sein Volksleben war wie kein anderes
auf Religion gegründet. Von seiner religiösen Treue hing alle
äußere Wohlfahrt, hing der Bestand seines ganzen Staats=
lebens und seiner politischen Selbständigkeit ab. Das Buch
der Richter hat geradezu diesen Gedanken zum Thema, wie
jeder Abfall von Jehova mit politischer Knechtschaft bestraft
wurde und jede politische Erneuerung durch die religiöse Er=
neuerung bedingt war. Die Propheten Israels waren die
Träger des nationalen Geistes und des politischen Gedankens.
Der Grundgedanke aller ihrer politischen Weisheit und ihrer

politischen Predigten aber war immer der, daß die Religion
und die religiöse Treue die Grundlage und Seele auch aller
staatlichen Wohlfahrt und Selbständigkeit sei. Und so war
denn auch der Untergang Israels und die Auflösung seines
Staates die Folge und Strafe seines religiösen Verfalls. Was
wir hier aus der Geschichte dieses Volkes in mächtigen vor=
bildlichen Zügen in der heiligen Schrift berichtet und gelehrt
finden, das wiederholt sich allenthalben auch anderwärts. So
war es in Griechenland, so in Rom. Der Verfall der Re=
ligion und mit ihr der Sittlichkeit war das Erste, der Verfall
des bürgerlichen Gemeinwesens und der Verlust der politischen
Größe und Freiheit das Zweite. Und auch die Geschichte
Deutschlands bietet hiefür die unzweifelhaftesten Belege. Und
gerade diese Geschichte wie die keines anderen modernen Volks.
Denn da unser Volk von allen am tiefsten angelegt ist, muß
es auch den Grund seines Lebens, auch seines politischen und
bürgerlichen Lebens, in der Tiefe legen, da wo die ewigen
Segensquellen alles Lebens liegen. Es gab eine Zeit, da das
deutsche Schwert der Welt Gesetze gab und das deutsche Reich
die einzige Großmacht in Europa war. Das war die Zeit,
da die Religion noch die Macht der öffentlichen Meinung und
die Seele des ganzen Lebens war. Die That die wir als die
größte That des deutschen Volkes rühmen, ist eine religiöse
That, die der Reformation — zum Zeichen daß die Religion
auf das Engste mit dem gesammten Leben unsres Volkes ver=
knüpft ist. Unser Volk hätte nicht jene Zeit der politischen
Schmach erleben müssen, deren Ende hier auf den Feldern von
Leipzig blutig besiegelt wurde, wenn es nicht zuerst seinen re=
ligiösen Glauben verloren und mit der Frivolität des fran=
zösischen Unglaubens vertauscht hätte. Aber da ist ihm denn
nach jenem alten Gesetze geschehen: womit jemand sündigt,
damit wird er auch gestraft. Die nationale Erhebung unseres
Volkes aber ist vor allem eine religiös=sittliche Erhebung und
Erneuerung gewesen. Alle großen Zeugen jener Zeit sind er=
füllt von diesem Bewußtsein, daß der Grund der Freiheit und

Größe Deutschlands in der Tiefe des deutschen Gemüths, in
dem religiösen Glauben und der sittlichen Erneuerung gelegt
werden müsse. Durch alle Lieder jener Zeit, an denen sich das
Feuer der nationalen Begeisterung so mächtig entzündete, geht
dieser Ton hindurch. In den Schlachtgesängen Körners, in
den herzenswarmen Liedern Schenkendorfs, in den geharnischten
Sonetten Rückerts, in den deutschen Liedern Arndts u. s. w.
berührt uns allenthalben dieser religiöse Hauch. Die Männer
der Religion standen im Bunde mit dem nationalen Geiste,
und die Männer der nationalen Idee waren zugleich tief und
innig religiös. Schleiermacher der Theologe hat mit Wort und
That das nationale Feuer geschürt. Und Arndt, dieser feurige
Patriot, war ein inniger und aufrichtiger Christ, und der
Glaube an Jesum Christum den Sohn Gottes und unser aller
Herrn und Heiland war die Seele seines Lebens, sein Trost
in Trübsal und seine Kraft in Widerwärtigkeiten. Er hat
manches Lied Ihm zu Ehren gesungen und ein und das andere
Lied von ihm ist auch in unsre kirchlichen Gesangbücher auf=
genommen worden.

Unter allem Bedenklichen was unsere Zustände für Gegen=
wart und Zukunft in sich tragen, dünkt mich das Bedenklichste
und Gefahrdrohendste dieses, daß zwischen der nationalen Be=
wegung und überhaupt der modernen Kulturentwicklung auf der
einen, und der Religion und zum Theil auch ihren Vertretern
auf der anderen Seite eine solche Spannung und Verstimmung
eingetreten ist, wie sie vor Augen liegt und nicht selten in den
öffentlichen Stimmen sich kundgibt.

Es sei mir hierüber noch ein Wort verstattet.

Das beherrschende Interesse ist gegenwärtig die Politik.
Das darf man nicht beklagen, denn es ist ein ernstes und
würdiges Interesse, und wir haben auf diesem Gebiete Auf=
gaben zu lösen. Aber die Politik fordert so gut wie alle natür=
lichen Lebensäußerungen des menschlichen Geistes den Zusammen=
hang mit dem tiefsten Interesse desselben, und das ist das
religiöse." Wenn aber dieser Zusammenhang zwischen dem

natürlichen und dem religiösen Leben irgendwo stattfindet und
von Bedeutung ist, so ist es in Deutschland. Denn mehr noch
als es bei anderen Völkern der Fall ist, ist unsres Volkes Art
und Geschichte so enge mit den religiösen Interessen und Fragen
verflochten, daß das Verhältniß der nationalen Bewegung zum
Christenthum geradezu als die Lebensfrage unsres Volkes be=
zeichnet werden muß und als entscheidend für seine Zukunft.
Um so bedenklicher und verhängnißvoller ist die Spannung und
Verstimmung zwischen beiden. Nicht als ob die Religion ein
bestimmtes politisches Glaubensbekenntniß vorschriebe. Aller=
dings steht die religiöse Sinnesweise in schärfstem Gegensatz
gegen den revolutionären Geist, der auch nach eines so Kundigen
Urtheil, wie Guizot ist, die Zukunft unsrer ganzen Gesellschaft
bedroht. Denn die religiöse Denkweise schließt nothwendig in
sich die Anerkennung des Rechts, der revolutionäre Geist dagegen
ist die Mißachtung des Rechts.¹² Aber das ist nicht ein politi=
scher, sondern ein sittlicher Gegensatz. In rein politischen Fragen
dagegen gehört die Religion keiner einzelnen Parteirichtung an,
sie ist weder monarchisch noch republikanisch, weder absolutistisch
noch konstitutionell. Denn sie ist eben Religion und nicht Politik.
Aber sie ist die Hüterin der Heiligkeit des Rechts und der ewigen
göttlichen Ordnungen, welche die unverrückbare Grundlage unsres
gesammten irdischen Lebens und gesellschaftlichen Bestandes
bilden: sie ist die Vertreterin ewiger Wahrheiten, ewiger sitt=
licher Gesetze und Normen, von denen auch der politische Ver=
stand sich leiten und erleuchten lassen muß, wenn er sich auf
Grund der rechtlichen und der thatsächlichen Verhältnisse und
Bedürfnisse eine politische Ueberzeugung bildet und ein politi=
sches Verhalten erwählt.

Wir stehen offenbar im Beginn einer neuen Kulturperiode.
So sehr sich nur immer die neue Zeit vom Mittelalter unter=
schied, das mit der Erfindung des Pulvers und der Drucker=
presse zu Grabe getragen wurde, mindestens eben so sehr unter=
scheidet sich diese neue Kulturperiode, in die wir mit der freien
Presse und mit dem Dampf und der Telegraphie eingetreten

sind, von der bisherigen. Die Veränderung erstreckt sich nicht
bloß auf einzelne Gebiete des äußeren Lebens, sie ist eine um=
fassende, denn sie ist eine Veränderung des ganzen Geistes der
Zeit. Auch in dieser Veränderung waltet Gott, dessen Geist
durch die Geschichte der Völker und Zeiten geht. Und wir sollen
sein Walten im Fortschritt der Zeiten und in den erhöhten
Aufgaben, welche er damit den verschiedenen Generationen zu
erfüllen gibt, anerkennen und zu verstehen suchen. Aber auch
die Augen nicht verschließen gegen die Gefahren, welche den
Ertrag der Vergangenheit zu vernichten und die Erfüllung der
Aufgabe der Zukunft zu vereiteln drohen. Die Gefahr unsrer
Zeit ist unleugbar. Es lauert ein unheimlicher Geist der Leiden=
schaft und der Verneinung hinter den Fortschritten der Gegen=
wart auf die Beute der Zukunft. Er wird nicht durch äußere
Gewalt, sondern nur durch geistige Mächte überwunden, vor
allem durch die höchste Geistesmacht, die Religion; und die
Fortschritte der Kulturentwicklung werden nicht durch äußere
Veranstaltungen, sondern nur durch den inneren Geist der sie
erfüllt, durch den Geist der Religion, gesichert für die Zukunft
als ein Segen der Menschheit. Es ist unsere Aufgabe, die
Religion in diese Lebensbewegung der Gegenwart hineinzutragen
und zur inneren treibenden und segnenden Macht derselben zu
machen. Und hinwiederum sollen die Vertreter und Förderer
der modernen Kulturentwicklung wissen und sich sagen, daß alle
Fortschritte derselben wie alle Entwicklung des natürlichen Geistes
überhaupt den Tod in sich tragen und ohne bleibenden Gehalt
und wahren sittlichen Werth sind, wenn sie sich nicht mit jenen
ewigen Lebensmächten in Zusammenhang setzen, welche sich über
alle diese Veränderungen des zeitlichen Lebens ausbreiten wie
der Himmel sich über die Erde breitet, und von welchen dieses
Leben seine innere Kraft und seinen Segen empfangen muß.
Und so wiederhole ich denn: der Zusammenhang der modernen
Kulturentwicklung mit der Religion ist die Lebensfrage der
europäischen Menschheit und unsres Volkes insonderheit.

Das ist also die Stellung und Bedeutung der Religion,

daß sie die Seele aller Bestrebungen auch des natürlichen Lebens sein soll. So ist es zu allen Zeiten gewesen, und so wird es bleiben. Haben schon die anderen Religionen eine Lebensmacht besessen, so daß der Abfall von der Religion auch der Verfall des Lebens war, wie viel mehr eignet diese Lebensmacht dem Christenthum, dem doch ein jeder Verständige, selbst wenn er den christlichen Glauben nicht theilt und an eine Offenbarung nicht glaubt, die Palme vor allen anderen reichen wird.

Siebenter Vortrag.

Die Offenbarung.

Alle Religionen haben sich auf Offenbarung berufen. Dieß ist ein Zeugniß für das Bedürfniß der Offenbarung; der Mensch fordert eine göttliche Offenbarung. Das Christenthum erklärt sich für die Religion schlechthin, indem es sich für die Offen= barung schlechthin erklärt.

1. Betrachten wir zuerst die Nothwendigkeit der Offen= barung!

Die Offenbarung wird gefordert durch die Beschaffenheit unsrer Vernunft wie durch die Beschaffenheit unsres Willens. Sie ist ein zweifaches Bedürfniß: unsres denkenden Geistes und unsrer sittlichen Natur.

Inwiefern ist sie ein Bedürfniß unsres Geistes?

Wir sind für Gott geschaffen; wir sollen ihn suchen und finden und mit ihm in Gemeinschaft treten. Aber damit wir zu Gott gelangen können, muß Gott selbst uns entgegenkommen, sich uns bezeugen und dargeben d. h. sich offenbaren. Zwar tragen wir alle ein Gottesbewußtsein und eine natürliche Geisteserkenntniß in uns, welche sich durch die Selbstbezeugung Gottes in der Natur und in der Geschichte weiter entwickelt. Aber zu dieser natürlichen Offenbarung muß auch eine positive, historische Offenbarung hinzutreten. Denn es ist ein natürliches Bedürfniß des menschlichen Geistes, daß er für seine höchsten Wahrheiten, auf denen der ganze Bau seines sittlichen Lebens beruht, auch eine höhere Autorität, eine göttliche Bestätigung fordert, damit er derselben unzweifelhaft gewiß sei. Die an= deren Religionen haben die göttliche Autorität erdichtet; eben damit haben sie ihre Nothwendigkeit anerkannt. Und nicht bloß eine Autorität ist nöthig. Es muß auch das in uns schlummernde Gottesbewußtsein erst geweckt und unser inneres Verhältniß zu Gott erst lebendig gemacht werden durch eine thatsächliche Selbstbezeugung Gottes gegen uns. Wie das Ge= wissen in uns nur daburch lebendig wird, daß uns das Sitten= gesetz äußerlich entgegentritt, so wird auch das religiöse Bewußt= sein in uns lebendig nur durch die religiöse Bezeugung und Verkündigung. Erst wenn Gott uns entgegentritt mit seinem Ich: Ich bin der Herr Dein Gott! wacht in uns das Du auf: Du bist der Herr mein Gott! Es liegt ein tiefer Sinn in den ersten Erzählungen der Schrift, daß Gott mit den ersten Menschen gewandelt und geredet habe wie ein Vater mit seinen Kindern. Wie das Wort, das in der Brust des Kindes schlum= mert, erst durch das gehörte Wort erweckt wird, so mußte auch die Gotteserkenntniß, zu welcher der Mensch geschaffen war, durch die persönliche und geschichtliche Gottesbezeugung geweckt und entwickelt werden. Diese uranfängliche Gottesbezeugung bildet die Grundlage aller Gotteserkenntniß und aller Religion in der Menschheit, auch aller verderbten und verkehrten Re= ligion. Die alte Religionsgeschichte ist ein Beweis dafür daß alle Religion auf einer solchen Offenbarung ruhe. Denn die Religion stand in der Urzeit auf einer verhältnißmäßig viel höheren Stufe als die übrige geistige Kultur. Während die heidnischen Völker in der geistigen Kultur fortschritten, sind sie in der Religion zurückgegangen. Es ist von allen Forschern auf diesem Gebiete anerkannt, daß wir, je weiter hinauf wir gehen, eine um so höhere und reinere Gotteserkenntniß finden. Also, sehen wir, ist der ursprüngliche religiöse Besitz nicht ein bloßes Erzeugniß der eigenen geistigen Thätigkeit, sondern eine Offenbarung und Gabe Gottes. Alle Religion ruht im letzten Grunde auf einer Uroffenbarung, und das Bewußtsein hiervon hat sich noch weit herunter, bis auf Plato und Aristoteles und selbst noch bis auf Cicero erhalten. [1]

Die Offenbarung ist geforbert durch die natürliche Be=

schaffenheit des menschlichen Geistes, doppelt gefordert aber
durch die Macht des Irrthums, welche unleugbar in unsrer
Erkenntniß Platz gegriffen hat und alles unser Wissen und
Denken über die höchsten Gegenstände verdirbt. Man müßte
blind sein, wenn man diese Macht des Irrthums, der wir alle
von Natur ausgesetzt sind, leugnen wollte. Die Geschichte des
menschlichen Geistes legt ein lautredendes Zeugniß dafür ab.
Keine Thorheit gibt es die nicht ihre Vertretung gefunden
hätte. Und da wo man sich der Weisheit rühmt, in den Schulen
der Philosophen, steht Widerspruch gegen Widerspruch, Irr=
thum gegen Irrthum. Die ganze lange Gedankenarbeit der
alten Welt endete mit der absoluten Ungewißheit und der Trost=
losigkeit des Zweifels. Man verzweifelte daran überhaupt die
Wahrheit finden zu können. Schon in der platonischen Schule
hat man das Bewußtsein von dem Bedürfniß einer göttlichen
Offenbarung ausgesprochen. „Wir wollen warten — heißt es
einmal in einem platonischen Dialog — auf Einen, sei es ein
Gott oder ein gottbegeisterter Mensch, der uns unsre religiösen
Pflichten lehrt und, wie Athene bei Homer zu Diomedes sagt,
die Dunkelheit von unsren Augen wegnimmt." „Wir müssen
eben die beste menschliche Ansicht ergreifen — sagt Plato ein
anderes Mal — um von ihr getragen, wie von einem Floße,
das gefahrvolle Meer des Lebens zu durchschiffen, wenn es
nicht einen sicherern und gefahrloseren Weg auf einem festeren
Fahrzeug, oder eine göttliche Offenbarung gibt, um diese Fahrt
zurückzulegen." [2] Und am Ausgang des Heidenthums spricht
der Neuplatoniker Porphyrius von solchen, welche „nach Wahr=
heit sich sehnend beteten, daß ihnen eine Göttererscheinung zu
Theil werden möge, damit sie durch einen mit glaubwürdiger
Autorität begabten Unterricht Ruhe aus ihren Zweifeln heraus
erlangen möchten". [3] Nicht anders war es im Abendlande.
Nachdem Cicero in langer Reihe die verschiedenen philosophi=
schen Lehrmeinungen über die Seele aufgeführt, schließt er die
Aufzählung mit den Worten: „Welche von diesen Meinungen
wahr sei, mag ein Gott wissen; schon welche nur wahrscheinlich

sei, ist eine schwierige Frage." Wie sollte man vollends über
die Gottheit Sicheres wissen und sagen können? Es ist alles
voll „Dunkel und Schwierigkeit". Mit ergreifenden Worten
schildert er einmal die Ungewißheit des menschlichen Geistes in
allen höheren Fragen, die Dunkelheit der Dinge, welche einen
Sokrates zum Bekenntniß seiner Unwissenheit gebracht, und wie
diesen so auch den Demokrit, Anaxagoras, Empedokles und fast
alle Aelteren, welche bekannten daß wir nichts zu verstehen,
nichts zu begreifen, nichts zu wissen vermöchten: „die Sinne
seien beschränkt, der Geist schwach, der Lauf des Lebens kurz,
und, wie Demokrit sagt, die Wahrheit in die Tiefe versenkt;
nur Meinungen und Gewohnheiten herrschen allenthalben, für
die Wahrheit sei kein Raum übrig geblieben, alles sei schließ=
lich von Finsterniß umflossen" — das ist das traurige Be=
kenntniß, bei welchem dieser große Schüler und Buchführer der
alten Philosophie anlangt. Und er verkennt auch nicht den
Zusammenhang des Irrthums mit der Sünde. „Nur
geringe Funken der Erkenntniß hat die Natur uns gegeben,
welche wir alsbald durch böse Sitten und Irrthümer verderbt
auslöschen, so daß nirgends das Licht der Natur in seiner
Klarheit und Helle erscheint."[4] Was bereits Cicero gesehen,
das sehen wir im Lichte der christlichen Offenbarung noch viel
deutlicher. Denn diesem Licht gegenüber erscheint der Schatten
der menschlichen Finsterniß noch viel tiefer. Und selbst das=
jenige Erkenntnißgebiet mit welchem es noch am besten bestellt
ist, das der sittlichen Erkenntniß, ist hiervon nicht ausgenom=
men. Erst die Moral der Offenbarung hat auch das natürliche
sittliche Urtheil gereinigt und befestigt. Selbst Kant, der doch
auf das sittliche Bewußtsein seine ganze Weltanschauung auf=
baute, bekennt: „Man kann wohl einräumen, daß, wenn
das Evangelium die allgemeinen sittlichen Gesetze in ihrer
ganzen Reinigkeit nicht vorher gelehrt hätte, die Vernunft bis
jetzt sie nicht in solcher Vollkommenheit würde eingesehen
haben."[5]

Aber es handelt sich nicht bloß um die allgemeine sittliche

Erkenntniß: es handelt sich vornehmlich um die Erkenntniß des Heils der Seele. So hoch auch die natürliche Gottes=erkenntniß sich erheben mag: die sündenvergebende und heiligende Gnade Gottes lehrt uns nur die Offenbarung, kann uns der Natur der Sache nach nur diese lehren. Dieser Gedanke kann nicht im Menschen selbst entstehen; diesen Gedanken kann auch nicht der Mensch den Menschen, sondern nur Gott uns lehren und eine solche Gewißheit davon geben, daß unser Glaube darauf beruhen und unser religiöses Leben sich darauf gründen kann. Denn woher sollten wir es wissen, daß Gott Gnade ist, wenn es uns Gott nicht selber sagte? Zwar die Macht Gottes — diese ist eine Thatsache die uns aus der Schöpfung entgegentritt. Aber seine Gnade ist ein freier Entschluß seines Herzens. Diesen wissen wir nicht von uns selbst, diesen wagen wir auch nicht von uns selbst zu denken. Und doch ist diese Gewißheit uns die nöthigste. Denn was hilft uns alle andere Gewißheit von Gottes Macht und Majestät ohne diese?

Die Gnade Gottes aber ist ein Bedürfniß unsres sittlichen Zustands. So ist also die Offenbarung eine Forderung unsrer sittlichen Beschaffenheit: sie ist begründet nicht bloß in der Be=schaffenheit unsrer Vernunft, sondern noch mehr in der Verkehrung und Verderbtheit unsres Willens.

Es ist eine allgemein giltige Wahrheit, daß das Beste und Höchste was wir haben Gabe sein muß. Schiller hat das zu wiederholten Malen ausgesprochen: „Alles Höchste, es kommt frei von den Göttern herab". Und die bedeutendsten Geister, welche der Stolz der Menschheit sind, haben dasselbe bekannt. [6] Gilt das schon vom natürlichen Geistesleben, so noch vielmehr vom religiösen, wo es sich um unser Verhältniß zu Gott han=delt. Die Gemeinschaft mit Gott muß eine That und Gabe Gottes selbst sein. Wir können Gott nicht haben, wir können ihn nicht wollen, wenn er nicht selbst sich uns dargibt, wenn er nicht selbst das Herz und den Willen uns erschließt, um ihn aufzunehmen in unser Inwendiges. Ist das schon an sich nöthig, so doppelt bei der thatsächlichen Beschaffenheit unsrer sittlichen Natur. Der tiefste Grund für die Nothwendigkeit der Offenbarung, und zwar einer Heilsoffenbarung, liegt in der Sünde.

2. Lassen Sie mich in diesem Zusammenhang von der Sünde reden.

Die Sünde ist eine Thatsache, eine allgemein anerkannte Thatsache. Nicht bloß die Schrift sagt es, daß alle Menschen Sünder sind. Unser Gewissen bestätigt es, die tagtägliche Erfahrung des Lebens beweist es, alle Stimmen der Völker beklagen es. Allenthalben finden wir Klagen über den unseligen Zwiespalt, der durch den Menschen hindurchgeht, zwischen seiner besseren sittlichen Erkenntniß und seinem entgegengesetzten Wollen. Es ist ein altbekanntes Wort eines römischen Dichters: video meliora proboque, deteriora sequor. „Ich seh' wohl das Bessere und billige es, aber dem Schlechteren folg' ich." Oder das andere: nitimur in vetitum semper cupimusque negata. „Nach dem Verbotenen streben wir stets und wünschen Versagtes." Es ist eine Macht der Leidenschaft im Menschen, welche sein besseres Gewissen machtlos macht und durch das Gebot des Gesetzes gebändigt werden muß. Plutarch sagt: „Die Leidenschaften sind dem Menschen angeboren, nicht von außen her erst in ihn gekommen; und käme nicht strenge Zucht zu Hülfe, so würde der Mensch wahrscheinlich nicht zahmer sein als das wildeste Thier". Solche Zeugnisse ließen sich in großer Zahl beibringen. Auch Kant, der doch an die moralische Kraft im Menschen appellirt und das Pflichtbewußtsein für stark genug erachtet, um alle widerstrebenden Triebe zu bändigen und zu beherrschen — auch er spricht von einem „radikalen Bösen" im Menschen, welches im Grunde unsres Wesens wurzele und jenseits aller unsrer eigenen zeitlichen Willensbestimmungen liege. [7] Man kann sagen: je genauer es Einer nimmt und je sittlicher er ist, um so mehr erkennt er diese widerstrebende Macht in seinem Innern, und je ernstlicher er an sich arbeitet, um so mehr muß er darüber seufzen. Aber die volle Erkenntniß der

Sünde hat erst der Christ. Denn erst aus der Vergebung der
Schuld erkennen wir die Größe der Schuld; und erst im Kampf
mit der Sünde erfahren wir die volle Macht und Herrschaft
der Sünde. Aber wenigstens ein annäherndes Gefühl dieses
schweren Leidens und dieser Schuld ist auch außerhalb des
Christenthums vorhanden. Die Dichter und Denker der Völker
sind unerschöpflich in ihren Klagen über den Jammer des
Lebens. Allerdings ist es nicht das Leid der Sünde allein,
ihre Schuld und ihre Macht, was sie beklagen; es ist das Leid
des Lebens überhaupt und der ganze Jammer der Erde, was
in den Stimmen der Völker aller Länder und Zeiten zu so
ergreifendem Ausdruck kommt. Aber es ist doch das Leid der
Sünde und das schmerzliche Gefühl unsrer sittlichen Ver-
schuldung und Ohnmacht auch mit gemeint. Es ist wahr, es
ist über dem ganzen griechischen Leben und Wesen ein Hauch
der Heiterkeit ausgebreitet. Man hat das oftmals als einen
beneidenswerthen Vorzug der alten Welt gepriesen. Goethe
hat in seiner Schrift über Winkelmann die unverwüstliche Gesundheit des antiken Lebens gerühmt. Und unsre neuen Prediger eines nichtchristlichen Humanismus, wie David Strauß,
feiern die gesunde Sinnlichkeit der griechischen Welt und halten
sie der christlichen Welt als unerreichtes Ideal vor.[8] Aber
man übersieht die tiefe Melancholie, welche sich durch das
ganze griechische Leben hindurchzieht, deren Zug ihren höchsten
Kunstwerken aufgeprägt ist, deren Ton ihre Poesie so ergreifend
macht. Dieser Ton der Klage lautet wie die Weissagung einer
Zeit, welche die wahre Versöhnung erst bringen soll. Gerade
dieß ist das Tiefe, Wahre und Große der antiken Welt und
darin liegt ihr wesentlicher Zauber. Eben weil sie die Versöhnung noch nicht kennt, darum breitet sie einen Hauch der
Heiterkeit auch über die Schmerzen des Lebens aus und verhüllt sich vor ihren eigenen Blicken die ganze Tiefe des menschlichen Elends — wie es Lenau so treffend in seinem Savonarola geschildert:

Die Künste der Hellenen kannten
Nicht den Erlöser und sein Licht;
Drum scherzten sie so gern und nannten
Des Schmerzes tiefsten Abgrund nicht. —

Daß sie am Schmerz, den sie zu trösten
Nicht weiß, uns sanft vorüber führt,
Das halt' ich für der Zauber größten,
Durch den uns die Antike rührt.

Aber durch alle diese Hüllen bricht doch der Laut der
schmerzensvollsten Klage immer wieder durch. Fast alle Dichter
der Griechen wetteifern mit einander in der Wehklage über
den Jammer des Menschenlebens — von Homer an, dem
ersten, der den Menschen das jammervollste aller Wesen nennt,
bis herab zu den letzten. Und als ein Spruch vieler Weisen
wird das Wort angeführt:

Es ist das Beste nimmerdar geboren sein,
Doch wenn geboren, eilig an dem Ziel zu stehn.

Der Römer Plinius aber schildert wie der Mensch unter
allen Geschöpfen allein „mit Weinen und Thränen den Tag
seiner Geburt begrüße" — als ahnte er im Voraus alle die
Leiden die ihn erwarten. Und zu diesen Leiden zählt Plinius
auch die Leidenschaften und die sittlichen Uebel überhaupt, die
den Menschen verfolgen. „Darum soll ein Jeder — sagt er
ein anderes Mal — vor allem damit sein Herz beruhigen,
daß das größte aller Güter, welches die Natur dem Menschen
verliehen, ein rechtzeitiger Tod, und das Beste daran gerade
das ist, daß Jeder sich ihn selbst verschaffen kann." Der be=
kannte Spruch Menanders: „Wer ein Liebling der Götter ist,
der stirbt in der Jugend", war in aller Munde. Bei Achilles
am Anfang, bei Alexander am Ende der griechischen Geschichte
sah man dieß Wort erfüllt. Beide Gestalten, in welchen sich,
wie Hegel schön und geistreich ausführt, das ganze Wesen und
Leben des hellenischen Volkes abspiegelt, haben einen elegischen
Zug. Und wie es bei den Griechen ist, so ist es bei allen

ebleren Völkern der alten Welt, besonders bei den Indern, daß
der Zug der Trauer ihrem Antlitz aufgeprägt ist. [9]

Und doch fehlt diesen Klagen über den Jammer des Lebens
der eigentliche Stachel. Unser sittliches Bewußtsein ist geschärfter
als das der Alten. Wir wissen, daß das Hauptübel des Lebens
sittlicher Natur ist — die Sünde.

> Das Leben ist der Güter höchstes nicht,
> Doch aller Uebel größtes ist die Schuld.

Und auch der alten Welt war das Bewußtsein hievon nicht
völlig fremd. Je mehr sie sittlich sank, um so bestimmter
sprach sie es auch aus. „Wir alle sind böse", sagt Seneca.
„Was der Eine an dem Andern tadelt, das wird Jeder in
seinem eigenen Busen wiederfinden. Böse leben wir unter
Bösen." [10]

Also: die Sünde ist eine allgemeine Thatsache, und sie ist
das Uebel aller Uebel, so daß dadurch das Leben aufhört lebens=
werth zu sein.

Diese Macht der Sünde sehen wir in der Geschichte der
Menschen walten, soweit wir auch zurückgehen mögen. Es ist
ein altes Problem des menschlichen Geistes, woher das Böse
stamme. Die Antwort welche die Schrift darauf gibt, ist die
einfachste Lösung desselben. [11] Die Sünde kann nicht von Gott
selbst stammen, denn er ist der Heilige und Gütige. Sie kann
nicht aus der Natur etwa der Materie oder unsres Leibes
u. dgl. stammen, denn auch die körperliche und sinnliche Natur
ist eine Schöpfung Gottes. Sie kann also nur aus dem
Menschen selbst stammen, aus einer That seiner Freiheit, aus
einem Abfall von seiner ursprünglichen Reinheit und Hoheit,
welche wir nicht mehr als Wirklichkeit, sondern nur als
Forderung in uns tragen, wie die Abendröthe eines unter=
gegangenen Tages, wie die Erinnerung eines verlorenen Glückes
— eine Erinnerung welche durch die Traditionen aller Völker
geht. Ueberall finden wir Sagen und Mythen von einem glück=
seligen Zustand am Anfang und einem späteren Verluste des=
selben durch die Sünde des Menschen; fast allenthalben, be=

sonders im Orient, ruhen auf dieser Lehre die übrigen reli=
giösen Vorstellungen. [12]

Der biblische Bericht schildert die Sünde der Erstgeschaffnen
als die Folge einer Versuchung die an den Menschen heran=
getreten sei und ihn zu Fall gebracht habe. Dadurch deutet
sie eine versuchliche geistige Macht außer dem Menschen an —
eine Anschauung die später eine ausgebildetere Lehrgestalt und
im neuen Testamente eine durchgreifende Bedeutung gewonnen
hat. Gegen keine andere Lehre aber ist das moderne Bewußt=
sein so eingenommen als gegen diese. Und allerdings, wenn
sie dem Aberglauben oder Fanatismus dient, oder dazu miß=
braucht werden soll die Schuld der Sünde von uns abzuwälzen,
so sträubt sich dagegen unser sittliches Bewußtsein mit Recht.
Und doch ist es im Interesse der Menschlichkeit, den Menschen
als Verführten und nicht als den Erfinder und letzten Urheber
der Sünde zu denken; der Mensch ist nicht eins mit der Sünde,
er ist nicht satanisch. Wäre er dieß, wäre er selbst das Prinzip
der Sünde, er wäre nicht erlösbar. Aber Gott Lob, er ist er=
lösbar, er kann gelöst werden von seiner Sünde. Also ist sie
nicht sowohl aus ihm heraus, als vielmehr in ihn hinein=
gekommen. Das vermindert nicht seine Schuld, sondern mildert
nur ihre Folgen, läßt aber die Sünde selbst nur um so ernster
erscheinen, indem wir sehen, daß sie nicht auf unser Inwendiges
beschränkt ist, sondern als eine objektive Macht außer uns in
der Geschichte waltet und ihren Schatten bis in unser innerstes
Seelenleben hineinwirft.

Man hat vielfach daran Anstoß genommen, daß die Schrift
die erste Sünde als einen äußerlichen sinnlichen Vorgang, fast
als eine kindliche That schildere, und doch zum folgenschwersten
Ereigniß für die ganze Geschichte der Menschheit mache. Aber
wir sollen eben nicht bei dem äußeren Hergang stehen bleiben,
sondern durch diese äußere Hülle hindurch die sittlichen Vor=
gänge im Leben der Seele wahrnehmen. Und diese sind von
tiefster einschneidender Bedeutung. Denken wir uns den Men=
schen in der ersten seligen Harmonie alles seines Denkens und

Wollens mit Gott, wie er nun irre wird an der Liebe Gottes, wie der Argwohn in ihm aufsteigt, daß Gott aus Neid ihm willkürlich ein Gut versage, an welches das Glück seiner Zukunft geknüpft ist, und wie er nun das Gebot Gottes verwirft, und seine Zukunft selbst in seine Hand nimmt, um sich selber seine Zukunft zu schaffen auf dem Wege des Ungehorsams gegen Gott — so werden wir sagen müssen: seine ganze innere Herzensstellung zu Gott seinem Vater hat sich damit verkehrt, er ist aus dem Kindschaftsverhältniß zu Gott herausgetreten, er hat sich gelöst von Gott, er hat wie der verlorene Sohn innerlich das Vaterhaus verlassen und ist in die Fremde der Gottesferne gezogen. Was Wunder daß er damit seinem Elend entgegenging? Man muß sich nicht an das Aeußere bloß halten — das ist das Unwesentlichere und ist veranlaßt durch den Kindheitszustand der ersten Menschen; sondern man muß die innere sittliche Bedeutung des Vorgangs würdigen. Da wird man dann wohl erkennen und zugestehen, daß er von entscheidender Bedeutung ist; und je mehr er am Anfange der Geschichte und des noch jugendlichen Lebens der Menschheit steht, da ihr ganzes Wesen sich noch nicht befestigt hatte, um so entscheidender ist er. Er hat die Bedeutung einer Katastrophe für das Leben der Menschheit.

Jene That des Anfangs war ihrer Natur nach verhängnißvoll für das ganze Geschlecht. Denn sie war die That des Anfängers, in welchem das ganze Geschlecht repräsentirt und zusammengefaßt war. Wir fühlen es alle daß jene That uns alle angeht, daß sie nicht etwas Zufälliges und Gleichgiltiges für uns ist, sondern daß wir dabei mit interessirt sind, wie es überall und immer bei Handlungen von Repräsentanten einer Gesammtheit der Fall ist. Und daß diese That uns angeht, erfahren wir auch thatsächlich an ihren Folgen. Denn wir haben alle unter denselben zu leiden und zu büßen. Wer kann leugnen daß in uns von vornherein eine schlimme Neigung wohnt, die in allerlei auch unwillkürlichen Aeußerungen dieses sündigen Grundes sich geltend macht? Allerdings ein Kind

hat etwas Unschuldiges, selbst seine Unarten haben oftmals fast
etwas Liebenswürdiges; aber durch alle diese Unschuld und
Liebenswürdigkeit bricht doch oft ein bedenklicher Hintergrund
hervor. Es ist ein altes griechisches Sprichwort: Wer nicht
gegerbt wird, wird nicht erzogen. Und auch wir sagen uns
alle: man darf die Natur nicht walten und wuchern lassen wie
sie will, es würde sonst das Unkraut so reichlich aufschießen,
daß es den guten Samen ganz überwucherte. So erkennen wir
also an, daß im jugendlichen Boden schon von vornherein viel
Unkrautsame legt. Wir alle, je weiter wir in unsrer sittlichen
Entwicklung kommen, um so mehr erfahren wir diese über-
kommene sittliche Verderbniß — bis zu dem Gefühl, daß es
keine Sünde gebe, zu welcher nicht die Keime und Möglichkeiten
in uns lägen. .

Diese schlimme sittliche Art — wie es Kant der Moralist
nannte: das radikale Böse — es ist mehr als bloß die Macht
unsrer sinnlichen Natur. Es ist eine geistige Macht sittlicher
Verkehrung; es ist eine üble Neigung und Richtung unsres
Willens. Und wollen wir das Tiefste und Schlimmste nennen,
so müssen wir sagen: wir sind von Hause aus alle Egoisten —
nur in verschiedenen Formen. Das selbstsüchtige Wesen ist es,
das sich in alles, auch unsre besten Tugenden, mischt und sie
verderbt, und nur etwa von der Selbstgerechtigkeit und Selbst-
zufriedenheit noch übertroffen wird.

Von dieser schlimmen Art können wir uns nicht selbst
helfen. Wir haben zwar ein sittliches Bewußtsein in uns und
haben eine sittliche Kraft des Willens. Aber unser sittliches
Bewußtsein, unser Gewissen befreit uns nicht von unsrer Sünde,
sondern überführt uns nur von derselben; es befiehlt und es
straft uns, aber es hilft uns nicht. Die Kraft unsres Willens
aber, sie dient uns zwar dazu — und das wird von einem
Jeden gefordert und kann Keinem erlassen werden — daß wir
uns beherrschen, und es ist etwas Großes um die Selbst-
beherrschung; aber damit ändern wir die üble Neigung unsres
Herzens nicht. Wir legen uns selbst in Bande; aber damit

machen wir uns eben nur zu Knechten des Sittengesetzes und kommen nicht zur wahren sittlichen Freiheit. Unser Herz muß anders werden, die innerste Richtung unsres Willens — dann erst steht es gut mit uns. Kant hat sich damit begnügt zu fordern, daß man im Widerspruch mit seiner Neigung handle. Aber das ist doch nicht der höchste Standpunkt der Sittlichkeit. Und mit Recht hält ihm Schiller entgegen:

> Ueber sein Herz zu siegen ist groß, ich ehre den Tapfern.
> Aber wer durch sein Herz, sieget, er gilt mir noch mehr.

Aber da muß es freilich mit dem Herzen selbst richtig be= stellt sein. Allein das erreicht Niemand von sich selber. Schiller hat gemeint, die Aesthetik sei diese Macht — diese hat er an die Stelle des kategorischen Imperativs Kants ge= setzt —: durch das Morgenthor des Schönen sollen wir in das Land der sittlichen Freiheit eingehen. Aber das hat sich als Täuschung erwiesen. [13] Keine natürliche Macht, keine Kraft des eigenen Geistes kann aus uns andere Menschen machen. Das kann nur Gott. Denn wer kann sein Herz ändern? Es muß eine höhere Macht über uns kommen, die unser Innerstes ändert. Wir sind unvermögend dazu. Die befreiende und erneuernde sittliche Kraft kann uns nur von Gott kommen.

Der Hauptgrundsatz aller vorchristlichen Moral war, den Menschen auf seine eigene sittliche Kraft zu stellen, während das Christenthum ihn an die Gnade verweist, die in Christo eröffnet ist. Aber jene Moral hat bei dem Untergang der alten Welt ihre Ohnmacht erfahren, während die christliche Ver= kündigung der Gnade die Welt erneuert hat und sich jederzeit als die einzige sittliche Macht erweist, welche die sittlichen Wider= sprüche des menschlichen Lebens überwindet.

Das menschliche Dasein und seine Geschichte ist voll von Widersprüchen, welche in ihrem tiefsten Grunde sittlicher Art und Natur sind. Widersprüche des inneren Lebens, zwischen Forderung und Erfüllung, zwischen Bestimmung und Wirklich= keit, und Widersprüche des äußeren Lebens, wie der nie endende

Kampf der Wahrheit mit der Lüge oder die Ungerechtigkeit der
äußeren Schicksale u. s. w. Für diese Widersprüche gibt es
keine andere Erklärung als eben jene Anfangsthatsache der
Entzweiung des Lebens mit sich selbst, wodurch die sittliche
Welt aus den Fugen kam. [14] Woher soll nun aber Heilung
und Hülfe für diesen Zustand kommen? Kein besseres sittliches
Wissen, wie Sokrates meinte, kein Fortschritt der Bildung und
Kultur, wie man jetzt vielfach meint, hilft darüber hinaus.
Denn der schlimmen Neigung des Herzens gegenüber ist auch
das beste Wissen und die höchste Erkenntniß ohnmächtig. Und
mit der Entfaltung der geistigen Fähigkeiten entwickelt sich auch
das Böse. Wie es im einzelnen Menschen ist, so ist es auch
in der Geschichte der Menschheit. Die Kultur ändert die Form
der Sünde, aber mindert nicht ihr Dasein und ihre Herrschaft.
Die Kultur setzt an die Stelle der Natürlichkeit die Kunst.
Damit werden auch die Sünden zu Sünden der Kultur, sie
werden nur raffinirter, aber nicht weniger, vielmehr oft nur
mehr und schlimmer. [15] Also die eigene Entwicklung des mensch=
lichen Geistes führt uns nicht darüber hinaus, sondern Gott
muß der Sünde eine andere Macht gegenüberstellen und sie
in die Menschheit und ihre Geschichte hineinsetzen. Wir tragen
alle ein Ideal in uns, den Gedanken und das Bild eines Zu=
standes der Dinge, in welchem alles so ist wie es sein sollte,
in welchem Gottes Wille allein zum steten und fröhlichen
Vollzug kommt und Gerechtigkeit auf Erden herrscht, keine
Schuld mehr das Gewissen drückt und keine Leidenschaft mehr
unser Denken und Wollen in Bande schlägt, und wir uns
nicht mehr zu schämen oder zu fürchten haben, wenn wir dem
Heiligen unter die Augen treten. Wir nennen dieses unser
Ideal das Reich Gottes. Das ist die Auflösung aller Wider=
sprüche, das ist das Ziel der Geschichte, die treibende, be=
wegende Macht derselben. Dieses Reich Gottes ist kein natür=
liches Erzeugniß der Geschichte. Man kann nicht Trauben lesen
von den Dornen und Feigen von den Disteln. Das Reich Gottes
muß eine That Gottes sein, die Wirkung seiner Offenbarung.

Hierin also, in der sittlichen Entzweiung unsres Daseins, in der Sünde, ist im letzten Grunde die Nothwendigkeit seiner Offenbarung begründet, wenn uns überhaupt geholfen werden soll.

3. Man hat zwar mancherlei Einwendungen gegen ihre Möglichkeit erhoben. Aber diese sind leicht zu heben. Es gibt eigentlich nur einen Einwand gegen die Möglichkeit der Offenbarung, und dieser heißt: es ist kein Gott. Wo man keinen persönlichen und lebendigen Gott kennt, da kann man freilich auch die Möglichkeit einer Offenbarung Gottes nicht zugestehen. Da sucht man denn nach mancherlei Gründen, mit denen man jenen letzten und eigentlichen Grund nur verdeckt. Wer aber einen persönlichen und lebendigen Gott glaubt, für den ist die Möglichkeit einer Offenbarung desselben die einfache Konsequenz. Denn sollte der welcher das Leben ist die Unbeweglichkeit, welcher die Liebe ist das Schweigen sein? Es wäre ein Widerspruch mit seinem Wesen. Und wenn uns Gott noch so sehr bewiesen wäre — dieser Widerspruch müßte uns in unserem Glauben irre machen. So wenig ist die Offenbarung ein Widerspruch gegen Gott, daß vielmehr der Mangel derselben ein solcher wäre.[16]

Es ist ein wunderlicher Einwand, wenn man uns entgegenhält, es sei würdiger von Gott und seiner Vollkommenheit gedacht, wenn man annehme, daß er nicht nöthig gehabt habe in einer nachträglichen Offenbarung an seine Welt die nachbessernde Hand zu legen. Als ob es sich hier um Nachbesserung handelte und nicht vielmehr um unser, der irrenden und sündigen Menschen Bedürfniß, daß Gott mit seiner Wahrheit und seiner Gnade uns entgegenkomme, damit wir zu ihm kommen. Oder wenn man meint, durch eine Offenbarung werde der menschliche Geist zur bloßen Passivität verurtheilt, was desselben unwürdig und auch seiner Natur widersprechend sei, denn sein Wesen sei Aktivität und eigene Anstrengung. Während doch auch sonst das Beste, auch die besten Gedanken uns gegeben werden, und unsre Aufgabe dann nur

ist, wenn sie wie Sterne am Horizont unsres Geisteslebens
aufgehen, sie in unser Gedankenleben aufzunehmen und zu
verarbeiten. Sind wir doch in allen Dingen zunächst Em=
pfangende und dann erst selbstthätig Wirkende. Vollends wenn
es sich um die höchste Wahrheit und die Gemeinschaft mit Gott
handelt!

Kurz, wir mögen auf Gott sehen oder auf uns selbst —
beide Male werden wir sagen müssen: eine Offenbarung Gottes
ist so wenig unmöglich, daß sie vielmehr Gotte und uns selbst,
unsrem Wesen und Bedürfniß nur entsprechend ist.

4. Aber wenn man auch dieß alles zugesteht, so bleibt doch
immer noch ein Anstoß übrig für das moderne Denken —
das ist das Wunder.[17] Wer Offenbarung sagt, der sagt
Wunder. Aber Wunder — fährt man fort — sind unmöglich.
Die alte Welt hat die Wunder für möglich gehalten; darum
hat sie dieselben auch für wirklich gehalten und daran geglaubt.
Wir wissen daß sie unmöglich sind. Die alte Welt hat Vieles,
was sie nicht natürlich zu erklären vermochte, übernatürlich
erklären zu müssen geglaubt und sich so denn zur Annahme
des Wunders geflüchtet. Wir sind viel mehr eingedrungen in
das Innere der Natur und haben ihre Kräfte und Gesetze
ganz anders erkannt als jene. Der moderne Geist hat jenen
geheimnißvollen Urwald der Wunder gelichtet und sein Düster
verbannt, und was noch nicht licht ist, das wird licht werden.
Der moderne Geist fordert daß alles natürlich zugehe. Das
Wunder ist ein Widerspruch zum modernen Geist. Dieser
muß das Wunder für unmöglich erklären, also auch die Offen=
barung.

Allerdings, es ist eine Forderung des Geistes, alles in
seinem natürlichen und nothwendigen Zusammenhange zu be=
greifen. Aber gibt es nur ein Gebiet der Nothwendigkeit,
gibt es nicht auch ein Gebiet der Freiheit? Der Mensch steht
unter dem Gesetz der Nothwendigkeit, sofern er ein Natur=
wesen ist, sofern er ein Gegenstand der Naturwissenschaft ist.
Aber ist der Mensch nur ein Naturwesen, ist er nicht auch ein

persönliches, sittliches, also freies Wesen? Ist er nur ein
Gegenstand der Physik, ist er nicht auch ein Gegenstand der
Ethik? Und das Gebiet der Ethik steht höher als das der
Physik. Ist aber der Mensch frei, weil er ein persönliches
sittliches Wesen ist, gilt das dann nicht vor allem von Gott?
Oder sollte Gott so gebunden sein durch seine Naturgesetze,
daß er die Hände nicht frei bewegen könnte? Man muß Gott
selbst leugnen, wenn man leugnen will daß Gott Wunder thun
kann. Selbst Rousseau spricht darüber in Worten die so stark
sind, daß ich sie mir nicht ohne weiteres aneignen möchte:
„Diese Frage — nämlich ob Gott Wunder thun könne —
wäre, ernstlich genommen, gottlos, wäre sie nicht an sich schon
absurd; und dem der sie verneint würde man zu viel Ehre
anthun, wollte man ihn dafür bestrafen; es würde genug sein
ihn in Gewahrsam zu bringen. Aber wer hat denn auch je
geleugnet, daß Gott Wunder thun kann?" Zwar fährt er
dann fort: Freilich um die Wirklichkeit eines Wunders festzustellen, müßten wir die Gesetze und Kräfte der Natur in
ihrem vollen Umfange kennen.[18] Und das ist ein Einwand,
den man oftmals gegen die Möglichkeit des Wunders erhoben
hat, daß wir von der Wirklichkeit eines Wunders keine Gewißheit erlangen können. Aber diese Berufung auf unbekannte
Gesetze, um der Anerkennung des Wunders sich zu entziehen,
wäre ungefähr das, was Kant das Prinzip der faulen Vernunft nannte. Wir wissen ja alle, daß es kein unbekanntes
Gesetz dieser natürlichen Weltordnung geben kann, wodurch ein
Todter lebendig werden könnte. Warum bestritte dann auch
die negative Kritik eine Reihe biblischer Erzählungen als unmöglich, wenn die Wirklichkeit des Wunders in keinem Falle
festzustellen wäre, sondern unbekannte Gesetze der natürlichen
Weltordnung im Spiele sein könnten? Aber wir tragen in
uns auch die Gewißheit, daß es noch mehr geben muß als
diese natürliche Weltordnung. Die Gewißheit des Uebernatürlichen ist ja die Grundlage aller Religion.[19] So vernünftig
die Religion ist, so vernünftig diese Gewißheit ist, so vernünftig

ist auch das Wunder. Glauben wir nicht daß die Welt ge=
schaffen ist? Und was ist die Schöpfung anders als das erste
Wunder? Denn das nennen wir ja ein Wunder, daß etwas
entsteht was nicht den vorhandenen natürlichen Kräften und Ge=
setzen entstammt oder wenigstens nicht völlig entstammt, son=
dern etwas Neues in sich schließt, was in den Naturzusammen=
hang hineintritt ohne von demselben gewirkt zu sein. Das
gilt aber im höchsten Sinne von der Schöpfung. Und nicht
minder von der Erlösung der Menschheit, oder von der inneren
Erneuerung des einzelnen Menschen durch die Macht der gött=
lichen Gnade, welche nicht das bloße Erzeugniß schon vor=
handener Voraussetzungen ist.

Das Vermögen solchen freien und wunderbaren Handelns
liegt im Wesen Gottes und unwillkürlich erkennen wir es alle
an. Wir beten. Was heißt das anders als wir glauben an
das Wunder? Denn wir glauben daß Gott frei ist und nicht
gebunden an die Nothwendigkeit des Zusammenhangs der
Dinge, sondern diesen frei verwendet nach seinem Willen.
Denn wir könnten es ja lassen zu beten und auf Erhörung
zu hoffen, wenn nur geschähe was eben geschehen muß, und
nicht vielmehr was Gott will daß geschehe. Wir befehlen uns,
wir befehlen die Unsern dem Schutze Gottes; wir rufen ihn
an in der Noth und bitten ihn um Abwendung eines Uebels;
wir flehen um die Genesung eines Kranken, wir hoffen auf
Gottes Hülfe u. s. w. Was heißt das alles anders als: wir
glauben an einen lebendigen Gott, der thun kann was er will.
Freilich es ist nicht willkürlich was er will, sondern innerlich
begründet, durch höhere Zwecke; aber er thut doch was er
thut, weil er will, nicht weil er muß. Und dieß ist für Gott
das Naturgemäße; denn — mit Jean Paul zu reden —
„Wunder auf Erden sind Natur im Himmel". [20] Sollte ihn
der Naturzusammenhang der Schöpfung daran hindern? Mat=
thias Claudius sagt einmal (III. 29): „Ob das Gebet einer
bewegten Seele etwas vermag und wirken kann, oder ob der
nexus rerum (d. i. der natürliche Zusammenhang der Dinge)

dergleichen nicht gestattet, wie einige Herren Gelehrte meinen,
darüber lasse ich mich in keinen Streit ein. Ich habe allen
Respekt vor dem nexus rerum, kann aber doch nicht umhin
dabei an Simson zu denken, der den nexus (Zusammenhang)
der Thorflügel unbeschädigt ließ und bekanntlich das ganze
Thor auf den Berg trug; kurz ich glaube, daß der Regen wohl
kommt wenn es dürre ist, und daß der Hirsch nicht umsonst
nach frischem Wasser schreit, wenn einer nur recht betet und
recht gesinnt ist."

Aber, sagt man, hebt nicht das Wunder die Naturgesetze
auf? Und ist das denkbar nachdem sie nun einmal da sind?
— Aber ist Gott nicht auch ein Gott der Naturgesetze? Was
sind sie anderes als die That seines Willens? Wenn er sie
nun einem höheren Willen und Zweck dienstbar macht? Aber
es ist nicht einmal an dem daß das Wunder die Naturgesetze
selbst aufhebt, sondern es entnimmt nur einzelne Vorgänge
jenen Gesetzen und stellt sie unter das Gesetz eines höheren
Willens und einer höheren Kraft. Wir haben im niederen
Gebiete viele Analogien dafür. Wenn mein Arm einen Stein
in die Luft schleudert, so ist das wider die Natur des Steins
und nicht eine Wirkung des Gesetzes der Anziehung, sondern
es tritt eine höhere Kraft und ein höherer Wille ein, der
Wirkungen hervorruft welche nicht Wirkungen der niedrigeren
Kräfte sind. Damit werden die Kräfte und Gesetze nicht auf=
gehoben, sondern bleiben bestehen. So tritt beim Wunder eine
höhere Kausalität wirkend ein und ruft eine Wirkung hervor,
welche nicht Wirkung des Zusammenhanges jener niedrigeren
Kausalitäten ist, wohl aber nachher diesem Zusammenhange sich
einfügt.[21] Diese höhere Kausalität aber fällt im letzten Grunde
zusammen mit den höchsten sittlichen Zwecken des Daseins.
Ihnen zu dienen ist der höchste und schönste Beruf der Natur.
Steht also das Wunder hiemit in Zusammenhang, ist es sitt=
lich bedingt und nicht willkürlich, so ist es nicht wider die
Natur und ihre Bestimmung, sondern im höheren Sinne der=
selben gemäß. Der höchste sittliche Zweck aber ist der der gött=

lichen Liebe. Es ist die göttliche Liebe, welche die Macht in
ihren Dienst nimmt; es ist die Erlösung der Menschheit,
welche auf dem Boden der Schöpfung ihre höhere neue Ge=
schichte vollzieht; es ist das Heil in Jesu Christo, in welchem
der Grund und die Rechtfertigung des Wunders, weil der
Offenbarung, liegt.

Wer an Jesum Christum glaubt, der glaubt damit auch
an das Wunder. Denn Jesus Christus ist ein Wunder. Er
ist nicht ein bloßes Erzeugniß natürlicher Voraussetzungen und
Bedingungen. Wenn man auch noch so viel aus diesen er=
klären will — für einen Jeden der die Person und die Ge=
schichte Jesu würdigt wie sie wirklich war, selbst wenn er nicht
im Sinne der christlichen Kirche an ihn glaubt, sondern in
ihm etwa nur einen religiösen Genius ohne Gleichen sieht, —
auch für einen solchen bleibt doch immer ein unauflösbarer
Rest übrig, welcher sich nicht aus dem natürlich Gegebenen er=
klären läßt, welcher nicht bloß als ein Produkt der natürlichen
Voraussetzungen und Bedingungen verstanden werden kann,
sondern über die Grenzen des Natürlichen hinausführt zu dem
letzten Quell alles höheren Lebens, zu Gott selbst, und als
eine unmittelbare und neue Gabe und That Gottes selbst an=
zusehen ist. Und dieß ist eben der Begriff des Wunders, daß
es eine freie That Gottes ist, welche nicht dem Zusammen=
wirken gegebener Kräfte und Voraussetzungen des natürlichen
Lebens entstammt, sondern von Gott aus in den Zusammen=
hang desselben hineintritt. Damit wird nicht der Zusammen=
hang des natürlichen Lebens zerrissen, aber er empfängt etwas
was sich ihm auf das Innigste einfügt. Wir sagen: Christus
ist ein Wunder; — ist er damit eine That der Willkür?
Nimmermehr. Vielmehr er ist geschichtlich bedingt, er ist ge=
schichtlich gefordert. Die Geschichte war an dem Punkte an=
gekommen, da sie die Person Jesu Christi und seine That
forderte. Aber sie konnte sie nicht aus sich erzeugen, sondern
mußte sie empfangen. Jesus Christus ist eine sittliche Noth=
wendigkeit, aber nicht eine natürliche Wirklichkeit, sondern eine

übernatürliche. Aber das Uebernatürliche wird natürlich, weil
es eine Forderung des Natürlichen ist. Das natürliche Leben
erzeugt das Bedürfniß, aber nicht die Befriedigung dieses Be=
dürfnisses. Diese Befriedigung ist eine unmittelbare That
Gottes, etwas Neues; aber indem sie die Befriedigung eines
Bedürfnisses ist, schließt sie sich mit diesem zur Einheit zu=
sammen. Das Wunder ist also nicht die Zerreißung des
natürlichen Zusammenhangs, sondern es ist die Erfüllung
desselben.

Gilt dieß aber von Jesu Christo, so gilt es von der ge=
sammten Offenbarung. Denn Jesus Christus steht nicht isolirt
da in der Geschichte, er ist nicht plötzlich wie eine Erscheinung
hereingetreten in dieselbe, sondern er ist das Ziel einer langen
Geschichte vor ihm, deren schließliches Resultat er ist. Wir
nennen diese Geschichte die heilige Geschichte, die Offenbarung.
Er ist die Idee, welche diese ganze Geschichte beherrscht. Denn
auf ihn zielt sie von vornherein ab. So theilt sie mit seiner
Erscheinung den gleichen Charakter der Wunderbarkeit. Und
alle Wunder vorher und nachher — sie haben eben darin ihre
Rechtfertigung, daß sie im Zusammenhang mit ihm stehen, daß
sie zu diesem Ganzen der Offenbarungsgeschichte gehören, deren
Mittelpunkt Er ist.[22]

Dadurch sind sie sittlich bedingt. Und darin unterscheiden
sich die biblischen Wunder von allen andern. Sie haben nichts
von dem Phantastischen oder Märchenhaften oder Willkürlichen
der andern Wunder. Man darf nur unsere Evangelien mit
den Apokryphen, oder das Leben Jesu mit dem Leben Muha=
med's vergleichen, um den himmelweiten Unterschied zu er=
kennen. Niebuhr's kritischer Verstand stand bekanntlich keinem
andern nach und er hat in der alten römischen Geschichte nur
zu sehr aufgeräumt, aber er bekannte: „Was ein Wunder im
strengsten Sinne betrifft, so bedarf es wahrhaftig nur einer
unbefangenen und scharfblickenden Naturforschung, damit wir
einsehen, daß die erzählten nichts weniger als widersinnig sind,
und einer Vergleichung mit Legendenmärchen oder den angeb=

lichen Wundern anderer Religionen, um wahrzunehmen, welch'
ein anderer Geist in ihnen lebt." [23]

Kurz, das Wunder ist nicht ein Akt der Willkür, sondern
es ist sittlich bedingt, denn es gehört der Offenbarung.

Welches ist seine Bedeutung für die· Offenbarung? Es ist
für's Erste die populärste Form der Legitimation, wie man
sie stets gefordert hat und stets fordern wird, der handgreifliche
Beweis, daß hier eine höhere Macht sich bekunde in dieser Ge=
schichte, welche es auf das Heil unsrer Seele abgesehen hat.
Es ist zum Andern die äußere Abbildung der Sache selbst:
das Wunder ist die Uebersetzung·aus dem Gebiete des Geistes
in die Bilderschrift der Natur. Die Natur ist eine Welt der
Symbolik. Das Wunder ist die höchste Symbolik. Die Blinden
sehen, die Lahmen gehen, die Tauben hören, die Aussätzigen
werden rein u. s. w. — läßt Jesus dem Täufer antworten.
Es ist Jesu im letzten Grunde nicht um die Blinden, Lahmen,
Tauben u. s. w. und ihre Heilung zu thun gewesen. Aber das
Wunder des Geistes, das Wunder der geistigen und innerlichen
Erneuerung eines Menschen sollte sich vor den blöden Augen
darstellen in der Zeichensprache der äußeren Werke. Und endlich:
das Wunder ist ein wesentlicher Bestandtheil der Offenbarung
selbst. Jesus Christus ist das Wunder, denn er ist die Offen=
barung. Wir glauben nicht bloß um dieses Wunders willen,
wir glauben an dieses Wunder, das Er ist. Und dieses Wunder,
das·er selbst ist, war nothwendig, wenn wir gerettet werden
sollten. Damit ist schon gesagt daß es auch möglich war. Das
Wunder ist möglich, denn die Offenbarung ist möglich. Die
Offenbarung entspricht dem Wesen und Willen Gottes, der das
Leben und die Liebe ist, und entspricht unsrem Wesen und
unserem Bedürfniß.

5. Aber woran soll man erkennen, ob sie wirklich und
wahr ist? Alle Religionen berufen sich auf Offenbarung.
Womit beweist das Christenthum, daß es allein, vor den
andern Religionen, wirklich auf Offenbarung beruht? Es
handelt sich jetzt nicht um eine Vergleichung des Christen=

thums mit Heidenthum und Judenthum. Ich werde später
davon sprechen. Jetzt ist die Frage nur diese: Womit legiti=
mirt sich das Christenthum, daß es wirklich Offenbarung und
daß es Wahrheit ist?

Lassen wir die verschiedenen Zeugen der christlichen Wahr=
heit für sie auftreten und Zeugniß ablegen.[24] Wir haben das
Zeugniß der Apostel. In ihren Schriften weht der Geist der
Wahrhaftigkeit. Sie haben die Wahrheit berichten wollen.
Und welches Interesse sollten sie auch gehabt haben es nicht
zu thun? So wie sie kann keiner reden der mit Lügen um=
geht. In ihnen tritt uns auch der Geist der Nüchternheit
entgegen. Sie sind nicht ein Haufe von blinden Schwärmern
und Fanatikern; sie sind Leute von gesunden Sinnen und ge=
sunden Nerven. Renan mag die Maria Magdalena eine
„exaltirte Person" nennen, weil er eine solche Hingabe an
die Person Jesu Christi nicht versteht; aber von den galiläi=
schen Fischern muß er zugestehen, daß das nüchterne Leute
waren, und wenn man neuerdings versucht hat aus Paulus
einen nervenkranken Visionär zu machen,[25] so ist das geradezu
lächerlich. Dieser nun sagt erstlich von sich selbst daß er
Wunder gethan habe. Er beruft sich den Korinthern gegen=
über, um seine apostolische Autorität zu bekräftigen, auf das
Nachdrücklichste darauf, daß er „eines Apostels Zeichen" d. h.
Wunder zu seiner Legitimirung gethan habe 2 Kor. 12, 12;
auch Röm. 15, 18. 19.[26] Zum Andern berichten die Apostel
alle aus Einem Munde: wir sind deß Zeugen. „Was wir ge=
hört haben, was wir gesehen haben mit unsren Augen, was
wir geschauet haben und unsere Hände betastet haben — das
verkündigen wir euch." Und Lukas, der es nicht selbst gesehen
hat, versichert: „ich habe es alles von Anbeginn erkundet, daß
ich's zu dir, mein guter Theophile, mit Fleiß ordentlich schriebe,
auf daß du gewissen Grund erfahrest der Lehre, in welcher du
unterrichtet bist".

Der Mittelpunkt ihres Zeugnisses aber ist die Auferstehung
Jesu Christi. Es gibt keine Thatsache der Geschichte die

besser bezeugt wäre als diese. Renan versichert zwar: wir verdanken dieselbe der exaltirten Phantasie der Maria Magdalena. „Göttliches Vermögen der Liebe — ruft er aus —; geweihte Augenblicke, worin die Leidenschaft einer Sinnberückten (hallucinée) der Welt einen wiederauferstandenen Gott gibt!" Aber wir werden sagen: das sind lästerliche Worte, und auch ganz unwürdig eines Historikers. Denn mit solchen leichten Redensarten kommt man nicht um diese Thatsache der Geschichte herum. Wir wissen: nichts erwarteten die Jünger weniger als dieses Faktum. Mit Jesu Tod waren sie trostlos, ohne Hoffnung. Und als sie die Kunde vernahmen, Jesus sei erstanden — sie konnten's, sie wollten's nicht glauben. „Es haben uns erschreckt — sagen jene beiden Jünger auf dem Wege nach Emmaus — etliche Weiber der Unsern, die sind früh beim Grabe gewesen, haben seinen Leib nicht gefunden, kommen und sagen, sie haben ein Gesicht der Engel gesehen, welche sagen, er lebe. Und etliche unter uns gingen hin zum Grabe und fanden's also wie die Weiber sagten; aber ihn fanden sie nicht." So wenig bereit waren sie, durch den Bericht der Frauen sich alsbald zu neuen Hoffnungen erwecken zu lassen. Fast noch trostloser sind sie vielmehr dadurch geworden. Erst die persönliche Selbstbezeugung Jesu überführte sie. Und nicht weniger als seine wiederholte handgreifliche Erscheinung war nöthig, um die Jünger alle, um einen Thomas dieser Thatsache gewiß zu machen. Und nicht Einzelnen bloß, ganzen großen Schaaren ist er erschienen, und zuletzt Fünfhunderten auf einmal, von denen Viele noch lebten als Paulus dieß schrieb in seinem Brief an die Korinther (1 Kor. 15, 5—8), und auf ihr, der Lebenden, Zeugniß beruft er sich. Da hört alle Möglichkeit der Täuschung, der Hallucination, der krankhaften Vision u. s. w. auf. Man hat es eine Thatsache des Bewußtseins genannt, um doch ein Wort zu haben womit man seine Verlegenheit gegenüber der Sache selbst zudecke. Muß doch auch der scharfsinnigste Kritiker die Thatsache der Auferstehung Jesu zugestehen: „Nur das Wunder der Auferstehung

konnte die Zweifel zerstreuen, welche den Glauben selbst in die
ewige Nacht des Todes verstoßen zu müssen schienen" — be=
kennt der Tübinger Christian Baur.[27]

Zu allen jenen Zeugnissen aber fügt Paulus seines eigenes
als Bestätigung hinzu. Denn nichts anderes hat ihn, den
Feind Jesu und Verfolger seiner Gemeinde, zu einem Jünger
und Apostel gemacht, und auf dem Wege des Hasses gegen
die Christen ihn in Jesu Christo den Frieden für seine Seele
finden lassen.[28] Mit keinen Künsten der Erklärung kann man
sich dieser Thatsache entledigen. Sie ist zu mächtig. Man
kann nicht sagen: er hat nur geglaubt Jesum zu sehen. Denn
auf nichts war er weniger gefaßt. Und bei seiner inneren
Stellung zu Jesus hätte er sich einer solchen Erscheinung als
eines Trugbildes erwehrt. Er beugte sich ihr nur weil er
mußte — trotz seines Widerstrebens. Hätte er sie nicht an=
erkennen müssen — er hätte sie nimmermehr anerkannt. Man
kann nicht sagen: die Jungfrau von Orleans hat auch die
Stimmen ihrer Heiligen zu hören geglaubt. Freilich, weil sie
es wünschte, weil sie darin lebte und webte. Aber für Paulus
war was er sah der gerade Widerspruch zu allem seinen Denken
und Wollen. Und Paulus war kein schwärmerisches Mädchen.
Kein Mensch hat je so Großes vollbracht wie er. Die Gründung
der Kirche im Abendlande ist sein Werk; sie ruht auf seiner
Bekehrung, auf der Erscheinung des Auferstandenen. Will
man behaupten, kann man im Ernste behaupten: die größte
und segensreichste Thatsache der Weltgeschichte sei in der selt=
samsten Selbsttäuschung begründet die je einem Menschen wider=
fahren ist —? Nein, wenn eine Thatsache der Geschichte sicher
ist, so ist es diese, so ist es die Auferstehung Jesu Christi.
Diese ist aber das Zeugniß der göttlichen Offenbarung und
ihr Siegel.

Soll ich darnach noch die ganze unzählige Schaar der Be=
kenner Jesu, welche ihren Glauben mit ihrem Tode besiegelt
haben, als Zeugen vorführen für Jesus Christus? Man muß
die Erzählungen von ihren Martyrien lesen um sich zu über=

zeugen: hier ist nichts von Fanatismus oder Rechthaberei oder
stolzer Verachtung, sondern ruhigste Gewißheit und Glaubens=
freudigkeit, welche wie mit dem Leben, so mit dem Tode Den
preisen will, dem die Liebe des Herzens gehört. Aber nicht
bloß die Kirche der Märtyrer, die ganze Kirche aller Zeiten
ist ein Zeuge für Christus. Die Existenz der Kirche selbst,
welche, wie Lessing sagt, für uns die Stelle aller andern Wunder
vertritt, die Thatsache ihres Daseins, der Geist der in ihr lebt,
die Wirkungen die von ihr ausgehen, die Geisteskräfte die hier
walten und die ihren höheren Ursprung erkennen lassen —
das alles ist ein Beweis für die Offenbarung Gottes in Jesu
Christo. Denn es ruht auf ihm. Aber auch die Gegner
Jesu, ihr Widerspruch gegen das Christenthum, das Aufgebot
aller ihrer Kräfte, das sich doch zu allen Zeiten als vergeblich
erwies, — auch diese müssen Zeugniß ablegen. Und vor allem
ist ein Zeuge für ihn jenes Volk, das unter uns umhergeht,
das in der Fremde seine Heimat hat, das Volk der Zer=
streuung, das Volk einer alten ungesühnten Schuld, dieß
wunderbarste unter allen Völkern, wunderbar in der Zeit
seiner Blüthe, wunderbar jetzt in der Zeit seines Elends. Als
jener Fürst einst von seinem Hofprediger verlangte, er solle
ihm einen Beweis für das Christenthum sagen, aber kurz,
denn er habe keine Zeit, da antwortete dieser: die Juden,
Majestät![29]

Aber wir haben noch einen Zeugen, der zu allen jenen
Zeugnissen hinzutritt und ihnen erst das Siegel aufdrückt —
es ist der Zeuge unsres Innern, ein doppelter: unser Ge=
wissen und der Geist Jesu Christi. Das ist das Zeugniß der
Wahrheit selbst. Und das ist allewege das höchste Zeugniß:
das Zeugniß mit dem die Wahrheit sich selbst bezeugt.

Wenn das Wort von Jesu Christo uns entgegentritt und
in unser Inwendiges hineintritt, so wacht eine Stimme in uns
auf, die Stimme unsres Gewissens, und spricht: ja, das ist die
Wahrheit die du suchst, so lange suchtest ohne sie zu finden.
Es wachen alle die schlummernden Gedanken, alle die Regungen

der Sehnsucht, alles Verlangen des Herzens nach Friede und
Versöhnung in uns auf und sprechen zu uns: ja, das ist es
was wir begehrten, wonach wir fragten und suchten ohne es
zu wissen.   Der Mensch ist eine Frage — das Wort von Jesu
Christo ist die Antwort auf diese Frage.   Der Mensch ist ein
Räthsel — das Wort der Offenbarung ist die Lösung dieses
Räthsels.   Der Mensch ist ein Widerspruch mit sich selbst, ein
Knäuel von Widersprüchen — die Offenbarung ist die Auf=
hebung derselben.   Wie wenn ich eine mathematische Gleichung
ansetze mit drei bekannten Größen und einer unbekannten,
einem x, und ich finde dieses x und die Probe zeigt mir daß
diese Lösung des x richtig ist, denn die gefundene Zahl stimmt
mit den übrigen: so ist es auch hier.   Das Wort von Christo
stimmt mit der Gleichung unsres Wesens, es ist die Lösung
des x, der unbekannten Größe in uns.   Unsre Natur erzeugt
das Bedürfniß, aber die Offenbarung gibt uns die Befriedigung
des Bedürfnisses, und die Zusammenstimmung beider zeigt uns,
daß die Offenbarung Wahrheit ist.

Und in dem Maße als wir das Wort der Offenbarung in
uns aufnehmen, erfahren wir dann auch diese Zusammen=
stimmung und werden so erlebungsweise der Wahrheit der
Offenbarung gewiß.   Der Geist gibt Zeugniß unsrem Geiste
daß er Wahrheit ist.   Das ist die innere Selbstbezeugung der
Wahrheit, welche ihr höchster Beweis, der Beweis des Lebens
und der Erfahrung ist.   Denn das ist allewege der höchste
Beweis der Wahrheit, daß sie sich selbst beweist.   Der Ge=
lähmte — sagt Lessing einmal — der die wohlthätige Wirkung
der Elektrizität an sich erfahren hat, wird von den verschie=
denen Meinungen und Zweifeln der Gelehrten über die Elek=
trizität wenig berührt werden, sondern er wird dabei bleiben:
daß er ihre Wirkung erfahren.   Das ist sein Beweis dafür,
daß sie eine Wirklichkeit und eine Kraft sei. [30]   Aehnlich ist es
hier.   Die Wirkung der Wahrheit ist der Beweis ihrer Wirklich=
keit.   Um aber diesen Beweis zu empfangen, muß man sich
eben der Wahrheit hingeben.   Aeußerliche Thatsachen können

auch äußerlich, mathematische Sätze können mathematisch, aber moralische Wahrheiten können nur moralisch d. h. innerlich be= wiesen werden. Sie beweisen sich selbst am Gewissen. Das ist der Selbstbeweis der Wahrheit der Offenbarung.

Und das ist eine Erkenntniß die Jeder gewinnen kann, ohne Unterschied des Grades der Bildung. Und auch das ge= hört mit zur Selbstbeweisung der Offenbarung. Denn die Wahrheit muß populär sein. Was nicht populär sein kann, ist gewiß nicht die höchste Wahrheit. Denn alle Menschen ohne Unterschied sind geschaffen für die Wahrheit und haben ein Bedürfniß nach ihr. Also muß sie auch für alle vorhanden sein. Die alten Philosophen, welche durch ihre Lehrsätze die Stelle der ungenügenden Religion ersetzen wollten, haben selbst und oftmals erklärt, daß ihre Wissenschaft nicht für die Menge sei, sondern nur für die Aristokratie des Geistes. Und von der neueren Philosophie gilt das in einem noch höheren Grade. Das Christenthum ist für Alle. Denn Gott will daß allen Menschen geholfen werde und alle zur Erkenntniß der Wahrheit kommen. Das Christenthum hat die höchste Wahrheit zur po= pulärsten Sache und zur Macht des täglichen Lebens gemacht, und auch die Ungebildetsten auf eine unvergleichlich höhere Stufe gehoben, als auf welcher auch die Höchststehenden der alten Welt standen. Wer die Wahrheiten des Christenthums in sich aufgenommen hat — und ein Jeder kann das —, der weiß mehr als Plato und ist weiser als Sokrates.

6. Aber — sagt man — wie kann das Christenthum, wie kann die Offenbarung Wahrheit sein, da sie doch wider die Vernunft ist?

Allerdings geht die Offenbarung über die Vernunft hinaus und muß es. Denn — sagt Lessing — was soll eine Offen= barung die nichts offenbart? „Wenn eine Offenbarung sein kann und sein muß, so muß es der Vernunft eher noch ein Beweis für die Wahrheit derselben als ein Einwurf dawider sein, wenn sie Dinge darin findet die ihren Begriff übersteigen. Wer dergleichen aus seiner Religion auspolirt hätte, hätte eben=

sogut gar keine: denn was ist eine Offenbarung die nichts offenbart! Eine gewisse Gefangennehmung der Vernunft unter den Gehorsam des Glaubens beruht auf dem wesentlichen Be= griff von Offenbarung; oder vielmehr, die Vernunft gibt sich freiwillig gefangen, ihre Ergebung ist nichts als das Bekenntniß ihrer Grenzen, sobald sie von der Wirklichkeit der Offenbarung versichert ist."[31]

Das Bekenntniß der Grenzen ist aber etwas Unver= meidliches. Gerade die größten Geister haben am wenigsten Bedenken getragen dieß Bekenntniß zu thun. Der Gefeiertste unter den Weisen Griechenlands, Sokrates, bezeichnete als die Wahrheit die er vor den Andern voraus habe, zu wissen daß er nichts wisse. Und ein Newton nannte, da er starb, alle Arbeit seines Lebens nur ein Spiel mit den Muscheln an der Küste des Meeres, während der Ozean der Wahrheit sich noch unerforschlich vor ihm ausbreite. Von Goethe aber, diesem umfassenden Geiste unsres Volkes, ist allbekannt, daß jenes Bewußtsein unsrer Grenze für seine ganze Denkungsweise charakteristisch ist. Verstehen wir uns selbst? verstehen wir die Natur die uns umgibt? „Der Mensch — sagt Goethe — ist ein dunkles Wesen, er weiß nicht woher er kommt, noch wohin er geht, er weiß wenig von der Welt und am wenigsten von sich selbst."

„Wir wandeln alle in Geheimnissen und Wundern", sagt er ein anderes Mal.

> „Geheimnißvoll am lichten Tag
> Läßt sich Natur des Schleiers nicht berauben,
> Und was sie Deinem Geist nicht offenbaren mag,
> Das zwingst Du ihr nicht ab mit Hebeln und mit Schrauben."

„Die Welt ist voller Räthsel." „Die Natur behält immer etwas Problematisches, welches zu ergründen menschliche Fähig= keiten nicht hinreichen." Wer hat das Geheimniß des Lebens erkannt? „Der Begriff vom Entstehen, Leben, ist uns ganz und gar versagt." Nach welchem Rechte machen wir nun die engen Grenzen unsres Begreifens zum Maßstab des Wirklichen und Möglichen?

„Daran erkenn' ich die gelehrten Herrn:
Was ihr nicht taſtet, ſteht euch meilenfern;
Was ihr nicht faßt, das fehlt euch ganz und gar;
Was ihr nicht rechnet, glaubt ihr, ſei nicht wahr;
Was ihr nicht wägt, hat für euch kein Gewicht;
Was ihr nicht münzt, das, glaubt ihr, gelte nicht."[32]

Alles unſer Wiſſen ruht im letzten Grunde auf Glauben. Ich muß ſchließlich an meine eigene Seele und an das Den= ken meines Geiſtes glauben. Und alle Wiſſenſchaften ruhen auf Prinzipien, welche Gegenſtand unmittelbarer Annahme und Gewißheit ſind und nicht ſelbſt erſt wieder bewieſen werden können. Denn jede Grundannahme iſt eben Glaube, und „jedes philoſophiſche Syſtem ruht auf einer ſolchen Grundannahme. Selbſt der Unglaube iſt ein Glaube. Denn wir haben von den höchſten Prinzipien der Dinge eben keine unmittelbare oder nur homogene Anſchauung und darum ſchlechterdings keine Ge= wißheit".[33] Es kommt nur eben darauf an, welche Grund= annahme den ganzen und innerſten Menſchen mit dem Eindruck untrüglicher Wahrheit ergreift. Es gibt kein Wiſſen in das nicht der Glaube hineingreift. Denn alles Wiſſen ſtützt ſich auf die Vorausſetzung von etwas Geglaubtem. Auch der Materialismus, der nur von Kraft und Stoff weiß, ruht auf einem Glauben — auf dem Glauben eben an dieſe unſichtbare Macht der Kraft. Denn er folgert nur ihr Daſein aus ihren Wirkungen. „Unſer eigenes Daſein und die Exiſtenz aller Dinge außer uns muß geglaubt und kann auf keine andere Weiſe ausgemacht werden" ſagt Hamann.[34] Und es iſt eine bekannte Thatſache daß, je gründlicher ein Forſcher iſt, er auch um ſo demüthiger und beſcheidener wird; denn um ſo mehr erkennt er ſeine Grenzen; je oberflächlicher er dagegen iſt, um ſo hochmüthiger pflegt er zu ſein, denn um ſo mehr meint er alles ſchon durchmeſſen und erkannt zu haben. Darum iſt auch die Jugend in der Regel viel wiſſensſtolzer und übermüthiger als das Alter. Sie kennt viel weniger die Probleme, die uns oft, je mehr wir ſie zu löſen ſuchen, um ſo unlösbarer er=

scheinen. Paskal sagt: „Der letzte Schritt der Vernunft ist: anzuerkennen, daß es unendlich viel Dinge gibt die über sie hinausgehen, und kommt sie nicht bis zu dieser Erkenntniß, so ist sie sehr schwach!" — „Weiß man erst — sagt daher Hamann — was Vernunft ist, so hört aller Zwiespalt mit dem Glauben auf."[35] Das ist also das Beste in unsrem Erkennen, unsre Grenzen zu erkennen.

Gilt das nun schon von allem Andern, so vollends Gott gegenüber, im Gebiet der Religion. Dieß aber ist das Gebiet der höchsten, der eigentlichen Wahrheit. Wenn wir auch die ganze Welt durchmessen hätten — die Wahrheit die wir suchen finden wir in ihr nicht. Es gibt zwar viele Wahrheiten die so heißen, aber es ist nur Eine Wahrheit die es ist. Das ist die welche die Fragen unsres Lebens beantwortet und uns das Geheimniß unsres Seins enthüllt. Diese Wahrheit ist kein Gewächs der Erde, ihre Wurzeln liegen jenseits der Erde. Wir fühlen es alle: gerade da wo die Grenzen unsres Wissens sind, wo das Geheimniß beginnt, gerade da liegt das was wir zu wissen begehren und was wir brauchen, da liegen die Ent= scheidungen unsres Geschicks. Die Menschen haben von jeher versucht in diese Welt der Geheimnisse einzudringen; aber nur die Offenbarung verkündigt sie uns, nur der Glaube ist das Organ ihrer Erkenntniß. Wir können nirgends den Glauben ganz entbehren, denn in alles Sichtbare zieht sich das Ge= heimniß des Unsichtbaren hinein. Wie sollten wir ihn in den Fragen der religiösen Erkenntniß entbehren können? Sie werden nur mit dem Glauben erfaßt, und alles Wissen der= selben wird vom Glauben getragen. Wenn aber schon allem anderen Glauben, der diesen Namen wirklich verdient, un= mittelbare Gewißheit und innere Kraft eigen ist, so ist dieser religiöse Glaube der festeste, gewisseste und willenskräftigste von allem: denn er hat es mit den höchsten und letzten Dingen zu thun in denen wir leben und weben, also auch mit den höchsten und besten Motiven und Gründen, in denen alle anderen zu= sammenlaufen und gipfeln. „So fest kann kein Grund werden als der Glaube an diese Dinge, so durchschlagend keine Motive, so bindend keine Gründe, so weit= und tiefgreifend keine Folgen."[36]

Von diesem religiösen Glauben nun ist es natürlich, daß er über unsre Vernunft gehe, denn es handelt sich hier um höhere Wahrheiten, die wir mit den natürlichen Mitteln unsres Erkennens nicht zu finden vermögen. Denn Gott überragt weit die Grenzen unsrer natürlichen Vernunft. Also geht auch der religiöse Glaube, der eben Gott zum Inhalt hat, über jene Grenzen mit Nothwendigkeit hinaus. „Die Vernunft des Menschen und die Vernunft der Gottheit sind zwei sehr ver= schiedene Dinge" — sagt Goethe.[37] Und Leibniz: „Wer in göttlichen Dingen nichts glaubt als was er mit seinem Ver= stande ausmessen kann, der verkleinert die Idee von Gott." Der Engländer Baco von Verulam aber: „Wir müssen unsern Geist zur Größe der göttlichen Geheimnisse erweitern, nicht diese auf die Enge unsres Geistes einschränken."[38]

Gilt das von Gott überhaupt, so gilt es doppelt, wenn Gott einen Heilsrath zu unsrer Erlösung in seinem Herzen ge= tragen, von dem Niemand etwas wußte als nur er allein und sein Geist. Denn wie Niemand weiß was im Menschen ist, außer der Geist des Menschen der in ihm ist, so auch Niemand was in Gott ist, außer der Geist Gottes. Dieser Rath Gottes ist ein verschwiegenes Geheimniß seines Herzens — so lange bis er selbst es offenbart. Da offenbart er denn etwas uns schlechthin Neues, was in keines Menschen Herz gekommen ist, was wir nicht in unsren Gedanken tragen, was über dieselben weit hinausgeht. Das also müssen wir uns sagen lassen, müssen wir glauben; das geht über unsre Vernunft.

Aber — wendet man ein — ist die Offenbarung nicht auch wider unsre Vernunft? Und das ist es was das Hinderniß bildet. Allerdings — man kann es nicht leugnen — geht die Offenbarung nicht bloß über unsre Vernunft, son= dern sie steht auch gar vielfach in Widerspruch mit unsren natürlichen Gedanken. Aber das ist noch nicht ohne Weiteres

ein Beweis gegen die Offenbarung, sondern es fragt sich eben
auf welcher von beiden Seiten die Wahrheit sei. Zu unsren
natürlichen Gedanken gehört es: daß wir durch eigene sittliche
Anstrengung das Ziel der Vollendung erreichen müssen, und
daß je nach dem Maß als Einer weiter kommt auf dem Wege
seiner sittlichen Anstrengung, er darnach auch Lohn zu erwarten
habe. Wenn die Offenbarung uns sagt, daß es Gott gegenüber
überhaupt kein Verdienst gebe, daß der Grundfehler des Menschen
sei daß er Anspruch erhebe, daß er damit das göttliche Wohl=
gefallen ganz verscherze und sich das Heil geradezu unmöglich
mache, daß wir nur von der Gnade leben können u. s. w., so
widerstreitet das allerdings unsrer natürlichen Vernunft. —
Wenn die natürlichen Gedanken nur einen Gott der Allmacht
und Majestät kennen, an den kein Gedanke hinanzureichen vermag:

> Wer will ihn nennen
> und wer bekennen:
> ich glaub' ihn!

und die Offenbarung lehrt uns einen Gott, der sich erniedrigt
und gedemüthigt hat, der zu uns gekommen und in unsre irdische
Gemeinschaft eingegangen ist um uns zu erretten — so wider=
streitet das allerdings unsrer Vernunft. Hätten wir die Re=
ligion und die Offenbarung erfinden sollen, wir würden sie
ganz anders erfunden haben. Wir würden nicht auf eine so
bemüthige Offenbarung gekommen sein, die mit einem Kind in
der Krippe beginnt und mit dem Tode am Kreuze schließt.
Wir würden die Offenbarung etwa nach Hellas oder nach Rom
versetzt haben und nicht in jenen Winkel der Erde und in jenes
Volk auf dem die Verachtung des menschlichen Geschlechtes ruhte.
In dem allen ist also allerdings einer Widerstreit zwischen der
Offenbarung wie sie wirklich ist und der Vernunft. Und der
Apostel betont 1 Kor. 1 u. 2 nachdrücklich, daß für das bloß
natürliche Denken das Evangelium, d. h. die Offenbarung eine
Thorheit sei. Es gibt für die Vernunft nichts Paradoxeres
als die Offenbarung, als das Christenthum.[39] Aber es fragt
sich, auf welcher von beiden Seiten die Wahrheit sei. Wenn

es mit unsrem natürlichen Denken ganz richtig bestellt wäre,
dann allerdings dürfte die Offenbarung nicht im Widerstreit
dazu stehen. Aber ist es mit unsrem natürlichen Denken noch
richtig bestellt? Wenn im Menschen eine sittliche Verkehrung
Platz gegriffen hat, wie Niemand leugnen kann, so wäre es ja
eine mechanische Ansicht vom Menschen, wenn wir denken wollten,
daß es ein wesentliches Gebiet des inneren geistigen Lebens im
Menschen gebe, welches davon nicht ergriffen worden sei. Ist es
aber davon auch ergriffen, also verderbt, so müssen wir ja sagen:
die Offenbarung wäre nicht Wahrheit, wenn sie nicht im Wider=
spruch dazu stünde. Das Hauptverderben aber in uns ist der
Hochmuth, auch für unser Denken. Deßhalb ist der Anstoß,
das Paradoxe in der Offenbarung für uns die Demuth Gottes
und die Forderung unsrer Demuth. „Es ist die erhabene
Paradoxie des Christenthums, welche es liebt, das Höchste, das
Absolute in der unscheinbarsten Gestalt zu offenbaren und zu=
gleich zu verhüllen, so daß die empfänglichen Gemüther nur
durch die tiefste Beugung und Demüthigung in sein Heiligthum
eingehen können, die unempfänglichen, selbstgenugsamen, hoch=
müthigen aber zu Widerspruch und Feindschaft gereizt werden." [40]
Also dieser Widerspruch ist nicht ein Beweis gegen, sondern
ein Beweis für die Offenbarung. Wäre es eine Offenbarung,
welche alles auf unser eigenes Werk und Verdienst stellte, dann
würde sie uns gefallen, denn sie gäbe unsrem Hochmuth Nahrung;
aber eben dann wäre sie nicht wahr. Weil sie aber alles auf
die Herablassung und auf die Gnade Gottes stellt, so mißfällt
sie uns, denn sie demüthigt uns; aber eben darum ist sie wahr.
„Alle diese Widersprüche, welche mich am meisten von der Er=
kenntniß der Religion entfernen zu wollen scheinen, haben mich
am meisten zu ihr hingeführt", sagt Paskal. [41] Darum hat sie
auch trotz dieses Widerspruchs sich behauptet: „Die einzige
Wissenschaft, die gegen die allgemeine Vernunft und gegen die
Natur des Menschen ist, ist die einzige die zu allen Zeiten be=
standen hat." [42]

Gerade unsre Ungeneigtheit darauf einzugehen ist ein

Zeugniß für sie. „Reconnaissez donc la vérité de la religion
dans l'obscurité même de la religion, dans l'indifférence que nous
avons de la connaitre."[43] „Erkennet also die Wahrheit der Re=
ligion gerade in der Dunkelheit der Religion, in der Gleich=
giltigkeit die wir dagegen haben sie kennen zu lernen." Paskal
führt einmal aus, daß wenn die Juden zur Zeit Jesu ihm alle
zugefallen wären, ihn das mißtrauisch machen würde; denn es
wäre ein verdächtiges Zeugniß; gerade der Unglaube der Juden
an Jesus solle ein Grund unseres Glaubens sein.[44] — Kurz,
der Widerspruch der Offenbarung gegen die Vernunft, nämlich
gegen die selbstische und hochmüthige Vernunft, die Nothwendig=
keit diese Vernunft zu verleugnen, ist nur ein Beweis für die
Offenbarung. Il n'y a rien de si conforme à la raison que ce
désaveu de la raison.[45] „Es ist nichts was so gemäß der Ver=
nunft ist als diese Verleugnung der Vernunft." — „Man muß
zu zweifeln wissen wo es nöthig ist, zu behaupten wo es nöthig
ist, sich zu unterwerfen wo es nöthig ist.[46]

Aber hinter dieser selbstischen, hochmüthigen Vernunft steht
die verborgene Wahrheit der Vernunft. Das ist die innerste
Empfindung und Gewißheit, daß wir für Gott sind und zu
ihm hin, und ist das tiefste, wahrste sittliche Bewußtsein, daß
wir Sünder sind und der Gnade bedürfen. Mit dieser Ver=
nunft stimmt die Offenbarung. In diesem Sinne gilt denn,
daß die Offenbarung nicht bloß über und wider die Vernunft
ist, sondern auch für die Vernunft. Die Vernunft beginnt
den großen Prozeß des Fragens, die Offenbarung setzt ihn fort,
indem sie die Antwort bringt. „Die Vernunft ist eine mensch=
liche Vorrede zur göttlichen Offenbarung."[47] Sonst geschieht
es zuweilen, daß die Vorrede mehr verspricht als das Buch
selbst leistet. Aber die Offenbarung leistet was die Vorrede
der Vernunft ankündigt.

Wenn die Offenbarung für die Vernunft ist, so ist die
Vernunft das Organ für die Erkenntniß der Offenbarung.
Und allerdings die Vernunft ist geschickt genug und gerade ge=
eignet die Offenbarung zu erkennen. Wie sich das sonnenhafte

Auge zum Licht der Sonne verhält, so die Vernunft zum Licht
der göttlichen Offenbarung. Aber man muß das Auge öffnen
um das Licht der Sonne zu schauen, und man muß die Stel=
lung zur Sonne richtig nehmen, um sie auch richtig zu er=
kennen. So müssen wir denn auch unsre Vernunft erschließen
und in die richtige Stellung zur Offenbarung bringen, um diese
in unsre Vernunft hineinleuchten zu lassen. Und man muß sie
hineinleuchten lassen wollen. Es geschieht oftmals, daß man
etwas nicht sieht oder hört, was doch vor Augen steht oder
unser Ohr trifft, weil man seine Aufmerksamkeit nicht darauf
richtet, weil man sich der Sache nicht hingibt. So auch werden
wir die Offenbarung nicht erkennen, wenn wir uns ihr nicht
hingeben. Die Hingebung der Erkenntniß ist Liebe. Alle Er=
kenntniß ist liebende Versenkung. Nur die Liebe versteht die
Wahrheit. Die Liebe ist nicht blind, wie man sagt, sondern
recht sehend, im Grunde allein sehend, nämlich das Wesen der
Dinge und die innerste Wahrheit sehend. Mit dem Herzen
erkennt man — vor allem Gott und seine Offenbarung, wie
Paskal so schön sagt: „Die menschlichen Dinge muß man er=
kennen um sie zu lieben, die göttlichen muß man lieben um sie
zu erkennen".[48] Wer diesen Weg der Liebe geht, der wird
erkennen, daß die Offenbarung das Vernunftgemäßeste ist das
es gibt, die höchste Vernunft, die Wahrheit unsrer Vernunft.

Achter Vortrag.

Die Geschichte der Offenbarung.

Heidenthum und Judenthum.

Die Offenbarung hat eine Geschichte durchgemacht. Nicht mit einem Male stand sie fertig da. Sie unterliegt dem Gesetz der Entwicklung. Denn dieß ist das beherrschende Gesetz alles Lebendigen auf Erden. Sollte die Offenbarung einen Bestand= theil der Geschichte der Menschheit bilden und sich einfügen in die Entwicklung des menschlichen Geistes, so mußte sie auch unter dem Gesetz desselben stehen. Man hat oftmals, in der Meinung damit die christliche Lehre zu widerlegen, gefragt, warum, wenn die Sünde des Erstgeschaffenen ein so großes Elend über die Menschheit gebracht und ein solches Opfer nothwendig gemacht wie es die Kirche lehrt, Gott nicht als= bald nach dem Sündenfall das Elend wieder aufgehoben und die verlorene Gemeinschaft der Menschen mit ihm wieder her= gestellt, sondern so lange mit seiner Hülfe gezögert habe? Die Antwort auf diesen Einwand liegt in jenem Gesetz der Ent= wicklung. Gott begann zwar alsbald seine Heilsoffenbarung; aber diese trat damit unter das Gesetz der Geschichte. Da= durch wurde sie, obwohl übernatürlich ihrem Ursprung und ihrem Wesen nach, doch etwas Natürliches in ihrer Wirklichkeit, weil sie sich mit der Gesammtgeschichte der Menschheit und des menschlichen Geistes zur Einheit zusammenschloß.

Die Offenbarung hat eine Geschichte, weil es überhaupt eine Geschichte gibt. Es gibt eine Geschichte, weil es ein Ziel

gibt; und es gibt ein Ziel, weil es einen Gott und eine ewige
Liebe gibt und eine Vorsehung die über den Geschicken der
Menschheit waltet und sie dem Ziel der göttlichen Liebe ent=
gegenführt. Wenn es kein Ziel gäbe, so wäre das Leben
der Menschheit das Traurigste und Langweiligste was es gibt.
Wir sind alle überzeugt, daß die Geschichte nicht bloß ein
Schauplatz der Verirrung oder bloßer sich wiederholender Ab=
wechslungen ist, sondern ein Fortschritt. Nichts ist dem mo=
dernen Denken so gewiß und wird von demselben so gefordert
als der Fortschritt. Aber einen Fortschritt gibt es nur, wo
es ein Ziel gibt dem man entgegengeht. Dieses Ziel haben
nicht wir uns gesteckt, sondern es ist der Gedanke einer ewigen
Liebe die über uns waltet. Und nur sie kann es auch herbei=
führen. Wir nennen es mit dem höchsten Ausdruck das Reich
Gottes: die Verwirklichung der höchsten sittlichen und religiösen
Aufgabe und Bestimmung des Menschengeschlechts, die Ver=
wirklichung des sittlichen und religiösen Ideals. Wir tragen
ein solches Ideal in uns, wir hoffen, wir ersehnen es — und
es wird auch werden, es muß werden. Das ist das Geheimniß
der Geschichte und das ist das Erhebende ihrer Betrachtung:
die Wege Gottes zu verfolgen oder wenigstens zu ahnen, welche
uns diesem Ziele entgegenführen. Das gibt dann auch unsrem
Einzelleben und unsrer kleinen Thätigkeit ihre höhere Be=
deutung und Würde, daß wir uns sagen können, daß auch
unser Thun, es sei welches es wolle, wenn es nur überhaupt
ein würdiges ist, den höheren sittlichen Aufgaben der Mensch=
heit dient und von Gott mit hineingenommen wird in das
große Gewebe der Geschichte, deren schließliches Resultat das
Reich Gottes, das Reich der Wahrheit und Gerechtigkeit und
des vollendeten Lebens ist.

Hiefür nun verwendet Gott die Mittel des natürlichen
Lebens, die mannigfaltige Fülle die er in dasselbe gelegt hat.
Dazu gehört vor allem die Eigenthümlichkeit und der eigen=
thümliche Beruf der einzelnen Völker. Jedes Volk hat seine
besondere Aufgabe für die Gesammtgeschichte der Menschheit.

Nur tritt die Aufgabe bei einzelnen Völkern bedeutsamer hervor und greift entscheidend ein in den Gang der Geschichte. Der natürliche Beruf der Menschheit ist der Fortschritt der Kultur. So gibt es Völker der Kultur, besonders begabte Völker, welche Träger der einzelnen großen Kulturaufgaben der Mensch= heit sind. So war das griechische Volk das Volk der Bildung, der künstlerischen und wissenschaftlichen Bildung, Rom das Volk des Rechts u. s. w. Aber die Seele und Lebensquelle aller Kultur ist die Religion. Darum hat es auch ein Volk der Religion gegeben — nämlich Israel. Wie nun die Kultur, so soll auch die Religion Sache der ganzen Menschheit werden. Hellas und Rom sind Träger der Kultur gewesen, um dieselbe zur Sache der Menschheit zu machen. So hat auch die Re= ligion ihre Stätte in einem einzelnen Volk gehabt, um von da überzugehen auf den Boden der Menschheit. Hier in diesem Volke der Religion hat denn die Offenbarung ihre Heimat und ihre Geschichte. Diese Geschichte der Offenbarung setzt sich in mannigfaltigen Bezug zur Geschichte der Kultur, ohne sich jedoch mit derselben zu vermischen. Aber diese Beziehungen bereiteten den dereinstigen Uebergang der Religion auf den Boden der Kultur vor. Diesen Uebergang selbst zu vollziehen war die Aufgabe des Christenthums. Das Christenthum hat die Religion und die Offenbarung zur Sache der Kulturwelt gemacht. Da schließen sich denn die beiden großen Gebiete die vorher geschieden sind zusammen: die offenbarungslose Geschichte der Kulturwelt und die Offenbarungsgeschichte in Israel. Die Ineinanderbildung beider Gebiete ist die Auf= gabe der christlichen Zeit. Darum wäre es die größte Störung des Fortschritts der Geschichte und ein schweres Unglück für das gesammte Leben der Menschheit, wenn ein Bruch zwischen beiden Gebieten, dem der Kultur und dem der Religion, stattfände.

Die Völker des Heidenthums sind nicht ohne Religion; aber sie sind nicht die Träger der Religion für die Zukunft; ihr Beruf lag nicht auf diesem Gebiete. Die Religionen der

Heidenvölker sind die „wildwachsenden Religionen“, wie sie Schelling nach dem paulinischen Gleichniß vom wilden Oel= baum Röm. 11 genannt hat; es sind nicht Religionen der Offenbarung. Aber darum sind sie nicht der göttlichen Leitung entnommen. Auch die heidnischen Religionen gehen den Gang den Gott ihnen vorgezeichnet, und dienen der „Erziehung des Menschengeschlechts“ für die Offenbarung, denn sie zeigen je länger je mehr das Bedürfniß der Offenbarung. Hat in Israel die Offenbarung eine Geschichte für die Menschheit, so hat in der Heidenwelt die Menschheit eine Geschichte für die Offen= barung. Durch ihre Religionen selbst sollte die Menschheit über dieselben hinausgeführt und so zubereitet werden für die Annahme der Offenbarung. Dieß wäre nicht möglich gewesen, hätten nicht in jenen Religionen Elemente der Wahrheit ge= legen, welche dieser Vorbereitung auf die volle ganze Wahrheit zugleich positiv dienten.

Zwar sagt der Apostel Paulus von den Heiden, daß sie ohne Gott in der Welt waren (Eph. 2, 12). Und allerdings, Gott selbst hatten sie nicht, und das ist der tiefste Grund der Klage welche durch die ganze Heidenwelt unverstanden hin= durchgeht. Aber doch waren sie nicht ohne allen Zusammen= hang mit Gott. Gott hatte ein Band zu ihnen und sie hatten ein Band zu Gott. Jenes bestand in den Wahrheiten welche ihren Religionen zu Grunde lagen, dieses in dem religiösen Sinn der auch hier sich findet und lange Jahrhunderte hin= durch das Leben der alten Welt beherrschte. Aber beide Seiten, jene objektive und diese subjektive Seite der Religion, machten eine Geschichte durch, und diese Geschichte ist ein Prozeß fortschreitender Selbstauflösung, der auf der einen Seite in den Sumpf der Gott= losigkeit oder des Aberglaubens hinabführte, auf der andern aber doch auch zugleich einen edlen Geist der Ahnung oder wenigstens der Nichtbefriedigung erzeugte, in welchem die Abgeschlossenheit der alten Welt dem Geist der neuen Zeit das Thor öffnete.

Werfen wir auf jene beiden Seiten und ihre geschichtliche Entwicklung einen kurzen Blick der Betrachtung!

Allen Religionen liegen Elemente der Wahrheit zu Grunde. Auch ihre Verirrungen sind nur Entstellungen einer verborgenen Wahrheit. Ohne diese würden die Religionen des Heiden= thums sich nicht so lange erhalten haben und bis jetzt erhalten. Denn es ist nicht die reine Lüge welche den menschlichen Geist gewinnt und befriedigt; und der Mensch mag noch so sehr sinken — den Sinn der Wahrheit wird er nie völlig in sich vernichten. Einzelnen Menschen mag es gelingen den Wahr= heitssinn in sich zu ertödten, aber die Völker werden ihn nie völlig zu ersticken im Stande sein. Die Wahrheiten welche in den heidnischen Religionen verborgen liegen, stammen aus ur= alten Offenbarungen, die ein Gemeingut der gesammten Mensch= heit waren, noch ehe dieselbe in die Mannigfaltigkeit der Völker auseinander ging. Sie sind das Erbtheil welches die Völker aus dem gemeinsamen Vaterhaus mit fortnahmen in die Fremde, um davon zu leben, nachdem sie sich vom Vaterhaus getrennt. Ueberall ist ein Bewußtsein von Gott das in der Anbetung sich ausspricht, überall ein gewisses Gefühl der Sünde und Schuld und ein Bedürfniß der Sühne und Ver= söhnung das in den Opfern und Gebeten, in den Reinigungen und Büßungen sich einen Ausdruck gibt, und nicht minder begegnet uns bei vielen Völkern die Idee eines Mittlers.[1] Und je weiter wir zurückgehen in der Geschichte, um so reiner finden wir die Gestalt welche die Religionen an sich tragen. Es ist eine ebenso von der Ueberlieferung der Heiden bewahrte wie von der Geschichtsforschung anerkannte Thatsache, daß die ursprünglichen religiösen Begriffe von Gott reiner waren als die der späteren Volksreligionen,[2] so daß denn der Apostel Paulus Recht haben wird, wenn er Röm. 1, 18 ff. die Ge= schichte der Vorstellung von Gott als eine Geschichte fort= schreitender Trübung und Verkehrung ursprünglicher Wahrheit darstellt. Noch bis weit herunter hat sich das Bewußtsein hie= von erhalten. So berichtet uns z. B. Varro von den Römern, daß sie während mehr als 170 Jahren keine Bildnisse von Göttern gehabt, und daß diejenigen, welche diesen Gebrauch einführten, einen Irrthum gestiftet den man bis dahin nicht gekannt.[3] Aber die Volksreligionen sind je länger je mehr gesunken. Was sie herabzog war die Macht der Unwahrheit, die von Anfang an in ihnen lag, die im Prinzip des Heidenthums selbst liegt und sein Wesen ausmacht. Denn das ist sein Wesen daß es Gott in die Welt hereinzieht. Nirgends ist im Heidenthum der reine und höchste Gottesbegriff; es kennt nicht den absoluten Gott, sondern setzt die kosmischen Mächte, welche nur das Organ seiner Wirksamkeit und das Gewand sind in das er sich hüllt, an seine Stelle. So bezeichnet der Apostel Paulus das Wesen des Heidenthums in jener klassischen Stelle, wo er davon handelt, Röm. 1, 18 ff., besonders V. 25, und die einbringendste wissenschaftliche Forschung bestätigt das.[4] Die kosmischen Mächte aber sind zweifach: sie gehören dem Leben der Natur oder dem des Geistes an. So repräsentiren denn die heidnischen Religionen theils mehr die Stufe der Natur, theils mehr die des Geistes. Von dem Fetischismus an, welcher in dem einzelnen Naturgegenstand, den er sich zur Verehrung erwählt, seinen Gott sieht, bis zur pantheistischen Weltanschauung Indiens hindurch, welche das Ziel des Menschen im Untergehen des Einzelnen im allgemeinen Naturleben sieht, geht jene Reihe der Naturreligionen. Ihre Heimat haben sie zunächst unter den farbigen Menschen, welche mehr als die weißen in das Naturleben versunken sind; aber ihre höchste und ergreifendste Ausprägung hat diese Stufe in der tief melancholischen Weltanschauung und Religion der weißen Rasse der Indier gefunden. Hier kommt der Pantheismus der heidnischen Weltansicht zur vollen Erscheinung, in den beiden Formen der indischen Religion, dem Brahmanismus und dem Buddhismus. Während der Brahmanismus die nichtige Welt aufgehen läßt im allgemeinen Sein, in der Weltseele, deren Ausfluß oder auch deren Traum die Welt ist, so führt der Buddhismus die Idee der Nichtigkeit durch bis auf den letzten Grund alles Seins, und löst alles was ist auf in das leere Nichts, um so in dem Gedanken der absoluten Resignation den Trost für

alles Uebel in dieser Welt zu finden. Hier hat der Pantheismus
der Naturreligion seine volle Konsequenz gezogen.[5] Aber das
Volk verlangt persönliche Gottheiten an die es sich wenden
kann. Daher wird allenthalben die pantheistische Naturreligion
zum Polytheismus. Die einzelnen Götter repräsentiren die
Kräfte der Natur. Allenthalben sehen wir in diesen Religionen
den Geist des Menschen an das Leben der Natur gleichsam
entäußert und in das Geheimniß derselben versunken. Die
zeugende und gebärende Naturkraft war die Idee, welche in
einer Reihe von Gottheiten, Symbolen und Feiern dargestellt
wurde. Wir, die wir so viel freier von der Macht des Natur=
lebens geworden sind, haben jetzt gar keine Vorstellung mehr
davon, welche eine Gewalt jene Naturreligionen über die Ge=
müther auszuüben vermochten. Die stärksten Opfer konnten sie
von ihren Verehrern fordern und sie wurden nicht verweigert,
sei es daß die edelsten Jungfrauen Babylons an den Festen
der Allgebärerin ihre Ehre preisgaben aus religiösem Enthu=
siasmus, um an dem Wesen der Gottheit Theil zu nehmen,
oder daß die Jünglinge Karthagos sich in die Feuersgluth
stürzten im religiösen Fanatismus. Es war die Macht der
Naturtrunkenheit welche den Sinn der Menschen beherrschte.
Aber das Naturleben ist zugleich das sinnliche Leben. Daher
geht durch alle diese Religionen die Macht der Sinnlichkeit
hindurch, und wir sehen in ihnen Unzucht und Religion in
einem Bunde mit einander, der uns ebenso widerwärtig wie
unbegreiflich ist.

Allerdings stehen die Religionen des Geistes höher;
aber über den Kosmos (die Welt) kommen auch sie nicht hinaus. Es
ist nur die Idee des Menschen welche der Grieche in seinen
Göttern feiert. Zwar spiegelt sich in ihnen die Idee der Gott=
heit, aber nur in gebrochenen Strahlen. Es geht durch die
griechische Vorstellung von der Götterwelt ein monotheistischer
Zug hindurch; sie sucht in Zeus oder im Schicksal eine oberste
absolute Gottheit zu gewinnen;[6] aber sie vermag sich nicht auf
dieser Höhe zu erhalten; immer wieder zieht sie die Idee Gottes

in die Schranke der Begrenzung zurück. Die griechische Volksreligion kennt keinen allmächtigen, noch weniger einen heiligen
Gott, vollends nicht den Gott der Liebe. Und wie wenig sie
sich scheute menschliche Leidenschaften und Sünden auf ihre
Götter zu übertragen, ist bekannt genug. Zwar beginnt im
späteren Verlauf die Philosophie einen Kampf gegen diese Vermenschlichung der göttlichen Idee und sucht vornehmlich durch
einen Sokrates und Plato die Idee der Gottheit zu höherer
Reinheit und Geistigkeit zu erheben. Aber die alte Volksreligion vertrug keine Kritik; die Untersuchung ihrer Sätze und
Bräuche war ihre Auflösung; die philosophische Spekulation
aber vermochte nicht sie zu ersetzen. Denn die Philosophie ist
immer nur für Wenige, nicht für die Menge; und um Religion
zu sein fehlte auch der platonischen Philosophie die Grundlage
objektiver Thatsachen. Denn jede Religion muß sich auf Thatsachen berufen und hat sich darauf berufen, auf vermeintliche
oder auf wirkliche; Gedanken allein, auch die schönsten und
besten, machen noch keine Religion.[7] Und dieß war auch die
Schranke, welche die Mysterien nicht zur Religion werden ließ.
In den Geheimlehren, besonders den eleusinischen, suchte das
Gemüth die Befriedigung, welche ihm die Volksreligion nicht
bot. Sie machten sich anheischig Antwort auf die Fragen des
Versöhnungsbedürfnisses und des Jenseits zu geben, diese
Grundfragen der Religion. Ein Kreis von Gläubigen sammelte
sich um sie, die Edelsten des Volks. Aber die Antwort bestand
nur in Symbolen, nicht in Thatsachen. Und so fielen sie mit
dem alten Götterglauben auch dahin. Die Orakel aber schwiegen
zuletzt und ließen die Menschen ohne göttliche Antwort. Und
die alte Welt sah darin ein bedeutungsvolles Zeichen davon
daß die Zeit des alten Götterglaubens zu Ende gehe.[8] Und
sie ging zu Ende. Sie löste sich auf im Unglauben auf der
einen, im Aberglauben auf der anderen Seite. Denn das war
der Ausgang, den mit den alten Religionen auch die Religiosität der alten Zeit nahm.

Wir können uns auch in dem geistig bewegten Griechen-

Iand die Macht und Herrschaft der religiösen Denkweise und
Sitte im Leben der früheren Jahrhunderte nicht stark genug
vorstellen. Ich habe früher von der bedeutsamen Stellung
gesprochen, welche das Gebet im öffentlichen wie im privaten
Leben der alten Welt einnahm. Was vom Gebet gilt, gilt
von der Religion überhaupt, das ganze Leben war von Re=
ligion umschlossen und getragen. Das Heidenthum der früheren
Jahrhunderte war ein religiöses, ein frommes Heidenthum.
Und besonders genoß Athen den Ruhm einer gottesfürchtigen
Stadt. Aber die Schranken der Religion waren auch die
Schranken der Religiosität. Es war doch alles Beten und
Opfern im Grunde nur die Erfüllung einer gesetzlichen Pflicht,
nicht die freie Neigung des Herzens. Der Mensch zahlte den
Göttern seinen schuldigen Tribut. Denn so war nun einmal
die Welt vertheilt, daß den Göttern die Herrschaft zugefallen
war, den Menschen aber die Abhängigkeit von den Göttern.
So kam es dem Menschen zu, dieses Verhältniß anzuerkennen
dadurch daß er den Göttern leistete was er ihnen schuldete,
um sich dadurch die Huld der Götter zu erwerben und zu
sichern. Ein anderes persönliches Verhältniß zu den Göttern
fand nicht Statt. War bei den Göttern keine Liebe im eigent=
lichen Sinn zu den Menschen, so war auch bei den Menschen
keine Liebe zu den Göttern. Und Aristoteles erklärte es
geradezu für „widersinnig" (ἄτοπον), von Liebe zu den Göt=
tern zu reden, da Liebe nur zwischen Gleichartigen stattfinden
könne. Alle Religiosität war nur thatsächliche Anerkennung
der Abhängigkeit. Aber das Gefühl der bloßen Abhängigkeit
ist ohne eigentlichen sittlichen Einfluß auf das Innere des
Menschen; es vermag nicht das Herz zu reinigen und einen
neuen Sinn zu verleihen; es hält nur in Schranke und Maß.
Und das war das Höchste in der antiken Welt. Aber auch
diese Wirkung verlor die Religion, als die Zeit der schranken=
losen Geltendmachung des eigenen Ich begann. Die Zeit des
Perikles und des peloponnesischen Kriegs bezeichnet die ver=
hängnißvolle Wende im griechischen Leben. Die Sophistik,

welche den einzelnen Menschen als „das Maß aller Dinge"
bezeichnete, unterstützte diese Richtung, die edlere Philosophie
eines Plato vermochte sie nicht aufzuhalten, die allgemeinen
Zustände aber riefen sie hervor und förderten sie. Mit un=
verlöschlichen Zügen hat Thukydides das sittlich=religiöse Ver=
derben gezeichnet, welches die Folge der athenienfischen Pest
gleich nach dem Beginn des peloponnesischen Krieges war: wie
man anfing was göttlich und was menschlich heilig war gleich=
mäßig zu verachten.[9] Von da an begann der Auflösungs=
prozeß der alten Religiosität. Die Religion besaß in sich selbst
keine Kraft siegreichen Widerstandes. Die Religionen der alten
Welt waren an den Staat gebunden; sie waren nicht Reli=
gionen des Menschen, sondern des Staatsbürgers. Die höchste
religiöse Pflicht war: die heimischen Götter nach den Gesetzen
des Vaterlandes zu verehren. Allmählig aber begann die Idee
des Staates ihre frühere Macht für das antike Bewußtsein zu
verlieren. Das individuelle Selbstgefühl machte sich dagegen
geltend. Zunächst allerdings vielfach in unberechtigter Weise
und in der Form des sinnlichen Lebensgenusses. Die Sinnlich=
keit ist die eigentliche Sünde des Heidenthums. Und die Re=
ligion selbst bot ihr Nahrung genug. Hatte sie schon früher
der Sinnlichkeit gedient, so wurde sie jetzt noch viel mehr dazu
mißbraucht. Die Poesie wie die bildende Kunst unterstützten
diesen Mißbrauch. Uns sind Homer's Gedichte ein schönes
Spiel der Phantasie; aber Gefahr ist für uns nicht darin ent=
halten; denn wer denkt daran ihre Erzählungen für Wahrheit
zu halten? Vergegenwärtigen wir uns aber, wie sehr sie dem
griechischen Volke in Fleisch und Blut übergegangen waren,
und daß sie ihm eine ähnliche Bedeutung hatten wie uns die
Bibel, so werden wir begreifen, warum die strengeren Philo=
sophen Griechenlands den Dichter für einen Verderber der Re=
ligion und Sittlichkeit angesehen und Plato ihn ausgeschlossen
wissen wollte von seinem idealen Staate. Uns ist die bildende
Kunst Athens nur noch eine Aufforderung, den Geist der Schön=
heit zu bewundern der diese Werke mit einem unvergänglichen

Zauber bekleidet hat. Aber wir haben Zeugnisse genug dafür, welchen bedenklichen Einfluß sie auf ihre Zeitgenossen theilweise ausgeübt; und wie sehr die Kunst in den Dienst der niedrigsten Sinnlichkeit gezogen worden, dafür bieten die Straßen Pompeji's nur allzureichliche Denkmale. Die Tempel aber wurden Stätten der Unzucht und die Feste der Götter zu Orgien. So war es schon in Griechenland, so noch mehr später in Rom. [10]

Was Wunder daß eine solche Religion immer mehr in der Achtung der Einsichtigen sank? Aber freilich was die Philosophie dagegen zu bieten vermochte, waren nur Gedanken der Wahrscheinlichkeit, bald nur des Zweifels; ihr Erfolg zuletzt die Herrschaft des Unglaubens. In der augusteischen Zeit sah man auf die Zeit, in welcher man an Götter glaubte, als auf eine längst entschwundene zurück. Es galt als das Zeichen eines Philosophen die Götter zu leugnen. [11]

Die unter den gebildeten Ständen weit verbreitete epikureische Philosophie lehrte von den Göttern daß sie sich um die menschlichen Dinge nichts kümmerten, um sie desto sicherer aus dem Glauben und den Gedanken der Menschen zu streichen. Der Dichter Lucretius machte sich's zur Aufgabe, durch natürliche Erklärung der Religion den Götterglauben zu beseitigen. [12] Aber etwas muß der Mensch haben. Und wenn er sich hundertmal das Gegentheil einredet, er vermag doch nicht sich selbst zu genügen. Die nothwendige Folge dieses Unglaubens war besonders in der römischen Kaiserzeit eine weit verbreitete Herrschaft des Aberglaubens, welche uns Plutarch mit lebendigen Farben schildert. [13] Zauberpriester durchzogen das Reich, und je abergläubischer ihre Zeremonien waren, um so mehr fanden sie Beifall. Und auch das neue Leben welches man mit Hülfe der pantheistischen stoischen Philosophie besonders im Restaurationszeitalter der Antonine (2. Jahrh.) dem alten Götterglauben einzuhauchen versuchte erwies sich als machtlos. Das war das Ende der Geschichte des antiken Geistes auf dem Gebiete der Religion. Und doch diente er auch damit der Zukunft. Denn aus dem allgemeinen Verfall des Alten erhob sich um so stärker das persönliche Bedürfniß des Einzelnen, welches, losgelöst von den Mächten der alten Welt, für sich selbst die Befriedigung suchte, welche die Religion und die Philosophie ihm nicht bot, sondern nur die Offenbarung zu bieten vermochte.

Einen ähnlichen Gang nahm auch die Sittlichkeit der alten Welt. Denn Sittlichkeit und Religion stehen in einem inneren Abhängigkeitsverhältniß zu einander. Mit der Religion steht und fällt die Sittlichkeit. Manche edle und ernste Gestalt, welche uns hohe sittliche Achtung abnöthigt, tritt uns aus der Geschichte der alten Welt entgegen. Was der sittliche Geist des Alterthums zu leisten vermochte, das sehen wir in den Helden des Leonidas oder an den edlen Männern Athens und Roms, deren Namen die Geschichte uns aufbewahrt hat, verwirklicht. Besonders zeichnet sich das alte Rom vor vielen andern Völkern und Staaten durch einen großen sittlichen Ernst aus, welchen man als die Frucht des religiösen Geistes bezeichnen darf welcher dort herrschte.[14] Aber es ist überall die Sittlichkeit des Staatsbürgers, nicht die Sittlichkeit des Menschen, geschweige die Sittlichkeit des erneuerten Herzens, welche wir wahrnehmen. Das ist die Schranke der antiken Sittlichkeit. Als diese Schranke sich auflöste, sank auch die sittliche Kraft welche daran gebunden war. Vergebens versuchte die Philosophie aus ihren Mitteln eine Sittenlehre zu erzeugen, welche eine Kraft der Wirksamkeit besessen hätte. Sie brachte es nur zu schönen Theorien, nicht zu einer tiefgehenden Wirkung, und eine allgemeine Macht wurde sie niemals. Und auch jene Theorien selbst müssen in uns die gewichtigsten Bedenken hervorrufen.

Es ist wahr, die Philosophie hat einzelne Gestalten erzeugt, zu welchen alle Zeiten mit Bewunderung hinanblicken werden. Vor allen ragen Sokrates und Plato um eines Hauptes Länge über die Masse ihrer Volksgenossen empor. Man kann sagen: Gott hat in diesen zeigen wollen, wie weit der an-

geborene Adel menschlicher Natur durch eigenes Vermögen ge=
langen könne. Aber damit sollte sich auch zugleich die sittliche
Schranke der menschlichen Natur offenbaren. Man hat So=
krates oftmals mit Christus verglichen. Aber es ist ein himmel=
weiter Unterschied zwischen ihnen. Sokrates ist eine geistige
und sittliche Größe; aber er ist nicht eine Größe der Mensch=
heit, er ist nur eine Größe seines Volkes und seines Staates.
Seine Mitbürger sind seine Mitmenschen, die anderen existiren
nicht für ihn. Nur Athen ist ihm die seiner würdige Welt.
Es ist bei ihm wie im Alterthum überhaupt: seine Tugend ist
politische, staatliche Tugend. Den Gesetzen des Staates zu ge=
horchen ist ihm die Summe aller Pflichten. Und auch sonst
geht er über die Schranken seiner Zeit nicht hinaus: des
Mannes Tugend ist „den Freund zu besiegen durch Wohlthun,
den Feind durch Uebelthun". Er sammelte Jünglinge um sich,
um sie auf den Weg der Weisheit zu führen, und Alkibiades
konnte sagen, daß er in Sokrates' Gesellschaft sich ein anderer
Mensch zu sein dünke. Aber er hob sie nicht über die sittlichen
Schranken seines Volkes hinaus. Er selbst zwar hielt sich rein
von den Sünden der Sinnlichkeit, denen auch die besten seines
Volkes ergeben waren; aber er konnte es mit seinem Beruf
der Bewahrung und Rettung von Jünglingen vereinbar finden,
den Umgang mit Hetären nicht bloß zu verstatten sondern auch
zu empfehlen. Und als er die Schönheit der Hetäre Theodota
loben hörte, ging er mit seinen Schülern zu ihr und knüpfte
ein Gespräch mit ihr an, in welchem er ihr zu zeigen suchte,
durch welche Mittel sie die Männer am besten gewinnen könne.
Wir sehen hier nichts von jenem heiligen Mitleid, welches den
Sündern Buße predigt und ihnen den Weg des Heils ver=
kündigt. Er hat allerdings das Laster bekämpft, aber er hat
das Heilmittel dagegen im besseren Wissen gesehen und nicht
in der Erneuerung des Herzens. Sein Leben war untadelig
nach griechischem Maßstab, und er hat das Beste seines Volkes
mit Ernst gesucht; aber die Seele der wahren Sittlichkeit, die
Liebe zu Gott und zum Nächsten, hat er nicht gekannt. Und

auch sein Ende — bei dem er Frau und Kinder herzlos fort=
schickt, um durch ihr Weinen und Wehklagen nicht an den
philosophischen Gesprächen mit seinen Schülern verhindert zu
sein — wie kann man das auch nur von weitem dem Ende
Jesu Christi zur Seite stellen! „Welche Verblendung ist es,
ruft Rousseau aus, wenn man wagt, den Sohn des Sophro=
niskos mit dem Sohne Maria's zu vergleichen?“ 15

Im sittlichen Adel wetteifert Plato mit Sokrates. Ein
Hauch aus der Welt der Ewigkeit geht durch seine Philosophie.
Man hat ihn „den Göttlichen“ genannt und sich mit Sagen
eines höheren, übernatürlichen Ursprungs getragen. Aber er
steht auch unter den Schranken seines Volksgeistes. Die sitt=
liche Aufgabe ist nach ihm: die ewigen Ideen des Wahren und
Guten und Schönen in diese Welt hereinzutragen. Aber im
Grunde erklärt er selbst diese Verwirklichung der Ideen im
Leben für unmöglich. Die Natur stellt eine unüberwindliche
Schranke entgegen. Im Reiche des Geistes waltet das göttliche
Prinzip, aber die Materie bildet ein widerstrebendes Element.
So bleibt der Widerspruch zwischen Idee und Wirklichkeit ein
stets ungelöster, ein nie verwirklichtes Ideal. Und was ist das
für ein Ideal! Auch Plato kommt nicht höher als bis zum
Staate. Nicht die mit Gott vereinigte Menschheit ist sein Ge=
danke — er kennt diesen Gedanken nicht —, sondern der Staat
der Vernunft, der Staat der Philosophen. Das ist aber das
Unnatürlichste was man denken kann: ein Staat der mit seiner
Güter= und Weibergemeinschaft und seiner abstrakten Herrschaft
des Gesetzes alle persönliche Freiheit und Eigenthümlichkeit
vernichtet und auf dem ausgesprochensten Hochmuth ruht: nur
die Regierenden repräsentiren die Vernunft, die übrigen Stände
vertreten die niedrigeren Seelenkräfte bis herab zu den Trieben
und Leidenschaften. Es fehlt durchweg die wahre Würdigung
des Menschen, der Begriff der freien menschlichen Persönlich=
keit: deßhalb fordert Plato für seinen idealen Staat die Aus=
setzung schwacher Kinder, die Gemeinschaft der Frauen, billigt
die Sklaverei — wie auch Aristoteles: der Sklave sei nur ein

Werkzeug und nicht wahrhaft vernunftbegabt —, duldet die
Päderastie u. s. w. Es ist hier nirgends die Idee der Humanität.
Und doch bekennt Augustin: „Niemand ist uns so nahe gekom=
men als die platonische Philosophie"![16] Wenn das geschieht
am grünen Holze, was will am dürren werden?

Sokrates und Plato haben den Fall ihres Volkes nicht
aufzuhalten und ihm keinen neuen sittlichen Geist einzuhauchen
vermocht. Und so auch nicht die Philosophie der späteren Zeit.
Denn sie suchten alle die Hülfe der sittlichen Kraft des Men=
schen selbst und wollten ihn zu seinem eigenen Erlöser machen.
Aber keine sittliche Theorie vermag den Menschen zu erneuern,
die nicht tiefere Quellen des sittlichen Lebens zu erschließen weiß,
als die sind welche im Menschen entspringen.[17]

Die beiden philosophischen Schulen, welche am Ausgang
der alten Welt sich um die Herrschaft streiten, sind die stoische
und die epikureische. Die strengste Moral ist die stoische.
Aber was von der antiken Moral überhaupt gilt, daß sie sich
auf das eigene Selbstgefühl gründet und im Grunde vom Geiste
des Hochmuths getragen ist, das gilt im höchsten Grade von
der Moral der Stoiker. Nirgends ist so wie hier der Geist des
hochmüthigen Stolzes und der kalten Resignation zu Hause.
Wenn die christliche Sittlichkeit in der Demuth ihre Wurzeln
hat, so die stoische im Hochmuth. Demuth ist erst ein christ=
licher Begriff. Die „Niedrigkeit" (humilitas), die auch das
Alterthum kannte, ist erst durch das Christenthum geadelt und
zur Demuth verklärt worden. Allerdings soll der stoische Weise
keine Beleidigungen rächen, aber nur deßhalb weil er gar nicht
beleidigt werden kann: er dünkt sich zu hochstehend, als daß die
Beleidigung ihn berührte. Es ist nicht der Sinn der Versöhnlich=
keit, sondern es ist der Geist der hochmüthigen Verachtung des
Anderen, aus dem dieser Grundsatz stammt. Der stoische Weise
soll nicht Zorn hegen, nicht leidenschaftlich erregt sein u. s. w.,
aber nicht weil er in Gott still und voll freundlicher Milde
und Frieden sein soll, sondern weil er sich zu hoch dünken
soll, als daß irgend etwas im Stande wäre seine göttliche Ruhe

zu trüben. Dieses ganze Leben ist zu verächtlich, als daß es
verdiente daß der Weise um seinetwillen sich in Unruhe versetzte.
Und auch das Böse in der Welt soll nicht etwa seinen Eifer
der Bekämpfung hervorrufen. Das Böse gehört so gut zu
diesem Ganzen des Weltlaufs wie das Gute, und die Bösen
spielen eben auch ihre Rolle so gut wie die Anderen; der Weise
sieht diesem Spiel zu mit vornehmer Gleichgiltigkeit. Und wird
es ihm zu bunt, so nimmt er sich das Leben: denn diese Welt
ist seiner nicht würdig — so entzieht er sich ihr. So hat der
jüngere Cato beim Fall der römischen Republik, so haben in
der Kaiserzeit Viele gethan, um sich dem Despotismus zu entziehen oder auch die Last einer schweren niederdrückenden Krankheit von sich abzuweisen. Es ist nur eine äußere Aehnlichkeit,
welche diese Ethik mit der christlichen verwandt erscheinen läßt.
Was wahr daran ist, das ist doch erst im Christenthum Wahrheit geworden. [18]

Das war die Moral der Edleren in der späteren Zeit der
alten Welt. Die andere Ethik, welche die herrschende war bei
den Gebildeten, war die Epikurs, deren Prinzip die Lust
war, und für die deßhalb alle Tugend nur in dem Maß des
Genusses bestand, das man aus Klugheit beobachten müsse, um
sich die Lust nicht zu verderben. Sie werden zugestehen: ein
etwas bedenklicher Umweg um zur Tugend zu gelangen! Die
praktischen Wirkungen einer solchen Philosophie kann man sich
wohl denken. [19]

So war die philosophische Moral. Wie war vollends die
sittliche Wirklichkeit! Wir haben eine Reihe von Schilderungen von der sittlichen Verworfenheit der späteren Philosophen, welche uns dieselben im verächtlichsten Lichte serviler
Heuchler und Schmeichler erscheinen lassen. „Bei den meisten
bergen sich unter dem Namen der alten Philosophie die größten
Laster", sagt Quintilian. [20] Oder sie sind wenigstens schwache
Charaktere, wie selbst ein Seneka, der allerdings, besonders in
seinen späteren Schriften, Sätze von einer Aehnlichkeit mit den
christlichen ausspricht, daß die Christen der folgenden Jahr-

hunderte ihn als den Ihrigen ansahen, dessen Moral aber doch
viel zu sehr bloße Rhetorik war, der seine Feder zu verkaufen
sich entschließen konnte und gegen die Laster Nero's eine Nach=
giebigkeit zeigte, welche die Entrüstung selbst des damaligen
römischen Volkes hervorrief. [21]

Und nun vollends die Sittlichkeit der Menge! Schon in
den besten Zeiten konnte es dem aufmerksamen Beobachter nicht
entgehen, daß ein Keim des Verderbens im innersten Mark
der antiken Völker wohne. Je länger je mehr brach er hervor.
Die Schilderungen, welche die römischen Schriftsteller Juvenal,
Plinius, Tacitus, Seneka von den sittlichen Zuständen ihrer
Zeit uns entwerfen, sind bekannt. Sie zeigen uns, trotz aller
ehrenwerthen Ausnahmen besonders in den Kreisen des ge=
ringeren Bürgerstandes, eine Herrschaft der Schamlosigkeit, von
welcher wir Gott Lob jetzt keine Ahnung haben. Die Besten
jener Zeit wußten keine Hülfe. Da es so nicht weiter gehen
konnte, so erwarteten sie das Weltende, an der Menschheit ver=
zweifelnd, hoffnungslos. [22]

Nur die ewige Liebe konnte helfen.

Von Alters her gehen Stimmen der Weissagung durch
die alte Welt hindurch, welche eine bessere Zeit, eine zukünftige
Erlösung verkündigen. Theils sind es dunkle Erinnerungen
aus uralter Zeit, welche noch in die Gegenwart hineinragten,
wie das letzte Abendroth eines untergegangenen Tages, der den
dunkel gewordenen Himmel noch mit einigen goldenen Streifen
schmückt; theils Ahnungen des eigenen sehnenden und suchenden
Herzens, den Sternen gleich welche die Nacht schwach beleuchten
und einen kommenden Tag verkünden.

Bei den verschiedensten Völkern finden wir solche verküm=
merte uralte Sagen einer goldenen Zukunft. Es werde eine Zeit
kommen, so hofften die Perser, eine messianische Zeit, wo
Ahriman vernichtet, die Welt erneuert und von allem Uebel
befreit, alle Menschen zum Gesetz bekehrt und der glückliche
Zustand der ersten Zeit wieder hergestellt sein werde. Die
Inder haben die Erwartung, daß am Ende des jetzigen Welt=

alters der Sünde, als zehnte Avatara d. h. Verkörperung (Buddha gilt als die neunte) Wischnu unter dem Namen Kalki erscheinen, alles Böse niedermähen und das glückliche Zeitalter wiederherstellen soll, wie es am Anfang der Welt war. Auch den Chinesen fehlt die messianische Hoffnung nicht. In ihren heiligen Schriften ist oftmals von der Ankunft eines großen Heiligen im Westen die Rede, der nicht nur den Weg der Voll= kommenheit bahnen, sondern auch die alten Götzen stürzen werde. Nicht minder sind ähnliche Erwartungen bei andern orientali= schen Völkern zu Hause. Bei den Griechen haben sie in der Prometheussage einen tiefsinnigen Ausdruck gewonnen. An den Felsen geschmiedet zu täglicher Qual, spricht Prometheus das ihm allein bekannte Orakel aus, daß einst (des falschen Gottes) Zeus Herrschaft aufhören werde durch einen Sohn Gottes, der mächtiger sein werde als Zeus, und er selbst erblickt seinen Be= freier in ferner Zukunft in Herakles. Aber nicht ohne ein stellvertretendes Leiden soll diese Erlösung geschehen — so ver= kündigt ihm Hermes —:

> Von solcher Drangsal hoffe nicht ein Ziel, bevor
> Als Stellvertreter deiner Qual ein Gott erscheint,
> Bereit für dich in Hades' unbesonntes Reich
> Zu steigen zu der finstern Kluft des Tartarus.

Dieß geschieht, indem der Sohn des Chronos, Chiron, der gerechteste und weiseste der Centauren, sich für ihn opfert, während Herakles den Adler an seiner Brust tödtet und ihn so befreit von seiner Qual. Aeschylus hat diese tiefsinnige Sage zum Gegenstand einer dramatischen Trilogie gemacht, von der uns zwar nur ein Stück, „der gefesselte Prometheus" er= halten ist, die aber auch in diesem Bruchstücke uns erkennen läßt, wie in ihr die tiefsten Gedanken der griechischen Welt von der Schuld und Sühne und Erlösung der Menschheit sich poetisch wiederspiegeln. Die dichterische Sage wird fast zu einer Weissagung auf den wirklichen Erlöser Christus.

Am vollendetsten ist in der altdeutschen Göttersage die Hoffnung eines zukünftigen goldenen Zeitalters ausgesprochen, wo die ganze Welt erneuert und das Böse aus ihr verbannt sein wird. Baldr, der Gute, Heilige, Weise, der Liebling der Götter und Menschen, wird durch die tückische List des bösen Loki getödtet. Darüber trauern die Götter und alle Kreaturen; Menschen und Thiere, Bäume und Steine weinen. Seitdem wird es immer übler auf Erden, Streit und Blutvergießen mehrt sich, und in dem Kampf der Riesen und Götter wird Odin mit den Asen (den guten Göttern) untergehn und die Welt vom Feuer zerstört werden: aber Vidar der siegreiche wird das goldene Zeitalter wiederherstellen; eine neue Erde wird erstehen, in stetem Frühlingsschmuck und Segensfülle; kein Loki wird mehr auf ihr sein und Baldr kehrt zurück aus dem Tode; neu erstanden aus dem Untergang wohnen dann Götter und Menschen friedlich neben einander.[23] Und verwandte Sagen waren in Mexico und auf der Südsee zu Hause. Kurz überall in der heidnischen Welt war von Uralters her die Weissagung und Hoffnung heimisch, daß dieses eiserne Zeitalter der Sünde und des Elends, wenn die Bosheit ihren höchsten Grad würde erreicht haben, sein Ende finden werde und auch die Götter, die während dieses Weltalters das Menschengeschlecht beherrschten, gestürzt werden sollen. Zu diesem Behufe werde ein königlicher Held von himmlischer Abkunft erscheinen, dem Dämon das Haupt zu zertreten und das erste Zeitalter des Segens und der Unschuld wiederzubringen.[24]

Selbst die Vorstellung eines stellvertretenden Leidens fehlt, wie wir sehen, in diesen Bildern der zukünftigen Erlösung nicht. Hiemit berührt sich der Gedanke vom leidenden Gerechten, als dem Träger der höchsten vollendeten Gerechtigkeit, welcher bei Plato einen so merkwürdigen Ausdruck gefunden hat, daß wir unwillkürlich an die große alttestamentliche Weissagung Jes. 53 erinnert werden und die Kirchenväter darin prophetische Worte sahen. „Stellen wir nun neben den Ungerechten, heißt es in jener merkwürdigen Stelle, den Gerechten, einen aufrichtigen Mann und von edler Art, der nicht

gut zu scheinen, sondern zu sein strebt. Zuerst muß die gute
Meinung ihm genommen werden; denn wenn er als Gerechter
erscheint, werden ihm als Gerechten Ehren und Geschenke zu
Theil, so daß es dann ungewiß bleibt, ob er um der Gerechtigkeit willen oder wegen der Ehren und Geschenke ein solcher
ist. Darnach muß er aller Habe beraubt werden außer der
Gerechtigkeit, und in Widerstreit mit seiner Obrigkeit gebracht,
so daß er, während er nichts Ungerechtes gethan hat, für den
Ungerechtesten gehalten wird, damit er uns ganz bewährt werde
in der Gerechtigkeit, da er auch durch die üble Nachrede und
alles was daraus entsteht nicht bewegt wird, sondern unverändert
bleibt bis zum Tode, indem er sein Leben lang für ungerecht
gehalten wird und doch gerecht ist. — Sie sagen aber daß der
Gerechte, also beschaffen, gegeißelt, gebunden, geblendet werde,
und nachdem er alle Qualen ausgestanden an einen Pfahl ge-
heftet werde, damit er nicht gerecht zu scheinen sondern gerecht
zu sein verlange." [25]

Aber freilich, dieß Bild, welches Plato hier entwirft — es
ist ein wesenloser Schatten, von dem die alte Welt das Bewußtsein hatte, daß er wohl schwerlich zur Wirklichkeit kommen werde.
„Ich wenigstens, sagt Cicero, habe einen vollendeten Weisen
noch nicht gefunden, sondern es hat die Philosophie gelehrt,
wie ein solcher beschaffen sein müsse, wenn überhaupt je einer
auf Erden erscheinen wird." [26]

Jedoch hielt man die Hoffnung einer besseren Zukunft fest. Gerade der Jammer der Gegenwart machte die
Sehnsucht des Herzens um so lebendiger, so daß sie sich fast
zur direkten Weissagung gerade um die Zeit Christi steigerte.
Berühmt ist die vierte Ekloge Virgils, in welcher der römische
Dichter aus Anlaß des Friedens zwischen Antonius und Ok-
tavian, welchen der Consul Pollio vermittelte, und des Sohnes
der diesem geboren worden, mit begeisterten Worten den Anbruch des großen Weltfriedens feiert und den Neugeborenen
als den künftigen Wiederhersteller der Welt, von dem die sibyllini-
schen Bücher meldeten, begrüßt:

Schon das letzte Weltalter erscheint der Sybylle von Cumä;
Wieder von vorne beginnt der Jahrhunderte mächtiger Kreislauf.
Schon kehrt die Jungfrau zurück, es kehret das Reich des Saturnus,
Und ein neues Geschlecht entsteigt dem erhabenen Himmel. — — —
Sieh mit gewölbeter Last das hoch erschauernde Weltall.
Länder rings, und die Räume des Meers und die Tiefen des Himmels.
Sieh wie Alles sich freut des kommenden Wonnejahrhunderts!

Ein anderes Mal begrüßt er den Augustus als den Gottes=
sohn, der die goldene Herrschaft des Saturnus wiederherstellen
und die ganze Welt sich unterwerfen werde und dessen Ankunft
die Orakel der Götter schon damals in den kaspischen Reichen
wie an den Mündungen des Nils verkündeten — wie denn
auch Augustus selbst sich auf Münzen als „Heiland der Welt"
(salus generis humani) bezeichnete und sich selbst als Gott Apollo
(welcher nach allgemeinem Glauben der Herrscher der erneuerten
Welt sein sollte) darauf abbilden ließ. Zwar sind das unwahre
Schmeicheleien oder Ueberhebungen; aber sie lassen doch die
Gedanken und Hoffnungen, die man damals hegte, erkennen.
— Dazu kamen die prophetischen Stimmen aus dem Orient
von einem siegreichen Könige, der aus Judäa aufstehen werde,
mit welchen man sich nach dem Zeugniß der Geschichtschreiber
Suetonius, Tacitus und Josephus damals allgemein trug.[27]

Aber es sind nicht bloß einzelne Stimmen in denen sich
diese Sehnsucht ausspricht. Durch das ganze Heidenthum
geht ein Ton der Weissagung, ein Zug der Sehnsucht und eine
Ahnung der Wahrheit hindurch.

Als Paulus zu Athen auftrat, da verkündigte er den
Athenern den „unbekannten Gott", dem sie unwissend Gottes=
dienst thäten. Indem die Athener einst bei einer Pest Altäre
mit dieser Aufschrift errichteten, um ja nichts zu versäumen
und keinen der Götter zu übergehen, sprachen sie damit selbst
das Ungenügende ihrer Gotteserkenntniß und Gottesverehrung
aus, denn sie bekannten daß sie nicht die volle Wahrheit be=
saßen. Die Heiden meinen im Grunde den höchsten Gott, ohne
ihn zu kennen und zu besitzen. Sie ahnen daß es über den
einzelnen Göttern einen höchsten geben müsse, sie nennen ihn

Zeus oder Brahma oder Odin — aber sie ziehen ihn immer wieder herunter in die Beschränkung. Wenn die innerste Empfindung des bewegten Herzens sich Luft macht, verräth es diesen verborgenen Grund des Glaubens an Einen höchsten Gott. Der Kirchenlehrer Tertullian erinnert die Heiden daran, daß sie beim Gebet oder andern Aeußerungen des bewegten Gemüths unwillkürlich nicht zum Kapitol, sondern zum Himmel die Augen und Hände erheben, nicht diese oder jene einzelne Gottheit, sondern den höchsten Gott selbst anrufen: Gott befehl ich's! Gott wird's vergelten u. s. w. O Menschenseele, ruft er aus, die du von Natur eine Christin bist![28]

Alle Opfer und Gebete, alle Sühnungen und Reinigungen der Heidenwelt sind solche Ahnungen der Wahrheit, deren Wirklichkeit der lebendige und persönliche, heilige und gnädige Gott ist. In einzelnen Beispielen sehen wir auch den Zug nach dieser Wahrheit sich als beherrschende Macht des individuellen Lebens geltend machen. Eines der schönsten Beispiele dieses Suchens nach der Wahrheit ist Justinus, der seinen Lebensgang uns selbst erzählt. Es war von frühe an in ihm ein Verlangen nach Wahrheit und Gewißheit. Er suchte die Befriedigung seines Verlangens bei den Philosophen. Aber vergebens. Zuerst wandte er sich an einen Stoiker, aber er fand bei bei ihm das nicht was er am meisten suchte: die Erkenntniß Gottes; diese verachtete vielmehr jener Philosoph. Er wandte sich an einen Peripatetiker; der aber hatte es nur auf Geld abgesehen. Er ging zu einem Pythagoräer; aber dieser wollte nur von Mathematik wissen. Endlich versuchte er es bei einem Platoniker, der sich vor Kurzem in der Stadt wo er wohnte niedergelassen hatte, und machte rasche Fortschritte in seiner Lehre: er lebte ganz in den höheren Ideen, mit denen sich diese Philosophie beschäftigte; das gab seinem Geiste einen höheren Schwung, und bald hoffte er zum Anschauen Gottes selbst zu kommen. Um sich noch tiefer in diese Welt der Ideen zu versenken, zog er sich an das Ufer des Meeres zurück, hier ganz seinen philosophischen Betrachtungen zu leben.

Dort geschah es, daß er einem Greise begegnete, aus dessen
Antlitz Würde und Milde leuchteten, der auch ein Gespräch
mit ihm anknüpfte über Gott, Unsterblichkeit, Vergeltung u. s. w.
und ihn bald überführte, wie gering und hinfällig noch alles
sein Wissen sei. Der Greis verwies ihn an die Propheten
und Jesus Christus selbst, vor allem aber ermahnte er ihn
zu beten, daß ihm die Augen über das Verständniß der gött=
lichen Wahrheit geöffnet würden. Da fühlte Justin in seiner
Seele ein Feuer sich entzünden, wie er es bisher nicht em=
pfunden; er las die Schrift, er hörte die Christen und wurde
ein christlicher Philosoph und ein Vertheidiger des Christen=
thums und hat seinen Glauben durch den Märtyrertod besiegelt
(168 n. Chr.).

Hier haben wir ein Bild des suchenden Heidenthums. Was
es suchte, das fand es in der Offenbarung, deren Träger zu
sein Israel berufen war.

Wenden wir uns vom Heidenthum zum Judenthum!

Während die übrigen Völker in ihrem religiösen Leben von
den Naturmächten gebunden und an sie verloren waren bis
zur Naturtrunkenheit, waren es die Hebräer, welche diesen
Bann durchbrachen, den menschlichen Geist von der Natur frei=
machten und durch den trüben Dunstkreis, welcher die religiösen
Gedanken der andern umhüllte, hindurchdrangen zu Gott, dem
Einen persönlichen Gott. Es war eine ungeheure That, diesen
Gedanken, diesen Glauben an den außerweltlichen Gott der
ganzen übrigen Welt gegenüberzustellen, dieser überwältigenden
Autorität aller Völker und Religionen gegenüber zu behaupten,
dem eigenen noch so mächtigen Naturzuge zum Trotz energisch
festzuhalten und zum Mittelpunkt und Ziele des gesammten
Lebens zu machen. Der Monotheismus Abrahams ruhte
auf einer uralten Tradition. Es war die älteste Tradition
der Menschheit. Aber er war in Gefahr damals völlig unter=
zugehn: der Polytheismus überfluthete die ganze Welt. Da
hob Gott diese eine Familie und das aus ihr erwachsende Volk
heraus aus dem Zusammenhang der übrigen Menschheit und

machte es zum Träger der alten Wahrheit und der Hoffnung der Zukunft. Nicht eine Einbildung des Hochmuths, sondern ein Ausdruck der thatsächlichen Wirklichkeit war es, wenn dieses Volk sich als das Volk Gottes ansah und bezeichnete. Denn zu diesem Haus und Volke trat Gott in ein besonderes Verhältniß; hier pflanzte Gott seine Wahrheit ein und gründete sie als einen unbeweglichen Fels im Gewoge des Völkermeers; hier bereitete er sich die Stätte, auf der sich die Geschichte seiner Offenbarung vollziehen sollte. Die Wahrheit, die Religion, die Offenbarung beschränkte sich auf dieses eine Volk: wie alle Religionen der Welt Volksreligionen waren, so wurde auch die wahre, die Offenbarungsreligion Sache eines Volks, aber nur um von hier aus Sache der Menschheit zu werden. Dieser Glaube, eine Bedeutung zu haben für die ganze Menschheit, diese Hoffnung der Zukunft war die Seele dieses Volks und Volkslebens. Der Partikularismus Israels trug den Universalismus im Keime in sich. In Christo und dem Christenthum entfaltete sich dieser Universalismus zur Blüthe. [29]

Darin bestand der Beruf dieses Volkes. Es hatte nicht eine Bedeutung für das menschliche Kulturleben wie die Griechen und Römer. Es war nicht die Kunst und der Sinn für die Schönheit, es war nicht der Geist der Philosophie, es war nicht die Begabung für die Weltherrschaft, es war nicht die Ausbildung des Rechts, was dieses Volk auszeichnete und in ihm heimisch war — die ganze Bedeutung dieses Volks geht darin auf, das Volk der Religion, das Volk der Offenbarung zu sein. Das gibt seiner gesammten Literatur ihren eigenthümlichen Charakter. Wir haben in den Schriften des A. Testaments eine reiche Sammlung von Literaturwerken aus den verschiedensten Perioden der Geschichte dieses Volks, unter den verschiedensten äußeren Verhältnissen, von Männern der verschiedensten Bildungsgrade, in den mannigfaltigsten Stimmungen und zu den verschiedensten Zwecken geschrieben — historische und poetische, lyrische und didaktische Schriften —; aber durch sie alle weht Ein Geist: es ist der religiöse Geist, die religiöse

Weltbetrachtung, der Geist des strengen, des feurigsten, er-
habensten, unerbittlichen Monotheismus, der diese gesammte
Literatur beherrscht und ihr den eigenthümlichen Stempel aufdrückt, welcher sie von den Literaturen aller anderen Völker
spezifisch unterscheidet und ihr eine ewig bleibende Giltigkeit
für die Menschen verliehen hat. Die Beurtheilung der natürlichen Weltverhältnisse, die Anordnung und Bildung des natürlichen Lebens, das mögen wir von den andern Völkern lernen,
von Hellas und Rom; aber das Höchste, die oberste Wahrheit
dieses Lebens, die Gewißheit und die Herrschaft des Gottesbewußtseins, die Beziehung des gesammten natürlichen Lebens
auf dieses Oberste, auf Gott — kurz die Religion als die Wahrheit des Lebens und als die Quelle der Macht der wahren
Sittlichkeit — das haben die Völker, das haben auch wir von
diesem Volke der Religion empfangen.

Diese Religion und ihr Geist der unbedingten Herrschaft
Gottes im gesammten Leben und Denken war kein Erzeugniß
der Natürlichkeit dieses Volks, sie ist nicht Natur, sie ist That
der Geschichte, That Gottes. Nicht auf dem natürlichen Boden
des Volks gewachsen, sondern von Gott hineingesetzt und ge-
pflanzt in die Geschichte und den Geist dieses Volkes ist sie.
Die Geschichte lehrt uns, wie groß auch hier die Neigung und
die Gefahr der Verirrung und Hingebung an die Mächte des
Naturlebens, des sinnlichen Naturlebens gewesen ist. Nur
durch eine Schule schwerer Erfahrungen und Züchtigungen
hindurch, nur durch den energischesten Kampf der großen
Träger des religiösen Gedankens, die Gott sich in diesem Volke
erwählte oder zubereitete, nur durch fortwährende Akte des Ge-
richtes geschah es, daß die Wahrheit der Religion hier als ein un-
erschütterlicher Fels festgestellt wurde für die übrige Menschheit.

Es sind drei große Gedanken, welche das religiöse Leben
dieses Volkes beherrschen. Der erste ist Gott. Gott ist der
vorderste und oberste Gedanke Israels. Gott, der lebendige,
persönliche Gott, der die Macht aller Dinge ist und ihm gegenüber ist alles eitel und nichtig, der der Heilige ist und von

ihm geht das Gesetz des irdischen Lebens aus, der Gnade und Erbarmung ist und von ihm darf der Arme und Elende die Hilfe und alle Welt das Heil erwarten. Israel ist das Volk des Gottesbewußtseins.

Sein zweiter Gedanke ist die Sünde. Israel ist das Volk des Sündenbewußtseins. Das Gesetz war eine stete Erinnerung an die Sünde und Ueberführung von ihr. Der Mittelpunkt aller Gesetzesordnung aber war das Opfer. Unaufhörlich mußte das heilige Feuer auf dem Altare brennen, tagtäglich mußten die Opfer dargebracht werden, und der Höhepunkt aller Opferdarbringung war jenes Versöhnungsopfer am großen Versöhnungstage, an welchem der hohepriesterliche Vertreter des Volkes die Sünden des ganzen Volks auf das Opferthier legte und das Blut der Versöhnung in die Stätte der abbildlichen Gegenwart Gottes trug und an den Gnadenstuhl sprengte, um das Volk zu entsündigen und mit Gott zu versöhnen. Es gibt keine mächtigere Erinnerung an die Sünde als diese. Und es gibt kein Volk in welchem das Sündenbewußtsein lebendiger, tiefer, mächtiger, reiner gewesen wäre als dieses. Das ist aber die nothwendige Voraussetzung des Heils der Versöhnung.

Der dritte Gedanke ist die Zukunft des Heils. Israel ist das Volk der Hoffnung. Alte Weissagungen von einer zukünftigen Erlösung und einem Erlöser lebten unter diesem Volke und hielten seinen Blick stetig auf die Zukunft gerichtet. Seit ältester Zeit trug man sich mit einem prophetischen Wort, das aus dem Munde Gottes stamme, schon beim Beginn der Geschichte der Menschheit — mit dem prophetischen Worte vom Weibessamen, der der Schlange den Kopf zertreten soll. Einen endlichen Sieg der Menschheit über die Macht des Bösen auf Erden durch einen Menschensohn verhieß dieses in dunkle Fernen weisende Wort. Alle folgenden Weissagungen waren im Grunde nur die weitere Entfaltung dieser ersten. Die wachsende Macht der Sünde und der Noth auf Erden hielt den Sinn der Sehnsucht nach jener Zukunft immer lebendig. Ehe jene große Fluth, von welcher die Ueberlieferung aller Völker be-

richtet, das göttliche Gericht an der gottlos gewordenen Mensch=
heit vollzog, sprach Noahs Vater in Erinnerung der alten
Stimmen der Weissagung den hoffenden Wunsch aus, daß dieser
sein Sohn die ersehnte Ruhe dem Geschlechte der Menschen
bringen möge. Und an der Spitze der neuen Geschichte der
Menschheit auf der aus den Wassern der Fluth wieder er=
standenen Erde steht jenes prophetische Wort Noahs, welches
mit großartigem Ueberblick die Zukunft der Völkergruppen
zeichnet: das Loos der Knechtschaft soll dem Geschlechte Hams
beschieden sein, das von der Mongolei an bis nach Afrika
hinab sich erstreckt, von NO. nach SW.; die Weite der Erde
dagegen ist dem reichbegabten Geschlechte Japhets beschieden,
dessen Völkermeer vom SO. Indiens bis zum W. und N.
Europas den Gang der Geschichte bezeichnet; aber in Sems
Geschlecht, das seine Heimat in der Mitte und im Westen
Asiens hat, will Gott selber seine Stätte haben; hier soll die
Heimat der Religion sein, deren Segen auch jenen andern Ge=
schlechtern der Menschheit zu seiner Zeit zu Theil werden soll.
Eine neue Reihe von Weissagungen begann, als Gott mit
Abrahams Erwählung einen neuen Anfang der Offenbarungs=
geschichte setzte. Die Weissagung der Zukunft knüpfte zunächst
an Abrahams Geschlecht an, aber ihr Blick umfaßte alle Völker
der Erde. Auf diese alle sollte von jenem ein Segen ausgehen.
Diese Weissagung bildete die Grundlage aller späteren. Immer
bestimmtere Gestalt nahm sie an, an immer engere Kreise
knüpft sie die Erfüllung: an Abrahams Volk, an Judas Ge=
schlecht, an Davids Haus. Der Segen der Völker, der streit=
bare Held, der König der siegs= und friedensreichen Herrschaft
ward ihr Inhalt. Als Israel im Königthum Davids und
Salomos den Höhepunkt seiner Geschichte und einen Abschluß
seiner natürlichen Entwicklung fand, da wurde diese Zeit selbst
zum Vorbild der Zukunft. Ein König der durch Leiden
(Psi. 22) zur Herrschaft gelangen sollte wie David, der in
Weisheit und Frieden regieren sollte wie Salomo: so, das
höhere Gegenbild hievon, der rechte Schluß der Geschichte

Israels und damit auch das rechte Ziel der Geschichte der Völker sollte jener zukünftige Davids= und Gottessohn (Ps. 2), dieser priesterliche König des Volkes Gottes (Ps. 110) sein. Und als die äußere Reichsgestalt zerfiel, stieg im Wort der Propheten das Geistesbild der Zukunft aus den Trümmern der Gegenwart auf. Diese Zukunft wird herbeigeführt werden durch eine neue große Offenbarung Jehovahs, deren Träger, als das Ziel der ganzen vorhergehenden Geschichte, in sich das Prophetenthum abschließen und den Geist Gottes in seiner Fülle besitzen, der rechte Hohepriester und der rechte schließliche König zugleich, durch schweres Todesleiden hindurch zur Herrlichkeit geführt werden, und die selige und herrliche Friedensherrschaft Gottes über die Völker der Erde bringen und üben soll. Dieß ist das Eine große Thema aller Weissagungen. Jeder der Propheten verkündigt es in seiner Weise, nach dem Bedürfniß seiner Zeit, nach der ihm von Gott gestellten Aufgabe und nach dem Maß seiner Erleuchtung. So verschieden es aber auch bei den Verschiedenen lautet — alle die mannigfaltigen Züge, welche die Schilderungen der verschiedenen Propheten enthalten, sie schließen sich alle zu Einem großen Bilde der Heilszukunft zusammen.

Diese Weissagung und die darauf ruhende Hoffnung trug das Volk mit hinaus in die Fremde, in die Zeit der Gefangen= schaft in Babel, in die Zeit der schwersten Bedrängnisse nach seiner Rückkehr, und daran hielt es sich, als an ein Licht auf seinem dunklen Wege, als nun die Stimmen der Propheten zu schweigen begannen und der Mund der Offenbarung verstummte — bis nach langer Zeit, als in der Heidenwelt einzelne Stim= men der Ahnung und Weissagung sich erhoben, auch in Israel das Wort der Prophetie von neuem laut wurde: in jenem ehr= würdigen Greise Simeon, dem Zeugen der alten in's Grab steigenden Zeit, und in dem Priestersohn in der Wüste, Jo= hannes dem Täufer, dem Herold einer neuen Zeit.

Etliche Jahre lang war Israel von den ernstesten religiösen Fragen bewegt. In Jesu von Nazareth war ein Prophet auf=

gestanden, der sich für den verheißenen Messias und für den
Sohn Gottes erklärte und durch die Macht seines Wortes und
die Hoheit seiner ganzen Erscheinung einen großen Theil des
Volks zu lebhaftester Begeisterung mit fortriß, einen andern
aber und vor allem die Oberen zu immer leidenschaftlicherem
Widerspruch reizte, bis dieser Konflikt zum heftigsten Ausbruch
kam und ihn an's Kreuz brachte als einen Gotteslästerer und
Volksverführer.   Aber bald darauf traten seine Jünger — bei
seinem Tode wie Schafe die der Wolf scheucht, nun Helden
die einer Welt trotzen — mit der Verkündigung auf, daß
Jesus, vom Tode erstanden, zur Rechten Gottes throne und
einst, wie er selber verheißen, wiederkommen werde die Welt
zu richten.   Aber Israel hat diese Botschaft von sich gewiesen,
die Anhänger Jesu von sich ausgeschlossen, und lebt von da
an ein räthselhaftes Dasein: das Volk des Widerspruchs gegen
das Christenthum, welches seitdem die Welt zu erobern be=
gonnen.   Ueber sein Land und seine Stadt ist in dem erschüt=
ternden Drama der Zerstörung Jerusalems eine Katastrophe
hereingebrochen, wie die Welt keine zweite gesehen hat: eine
Million Menschen kamen um, gegen 90,000 wurden als Sklaven
verkauft, die Sonne sah Gräuel bei deren Erzählung uns das
Herz erstarrt.   Eine Weissagung Jesu hat dieses Gericht ver=
kündigt, die Christen hatten in Erinnerung daran sich vorher
gerettet, die Juden hielten trotzig aus, bis die Trümmer des
brennenden Tempels die Trotzigen begruben.   Und als der
Kaiser Julian, den man den Abtrünnigen nennt, etwa drei=
hundert Jahre später, um das Wort Jesu zu Schanden zu
machen, den Wiederaufbau des Tempels befahl und begann,
da haben, so wird von heidnischen und christlichen Schriftstellern
berichtet, Erschütterungen des Bodens und Feuerflammen, die
aus ihm aufschlugen, die Arbeiten zerstört und die Arbeiter
vertrieben — seitdem liegt er in Trümmern und Israel sitzt
trauernd im Staube und klagt um die geschwundene Herrlich=
keit.   In allen Ländern sind seine Söhne zerstreut, über die
ganze Erde hin hat sie ihr flüchtiger Fuß getragen. Allenthalben

haben sie sich Hütten gebaut, aber überall sind sie Fremdlinge
geblieben und tragen den Stempel ihres Ursprungs auf ihrem
Antlitz und in ihrem Geiste. Mit einer Zähigkeit ohne Gleichen
halten sie an den Traditionen der Vorzeit, obgleich mit dem
Tempel ihr Kultus zerfallen und unmöglich geworden ist und
sie das Gesetz nicht mehr erfüllen können. Ohne König, ohne
Priesterthum, ohne Opfer, ohne einen Mittelpunkt halten sie
doch noch zusammen, obwohl in lauter Atome auseinander ge-
rissen, und leben, so weit sie sich nicht verloren haben in den
schnöden Dienst der Interessen des Tages, von der Erinnerung
der Vergangenheit und von der Hoffnung der Zukunft, obgleich
das Geschlecht Davids nicht mehr existirt und das priesterliche
Geschlecht Aarons nicht mehr nachzuweisen ist — ein Räthsel
in der Geschichte, für welches es nur Eine Lösung gibt, das ist
diese: es hat die alte Weissagung Israels sich erfüllt in Jesu
dem Sohn der Maria, und Israel, die große Völkerruine, aus
welcher die Geschichte ausgewandert ist, ist das Denkmal und
Zeugniß jener erfüllten Weissagung. Das Christenthum ist die
Lösung des Räthsels, welches Israel ist.

Wenn ich aber Christenthum sage, so sage ich: Jesus Christus.
Das Christenthum ist in die Welt hineingetreten nicht als eine
Philosophie, nicht als eine Sittenlehre, sondern als eine geschichtliche Thatsache, als die Thatsache der Person Jesu Christi.
An ihm hängt alles. Mit ihm steht und fällt das Christenthum. Man kann es nicht loslösen von ihm. Was die Krisis
in Israel hervorgerufen hat, das waren nicht Lehrsätze von
ihm, das war seine Person und sein Zeugniß von sich selbst.
Woran auch jetzt das Verhältniß zum Christenthum sich entscheidet, das ist er selbst und sein Zeugniß von sich. Er hat
selbst seine ganze Sache auf seine Person gestellt. Wir können
sie nicht von ihm lösen. Der Rationalismus hat versucht sie
von ihm zu lösen und das Christenthum auf die bloße Moral
zu reduziren. Aber man hat sich überzeugt daß es unmöglich
ist. Jesus steht nicht zum Christenthum etwa wie Muhamed
zum Muhamedanismus oder wie ein anderer Religionsstifter

zu seiner Religion, sondern er selbst ist das Christenthum.
Vom Christenthum sprechen heißt nicht von Lehren und Lebens=
ordnungen sprechen, sondern von Jesu Christo. Wohl, das
Christenthum ist eine Summe von Wahrheiten, ist eine neue
Lehre, ist eine Philosophie wenn man will, ist eine neue Welt=
anschauung, ist eine neue Auffassung der Geschichte, ist eine
neue Weise der Gottesverehrung, ist eine neue Moral, ist eine
neue Lebensordnung u. s. w. Es ist dieses alles, weil es eben
eine universelle Lebensthatsache ist. Aber dieß alles ruht in
der Person Jesu Christi, ist mit dieser gegeben und in ihr
beschlossen, steht und fällt mit ihr. Wenn wir deßhalb die
Stellung und Bedeutung des Christenthums in der Geschichte
der Menschheit betrachten, so ist es die geschichtliche Stellung
und Bedeutung Jesu Christi selbst, die uns darin entgegen=
tritt. Zu ihr wenden wir uns nun.

Neunter Vortrag.

Das Christenthum in der Geschichte.

Es sind wenige scheinbar unbedeutende Worte mit denen der Evangelist Lukas seine Erzählung von der Geburt Jesu einleitet, wenn er sagt 2, 1 ff., zu der Zeit da ein Gebot ausgegangen vom Kaiser Augustus daß alle Welt geschätzet würde, da sei Jesus geboren, und diese Schatzung habe der Anlaß dazu werden müssen daß Jesus, der alten Weissagung entsprechend, in Bethlehem, der alten Heimat des Davidischen Hauses, geboren wurde — es sind nur wenige scheinbar unbedeutende Worte, und doch bezeichnen sie in charakteristischer Weise die weltgeschichtliche Situation. Denn beides liegt darin: der Eintritt Jesu in die Geschichte trifft zusammen mit dem Höhepunkt und dem Abschluß der alten Zeit, wie er im römischen Imperator sich darstellt; und sodann: der Gang der Weltgeschichte ist so geordnet, daß er dem Fortschritt der heiligen Geschichte dient und dadurch sich innerlich mit derselben verknüpft.

Die damalige Zeit hatte selbst ein Bewußtsein davon, daß sie zu einem Abschluß gekommen sei. Das römische Kaiserthum war nicht etwas Zufälliges, es war das nothwendige Resultat der vorhergehenden Geschichte. Man darf vielleicht sagen: jeder römische Feldherr der siegreich im Triumph zum Kapitol hinauffuhr, von seinen Soldaten und dem Volke umjauchzt, war ein Vorbild des Imperators, welcher die oberste Gewalt nicht wieder nach kurzer Amtszeit an einen andern abtreten, sondern zur bleibenden machen sollte. Und jene ein-

14*

zelnen Gewalthaber, welche gegen das Ende der Republik aus
der stürmischen Bewegung ihrer Zeit sich über die Uebrigen
erhoben, wie ein Pompejus, Antonius, Cäsar, sind die Vor=
stufen und Anbahnungen desjenigen, welcher die kaiserliche
Gewalt für die Zukunft begründen und zu einem steten Be=
sitze seines Hauses machen sollte. Es hätte sich nicht die alte
vielhundertjährige Republik dem neuen Imperator so willig
übergeben, wäre dieses Imperium nicht die reife Frucht der
ganzen vorhergehenden Entwicklung und eine Nothwendigkeit
der Geschichte gewesen. Damit fand das römische Weltreich
seinen Abschluß und die volle Erfüllung seines Berufs.

Es gab eine alte Weissagung in Israel — sie ist nieder=
gelegt im Buche Daniel, Kap. 3, 29—42, u. Kap. 7 — von
der Aufeinanderfolge verschiedener Weltreiche, mit deren Höhe=
punkt das Reich des Menschensohnes und seiner Heiligen zu=
sammentreffen sollte.

Frühzeitig schon hatte das Bewußtsein der Zusammen=
gehörigkeit aller Menschen auf der einen, der Trieb der Herr=
schaft auf der andern Seite den Gedanken entstehen lassen, die
verschiedenen Völker und Reiche der Erde in Ein großes Reich,
das die ganze Erde umfassen sollte, zu vereinigen. Es ist vor
allen jener willensmächtige babylonische Herrscher Nebukadnezar,
auf welchen dieser kühne und stolze Gedanke zurückgeführt wird
— ein Gedanke der um so großartiger war, je ferner damals
dem Gesichtskreis der Menschen die fremden Völker und
Staaten standen. In diesem Gedanken liegt eine Wahrheit.
Denn in der Seele des Menschen lebt das Bewußtsein der
Zusammengehörigkeit aller, und wir können uns das Ziel der
Geschichte nicht anders denken, als daß die Menschheit eine
große Familie bilden soll. Die Gegenwart der Geschichte
zwar ist die der Nationalitäten, aber der Kosmopolitismus ist
ihre Zukunft. Wir dürfen wohl sagen: dieser Gedanke ist der
Gedanke Gottes selbst über die Menschen. Denn das ist das
Ziel seiner Wege. Aber so wie er von jenen gewaltigen
Herrschern Asiens gedacht und seine Ausführung versucht

wurde, war er ein Raub an der Wahrheit. Denn er war in den Dienst ehrgeiziger Herrschsucht genommen und so zum Afterbilde des göttlichen Gedankens geworden. Aber einmal in den Gang der menschlichen Dinge hineingeworfen, hatte dieser Gedanke seine Geschichte im stufenweisen Fortschritt seiner Verwirklichung. Die Idee des Weltreichs bildet von da an die bewegende Macht der Geschichte. So oft auch ein Ver= such ihrer Verwirklichung nach dem andern zerfällt, so hat man ihn doch immer wieder aufgenommen, um mit neuen Mitteln zu erreichen was dem vorhergehenden nicht gelungen war. Es sind vor allem vier große Versuche diesen Gedanken zu verwirklichen, welche uns in der Geschichte entgegentreten: das babylonische, das persische, das griechische und das römische Weltreich. An die Namen der großen Herrscher Nebukadnezar, Cyrus, Alexander und Cäsar Augustus knüpft sich das Ge= dächtniß dieser großen Reiche an. Die ersten beiden stehen im engen Zusammenhang mit der Geschichte Israels, die andern beiden in Verbindung mit dem Eintritt des Christenthums in die Welt.

Nebukadnezar war es, der durch die Fortführung in die babylonische Gefangenschaft Israel und seinen Staat auf= löste und so das lange angedrohte Gericht Gottes über das ungehorsame Volk vollzog; Cyrus dagegen, welcher durch die Erlaubniß der Rückkehr und der Wiederherstellung der Stadt und des Tempels dem israelitischen Volksgemeinwesen die= jenige, wenn auch kümmerliche Gestalt wiedergab, in der es die Erfüllung seiner alten Hoffnungen und das Heil der rechten Erlösung erfahren und empfangen sollte. Beidemale hatte die Berührung der außerisraelitischen Welt mit dem Volke der Verheißung dazu gedient, einzelne Wahrheiten seiner religiösen Erkenntniß und seiner Hoffnung auch auf heidnischen Boden zu verpflanzen und so an den Heiden den prophetischen Beruf, welchen das Volk der Erwählung gegen die Völker der Welt hatte, zu erfüllen und dadurch die Heidenwelt einstweilen vor= zubereiten auf die Erfüllung der Verheißung.

Die beiden andern Weltreiche, das griechische Alexanders
des Gr. und das römische des Imperators, stehen in enger
Beziehung zum Eintritt des Christenthums in die Welt. Es
war der große Gedanke Alexanders, sein weites Reich, das
er in stürmischem Anlauf wider das alte Bollwerk der asiatischen Länder wie im Fluge sich gewonnen, von den Gebirgen
Macedoniens an bis zu den Strömen Indiens, dieses aus
verschiedenartigen Völkern zusammengesetzte Reich auf die ge=
meinsame geistige Grundlage griechischer Sprache und Bildung
zu gründen. Und als nach seinem frühen Tode sein Reich
zerfallen, da haben die einzelnen Staaten, die aus demselben
hervorgingen, mit ihren griechisch gebildeten Herrschern nur
dazu gedient jenes Werk Alexanders fortzusetzen und die Durch=
dringung der orientalischen Welt mit griechischer Sprache und
Bildung weiterzuführen und zu vollenden. Diese Einheit der
Sprache und Bildung aber, welche dadurch für die gesammte
damalige Kulturwelt geschaffen wurde, sollte nach dem Rath=
schluß Gottes die geistige Unterlage für die Verkündigung und
Ausbreitung des Christenthums bilden, das in griechischer Zunge
diesen verschiedenen Völkern gebracht wurde. Wenn irgendwo
so läßt sich hier erkennen, wie ein göttlicher Gedanke im Gang
der Geschichte der Völker waltet.

Alle die einzelnen Reiche und Staaten aber, welche aus
dem großen Weltreich Alexanders hervorgegangen waren,
wurden vom römischen Reiche aufgenommen und damit
noch der Westen Europas verbunden und in den großen
Gang der Weltgeschichte hineingezogen. Was Alexanders Reich
geistig vorbereitete, dem hat das römische Reich auch äußere
Gestalt gegeben. Durch das römische Reich wurden die vor=
her so spröde gegen einander abgeschlossenen Völker zu einem
großen Ganzen vereinigt und unter ihnen ein Zusammenhang
und ein Verkehr hergestellt, der sich auch auf das Gebiet der
allgemeinen Kultur übertrug. Das alles diente dazu die Idee
eines einheitlichen Reiches, das die Mannigfaltigkeit der Völker
und Sitten zu einer höheren Einheit zusammenschließen sollte,

in den Gemüthern der Menschen zu gründen und so den großen Gedanken des Christenthums von dem Reiche Gottes vorzubereiten. Zugleich aber bahnte es dem Evangelium die Wege, auf denen dieses zu den abendländischen Völkern gelangen konnte; denn die Straßen auf denen die römischen Beamten und Truppen von Rom in die Provinzen und wieder in die Hauptstadt zogen, oder auf denen die Handelsschiffe hin und wieder fuhren, diese dienten nun auch den Boten Jesu Christi, um mit dem Worte des Lebens in jenen großen Länderkreis hinauszuziehen, innerhalb dessen sich damals die Weltgeschichte bewegte, vom Euphrat an bis nach Rom und Spanien. Dieses ganze Gebiet aber war umschlossen vom gemeinsamen Recht, dessen Idee zur Geltung zu bringen und dessen Herrschaft zu gründen und zur schützenden Macht des öffentlichen Lebens zu machen der besondere Beruf Roms war. Unter den Schutz dieses Rechts sollte auch das junge Christenthum treten, und wir sehen in dem Leben des Apostels, dessen Aufgabe war die weltgeschichtliche Mission des Christenthums im römischen Reich zu verwirklichen, des Apostels Paulus, wie das römische Recht ihn schützte wider den Fanatismus seiner jüdischen Feinde.[1]

Dieser Stand der Dinge aber, wie ihn das römische Reich und der Name seines Imperators Augustus zur Zeit der Geburt Christi bezeichnet, ist das Resultat der gesammten vorhergehenden Entwicklung. Alle ihre Linien laufen hierin zusammen, auch die der geistigen Entwicklung.

Vor andern geistig begabt waren die Völker, welche bestimmt waren die Träger dieser geistigen Entwicklung zu sein und auch uns den Ertrag der menschlichen Geistesbildung der alten Welt zu vermitteln. Es sollte der menschliche Geist in ihnen die Fülle seiner Möglichkeiten offenbaren, aber damit auch seine Schranken. Am Anfang hängt das gesammte Geistesleben auf das Engste mit der Idee des Volkes und des Staates zusammen. Der Staat erschien als höchste Form menschlichen Gemeinschaftslebens, dem alle andern, auch die

Familie und die religiöse Lebensform, untergeordnet seien. Eine über das Volk und den Staat hinausgehende Menschheit kannte man nicht. Alle geistige Bildung war im vollsten Sinne national, und zwar zunächst griechisch national. Außer dieser nationalen Bildung war überhaupt keine Bildung, nur Barbarei. Dem Griechen waren alle anderen Völker Barbaren. Aber auch alle Sittlichkeit und alle Religion war national, war politischer Art. Alle Tugend, alle Sünde war politische Tugend, politische Sünde, eine höhere kannte man nicht. Ebenso alle Religion. Eine Religion der Menschheit, eine Universal= religion hat noch mehrere Jahrhunderte nach Christi Geburt der Philosoph Celsus für einen Unsinn erklärt.[2] Das Volk, der Staat erschien als die Quelle des gesammten Lebens. Aber es zeigte sich daß diese Quelle nicht unerschöpflich sei. Der nationale Geist sank immer tiefer und erschöpfte sich, das Staatswesen löste sich auf, aus dem Gebiet des politischen Lebens flüchtete man in das eines allgemeineren Kulturlebens. In der Herrschaft griechischer Bildung suchten und fanden die Griechen eine Entschädigung für den Verlust der nationalen und staatlichen Selbständigkeit. So erkannte man, daß die politische Existenz nicht das Höchste und nicht der letzte und tiefste Quell des geistigen Lebens sei. Es ist von großem Interesse, den geistigen Prozeß zu beobachten der sich am Aus= gang der alten Geschichte vollzieht, wie sich aus dem Natio= nalen das allgemein Menschliche herauszuarbeiten versucht. Auf den verschiedensten Gebieten vollzog sich dieser Prozeß, auf dem religiösen, dem sittlichen, dem philosophischen. Man hat die Schranken der Nationalreligion durchbrochen und aus den verschiedensten Religionen sich das Beste herausgesucht, ohne aber in diesem bunten und abergläubischen Gemenge zu einer Befriedigung kommen zu können und zu einem andern Resultat als zu jener Erkenntniß, welche der Philosoph Plo= tinos ausspricht: die Menschen können nicht zu den Göttern, die Götter müssen zu den Menschen kommen. Man hat den nationalen Standpunkt in der Moral verlassen und eine all=

gemeine menschliche Sittlichkeit und Sittenlehre angestrebt, welche in ihrem Ausdruck oft die auffallendsten äußeren Berührungen mit der christlichen darbietet, freilich bei völliger Verschiedenheit des Geistes, und ohne daß es ihr hat gelingen wollen Kraft und Wahrheit zu werden. Und die Philosophie suchte zwar die allgemein menschliche Wahrheit, und bemühte sich in das Geheimniß des allgemeinen Verhältnisses in welchem Gott und die Welt zu einander stehen einzudringen, aber ohne über den Zweifel und die Unsicherheit und schließlich die Verzweiflung an aller Wahrheit hinauszukommen. Und mit Recht hat man von jeher jene im leichten verächtlichen Tone eines Blasirten hingeworfene Frage des Pilatus: Was ist Wahrheit? für einen unwillkürlichen Ausdruck des Resultates angesehen, zu welchem das gesammte Wahrheitsstreben der alten Welt gekommen war. Alle Versuche die Wahrheit zu finden waren mißglückt: so schien es das Beste diese unfruchtbare Schwärmerei überhaupt aufzugeben, ohne daß man doch das tiefinnerliche Verlangen aus dem Herzen reißen konnte. Was aber etwa die alexandrinische Spekulation an Ideen erzeugte und bot, welche das Geheimniß des Göttlichen und seiner Offenbarung erklären sollten, das waren nur Schattenbilder der realen Wahrheit, gleichsam Hüllen für den wirklichen Kern der ihnen fehlte: gerade dadurch Weissagungen der wirklichen thatsächlichen Wahrheit, die nicht aus der ausgelebten Kraft des menschlichen Geistes hervorgehen, sondern die als eine That Gottes in die Geschichte hereintreten mußte und in der Person Dessen in sie hereingetreten ist, der von sich sagen konnte: Ich bin die Wahrheit.

So ist Jesus Christus das Ziel der alten Geschichte, der äußeren und der inneren, eine Forderung der gesammten Entwicklung, die Antwort auf die Frage mit der sie schließt, die Lösung ihres Räthsels, der Schlüssel unseres Verständnisses der Weltgeschichte. Er ist nicht ihr Erzeugniß, sondern die Wunderthat und Wundergabe Gottes, von oben, nicht von unten gekommen; aber er ist ihre Forderung, und dadurch

schließt er sich, obwohl übernatürlich nach seinem Wesen und
Ursprung, doch nach seiner geschichtlichen Stellung mit ihr
natürlich zusammen. Er ist gleichsam die Ausfüllung der Lücke,
welche die Geschichte der Menschheit gelassen, und die sie aus
eigenen Mitteln zu füllen nicht vermochte.

Das ist die Stellung des Christenthums d. h. Jesu Christi
in der Geschichte nach rückwärts. Er ist das Ziel und der
Abschluß derselben. Dem entsprechend ist seine Stellung
in der Geschichte nach vorwärts. Er ist der Aus=
gangspunkt und die Macht derselben. Mit ihm be=
ginnt eine neue Zeit, und diese neue Zeit ist von ihm be=
herrscht.

Ehe Jesus von seinen Jüngern Abschied nahm, gebot er
denselben die Botschaft zu allen Völkern zu tragen, diese alle
auf seinen Namen zu taufen und zur Einen Gemeinde der
neuen Menschheit zu sammeln; und schon vorher hatte er ihnen
die Verheißung gegeben, es werde das Evangelium auf der
ganzen Erde verkündigt werden und es solle Eine Heerde und
Ein Hirte werden. Dieß Wort schien eine baare Unmöglich=
keit, in jedes Andern Mund würde man es ein Wort des
Wahnsinns genannt haben. Denn wie sollten diese paar Men=
schen, ungelehrte Fischer und Zöllner aus dem verachtetsten
Volke der Erde, die ganze Menschheit zur Annahme einer Re=
ligion bringen können, welche einen Gekreuzigten zu ihrem
Mittelpunkte hatte und einen Weg des Heils verkündigte, der
so weit als möglich davon entfernt war den Neigungen der
Menschen zu schmeicheln und mit den natürlichen Gedanken
im schärfsten Widerspruch stand. Schon der Gedanke der
Menschheit, als einer großen Einheit, vollends der Gedanke
einer Religion der Menschheit, einer Universalreligion, einer
religiösen Gemeinde welche die Gesammtheit der Völker, die
ganze Mannigfaltigkeit der Nationalitäten, Lebensstellungen
und Bildungsunterschiede in sich vereinigen sollte, der Ge=
danke der Kirche wie wir sie nun kennen und haben, war
das Großartigste was je von einem Menschen gedacht und

ausgesprochen worden; der Gedanke selbst schon war ein
Wunder, seine Verwirklichung vollends das höchste Wunder
für uns, das bleibende und stets vor Augen stehende Wunder
das uns alle anderen ersetzt — begreiflich nur aus dem
Andern was Jesus hinzufügte: sie sollen mit Kraft aus der
Höhe ausgerüstet werden, und aus dem was Lukas im An=
fang der Apostelgeschichte berichtet, daß der Geist Gottes über
sie gekommen und andere Menschen aus ihnen gemacht, so
daß sie in Kraft dieses neuen Geistes die Welt überwinden
und ein neues Reich aufrichten konnten, das nicht wie die
alten Weltreiche mit den Mitteln natürlicher, wenn auch
ungewöhnlicher Kraft begründet, sondern durch das Wort
des Geistes Gottes geschaffen, bleiben wird bis zum Ende
der Tage.

Es gehört zu den erhebendsten Betrachtungen, den sieg=
reichen Gang des Christenthums durch die Welt=
geschichte zu betrachten.

Alles schien sich zu vereinigen um ihm den Sieg völlig
unmöglich zu machen. Sein Ursprung sprach wider dasselbe:
es schien eine jüdische Sekte zu sein. Seine Vertreter und
Anhänger hatten nichts Gewinnendes: sie gehörten meistens
den unteren und ungebildeten Ständen an. Seine Lehre war
ein Hinderniß: sie erschien als eine ärgerliche Thorheit. Seine
Gottesverehrung war verdächtig: da die Christen keine Götter=
bilder hatten, so hielt man sie für Atheisten. Von ihren ge=
heimnißvollen Feiern erzählte man sich die ärgsten, die unsitt=
lichsten Dinge. Die öffentliche Meinung war gegen sie ein=
genommen, die Philosophen bekämpften das Christenthum mit
den Waffen des Geistes, die Obrigkeit mit brutaler Gewalt.[3]
Und doch haben sie gesiegt. Schon unter Nero, wie der
römische Geschichtschreiber Tacitus ärgerlich berichtet, hatten
sie eine außerordentliche Verbreitung erlangt, und es half
wenig daß Nero, um die Schuld des großen Brandes von
sich abzuwälzen, ihrer, wie Tacitus sagt, eine ungeheure
Menge hinrichtete, nicht sowohl weil sie Urheber des Brandes,

als weil sie vom ganzen menschlichen Geschlecht gehaßt
waren [4] —: sie verbreiteten sich dennoch. Wir haben einen
interessanten Brief des jüngeren Plinius, Statthalters von
Bithynien in Kleinasien, an den Kaiser Trajan seinen Freund
geschrieben, etwa siebzig Jahre nach Christi Tod, welcher uns
ein deutliches Bild vom damaligen Stande der christlichen
Sache in jenen Gegenden der Wirksamkeit eines Paulus und
eines Johannes gibt. „Ueberallhin, schreibt Plinius [5], hat sich
dieser Aberglaube verbreitet in den Städten, in den Dörfern
und auf dem Lande; die Tempel unserer Götter stehen ver=
ödet und lange schon werden keine Opfer mehr dargebracht. —
Ich ließ einige Mägde, welche Dienerinnen genannt wurden, er=
greifen und auf die Folter legen, fand aber nichts Anderes als
einen übermäßigen, verderblichen Aberglauben. Sie kämen an
einem bestimmten Tage vor Morgen zusammen (bekannten sie) um
Christo, als einem Gott, Loblieder zu singen." Und feierlich ver=
pflichteten sie sich, fügt er hinzu, gegenseitig zu einem sittlich
ernsten Leben. Und hundert Jahre später konnte Tertullian
in seiner Vertheidigungsschrift zu den Heiden sagen: „Wir
sind von gestern und wir haben euer ganzes Land ein=
genommen, Städte, Inseln, das Lager, den Palast, den
Senat, das Forum, bloß die Tempel haben wir euch ge=
lassen." [6] Diesen Siegesgang konnten die großen Verfolgun=
gen — man zählt ihrer zehn — welche über die Christen
verhängt wurden nicht aufhalten. Kein Alter, kein Geschlecht
wurde verschont, alle Kraft des Reiches wurde aufgeboten,
einzelne Kaiser wie Decius und Diokletian, gerade die that=
kräftigsten, betrachteten es geradezu als ihre Lebensaufgabe das
Christenthum auszutilgen von der Erde, weil davon die Existenz
des römischen Staates abhänge — aber die Arme der Henker
ermüdeten eher als die Treue der Christen; Diokletian mußte
sein Werk fallen lassen: er trat zurück vom Schauplatz und
das Christenthum blieb; und in Konstantin bestieg es den Thron
der Imperatoren und beherrschte seitdem auch äußerlich die
römische Welt. [7]

Man kann damit nicht die Siege des Muhamedanismus vergleichen. Der Muhamedanismus trat auf „als eine Religion von dieser Welt, als eine Religion der Eroberung und der sinnlichen Genüsse" und seine Predigt war das Schwert. [8] Paskal sagt von ihm: „Muhamed hat seine Herrschaft begründet indem er mordete, Christus indem er die Seinen morden ließ." „Muhamed hat Mittel und Wege gewählt um nach menschlicher Ansicht zu siegen, Jesus um nach menschlicher Ansicht zu unterliegen." Statt demnach zu schließen: weil Muhamed siegte, konnte auch Jesus leicht siegen, muß man vielmehr sagen: weil Muhamed siegte, mußte Jesus unterliegen. [9] Die Ausbreitung des Christenthums ist Bekehrung. Und was das heiße, weiß der welcher weiß, was es heißt einen einzigen Menschen zu bekehren. Man versuche aus einem einzigen Menschenherzen die Herrschaft der Selbstsucht zu reißen — und hier war es ein Kampf mit der Herrschaft der Selbstsucht in der Welt! [10] Allerdings haben äußere Umstände mitgeholfen zur Verbreitung des Christenthums: die Einheit des Reichs, der Verkehr unter den Ländern, die Einheit der Sprache und Bildung. Aber diese äußeren Umstände waren eben ein Werk der göttlichen Vorsehung. Allerdings ging ein Gefühl durch die Zeit, daß etwas Neues, Besseres kommen müsse. Aber das war eben das gottgewollte Resultat der vorhergehenden Entwicklung, welches dem Christenthum Bahn in den Herzen bereiten sollte. Allerdings war der sittliche Geist des Christenthums und seiner Vertreter eine große Macht. Eine solche Höhe sittlicher Reinheit, eine solche Innigkeit brüderlicher Gemeinschaft hatte die Welt noch nicht gesehen, und die Heiden konnten nicht umhin sie zu bewundern. „Seht wie sie einander lieben"! riefen sie aus; „wie sie für einander zu sterben bereit sind!" [11] „Sie lieben einander fast ehe sie sich noch kennen." [12] Selbst Julian der Abtrünnige spricht mit Bewunderung vom heiligen Wandel und von der Bruderliebe der Christen. Und auch Lucian der Spötter bekennt: Es ist wunderbar wie diese Menschen im Unglück einander beispringen. „Die meisten von

ihnen — dieß ist der Sinn einer längeren Stelle in einer
Schrift des berühmten Arztes Galenus über Plato, von welcher
nur diese Stelle vorhanden ist — sind nicht im Stande zu
philosophiren, aber sie leben wie Philosophen." [13] „Was für
Frauen haben nicht die Christen!" rief staunend Libanius aus,
da ihm Chrysostomus von seiner Mutter Anthusa erzählte. [14]
Aber das war eben die Frucht des neuen Geistes Jesu Christi;
diese Sittlichkeit war selbst ein Wunder. „Sie befinden sich
im Fleische — so spricht eine schöne altchristliche Schrift, der
Brief an Diognet, von den Christen —, aber sie leben nicht
nach dem Fleisch. Sie halten sich auf der Erde auf, aber sie
sind Bürger im Himmel. Sie gehorchen den bestehenden Gesetzen, aber durch ihr Leben stehen sie über den Gesetzen. Sie
lieben jedermann, und werden von jedermann verfolgt. Man
schmäht sie, so segnen sie; man behandelt sie übermüthig, und
sie erweisen Ehre. Gutes thuend werden sie als Uebelthäter
bestraft, und freuen sich der Strafe als einer Förderung des
Lebens." Die Märtyrer aber mit ihrer Standhaftigkeit waren
die eindrucksvollsten Prediger des Christenthums und „ihr
Blut der Same der Christen". [15] „Knaben und Jungfrauen,
sagt Lactanz, überwinden stillschweigend ihre Peiniger", [16] und
es geschah wohl auch daß sie selbst ihre Henker bekehrten.
Es war kein Fanatismus, sondern stiller, ruhiger, nüchterner
Sinn mit dem man in den Tod ging, ohne den Gedanken
etwa des Ruhms bei den Menschen: denn dieses Bekenntniß
war eine Schmach vor der Welt, und Viele sind gestorben
deren Namen Gott allein kennt; es war der leuchtende Wider-
schein des neuen inneren Lebens, welches aus dem Geiste Christi
stammte.

Alle diese Mittel wirkten mit, mußten mitwirken; denn
allerdings, sonst würde das Christenthum die Welt nicht haben
überwinden können. Aber es sind Mittel Gottes und seines
Geistes.

Es war nicht so leicht als es uns vielleicht scheint, das
Heidenthum zu überwinden. Denn die heidnische Religion war

auf das Innigste mit dem gesammten öffentlichen, bürgerlichen
und geistigen Leben verwachsen, so daß es unmöglich schien
sie von demselben loszulösen um sie zu beseitigen, dagegen
dieses. stehen zu lassen. Wer ein Feind der väterlichen Re=
ligion war, der schien auch ein Feind des Staates und des
gesammten Kulturlebens zu sein.[17] Das gesammte Staatsleben
war auf Religion gegründet, mit Religion verwachsen: das
politische und religiöse Gebiet bildete eine untrennbare Ein=
heit. Alle Staatsakte waren zugleich religiöse Akte, alle öffent=
lichen Angelegenheiten hatten einen religiösen Charakter. Die
Christen erschienen als Feinde des Staats, und der Patrio=
tismus schien die Feindschaft wider das Christenthum zu ge=
bieten. Denn das Christenthum schien das Staatsgefährlichste
zu sein was es gab. Alle Apologeten der ersten Jahrhunderte
mußten die Sache des Christenthums gegen diese Vorwürfe
vertheidigen. Und ebenso war es mit dem gesammten Kultur=
leben. Auch dieses, Kunst und Wissenschaft und die gesammte
Geistesbildung, hatte sich im Zusammenhang mit der Religion
entwickelt. Es schien die Vernichtung des geistigen Ertrags
vieler Jahrhunderte zu sein, wenn man das Christenthum
zur Herrschaft zu bringen suchte. Das Christenthum galt als
Barbarei. Die Apologeten der ersten Jahrhunderte sind wieder=
holt veranlaßt diesen Vorwurf abzuwehren.[18] Wir können
auch heute noch einen lebhaften Eindruck davon gewinnen.
Wir brauchen nur z. B. in die unterirdischen finsteren Grab=
gewölbe, in denen die Christen wol auch heimlich zusammen=
kamen ihre Mysterien zu feiern, hinabzusteigen, und damit
dann etwa einen jener reizenden griechischen Tempel zu ver=
gleichen, bei denen das Volk seine Opfer darbrachte, oder eines
jener gewaltigen Amphitheater, in denen es sich zu fröhlichen
Schauspielen versammelte und etwa auch dem blutigen Kampfe
der christlichen Märtyrer mit den wilden Thieren zusah, um
zu erkennen und es nachzuempfinden, welch eine moralische Kraft
dazu gehörte, um über die gewaltige Macht heidnischer Religion
und heidnischen Lebens Herr zu werden.

Und das Christenthum ist Herr derselben geworden und hat das Bildungsleben der alten Welt nicht vernichtet, sondern bewahrt, gereinigt in sich aufgenommen, mit sich verschmolzen und der Nachwelt überliefert. Und nachdem es vom römischen Reiche Besitz genommen, hat es die Welt der Germanen, die auf den Schauplatz der Geschichte traten, Jesu zu Füßen gelegt, diese Völker zu den Trägern der Zukunft gemacht und ein neues Geistesleben in ihnen entwickelt. Viele Erschütterungen hatte im weiteren Verlauf die Kirche zu bestehen, Kämpfe im Innern, Anfeindungen von Außen, durch die falsche Religion Muhameds und die wilden Schaaren der Hunnen und Mongolen. Aber alle diese Gefahren und Schläge bestand die Kirche und gründete sich nur um so fester in den Gemüthern der Menschen und im Gesammtleben der Menschheit. Zwar stand gegen das Ende des vorigen Jahrhunderts eine Reihe von Männern auf, die mit allen Mitteln ihres Geistes der Sache Jesu Christi ein Ende zu machen suchten und hofften, und bald auch erhob sich in Frankreich ein Sturm der die ganze christliche Kirche in jenem Lande über den Haufen zu werfen drohte. Aber der Sturm ist verweht und die Kirche blieb stehen, und aus der Noth und den schweren Erschütterungen der Zeiten gewann der Glaube an Jesum Christum nur neue Kraft und Freudigkeit. Nicht minder sind unsere Tage Tage des Kampfes, und die große Entscheidung, um welche im Kampfe der Geister gerungen wird, gilt der Herrschaft des Christenthums. Aber die Vertreter seiner Sache sind so wenig muthlos, daß sie mit der Vertheidigung in der Heimat den Angriffskrieg in der Fremde verbinden: keine Zeit war seit vielen Jahrhunderten so sehr eine Zeit der Missionsthätigkeit unter den Heiden; und so langsam es vorwärts geht, so geht es doch vorwärts, und wir alle sind auf das festeste davon überzeugt, daß die Sache Christi unter allen Völkern noch siegen muß, daß sich das Wort des Apostels: es sollen aller Kniee sich beugen im Namen Jesu, noch erfüllen muß, daß das Wort des Dichters noch Wahrheit werden muß:

Es kann nicht Ruhe werden,
bis seine Liebe siegt
und dieser Kreis der Erden
zu seinen Füßen liegt.

Der Gang des Christenthums durch die Weltgeschichte ist ein Gang des Sieges. Der Gang des Christenthums aber ist der Gang Jesu Christi. Wenn wir Christenthum sagen, so sagen wir Jesus Christus; denn es hängt alles an ihm. Und das heißt ja Christenthum: vor Christus sich beugen und ihm die Ehre geben als unser aller einigem und ewigem Heiland. Das Christenthum ist aber nicht bloß die Macht der äußeren Herrschaft, sondern auch die Macht einer inneren geistigen Herrschaft. Es sind nicht bloß die Religionen der Völker, es ist das gesammte Geistesleben der Menschheit von ihm überwunden und erneuert. Mit dem Christenthum hat eine neue Zeit für den menschlichen Geist und für das gesammte sittliche und sociale Leben der Menschheit begonnen.

Das Christenthum hat das Zeitalter der Humanität gebracht.[19] Seitdem erst sehen sich die Menschen als Eine große Familie an. Seitdem erst wird das Recht der menschlichen Persönlichkeit anerkannt. Was man die Menschenrechte nennt, das ist eine Frucht des Christenthums. Es hat nicht die äußeren Ordnungen der Menschen geändert, es hat Rechte und Gesetze, Sitten und Stände u. s. w. gelassen; aber es hat einen neuen Geist in alle diese Lebensverhältnisse gebracht. Es hat auch die Sklaverei nicht alsbald äußerlich aufgehoben; aber es hat im Sklaven den Menschen, den christlichen Bruder anerkennen gelehrt und damit dieses verwerfliche Institut im Innern gebrochen. Es hat die Stellung der Frauen aus einer unwürdigen zur würdigsten und einflußreichsten erhoben. Es hat die Liebe, welche bei seinem Eintritt in die Welt, wie Montesquieu sagt, nur noch eine Gestalt hatte die man nicht nennen kann,[20] zur edelsten und zartesten Macht des seelischen und geistigen Lebens der Menschen gemacht. Es hat die Kinder, welche die heidnische Welt vor und nach der Geburt zu tödten kein Bedenken trug, weil man sie nur als eine Sache ansah, über die man frei zu verfügen berechtigt sei, der Willkür entnommen und durch die Taufe zu Kindern Gottes und Erben des Himmelreichs erklärt und unter den Schutz ihres Heilandes gestellt. Es hat ein neues christliches Familienleben geschaffen in einer Herzlichkeit, Innigkeit und Freiheit, wie man es vorher weder kannte noch für möglich hielt. Erst seit dem Christenthum gibt es eine Nächstenliebe im wahren Sinne des Worts. Das Christenthum hat Menschlichkeit in die Welt gebracht und die Tugend der Barmherzigkeit gelehrt. Die Fürsorge für die Armen und Kranken, welche eine so reiche und herrliche Geschichte in der christlichen Welt gefunden hat, sie ist eine Segensfrucht des Christenthums. Der Geist der Liebe, der Hingabe, der Opferwilligkeit, der das Schönste und Höchste im sittlichen Leben des Menschen ist, er ist vom Christenthum, vom Kreuze Christi ausgegangen. Das Christenthum hat die Scheidewände unter den Menschen niedergerissen, unter den Ständen, unter den Völkern und Staaten. Erst seitdem gibt es ein Völkerrecht auf Erden, worauf der gesammte Bestand der Menschheit gegenwärtig beruht. Daß die Geschichte nicht ein fortwährender Krieg aller gegen alle ist, daß Recht und Gesetz die Grundlage des Völkerlebens bilden, daß dadurch Handel und Wandel auf der ganzen Erde, eine allgemeine menschliche Kultur ermöglicht ist: das danken wir dem Christenthum. Und mit der Herrschaft des Rechts in den einzelnen Staaten hat es zugleich den Geist der Milde verbunden und daran erinnert, daß auch der Gefallene noch ein Mensch bleibt und ein Gegenstand unsres Erbarmens sein soll, weil er ein Gegenstand des göttlichen Erbarmens ist und es Gottes Wille ist seine Seele zu retten. Mit dem Rechte der Persönlichkeit, welche das Christenthum anerkannte, hat es auch das Recht der sittlichen Ueberzeugung und die Freiheit des Gewissens begründet. Die ersten Apologeten des Christenthums waren auch die ersten Verkündiger der Gewissensfreiheit, und so viel auch zu Zeiten von Vertretern der Kirche dagegen gesündigt worden:

sie selbst, die Gewissensfreiheit, deren Forderung nun eine Sache
allgemeiner menschlicher Erkenntniß und Ueberzeugung geworden
ist, ist doch eine Frucht des Christenthums.[21] Aber es ist nicht
bloß die Freiheit des Gewissens, was das Christenthum ge=
bracht hat: es ist mehr, es ist der Trost des Gewissens, der
Friede der Seele, die Befreiung vom Gefühl der Schuld, das
Bewußtsein der Vergebung bei Gott, die Gewißheit der Gnade
Gottes auf Grund der ewig gültigen Sühne unsrer Sünden
durch das Opfer Jesu Christi, womit es die Wunden des Ge=
wissens heilt, und die Angst von den Gemüthern, den Druck
von den Herzen wegnimmt, und worin der beste Trost in
allen Leiden, die rechte Arznei wider alle Schmerzen dieses
Lebens und zugleich die rechte sittliche Kraft des Wirkens und
Handelns liegt. Denn der Werth des Lebens zwar beruht im
Wirken, aber die Kraft freudigen Wirkens ruht auf einem
guten Gewissen, das der Vergebung seiner Sünden bei Gott
gewiß ist. So ist also das Christenthum durch seine Ver=
kündigung von der Gnade Gottes in Christo zugleich die Quelle
einer neuen vorher unbekannten sittlichen Kraft geworden.
Und solche Charaktere, wahrhaft sittlich durchgebildete Cha=
raktere, groß im Leiden wie im Handeln, in Selbstverleug=
nung wie in Wirken, wie sie das Christenthum erzeugte, hat
die alte Welt auch nicht entfernt zu bilden vermocht. Dieser
neue sittliche Geist war es auch, der das gesammte Geistes=
leben in Kunst und Wissenschaft neu befruchtete, entwickelte und
veredelte. Die strenge, ernste Wahrhaftigkeit und Allseitigkeit
wissenschaftlicher Forschung, die hohe Reinheit und Innigkeit
künstlerischer Darstellung, die Tiefe, psychologische Wahrheit und
Fülle der poetischen Erzeugnisse — sie sind erst durch das
Christenthum aus der Tiefe des menschlichen Geistes und Ge=
müthes hervorgerufen worden. Kurz, das Christenthum ist die
Macht eines neuen, wie religiösen so sittlichen und geistigen
Lebens der Menschheit geworden.

Es ist wahr, manches Unrecht, auch manche Schändlichkeit
ist im Namen des Christenthums begangen worden.[22] Aber

das war ein Mißbrauch seines Namens und ein Widerspruch
zu seinem Wesen. Es selbst hat keinen Theil daran. Es ist
nicht minder wahr, daß die christliche Welt manche Zeiten der
sittlichen Verdunklung und Verirrung gesehen hat. Aber immer
wieder hat die christliche Menschheit sich aus der Tiefe sittlicher
Gesunkenheit emporgerafft und damit gezeigt, daß das Christen=
thum im Unterschied von allen andern Religionen eine Kraft
unerschöpflichen Lebens besitzt, durch die es sich in immer neuer
Verjüngung auch aus dem verfallensten Zustand zu erheben ver=
mag.[23] Es wohnt in ihm ein Leben das ewigen Quellen ent=
stammt. Dadurch allein vermochte es auch die Macht eines neuen
Lebens für die Menschheit zu werden.

Und dieses neue Leben ist fähig in alle Lebensformen
einzugehen. Eben weil es geistiger Natur und nicht bloß
eine bestimmte äußere Lebensform ist, darum kann es sowohl
selbst die verschiedensten äußeren Gestalten annehmen, als auch
in die verschiedensten natürlichen Lebensformen eingehen und
zur Seele derselben werden. Welche verschiedene Gestalt hat
das Christenthum in den verschiedenen Zeiten der Kirche an=
genommen! In den ersten Jahrhunderten, da es in den Mar=
tyrien seine Triumphe feierte und mit seinen Mysterien in die
Katakomben flüchtete; in der nachkonstantinischen Zeit, da es
das Kreuz zur Heerfahne und zum Schmuck der Kronen machte;
im Mittelalter, da es von Rom aus die Welt beherrschte, die
stolzen Dome baute und eine reiche poetische Welt aus seinem
Schoße erzeugte; in der Reformation, als es mit dem ernsten
Wort der Predigt die Gewissen wach rief und tröstete und in
der abendländischen Welt ein neues Leben des Geistes weckte;
in der Zeit der Kriegsfurie in Deutschland, da es mit seinem
Liedertroste unserem zerrissenen und zertretenen Volke freundlich
zur Seite stand, oder dann den Geist zu kühner philosophischer
Forschung befreite, oder in den engen Kreisen der Stillen im
Lande den Keim einer neuen Zukunft legte; oder in unserem
Jahrhundert, da es vor unseren Kriegsschaaren einherging, sie
zum Siege der Freiheit von fremder Knechtschaft zu führen,

oder später den Geist der Barmherzigkeit erweckte, der die Ver=
wahrlosten in die Stätten der Rettung sammelt oder in den
Sälen der Kranken seinen Dienst der Liebe übt. In allen
diesen verschiedenen Gestalten aber ist es das Eine selbe, und
die Zeugnisse aller Jahrhunderte sind uns so verständlich und
anklingend wie das Wort der Predigt unserer Tage. Und
welche verschiedene Gestalt trägt das Christenthum und die
Kirche auch jetzt an sich! in Lehre und Kultus, in Sitte und
Brauch! unter den Völkern des Nordens und unter denen des
Südens, unter den Völkern der Kultur und unter den kultur=
losen! Und so verschiedene Gestalt es auch annehmen mag,
und unter so verschiedenen Verhältnissen es leben mag —
immer ist es das Eine selbe: das Bekenntniß zu Jesu Christo
dem Heiland des sündigen Menschen! So zerrissen die Kirche
ist — in diesem Einen stimmen alle Kirchen zusammen; das
apostolische Glaubensbekenntniß, der Glaube an Gott den Vater,
den Sohn und den heiligen Geist ist aller Kirchen und Christen
gemeinsamer Glaube; wenn sonst keine Einigkeit unter den
Menschen ist — das Kreuz hat in der Menschheit, soweit sie
sich in die Kirche Jesu Christi sammeln ließ, eine Einheit her=
gestellt, eine Einheit des Glaubens und des Bekenntnisses, der
Liebe und der Hoffnung; so verschieden die Bildungsstufen sein
mögen — das Wort vom Kreuz ist ihnen allen die Eine Wahr=
heit und Weisheit; so mannigfaltig ihre Nationalitäten — in
Jesu Christo verehren sie alle, der Indianer wie der Euro=
päer, der Neger wie der Asiate, ihren Lehrer, ihren Erlöser,
ihren König.[24]

Das ist die universelle Stellung des Christenthums
in der Menschheit. Es ist eine göttliche Macht allseitiger
Lebenserneuerung. Das Christenthum aber beweist Jesum
Christum. Denn es ist mit ihm geworden, in ihm ge=
geben und vorhanden: Er ist das Christenthum. Also ist Jesus
nicht ein Mensch wie andere Menschen, unter das Maß mensch=
licher Einseitigkeit und Beschränktheit gestellt, sondern von uni=
verseller Bedeutung und der Träger des göttlichen Lebens. Wie

kann man vollends sagen, wie Renan: er war ein Schwärmer
und Fanatiker und seine Jünger waren es noch mehr. Einer
so trüben Quelle entstammt nicht ein Strom so reinen und so
reichen Segens. Der Segen der von ihm ausgegangen ist und
noch immerfort ausgeht, beweist: hier ist die Offenbarung
Gottes —; darum ist er das Leben, das Licht der Welt. Er
ist das ewige Leben; in ihm haben wir Gott. So bezeugen
ihn uns auch die Evangelien.

Zehnter Vortrag.

Die Person Jesu Christi.

Kaum eine andere Frage nimmt das religiöse Interesse der Gegenwart so sehr in Anspruch, als die Frage über die Person Jesu Christi. Keine andere hat aber auch das Recht, ein gleiches Interesse zu fordern. Denn sie ist die Frage des Christenthums selber; ja sie ist die Frage der Weltgeschichte. Denn sie gilt dem, der — mit Jean Paul zu reden — der Reinste unter den Mächtigen, der Mächtigste unter den Reinen, mit seiner durchstochenen Hand Reiche aus der Angel, den Strom der Jahrhunderte aus dem Bette hob und noch fort= gebietet den Zeiten.[1] Zwar hat unsere Zeit nicht viel Sinn für dogmatische Fragen, mehr für historische; aber die Geschichte ist die Trägerin und die Hülle der Lehre. Der Kampf um die Lehre ist auf das Gebiet des Lebens Jesu übertragen. Aber welche Gegensätze stehen da einander gegenüber! So groß als der Unterschied groß ist zwischen dem ewigen Sohne Gottes und dem Sohne Josephs.

Diese Gegensätze sind alt, obgleich jetzt geschärft.

Von Anfang an haben die Christen Jesu göttliche Ehre erwiesen. Schon im Neuen Testament werden sie als solche bezeichnet, die den Namen des Herrn Jesu anrufen.[2] Und Plinius in seinem Briefe an den Kaiser Trajan spricht von Gesängen, welche die Christen in ihren Versammlungen Christo zu Ehren sangen, ihn damit göttlich verehrend.[3] Wüßten wir auch nichts von der Lehre der apostolischen Kirche über die Person Jesu Christi, so wäre uns diese Thatsache der gött=

lichen Verehrung schon Zeugniß genug. Aber frühzeitig be=
gegnet uns ein doppelter Gegensatz zur Lehre der Kirche, ein
jüdischer und ein heidnischer. Der jüdische Irrthum sah
in Jesu nur einen Propheten, wenn auch den höchsten; aber
über dieser menschlichen Wirklichkeit entschwand ihm die über=
menschliche Hoheit Jesu. Der heidnische Irrthum sah in
Christo ein übermenschliches Wesen aus höheren Welten her=
niedergestiegen, aber die geschichtliche Wirklichkeit löste er in
bloßen Schein auf. Dort wird die Geschichte betont auf Kosten
der Idee, hier die Idee auf Kosten der Geschichte. Die Kirche
sah in Jesu Christo die Einheit beider, der Geschichte und der
Idee, des Menschlichen und des Göttlichen. Zwar wie Beides
zur völligen Einheit zusammen gehen könne, das blieb immer
ein Problem ihrer Gedanken, und nie wird der Gedanke sich
völlig mit der Wirklichkeit decken. Aber wo erreichen wir,
selbst bei den Fragen des natürlichen Lebens, sobald sie hinter
die nächstliegende Oberfläche gehen, die volle Wirklichkeit, so
daß nichts Unerkanntes übrig bliebe? Und unabhängig von
den Versuchen des begrifflichen Denkens, das Geheimniß der
Person Jesu völlig zu erschließen, ist der Glaube und das
Bekenntniß der Kirche. Hierin sind die verschiedenen Kirchen
eins. Die Lehrdifferenzen in dieser Frage sind von geringer
Bedeutung gegenüber der Uebereinstimmung im Glauben. Die
Christen aller Kirchen beugen gemeinsam ihre Kniee im
Namen Jesu.

Der Rationalismus hat die göttliche Seite in Jesu
Person, überhaupt alles Uebernatürliche gestrichen. Und wenn
er auch von einer „himmlischen Erscheinung auf dieser sub=
lunaren Welt" sprach, so war das nur eine Redensart. Jesus
war eben nur der größte Tugendlehrer. Aber man mußte sich
überzeugen, daß mit dem Moralisten allein nicht auszukommen
sei. Das Christenthum ist eine Erscheinung welche weit über
die Grenzen einer bloßen Moral hinausreicht. Das Bild das
uns in den Evangelisten entgegentritt ist viel zu groß, als daß
„der weise Rabbi aus Nazareth" es zu decken vermöchte. Die

philosophische Spekulation suchte die tiefere Idee des Christenthums zu erfassen. Aber wenn der Rationalismus die Geschichte auf Kosten der Idee vertritt, so vertritt die Spekulation die Idee auf Kosten der Geschichte. Jesus ist nur ein Symbol, das Symbol etwa der göttlichen Weisheit, wie Spinoza, oder der idealen Vollkommenheit, wie Kant und Jacobi, oder der Einheit des Göttlichen und Menschlichen, wie Schelling und Hegel lehrten. Wie weit Jesus selbst dieser Idee nahegekommen sei — denn erreicht habe er sie nicht — das könne man nicht sagen; auch sei dieß das Gleichgiltigere, denn nur auf die Idee, nicht auf die Geschichte komme es an. Aber man versucht vergebens sich das einzureden. Was uns in den Evangelien so mächtig fesselt, das ist die geschichtliche Wirklichkeit der Person Jesu. Diese ist es, die unser ganzes Interesse in Anspruch nimmt. Es ist uns unmöglich bei der Idee stehen zu bleiben und uns mit ihr zu begnügen. Strauß hat versucht von jenem philosophischen Standpunkt aus mit der Geschichte fertig zu werden. Er löste sie fast ganz in Dichtungen auf, welche dem poetischen Geiste der christlichen Gemeinde ihre Entstehung verdanken, und nur ein geringer unscheinbarer Rest geschichtlicher Wirklichkeit bleibt übrig. Aber wenn der Jesus, wie er uns in den Evangelien entgegentritt, das Produkt der Gemeinde ist, wessen Produkt ist dann diese Gemeinde selbst? Der dürftige Rest von Geschichte Jesu, den uns Strauß übrig läßt, steht in keinem Verhältniß zu der Wirkung deren Ursache er sein soll. Renan hat sich überzeugt, daß die Macht der Geschichte zu groß ist, als daß man sie so wie Strauß in Mythen auflösen könnte. Sein Buch bezeichnet darin einen Fortschritt über Strauß. Er bringt der geschichtlichen Wirklichkeit seinen Tribut. Der philosophische Geist des Deutschen konnte sich mit Abstraktionen und Ideen begnügen, der realere Geist des Franzosen fordert geschichtliche Thatsachen. Er sagt sich mit Recht, daß der ungeheuren Wirkung, die Jesus ausübte, die Ursache die in seiner Person lag entsprechen müsse, daß Jesus nicht ein Gedicht seiner Geschichtschreiber sein könne,

daß die evangelische Geschichte im Wesentlichen Wirklichkeit sein
müsse. Durch die Anschauung des Terrains selbst, auf dem
sich die Geschichte begab, gewann ihm dieselbe eine handgreifliche
Leibhaftigkeit. Jesus ist ihm ein „Mensch von ungeheuren
Dimensionen". Aber er windet sich den Zugeständnissen zu
entgehen, die er nach seiner ganzen naturalistischen Welt=
anschauung nicht machen kann. Er häuft die schönen und
hochtrabenden Worte, um nur das Eine Wort nicht sprechen
zu müssen, daß Jesu Person ein Wunder und der wesentliche
Kern seiner Geschichte ein übernatürlicher sei. Denn das Ueber=
natürliche und Wunder leugnet er schlechthin, weil er über=
haupt keine reale Welt jenseits dieser endlichen Welt und keinen
persönlichen und freien Gott kennt, so wenig wie eine persön=
liche Unsterblichkeit.⁴ Nun aber bilden doch die Wunder einen
zu wesentlichen Theil des Lebens Jesu. Da erklärt er sie denn
lieber für Täuschungen und Betrugswerke Jesu selbst und
schreibt Jesu lieber die Anwendung des berüchtigten Grund=
satzes zu, daß der Zweck die Mittel heilige, d. h. er vernichtet
lieber den sittlichen Charakter Jesu, als daß er anerkennte daß
wir es hier mit übernatürlichen Kräften zu thun haben. Aber
so lange es ein sittliches Gefühl geben wird, wird es sich da=
gegen sträuben, daß Jesus allerlei unwahre Kunstgriffe welche
vor der ordinären Moral nicht zu bestehen vermögen, wie
z. B. den Schein eines Herzenskündigers, gebraucht habe; oder
daß er die Reinheit seiner Lehre durch die Beimischung einer
fanatischen Schwärmerei mit Bewußtsein getrübt habe, um sie
dadurch wirkungskräftig zu machen, da die Welt eben betrogen
sein wolle; oder daß er sich für Gottes Sohn erklärt und dieß
zum Grundartikel seines Reichs gemacht habe, während doch
sein besseres Wissen dem widersprach; oder daß er in Gethsemane
in trüber Verzweiflung an die klaren Bäche seiner Heimat und
die galiläischen Mädchen, welche ihm ihre Liebe zu schenken be=
reit gewesen wären, gedacht habe — Gedanken, wie sie nur
einer verwüsteten Phantasie und einem Sohne des modernen
Paris kommen können. Nein, so lange es Evangelien gibt, so

lange sind diese in ihrer hohen Einfalt und heiligen Erhaben=
heit die Widerlegung solcher Beschimpfung dessen, der der Reinste
unter den Reinen war. Fragen wir die Evangelien nach
der Person Jesu!

Doch zuerst verstatten Sie mir ein Wort über die Evan=
gelien überhaupt. 5

Jesus selbst hat keine Schriften verfaßt und hinterlassen.
Denn er war kein Philosoph oder Religionsstifter im gewöhn=
lichen Sinne. Seine Person und sein Werk — das ist seine
Schrift die er mit mächtigen Zügen in die Geschichte der Mensch=
heit hineingeschrieben hat, und die Wirkung seines Geistes an
unsren Herzen, das ist die Schrift die er tagtäglich noch mit
unverlöschlichen Zügen in uns schreibt. Wohl aber haben seine
Jünger Schriften verfaßt, aus denen wir Näheres über ihn
erfahren und durch welche auch die mündliche Ueberlieferung
und Verkündigung von ihm, die seit dem Tage der Pfingsten
durch die Welt geht, gestützt und geschützt wird. Zwar wir
könnten Jesu gewiß sein, auch wenn wir keine Evangelien
hätten; die Kirche selbst, ihre Existenz wäre dann unser Evan=
gelium. Und wir könnten der Hauptthatsachen aus seinem
Leben gewiß sein, auch wenn die mündliche Ueberlieferung im
Einzelnen ungenau und schwankend wäre. Die Unsicherheit im
Einzelnen würde die Sicherheit im Großen und Ganzen nicht
aufheben. Wir brauchten nichts über den I. Napoleon gelesen
zu haben und könnten doch das Wesentlichste von ihm wissen,
und es brauchte nichts über ihn geschrieben zu sein und die
Hauptfakta seines Lebens ständen doch fest. Und wie sie jetzt
feststehen, so könnten sie es noch nach Jahrhunderten. Und
doch, was ist der Eindruck den ein Napoleon auf die Gemüther
der Menschen gemacht, gegen das Denkmal das sich Jesus in
den Herzen der Menschen errichtet! und was sind die Wir=
kungen die jener hinterlassen, gegen das Werk das dieser ge=
schaffen! . Also unser Glaube hängt nicht von Schriften ab und
von deren Sicherheit und Aechtheit oder Unächtheit, sondern
von Thatsachen die der Geschichte angehören, und von Wirkungen

die wir im Herzen tragen. Aber die schriftlichen Berichte sind
eine Stütze und ein Schutz unsres Glaubens. Sie zeichnen uns
das Bild dessen, den wir kennen und lieben, in ihrer heiligen
Einfalt, mit Zügen so lebendig wahr, so hoch und rein, so
lebenswarm und überwältigend, daß wir darin den Finger
Gottes erkennen und bekennen, und sie als das Liebste und
Beste schätzen und ehren was wir auf Erden besitzen.

Aber durch allerlei Angriffe auf diese Bücher hat sich
vielfach, und vorzugsweise unter den Unkundigen, die Meinung
verbreitet, als stünde es mit diesen Schriften nicht so sicher als
man bisher in der christlichen Kirche geglaubt. Aber das ist
ein unbegründeter Argwohn. Und wenn man vollends aus
der vermeintlichen Unsicherheit der Schriften auf die Unsicher=
heit der Thatsachen selbst glaubt schließen zu dürfen, so ist das
die höchste Willkür.

Wie steht es mit den evangelischen Berichten?

Wir dürfen nicht vergessen, es sind nicht etwa Schriften
die man einmal in einer Bibliothek gefunden und über deren
Ursprung man zweifelhaft sein könnte, weil man nichts Näheres
über sie weiß. Nicht heimlich sind sie entstanden und aus der
Heimlichkeit in die Oeffentlichkeit getreten, sondern aus dem
Schoße der ersten christlichen Gemeinde sind sie hervorgegangen
und gleichsam unter ihren Augen geschrieben. An der münd=
lichen Ueberlieferung der evangelischen Geschichte aber hatten
sie von Anfang an ihre Kontrole, und die Erinnerung ihres
Ursprungs ging ihnen stets zur Seite.

Der erste christliche Unterricht war überall Erzählung der
evangelischen Geschichte; denn die Predigt des Evangeliums
war Predigt von Jesu Christo. Die großen Thatsachen seines
Lebens, die Worte die er geredet, das Geschick das er erfahren,
sein Leiden, sein Sterben, seine Auferstehung — das waren
die Themata der apostolischen Predigt. Alles Interesse der
christlichen Gemeinde konzentrirte sich auf die Person Jesu
Christi und seine Geschichte. Es hat nie eine religiöse Gemein=
schaft gegeben welche auch nur entfernt ein ähnliches Interesse

an der Geschichte ihres Stifters gehabt hätte, wie die christliche Gemeinde. Denn die Thatsachen seiner Geschichte sind der Inhalt ihres religiösen Glaubens, und die Gewißheit der Thatsachen ist die Grundlage des Glaubens. Wie genau man es damit genommen, können wir noch aus der Sorgfalt ersehen, mit welcher Paulus im 1. Korintherbrief (Kap. 15) die Zeugen der Auferstehung Christi aufzählt. Die apostolischen Briefe zeigen uns, wie lebendig das Gedächtniß des Lebens Jesu in der ersten Gemeinde war. Auch wenn wir keine evangelischen Berichte hätten, so ließen sich alle wichtigeren Thatsachen des Lebens Jesu aus jenen Briefen gewinnen. Und sie sind zwanzig oder dreißig Jahre nach Christi Tod, das heißt noch innerhalb der ersten Generation der Christenheit geschrieben.

Der Christus der apostolischen Briefe aber ist ganz derselbe wie der der Evangelien. Es war natürlich daß das Bedürfniß solcher schriftlichen Berichte des Lebens Jesu sich erst geltend machte, als die erste Generation zu Grabe zu gehen begann, von den sechziger und siebziger Jahren unsrer Zeitrechnung an. Bis dahin hatte man sich in verschiedenen Kreisen — wie wir aus den Eingangsworten des Lukasevangeliums ersehen — einzelne Aufzeichnungen gemacht um dem Gedächtniß zu Hülfe zu kommen. Aber sie hatten nicht die ausreichende Vollständigkeit und die nöthige Sicherheit ihres Inhalts und Autorität ihres Ursprungs. Sie sind verdrängt worden durch die größeren Schriften, welche aus dem apostolischen Kreise selbst hervorgingen, und unter dem Namen der Evangelien seit dem Ende des ersten Jahrhunderts ein allgemeines Ansehen in der Christenheit erlangten. Gewiß nicht ohne göttliche Fügung ist es gerade zur Abfassung dieser vier Evangelien gekommen. Denn ihre Verschiedenheiten ergänzen sich in wunderbarer Weise zu einem reichen harmonischen Gesammtbild unsers Erlösers. Das erste Evangelium — so wird uns berichtet — hat der Apostel Matthäus für die jüdischen Christen Palästinas geschrieben, ehe er dieß Land

verließ um auch in den andern Ländern das Evangelium zu
verkündigen. Das zweite Evangelium ist nach der kirchlichen
Ueberlieferung aus den Vorträgen des Petrus entstanden. Das
dritte sagt von sich selbst, es sei eine Frucht fleißiger Nach=
forschungen im heiligen Lande, und ist einem vornehmen
Römer zu dessen weiterer Unterweisung gewidmet, um dann
durch diesen zum Eigenthum der christlichen Gemeinde gemacht
zu werden. Das vierte aber bekennt sich als Bericht eines
Augenzeugen und deutlich genug als eine Schrift des Apostels
Johannes, und es wird uns erzählt, Johannes habe, nachdem
er in Ephesus lange nur mündlich von Jesu verkündigt, auf
bringende Aufforderung der Vorsteher der Gemeinde diese evan=
gelische Schrift verfaßt. Diese Ueberlieferungen bestätigen sich
sowohl an den Schriften selbst als auch durch das Ansehen
welches sie von Anfang an in der Kirche besaßen.

Wir haben nur wenige Reste aus der christlichen Literatur
des ersten Jahrhunderts. Erst von 150 n. Chr. an wird sie
reichhaltiger. Aber so gering und lückenhaft diese Literatur ist,
finden wir doch in ihr mannigfache Beziehungen auf die evan=
gelischen Schriften; und je reichhaltiger jene Literatur wird, um
so reicher werden auch diese Beziehungen und um so mehr
sehen wir ihr kirchliches Ansehen und ihren kirchlichen Gebrauch
gesichert.[6] Und dieses Zeugniß der alten Kirche ist um so
höher anzuschlagen, je mehr wir aus vielen einzelnen Beispielen
wissen, wie genau und zähe man in der Ueberlieferung war,
auch da wo sich's um Festhaltung untergeordneter Traditionen
handelte, so daß diese Genauigkeit und Zähigkeit der alten Kirche
uns nur ein günstiges Vorurtheil auch für ihre Bezeugung der
evangelischen Schriften erwecken kann.[7] Manche Streitfrage,
auch über ganz untergeordnete Verschiedenheiten der Tradition,
hat die Kirche des 2. Jahrhunderts bewegt; aber über den
Evangelienkanon, diese Fundamentalangelegenheit der ganzen
Kirche, wurde weder gestritten noch verhandelt: er galt von
Anfang an als unfraglich abgeschlossen.[8] Und gerade dem=
jenigen Evangelium, um welches es sich vor allem handelt in

der Evangelienfrage, dem Johannesevangelium kommt die eng=
geschlossene Kette der Ueberlieferung des johanneischen Kreises
zu Hülfe. Denn des Apostels Johannes Schüler war Poly=
karp, der etwa 90 Jahre alt als Bischof von Smyrna den
Märtyrertod starb. Und dessen Schüler wiederum war Irenäus,
in dessen Schriften wir genaue Zeugnisse über das Johannes=
evangelium haben. Und Irenäus konnte darüber Genaues wissen,
denn sein Lehrer Polykarp hatte ihm viel aus seinem persön=
lichen Verkehr mit dem greisen Apostel Johannes erzählt. Also
mußte Irenäus wissen, ob das vierte Evangelium von Johannes
stammt, und konnte es ihm unmöglich zuschreiben, wenn es der
Zeit wie dem Geiste nach diesem Apostel so ferne lag wie die
negative Kritik behauptet. Und weit über Irenäus zurück bis
in die Jahrzehnte welche unmittelbar auf den Tod des Apostels
Johannes folgen, reichen die übrigen Zeugnisse des 2. Jahr=
hunderts.

Zu dem Zeugniß der Kirche aber kommt das Zeugniß der
Häretiker hinzu. Es würden die Anhänger der phantastischen
gnostischen Irrlehren des 2. Jahrhunderts sich nicht auf die
kanonischen Evangelien berufen und mit allen Künsten einer
allegorischen Auslegung ihre Uebereinstimmung mit denselben,
besonders mit dem Johannesevangelium, nachzuweisen ver=
sucht haben, wenn nicht in der allgemeinen Autorität der=
selben für sie die Nothwendigkeit einer solchen scheinbaren
Rechtfertigung ihre Irrlehre gelegen hätte. 9 Und nicht minder
legen die frühzeitig — schon beim Beginn des 2. Jahrhun=
derts — entstandenen apokryphischen Evangelien, welche un=
sere kanonischen zur Voraussetzung haben, Zeugniß für die=
selben ab. 10

Aber es ist nicht bloß die äußere Bezeugung der Kirche
oder der häretischen Sekten, welche für die Evangelien spricht:
es ist ihr Selbstzeugniß, das Zeugniß welches ihre ganze
Haltung und ihr gesammter Charakter für sie ablegt. Die
Kenntniß der evangelischen Geschichte war ein Gemeingut der
ganzen christlichen Gemeinde. Nicht erst durch die Evangelien

ist diese Kenntniß vermittelt worden, sondern durch den münd=
lichen Unterricht, wie sie ihn alle und sehr eingehend empfingen
von den Aposteln her. Denn mit diesem Unterricht begann
die Unterweisung im Christenthum. Würde man die evan=
gelischen Berichte angenommen haben, wenn sie nicht mit diesem
mündlichen Unterricht übereingestimmt hätten? Denn dieser
Unterricht stammte von den Augenzeugen. Nur wenn die evan=
gelischen Berichte auch auf solche Augenzeugenschaft zurückgingen,
konnten sie Eingang finden, mochten nun ihre Verfasser selbst
Augenzeugen gewesen sein wie Matthäus und Johannes und
vielleicht theilweise Markus, oder ihre Erzählungen unmittelbar
aus dem Munde von Augenzeugen vernommen haben wie Lukas.
Diesen Charakter aber tragen die Evangelien auch an sich.
Man merkt ihnen durchweg die Unmittelbarkeit und Ur=
sprünglichkeit an.[11] Der Hauch der Frische, der Zauber der
Ursprünglichkeit ist über sie alle ausgebreitet. Darin liegt ihr
Reiz, ihre fesselnde Gewalt. Wir sehen, wir hören Jesum
selbst, wir leben die Geschichte mit. Es sind keine Reflexionen
über die Geschichte, es sind die Thatsachen selbst leibhaftig; es
sind keine schulmäßigen Darstellungen der Geschichte, es ist die
Geschichte selbst: sie redet zu uns, wir werden mitten in die
große Geschichte mit hineinversetzt. Und diese Unmittelbarkeit
der Darstellung besteht auch vor der Untersuchung. Es sind
eine Menge einzelner geographischer und anderer Notizen ein=
gestreut. Wir können sie kontroliren. Und die Kontrole wird
zur Bestätigung.

Was aber die Hauptsache ist, das ist das Bild Jesu,
das sie uns zeichnen. Das konnte kein Mensch erfinden, das
kann nur Kopie eines wirklichen Originals sein. Man kann
von einem Menschen sagen, er sei ohne Sünde und Irrthum,
das Bild der göttlichen Heiligkeit selber. Aber man könnte
dieß Bild nicht zeichnen, ohne daß unser beschränkter, irrender
und sündiger Geist Züge mit hereinbrächte, welche ihren Ur=
sprung verriethen. Hier jedoch haben wir ein vollständig durch=
geführtes Lebensbild in allen möglichen Situationen, in allem

Wechsel des inneren und äußeren Lebens, in den stärksten
Kontrasten. Und in jedem Zuge, in jeder leisen Wendung
nöthigt uns die Gestalt Bewunderung ab und zieht uns vor
sich nieder auf die Kniee. So erfindet man nicht.[12] Und so
konnten am allerwenigsten Juden erfinden. Denn das war
nicht das Ideal das sie etwa im Geiste trugen. Sie haben
nicht ihrem Ideale Wirklichkeit, sondern die Wirklichkeit hat
ihnen erst dieses Ideal gegeben. Denn das Ideal das sie
hatten, das mochte etwa einem jüdischen Schriftgelehrten ent=
sprechen — aber wie wenig trug Jesus davon an sich! Er
war ganz das Gegentheil eines solchen. Bei der Unselbständig=
keit und Abhängigkeit von der Autorität der Lehrer in reli=
giösen Dingen, wie sie die Jünger mit dem übrigen ungelehrten
Volke theilten, würden sie sich nimmermehr von dem Vorbild
jener Autoritäten freigemacht und ein so ganz anderes Bild
aufgestellt haben, wenn ihnen nicht in Jesus die Wirklichkeit
dieses Bildes, das sie zeichnen, mit überwältigender Macht und
Hoheit vor die Seele getreten wäre. Der englische Kardinal
Wiseman sagt in einer seiner Reden: „Wir haben in den
Schriften der Rabbinen reichlichen Stoff um uns das Muster
eines jüdischen Gesetzlehrers aus ihm zu bilden; wir haben die
Sprüche und die Thaten des Hillel, des Gamaliel, des Rabbi
Samuel, vielleicht mehr oder weniger alle erfunden; aber alle
mit dem Gepräge der Nationalideen, alle nach einer Regel
eingebildeter Vollkommenheit gebildet. Und doch kann nichts
weiter entfernt sein als ihre Gedanken, ihre Grundsätze, ihre
Handlungen und ihr Charakter von denen unseres Erlösers.
Liebhaber von zänkischen Kontroversen und verfänglichen Aus=
sprüchen, eifersüchtige Vertheidiger der ausschließlichen Vorrechte
ihres Volkes, feurige und zelotische Kämpfer für den geringsten
Buchstaben des Gesetzes, während sie durch Sophismen sich
von seinem Geiste entfernen — das sind ihre großen Männer,
genau das Seitenstück und Abbild der Schriftgelehrten und
Pharisäer, die als der direkte Widerspruch gegen den Geist
des Evangeliums so hart getadelt werden. — Wie sollten

Menschen ohne alle Bildung darauf gekommen sein einen
Charakter zu zeichnen, der nach jeder Richtung hin von dem
nationalen Typus abweicht? im Gegensatz zu allen den Zügen,
welche durch Gewohnheit, Erziehung, Vaterlandsliebe, Religion
und die natürliche Anlage selbst als die schönsten geheiligt zu
sein schienen? — Es ist nicht anders möglich, die Evangelisten
müssen das Bild das sie entworfen nach dem Leben gezeichnet
haben, und die Uebereinstimmung der moralischen Züge die sie
ihm geben, kann nur von der Genauigkeit herrühren, mit
welcher ein Jeder von ihnen dieselben nachbildete." [13]   Allerdings, wir könnten etwa ähnlich erfinden; aber nur weil wir
eben dieses Vorbild haben. Und auch dann noch — wie würde
unsre Erfindung ausfallen? Renan hat es gezeigt, der ein
selbsterfundenes Ideal aufzustellen sucht, das die wesentliche
Wahrheit des Evangeliums wiedergeben will. Wie ist es gerathen? Jesus wird bei aller Hoheit und Liebenswürdigkeit
zuletzt ein Schwärmer und Fanatiker, der selbst unsittliche
Mittel zur Erreichung seines Zwecks nicht scheut. So gerathen unsre Zeichnungen trotz dieses Vorbildes. Und nun
vollends jene jüdischen Zöllner und Fischer, die so ganz andere
Vorbilder hatten — wie sollten sie dieses wunderbare Ge-
mälde entwerfen können! Dieser ihr Inhalt ist es durch den
sich die Evangelien bezeugen und stets den Glauben an ihre
Wahrheit wirken werden. Auch Goethe hat sich diesem Eindruck nicht zu entziehen vermocht. „Ich halte die Evangelien
— sagt er einmal in den Gesprächen mit Eckermann III, 371 —
für durchaus ächt; denn es ist in ihnen der Abglanz einer
Hoheit wirksam, die von der Person Christi ausging und die
so göttlicher Art, wie nur je auf Erden das Göttliche erschienen ist."

Es würde für uns genug sein, wenn durch diese Zeugnisse,
das äußere und das innere, nur der wesentliche allgemeine
Inhalt der evangelischen Berichte bestätigt würde. Denn ist
uns nur die Person Jesu gewiß, so ist uns die Hauptsache
gewiß. Aber diese Gewißheit erstreckt sich auch auf das Einzelne.

Handelt es sich doch um Vorgänge, welche das Gemeingut der christlichen Gemeinde und auch den Gegnern nicht unbekannt waren. Denn — wie sich Paulus dem römischen Statthalter Festus gegenüber darauf berufen konnte — „sie waren nicht im Winkel geschehen" (Ap.=Gesch. 26, 26), sondern vor aller Augen, und bildeten den Gegenstand vieler Verhandlungen mit seinen Gegnern, am Schlusse den Grund des Prozesses den man ihm machte und seiner Hinrichtung. Renan meint zwar: die Evangelisten haben erzählt wie etwa ein paar alte Grenadiere von Napoleons Garde dessen Thaten erzählt haben würden; diese würden anschauliche Einzelbilder, interessante Anekdoten, einen lebendigen Eindruck von der Sache geben, aber die Dinge selbst würden sie unter einander werfen; sie würden etwa Wagram vor Marengo setzen, oder Robespierre von Napoleon aus den Tuilerien vertreiben lassen, oder Sachen von der höchsten Wichtigkeit weglassen. Aber standen die Jünger dem HErrn so ferne, wie etwa ein paar Grenadiere dem Napoleon? Von Gliedern des Generalstabs müßte er etwa sprechen: dann würde der Vergleich anwendbar sein. Und treten nicht die apostolischen Briefe — auch wenn wir uns nur auf diejenigen beschränken, welche noch kein Verständiger je bezweifelt hat — den evangelischen Berichten bestätigend zur Seite? Es ist nur Ein Einwand, welcher allen den verschie= denen Argumenten, die man gegen die Geschichtlichkeit der evangelischen Berichte aufgestellt hat, zu Grunde liegt: das ist die Leugnung des Wunders, die Leugnung einer höheren Welt. Das ist aber ein Einwand nicht der historischen Kritik, sondern der philosophischen Weltanschauung. Wer das Dasein der höheren Welt glaubt, wer in der Person und Geschichte Jesu Christi die Offenbarung derselben sieht, für den fällt der Grund dieses Anstoßes weg; der ist des Wunders in der Geschichte Jesu Christi gewiß, ja der muß das Wunder in derselben sogar fordern. Nur eine Bedingung müssen wir stellen, nämlich daß das Wunder einen sittlichen Zweck habe, daß es nicht will= kürlich und phantastisch sei, sondern der Offenbarung der Gnade

und Wahrheit diene, die in Jesu Christo erschienen ist. Und
wer kennt die evangelische Geschichte und weiß das nicht und
muß es nicht anerkennen? Und wollen wir hierüber noch
völligere Gewißheit erlangen, so brauchen wir nur die apo=
kryphischen Evangelien und ihre willkürlichen, sittlich zwecklosen
und abgeschmackten Wundergeschichten, oder den Sagenkreis der
sich um Muhamed gebildet hat mit unsern Evangelien zu
vergleichen, um uns zu überzeugen, welch ein himmelweiter
Unterschied hier stattfindet und wie jene Karikaturen der evan=
gelischen Geschichte zur schlagendsten Bestätigung unsrer Evan=
gelien dienen.[14]

Zu welchen Mitteln hat man seine Zuflucht genommen, um
sich der evangelischen Geschichte zu entledigen, nachdem man
von vorn herein entschlossen war sie nicht anzunehmen!
Strauß begann 1835 in seinem Leben Jesu die Angriffe,
die seitdem in immer neuer Gestalt wiederholt wurden. Sein
Gedanke war dieser: die ersten Christen haben das Bild ihres
Meisters mit himmlischen Zügen, welche sie den Weissagungen
des A. Testaments entnahmen, ausgeschmückt und so das Ge=
webe einer mythischen und sagenhaften Geschichte gebildet. Aber
wahrlich, wenn die Jünger nach ihren Erwartungen ein Bild
des Messias hätten entwerfen sollen, sie hätten es ganz anders
entworfen. Den königlichen Sohn Davids hätten sie gedichtet
und nicht den Propheten Galiläas, den Gekreuzigten und Auf=
erstandenen. Die äußere Wirklichkeit der Geschichte Jesu war
ihnen mehr ein Hinderniß als eine Hülfe ihres Glaubens,
denn sie war nicht nach ihren Wünschen und Hoffnungen. Nur
der übermächtige Eindruck der Person Jesu hob sie über alle
die Anstöße ihres Glaubens hinweg und machte ihnen gewiß,
daß Er der Messias sei. Nur eine so ungewöhnliche Erscheinung,
als welche uns Jesus in den Evangelien geschildert wird, konnte
diese Wirkung in ihnen hervorrufen. Und wie sollte ein solcher
Mythenkreis sich bilden können in dem kurzen Zeitraum, der
zwischen der Geschichte selbst und ihrer Aufzeichnung verfloß?[15]
und obendrein in jener Zeit des historischen Bewußtseins und

reicher literarischer Thätigkeit?[16] Das widerspricht aller ge=
schichtlichen Möglichkeit. Einzelne Legenden und Sagen können
durch den ungewöhnlichen Eindruck, den eine erschütternde That=
sache oder eine großartige Erscheinung in den Gemüthern der
Menschen hervorruft, erzeugt werden und zum geschichtlichen
Bericht ausschmückend hinzutreten, aber nicht ein solches wunder=
bares Leben.

Aber Strauß bekannte selbst, daß sein Angriff ein verfehlter
war; sein Meister, Baur in Tübingen, habe ausgeführt was
er versucht. „Ich hatte die Festung im jugendlichen Ungestüm
durch einen Handstreich erobern wollen; aber mein größerer
Meister hat erst die regelrechte Belagerung unternommen, vor
welcher ihre Mauern fallen mußten."[17] Und allerdings, Baur
hätte die Festung erobern müssen, wenn sie zu erobern gewesen
wäre. Er schlug mit der unverdrossenen Geduld, wie sie nur
deutschen Gelehrten möglich ist, einen langwierigen Weg ein,
um nachzuweisen, daß wir an den verschiedenen evangelischen
Schriften Denkmale späterer Zeiten und verschiedener gegen=
sätzlicher Richtungen in der Kirche haben, auf welche deßhalb
nur ein sehr unsicherer Verlaß sei. Vor allem mußte dieses
vom Johannesevangelium nachgewiesen werden. Natürlich:
denn ist dieses eine ächte Urkunde der Geschichte Jesu, dann
ist die höhere Ansicht von der Person Jesu gesichert. Deßhalb
wurde alle Kraft angestrengt, diese Schrift in die Zeit nach
150 n. Chr. herabzurücken. Aber so mühselig die Versuche
waren, so vergeblich waren sie. Baurs Schule hat sich je länger
je mehr aufgelöst, und er selbst hat am Schluß bekannt, daß
immer noch die Person Jesu Christi ein großes Geheimniß
der Geschichte bleibe und daß an seiner Person „jedenfalls die
ganze weltgeschichtliche Bedeutung des Christenthums hängt".[18]
Und das Räthsel seiner Auferstehung mußte er ungelöst stehen
lassen. Aber wenn die Auferstehung ein Räthsel bleibt, dann
ist auch die Person Jesu ein Räthsel. Und ist diese un=
verstanden, was soll dann alles andere Verständniß der Ge=
schichte der Menschheit?

Wir haben eine Reihe von Schriften aus dem 2. Jahrhundert. Wenn wir diese mit den neutestamentlichen Schriften, auch mit den Evangelien vergleichen, so müßte man kein Urtheil mehr für literarische Erzeugnisse haben, wenn man nicht die enorme Kluft erkennen wollte, die beide von einander scheidet. Das Johannesevangelium dem zweiten Jahrhundert zuweisen, das wäre ähnlich wie wenn man die geistmächtigsten Schriften Luthers zur Zeit des dreißigjährigen Krieges von einem Unbekannten geschrieben sein lassen wollte. [19] Wer das behaupten wollte, den würden alle Kundigen und Verständigen verlachen. Auch Schelling hat jenen Unterschied als den stärksten Beweis für die Ursprünglichkeit der neutestamentlichen Schriften bezeichnet, und auch Kritiker aus Baurs Schule haben jene Kluft zwischen den neutestamentlichen und den späteren Schriften — so groß wie nur immer zwischen den Literaturprodukten einer klassischen und einer nachklassischen Periode — anerkannt. [20]

Man hat zwar viel von den Widersprüchen gesprochen, die zwischen den evangelischen Berichten stattfinden sollen, um dadurch ihr Zeugniß als zweifelhaft und ungiltig erscheinen zu lassen. Aber diese angeblichen Widersprüche berühren nicht den Kern, sondern nur Einzelnheiten und Aeußerlichkeiten der Geschichte. Nirgends in aller Welt gelten solche Verschiedenheiten als ein Argument gegen die Sache selbst. [21] Und wie hat man die Evangelien gequält, um diese Widersprüche herauszubringen! Lessing verstand sich doch wohl auf Kritik. Er kann aber nicht umhin auszusprechen: „Wenn Livius und Dionysius und Polybius und Tacitus (römische Geschichtschreiber) so frank und edel von uns behandelt werden, daß wir sie nicht um jede Silbe auf die Folter spannen, warum dann nicht auch Matthäus und Markus und Lukas und Johannes?" [22] Jene Widersprüche, die man gefunden zu haben glaubt, verdanken in der Regel ihren Ursprung einer ganz äußerlichen Betrachtung und Vergleichung der Berichte, welche unterläßt nach dem Grundgedanken zu fragen, nach welchem ein jeder Evangelist seinen geschichtlichen Stoff ausgewählt und dargestellt hat. Auch kommt man neuerdings von jener Voreingenommenheit gegen die evangelischen Berichte mehr zurück; und auch Renan hat nicht umhin gekonnt, den geschichtlichen Kern derselben, selbst des Johannesevangeliums, anzuerkennen. Freilich behandelt er sie mit einer Willkür die nicht ihres Gleichen hat, um eine Geschichte herauszubringen, welche im Grunde nur das Erzeugniß seiner Phantasie ist.

Kehren wir denn nunmehr zurück zu unserer Frage nach der Person Jesu Christi.

Das ist das Eigenthümliche der evangelischen Berichte, daß uns in denselben allenthalben die Person Jesu entgegentritt. Es ist uns unmöglich etwa bei der Lehre Jesu stehen zu bleiben, sondern allenthalben ist es Jesus selbst, dessen Bild wir in allem was er spricht wahrnehmen. Er ist es, der seinen Worten den eigenthümlichen Reiz, jene wunderbare Mischung von strenger Erhabenheit und einschmeichelnder Liebenswürdigkeit verleiht, wodurch sie so unwiderstehlich werden. Von Jesus selbst geht jener Hauch aus, der sich über seine Worte legt und sie zu Worten des Lebens macht. Es ist die Gestalt Jesu selbst, die uns in allem was er redet und thut erscheint, die den Mittelpunkt der Evangelien bildet.

Welches ist das Bild Jesu, das die Evangelien uns entwerfen?

In einer abgelegenen Stadt Galiläas, so wird uns erzählt, in einem geringen bürgerlichen Hause wuchs Jesus auf. Zwar seine Geburt weist uns nach Bethlehem, der Davidischen Stadt, und wunderbare Vorgänge, welche mit derselben verbunden gewesen, werden uns berichtet. Aber die Gegenwart stand in keinem Zusammenhang mehr mit jenen früheren Vorgängen des neu anbrechenden Heils, da es war als sollte eine neue Sonne golden über Israel aufgehen, und nur noch wie ein Traum umgaben jene Wundervorgänge der ersten Tage die geringe Gegenwart. Ihre Zeugen waren meistens gestorben, unter den Ueberlebenden dort in Jerusalem und Bethlehem

war die Kunde verschollen, man glaubte das wunderbare Kind
unter den andern Kindern, welche Herodes seinem Mißtrauen
zum Opfer gebracht hatte, mit ermordet. Niemand redete dort
mehr davon.   Hier in Nazareth aber wußte Niemand davon,
und Maria und Joseph bewahrten die Erlebnisse wie ein Ge=
heimniß in ihren Herzen, von dem sie zu Niemandem sprechen
konnten, weil es Niemand verstand, von dem sie wohl unter
sich selbst nicht zu sprechen wagten, weil sie es selbst nicht ver=
standen.   Und am wenigsten wird wohl Maria davon zu ihrem
Sohne gesprochen haben — denn wie sollte sie davon zu ihm
reden?   So wuchs er heran wie jeder andere Sohn im Hause
seiner Aeltern.

Aber die Erinnerungen des Davidischen Hauses, die großen
Weissagungen und die Hoffnungen die sich daran knüpften,
lebten in den Herzen und erfüllten noch oftmals die Reden
dieser Nachkommen ihres großen königlichen Ahnherrn. Das
war die Luft die Jesus athmete.   Und die Schrift, in die er
nach jüdischer Sitte frühzeitig eingeführt wurde, war die
Nahrung seines Geistes. Daran entwickelten sich seine Gedanken,
daran bildete sich seine Erkenntniß, auch das Verständniß
seiner selbst.

Wir möchten wohl gerne aus seiner Jugend Manches er=
fahren, und die geschäftige Phantasie hat den leeren Raum
mit allerlei Zügen legendenhafter Wundergeschichten ausgefüllt.
Aber das ist alles Erdichtung.   Nur ein einziges Begebniß und
ein einziges Wort ist uns im Evangelium des Lukas aufbewahrt:
das Wort des zwölfjährigen Knaben im Tempel zu Jerusalem,
jenes Denkmal des sich entwickelnden Bewußtseins Jesu von sich
selbst.   Die Festreise und die heilige Stadt mit ihren Erinne=
rungen, der Tempel und sein Kultus, alles was er da sah und
hörte, empfand und dachte — es mochte ihn mächtig erregt
haben und gab seinen Gedanken einen neuen Schwung.   Da
begann denn auch das Geheimniß seines Wesens ihm klarer
und gewisser zu werden. Er fühlte es und erkannte es, daß
er seinem Vater im Himmel näher stehe als seinen Aeltern

auf Erden, daß die Gemeinſchaft Gottes mehr ſeine Heimat ſei
als das irdiſche Haus in dem er wohnte und aufwuchs. Wie
ein erſter lichter Strahl bricht dieſer Gedanke und dieſes Wort
aus der Tiefe ſeiner Seele hervor und erleuchtet ſein eigenes
Innere. Von da begann das Wunder ſeines Weſens ihm
immer mehr. und immer deutlicher in ſein Bewußtſein ein=
zutreten. Er hat ſich ſelbſt verſtehen gelernt. Aber er ſchwieg.
Er war ſeinen Aeltern unterthan, er hat die Pflichten eines
Sohnes erfüllt wie jeder Andere, er hat ſeinem Pflegevater
in ſeinem Handwerk geholfen, er hieß der Zimmermann in
Nazareth wie jener, er hat, wenn Joſeph wie es ſcheint früh=
zeitig ſtarb, an deſſen Stelle als der Aelteſte des Hauſes für
den Lebensunterhalt des Hauſes geſorgt — aber er ſchwieg.
Er trug das Wunder ſeines Weſens als ein ſtilles, ſeliges Ge=
heimniß in ſeiner Seele und ſchwieg. Er ging allſabbathlich
in die Synagoge in Nazareth nach jüdiſchem Brauch, er hörte
Geſetz und Propheten vorleſen und erklären, er ſelbſt verblieb
in ſeinem Schweigen, demüthig wartend, bis ihm ſein Vater
ein Zeichen geben würde, daß er hervortreten und von dem
was er in ſeiner Seele ſtill bewahrte laut öffentlich Zeugniß
ablegen ſolle.

Wir brauchen uns nicht zu beklagen, daß wir von ſeiner
Jugend und ſeiner inneren Entwicklung zu wenig wüßten.
Wir wiſſen genug. Und was wir wiſſen aus der Zeit ſeiner
Stille, das iſt mit einem Worte die Demuth, welche uns in
dem Bilde, das uns die wenigen Züge der geſchichtlichen Er=
zählung vor Augen ſtellen, vor allem entgegentritt.

Und das iſt auch der hervorſtechendſte Zug in dem Bilde
aus der Zeit ſeines öffentlichen Wirkens.

Er kommt zum Täufer, ſich von ihm taufen zu laſſen wie
jeder Andere zum Anbruch des Himmelreichs, ob er gleich
wußte, daß er der Bringer deſſelben ſei. Der Täufer weigert
ſich und begehrt vielmehr die Taufe von ihm als dem Höheren
und Größeren, dem er nicht werth ſei auch nur die Schuh=
riemen aufzulöſen; aber Jeſus heißt ihn ſein Werk auch an

ihm thun: Laß es also sein, es gebührt uns alle Gerechtigkeit zu erfüllen.   Ein wunderbares Zeugniß, so wird berichtet, legt der Vater bei der Taufe über seinen Sohn ab.   Jesus steigt schweigend aus dem Wasser und geht in die einsame Wüste. Dort hat er geheimnißvolle Versuchungen bestanden, und erst nachdem er darin seinen selbstlosen Berufsgehorsam bewährt, kehrt er zurück in die Nähe des Täufers, schweigend seines Weges gehend.   Etliche Jünger Johannis folgen ihm nach. „Kommt und seht!" ist sein ganzes Wort.   Aber der Eindruck seiner Persönlichkeit hat sie dann für ihr ganzes Leben an ihn gebunden.   Er kehrt zurück in seine Heimat, er besucht jene Hochzeit in Kana — in allem was er thut und redet sehen wir die demüthige Zurückhaltung, die nur Schritt vor Schritt vorwärts geht auf dem Wege den Gott ihn gehen heißt, und es geduldig erwartet daß sein Berufswirken sich immer mehr entfalte und ausbreite — bis dann das wachsende Auf= sehen, welches seine Worte und Thaten, welches seine ganze Erscheinung erregte, von immer weiteren Entfernungen die Schaaren zu ihm führte und so allmälig eine religiöse Be= wegung hervorrief, welche die Grenzen Israels erfüllte, aber bald auch die Feindschaft seiner Gegner um so mehr wachrief und steigerte.

Sein Leben war ein Wanderleben voll Unruhe und Ent= behrung, ein Arbeitsleben voll aufreibender Thätigkeit.

Gleich am Anfang seiner galiläischen Wirksamkeit erscheint es uns so.   Er war von Nazareth aufgebrochen um Kapernaum zum Mittelpunkt seiner Wirksamkeit zu machen.   Er hatte unterwegs gelehrt; von Volksschaaren begleitet kommt er an das Ufer des galiläischen Sees, er besteigt ein Schiff, sich dem Gedränge zu entziehen und von hier aus zu lehren, er beruft Jünger in seine Nachfolge, er geht in die Synagoge, lehrt und heilt unter großer Aufregung des Volks; von da in das Haus der Schwiegermutter des Petrus und befreit sie von ihrem Fieber; am Abend, nachdem der Sabbath vorüber war, bringt man ihm von allen Seiten Kranke und Besessene vor

das Haus und er ist bis tief in die Nacht damit beschäftigt
ihnen Hülfe zu leisten; vor Beginn des Tages bricht er auf
in die Einsamkeit hinauszugehen, um in der Stille zu beten;
aber auch dahin kommt man ihm nach und sucht ihn. So
begann seine Wirksamkeit in Kapernaum, so setzte sie sich an
anderen Orten fort, und mehr als einmal berichtet der Evan=
gelist, daß man ihm nicht einmal zum Essen Zeit gelassen habe,
und es kam wohl vor, daß er so hingenommen war von der
Arbeit, daß man glaubte ihn mit Gewalt zurückhalten zu
müssen, weil man fürchtete er werde von Sinnen kommen
(Mark. 3, 21).

So war der Anfang jener galiläischen Wirksamkeit. Und
so war es Wochen, Monate lang, über Jahr und Tag. Die
Evangelien geben uns hinreichende Anhaltepunkte, um uns ein
Bild seines galiläischen Berufslebens machen zu können. Es
war eine äußerlich und innerlich aufregende und aufreibende
Thätigkeit, welche wir ihn üben sehen. Fragen wir aber,
welches die Seele dieser Wirksamkeit gewesen, so werden
wir sagen müssen: es ist ein Heilandsleben das uns ge=
schildert wird, ein Leben das den Armen, Kranken, Verlassenen
und Verachteten gewidmet war, ein Leben der Hingebung an
die Unglücklichen, um das Leid des Lebens, vor allem den
Druck der Seele von ihnen zu nehmen. Die Sünder und
Zöllner, die Trauernden und Weinenden — die sind es deren
Gesellschaft er aufsucht. Den Betrübten bringt er seinen Trost,
und die Mühseligen und Beladenen ruft er zu sich um sie zu
erquicken. Es ist der Geist der erbarmenden Liebe und der
wohlthuenden Milde der die Seele seines Thuns und Lebens
bildet. Das A. Testament erzählt uns von einer Gottesoffen=
barung die dem Propheten Elias zu Theil geworden (2 Kön.
19, 11 ff.): „Und siehe der HErr ging vorüber, und ein großer
starker Wind, der die Berge zerriß und die Felsen zerbrach vor
dem HErrn her; der HErr aber war nicht im Winde. Nach
dem Winde aber kam ein Erdbeben; aber der HErr war nicht
im Erdbeben. Und nach dem Erdbeben kam ein Feuer; aber

der HErr war nicht im Feuer. Und nach dem Feuer kam ein stilles sanftes Sausen. Da das Elias hörte, verhüllte er sein Antlitz." So war Gott in Christo.[23]

Wenn je die Liebe auf Erden erschienen ist, so ist sie in Jesu Christo erschienen, in der Gestalt der Sanftmuth und Demuth. Aber über diese demüthige Gestalt des Sünderheilands ist doch ein Glanz der Hoheit ausgegossen, der uns unwillkürlich vor ihm auf die Kniee zieht. Wer kann ihn betrachten in seinem stillen Gang, ohne das Geheimniß der verborgenen Majestät in ihm zu ahnen und aus allem seinem Reden und Thun heraus= leuchten zu sehen?[24] Und aus seiner tiefsten Erniedrigung am meisten.

Man hat ihm seine Liebe mit dem Verbrechertode am Schandpfahl des Kreuzes gelohnt. Nachdem er allen wohl= gethan in seinem Leben, ist er aus diesem Leben mit der Dornenkrone auf dem Haupte hinausgegangen. Drei und dreißig Jahre etwa war er alt als er starb — und wie starb! Was menschlicher Haß Wehethuendes erfinden kann, das hat sich hier vereinigt. Und Jesus war nicht ein empfindungsloser Stoiker, der mit stolzer Verachtung auf das Leiden und die Menschen die ihm dasselbe zufügten herabsah. Er hat es alles in tiefster Seele empfunden. Je größer seine Liebe war, um so schwerer empfand er es, daß sein Volk, das zu erlösen er gekommen war, ihn so schnöde verwarf. Man kann nichts Er= greifenderes lesen als die schlichten, einfachen, schmucklosen Be= richte der Evangelisten von den letzten Stunden Jesu. Fast gleichgiltig erzählen sie die Vorgänge nach einander, ohne eine Bemerkung welche die Bewegung ihrer Seelen verriethe. Aber um so erschütternder ist der Bericht. Nicht sie reden in dem= selben zu uns, sondern nur die Sache. Und wie redet die Sache! Es ist nicht ein gewöhnliches menschliches Leiden, was wir hier schauen. Was wir in Gethsemane, was wir am Kreuze sehen und hören, das heißt uns ein tieferes Geheimniß ahnen. Es ist ein inneres Ringen seiner Seele mit Gott das wir wahr= zunehmen glauben, es sind Vorgänge der unsichtbaren Welt die durch die Hülle der sichtbaren Vorgänge hindurchscheinen. Wir fühlen es: hier vollzieht sich eine große, geheimnißvolle That der Geschichte. Es ist das Opfer der Versöhnung das wir ahnen.

Unter allen diesen Leiden, die über ihn hereinbrechen, bleibt er sich gleich. Die demüthige Gelassenheit, mit der er über sich ergehen läßt was die Bosheit über ihn brachte, und die vergebende Liebe, mit der er den Haß erwidert, treten uns hier noch überwältigender entgegen als in seinem Leben. Jene hat auch den Verräther erschüttert und diese den Schächer bekehrt. Und aus dem allen leuchtete ein so mächtiger Glanz stiller Größe und Hoheit, daß auch der heidnische Hauptmann in das Bekenntniß ausbrach: wahrlich dieser ist Gottes Sohn gewesen! Und auch wir werden sagen müssen: hier ist mehr als ein Weiser, hier ist mehr als ein Märtyrer, hier ist mehr als ein Mensch.²⁵ Das Geheimniß seines Leidens und Sterbens erschließt sich uns durch das Geheimniß seiner Person.

Seine Person ist ein Wunder. So müßten wir sagen, auch wenn wir nur das Leben seiner Berufszeit kennten und nichts von seinem Ursprung wüßten. Jene Verbindung von Demuth und Hoheit, die seiner ganzen Gestalt ihr unvergleichliches Gepräge gibt, die stille Macht seiner Liebe, die sein Leben zur Offenbarung des Herzens Gottes macht — das alles ist nur die Erscheinung der Heiligkeit, welche der sittliche Charakter seiner Person und seines Wesens ist. Von dieser heiligen Reinheit seines Wesens haben wir doch alle den stärksten unabweisbarsten Eindruck. Wenn man auch alles Andere ihm absprechen wollte, dieses müßte man ihm lassen. Die Frage Jesu: wer von euch kann mich einer Sünde zeihen? — sie bleibt zu allen Zeiten, auch heute noch ohne Antwort.

Das Bild Jesu ist das Bild der höchsten und reinsten Harmonie, wie des natürlichen so des sittlichen Wesens.

Bei allen andern Menschen findet eine Disharmonie ihres

inneren Lebens statt. Die beiden Pole des geistigen Lebens,
Erkenntniß und Gefühl, Kopf und Herz, die beiden Mächte
des sittlichen Lebens, Denken und Wollen — bei wem sind
sie im Einklang? Dagegen bei Jesus haben wir alle den
lebendigen Eindruck: hier herrscht die vollendete Harmonie des
inneren Geisteslebens. Sein Inneres ist der absolute Friede.
Wie wir es nicht vertragen könnten, uns bei ihm etwa eine
einzelne Fähigkeit des Geistes überwiegend zu denken und andere
dagegen zurücktretend, sondern ihn in der inneren geistigen
Anlage und Beschaffenheit als völlig ebenmäßig denken müssen:
so ist es auch mit seiner gesammten geistigen und sittlichen
Lebenswirklichkeit. Es ist ein völlig harmonisches Menschenleben. Er ist ganz Liebe, ganz Herz, ganz Gefühl, und doch
wieder ist er ganz Geist, ganz Klarheit und Hoheit des Geistes.
Empfindung und Denken sind ungeschieden beisammen. Und
in dem allen herrscht die größte Lebhaftigkeit: der Gefühle und
Empfindungen, der Gedanken und Willensbestimmungen; und
doch wird die Lebendigkeit seines inneren Lebens nie zur leiden-
schaftlichen Erregtheit; es ist alles stille Größe, friedliche Einfalt, erhabene Harmonie.

Das ist das Bild, welches uns allen aus seiner Schilderung
in den Evangelien entgegentritt und wovon wir alle sagen
müssen: ja, so war er, er kann nicht anders gewesen sein.
Darin aber spiegelt sich die sittliche Harmonie seines Wesens
ab. Nur weil in Jesus nichts von dem sittlichen Zwiespalt
war, der bei uns Andern allen durch unsre innere Welt hindurchgeht, nur darum war sein Seelen- und Geistesleben ein
so harmonisches und friedevolles. Jesus stand in so voller
Harmonie mit sich selbst, weil er in voller Harmonie mit
Gott stand. Das war auch sein stets gegenwärtiges Bewußtsein. Er wußte sich in unbedingter Gemeinschaft mit dem
Vater. Bei uns Andern allen, auch bei den frömmsten und
heiligsten Menschen, hat das Bewußtsein der Gemeinschaft mit
Gott immer und überall das Bewußtsein der Sünde zum
Hintergrund und zur Voraussetzung, zwar das Bewußtsein der

versöhnten, der vergebenen Sünde, aber doch das Bewußtsein
der Sünde. Bei Jesus war es nicht so. Es war ein reines,
unbedingtes Bewußtsein der Gemeinschaft mit Gott. Jesus
stand in stetem Gebetsverkehr mit seinem Vater, sein ganzes
Leben war Gebetsleben; aber er hat nie um Vergebung der
Sünde gebetet. Er hat uns gelehrt so zu beten: vergib uns
unsre Schuld; — Er hat nicht so gebetet, Er hat diese Bitte
nicht nöthig gehabt — Er allein unter allen die vom Weibe
geboren sind. Er kannte diese Scheidewand nicht zwischen sich
und seinem Vater. Seine Seele, sein Denken und Wollen war
stets und völlig in dem was seines Vaters war. Aber wie ist
es möglich, daß ein Mensch, der von sündigen Menschen stammt,
dem allgemeinen sittlichen Gesetz aller Sterblichen so entnommen
sei? Es kann sich mit ihm nicht verhalten wie mit den anderen
Menschen. Sein Ursprung muß anderer Art sein als der der
übrigen Menschenkinder. Sein Wesen muß über die Grenzen
des bloß Menschlichen hinausgehen. Das fordert seine ganze
sittliche Erscheinung.

Dasselbe lehren seine Wunder.

Die Evangelien erzählen uns viel von seinen Wundern.
Sein Leben ist erfüllt von Wunderthaten. Sie gehen über
alles gewöhnliche Maß der Macht und Herrschaft, welche der
menschliche Geist sonst über die Natur auszuüben vermag,
hinaus. Wir brauchen nicht den ganzen Umfang der verborgenen
Gesetze und Kräfte der Natur zu kennen um zu wissen, daß
was wir hier lesen Wunder seien. Durch keine Naturkraft kann
man Wasser in Wein verwandeln, oder durch das bloße Wort
dem Blinden das Gesicht, dem Tauben das Gehör, dem Stum=
men die Sprache, dem Aussätzigen die Reinheit, vollends dem
Gestorbenen das Leben geben. Aber Jesus thut diese Wunder
als wären sie ihm natürlich.[26] Es sind nicht Werke der An=
strengung, es sind Thaten der freien Macht. Man hat ver=
sucht sie aus seinem Leben zu entfernen, durch künstliche so=
genannte natürliche Erklärungen sie wegzuschaffen. Vergeblich!
Man könnte eben so gut aus Alexanders des Großen oder

Cäsars Leben die Waffenthaten oder die Schlachttage aus=
streichen. Was bliebe dann übrig? Die Wunder bilden einen
viel zu wesentlichen Bestandtheil seines Lebens und Wirkens,
als daß man sie aus demselben entfernen könnte. Seine Ge=
schichte würde dann geradezu unverständlich. Seine Wunder
waren es ja, welche das Volk in solchen Schaaren zu ihm
zogen, daß dadurch die Eifersucht seiner Gegner immer heftiger
erregt wurde, welche den Gegenstand vieler Streitverhandlungen
mit seinen Widersachern bildeten, die nicht wagten sie völlig
zu leugnen, sondern sich nur so zu helfen wußten, daß sie die=
selben auf dämonische Kräfte zurückführten. Auf diese Thaten
haben sich dann auch die Apostel später berufen als auf be=
kannte Thatsachen, von welchen viele Zeugen vorhanden seien
(z. B. Ap.=Gesch. 10, 37). Und noch nach den Tagen der
Apostel spricht der Apologet Quadratus von solchen vom HErrn
Geheilten oder aus dem Tode Erweckten, welche noch zu der
Zeit, da er schrieb (am Anfang des 2. Jahrh.) am Leben
seien. [27] Kurz die Geschichtlichkeit der Wunder die Jesus ver=
richtete ist unleugbar.

Aber wir fühlen alle: es ist Jesu im letzten Grunde nicht
um die Wunder zu thun. Er thut sie nicht um ein Wunder=
thäter zu sein. Sein Herz drängt ihn, sein Erbarmen treibt
ihn, sich der Elenden anzunehmen und ihnen zu helfen. Aber
es ist nicht das leibliche Elend was er dabei im Auge hat.
Niemand kann auf den Gedanken kommen, daß er ein Arzt
habe sein wollen. Sein Augenmerk ist ein viel höheres. Sein
Thun zielt auf das Heil der Seele. Er kommt nur der Schwach=
heit des Glaubens zu Hülfe mit seinen Wundern. Seine Wunder
sind ihm natürlich, er hat das Bewußtsein der steten Wunder=
macht, allzeit stehen ihm, wenn er nur will, die Engel Gottes
zu Diensten als seine dienstbaren Geister; aber er stellt seine
Macht in den Dienst seines Berufs, seines Heilandsberufs.
Seine Wunder sollen ihn verherrlichen, aber nur um den
Glauben an ihn zu wirken und zu befördern, welcher das Heil
der Seelen ist. Und dieses Heil, welches zu bringen er be=

stimmt ist, bildet er ab in seinen Wunderzeichen. Es sind lauter Thaten der Hülfe. Denn er ist nicht gekommen der Menschen Seelen zu verderben, sondern zu erretten. Es sind nicht will= kürliche Thaten, sondern sittlich begründete und bedingte; es sind nicht bloß Thaten der Macht, sondern der rettenden Liebe; sie sind ein thatsächlicher Kommentar seiner Person und seines Worts, gleichsam die Bilderschrift zu seinem Wort. Sie zeigen uns aber zugleich: er muß selbst ein Wunder sein; er geht über das Maß des gewöhnlich Menschlichen weit hinaus.

Den Wundern zur Seite geht sein Wort. Die Wunder sind die Illustrationen zu seinem Wort und sein Wort hin= wiederum ist die Deutung seiner Thaten. Dadurch erhalten seine Wunder erst religiöse Bedeutung. Sein Wort ist die Hauptsache; auch für uns. Denn im Grunde ist es doch so: wir glauben nicht an sein Wort um der Wunder willen, son= dern wir glauben an seine Wunder um des Wortes und um seiner selbst willen. Weil wir seiner selbst und seines Wortes gewiß sind, darum sind wir auch seiner Wunder gewiß. Wäre er nicht der, der er ist, und legitimirte sich nicht sein Wort so an unsren Herzen wie es sich legitimirt — es würden auch seine Wunder nicht den Eindruck auf uns machen den sie machen. Wir würden sie als geschichtliche Thatsachen stehen lassen müssen, wir würden bekennen müssen daß wir sie nicht erklären können, wir würden ihre Wunderbarkeit anerkennen müssen, wir würden daraus folgern müssen daß Jesus mehr sei als ein gewöhnlicher Mensch; aber sie würden für unser religiöses Leben keine Bedeutung haben, sie wären uns ein geschichtliches Problem, aber sie wären uns nicht die Lösung des religiösen Problems. Das werden sie uns erst durch den Zusammenhang mit seinem Wort und seiner Person. Dadurch erst erhalten sie eine höhere Gewißheit und ihre religiöse Be= deutung. Nun aber müssen wir auch sagen: sein Wort fordert solche Wunder, und solche Wunder fordern ein solches Wort. Beide fordern und beide bestätigen und erklären einander. [23]

Wenden wir uns zu seinem Wort!

Als einmal der hohe Rath seine Diener aussandte Jesum
zu greifen und vor das Gericht zu führen, da kamen jene un=
verrichteter Dinge zurück und mit der Erklärung: es hat nie
ein Mensch also geredet wie dieser Mensch (Joh. 7, 46). So
werden wir auch, so werden alle Zeiten sprechen müssen. Es
sind achtzehn Jahrhunderte über die Erde gegangen seit Jesus
gelehrt hat, die Denkweise der Menschen hat sich völlig ge=
ändert; aber sein Wort hat seine alte, ewig frische Kraft und
Macht über die Gemüther bewahrt. Es bedarf keiner gelehrten
Vermittlungen, keiner besonderen Bildungsstufe, um es zu
verstehen und seine Wirkung an sich zu erfahren. Es ist für
alle ohne Unterschied gleich verständlich und gleich mächtig.
Wir sind desselben nur zu gewohnt geworden: darum übt es
auf uns nicht immer die gleiche ursprüngliche Wirkung aus; aber
wenn wir einmal mit erschlossenem Herzen uns ihm hingeben,
dann tritt es in seiner ganzen siegreichen Macht vor unsre Seele,
gleich als träfe uns das Wort aus Jesu Munde unmittelbar.

Worin liegt diese eigenthümliche Macht seines Wortes?
Es sind nicht einzelne Eigenschaften seiner Rede, in denen das
Geheimniß ihrer Wirkung liegt. Jesus ist kein Dichter, kein
Redner, kein Philosoph u. dgl. m.; es ist nicht der poetische
Schmuck der Rede welcher entzückt, nicht die geistreiche Wendung
welche überrascht, der rhetorische Schwung welcher mit fort=
reißt, der spekulative Gedanke welcher unsere Bewunderung
hervorruft — nichts von alle dem. Man kann nicht einfacher
reden als Jesus redet — mögen wir an die Bergpredigt
denken oder an seine Gleichnisse vom Reiche Gottes, oder auch
an das sogenannte hohepriesterliche Gebet. Man kann nicht
einfacher reden als Jesus redet. Aber eben das ist es, daß
er die größten, höchsten Dinge in den schlichtesten Worten
ausspricht, so daß man, wie Paskal einmal sagt, fast denken
möchte, er sei sich selbst nicht bewußt welche Wahrheiten er
ausspricht, spräche er sie nicht zugleich mit solcher Klarheit,
Sicherheit und Bewußtheit aus, daß man sieht, er weiß wohl
was er sagt, indem er das Größte und Erhabenste in der

schlichtesten Weise sagt. [29] Man erkennt leicht: die Welt der
ewigen Wahrheit ist seine Heimat, in ihr bewegen sich stets
seine Gedanken. Er redet von Gott und seinem Verhältniß
zu ihm, von der überirdischen Welt der Geister, von der Welt
der Zukunft und dem zukünftigen Leben der Menschen, vom
Reiche Gottes auf Erden, seinem Wesen und seiner Geschichte,
von den höchsten sittlichen Wahrheiten und den höchsten Auf=
gaben des Menschen, kurz von allen höchsten Fragen und
Problemen der Menschheit so einfach und schlicht, so ohne alle
Erregung seines Geistes, ohne alle Hervorhebung seines be=
sonderen Wissens oder auch nur jene verweilende Ausführlich=
keit mit der man Neues vorzutragen pflegt, als wäre das alles
ganz natürlich und selbstverständlich. [30] Man sieht: die höchsten
Wahrheiten sind ihm Natur; er ist nicht bloß ein Lehrer der
Wahrheit, er ist selbst die Quelle der Wahrheit; er trägt die Wahr=
heit in sich als sein Wesen; er darf sagen: ich bin die Wahrheit.
Und dieß ist das Gefühl das wir alle haben bei seinen Worten:
wir hören die Stimme der Wahrheit selbst. Darum haben sie
eine solche Macht über die Gemüther der Menschen aller Zeiten.

Aber nicht bloß das, daß seine Worte Erscheinung seiner
wunderbaren Person sind — Jesus macht auch seine Person
zum Mittelpunkt aller seiner Worte. Er ist der Inhalt
seiner Lehre. Er spricht zwar auch vom Reiche Gottes; aber
Er ist der Bringer dieses Reichs und der Glaube an Ihn der
Eingang desselben; der Besitz dieses Reiches ist für einen Jeden
und für immer an Seine Person geknüpft. Zwar er ist auch
der Lehrer der höchsten Moral. Seine Lehre ist reinste und
geistigste Sittenlehre; es ist seine große That, daß er Religion
und Sittlichkeit aus einem äußeren Thun zu einer inneren
That des Geistes und Herzens gemacht hat; aber er hat sie
zu einem inneren Verhältniß und Verhalten des Herzens gegen
Ihn gemacht. An Ihn zu glauben und kraft solchen Glaubens
Gott zu lieben, das ist seine Lehre. So spricht er also, auch
wenn er nicht direkt von sich redet, doch im Grunde nur von
sich. Sich selbst stellt er in den Mittelpunkt aller seiner Ver=

kündigung.   Und der größte Theil seiner Worte thut dieß nicht
indirekt, sondern direkt.   Er gründet alles auf seine Person.
Die Sache die er vertritt, das Heil das er bringt, die Forde=
rungen die er stellt, die Zukunft die er verkündigt — es liegt
alles in seiner Person.   „Ich bin es". — das ist sein großes
Wort.   So ihr nicht glaubet daß ich es sei, so werdet ihr
sterben in euren Sünden (Joh. 8, 24) — das ist im Grunde
eine Zusammenfassung seiner ganzen Lehre.   Es ist ein merk=
würdiges Wort.   Es kann kein stolzeres, selbstbewußteres geben.
Keiner der großen Lehrer der Menschheit hat je so etwas zu
reden gewagt.   Wir würden es auch Keinem verstatten so zu
reden.   Jeder hat nur die Sache betont die er brachte, und
nur etwa von dieser Sache behauptet daß sie die Wahrheit sei.
Die Bedeutung der Person aber ging auf in der Bedeutung
der Sache.   Jesus gründet alles auf seine Person, und seine
Sache besteht in seiner Person.   Durchweg wirft er das Gewicht
seiner Person in die Wagschale.   Wenn er etwas auf das Nach=
drücklichste versichern und gewiß machen will, so spricht er:
Wahrlich, wahrlich ich sage euch.   Nicht um der Wahrheit der
Sache willen, sondern um des Rechts seiner Person willen sollen
wir dem Worte glauben.   Weil Er es sagt, darum ist es wahr.
Die Autorität der Sache ruht auf der Autorität der Person.
Wahrlich, wahrlich ich sage euch!   So spricht sonst kein Mensch.
Nur Gott spricht so im A. Testament.   Jesus spricht wie wenn
ihm göttliche Autorität zukäme.   Und er war doch der de=
müthigste aller Menschen!   Um so stärker lautet in seinem Munde
das Wort: Ich bins.

Was ist er?

Er hat was er von sich sagt in zwei Selbstbezeichnungen
zusammengefaßt, die ihm stets geläufig sind.   Er nennt sich den
Menschensohn und nennt sich Gottes Sohn.   Was bedeuten
diese Namen die er sich gibt?

Er nennt sich den Menschensohn.   Was will er damit
sagen?   Auf der einen Seite faßt er sich durch diese Bezeichnung
mit den andern Menschen zusammen — er ist Einer unsres

Geſchlechts —; auf der andern Seite aber hebt er ſich damit
aus dem geſammten übrigen Menſchengeſchlechte heraus als
den rechten ſchließlichen Sohn der Menſchheit, als den rechten
Sproß der Menſchheit, als den eigentlichen Menſchen, auf den
die ganze Geſchichte der Menſchheit hinausgewollt, in dem die
Menſchheit ihre Einheit gefunden hat, in dem ſich ihre Geſchichte wendet, als dem Abſchluß der alten und dem Beginn
einer neuen Zeit. Dieß liegt in dieſem Worte: Menſchenſohn.
Er iſt die Zuſammenfaſſung der Menſchheit und das
Ziel ihrer Geſchichte.

Jeſus hat etwas Univerſelles in ſeinem ganzen Weſen:
dieſen Eindruck bekommt ein Jeder. Durchweg wohnt der Geſchichte der Völker der Zug ein, in einzelnen umfaſſender an-
gelegten Perſönlichkeiten ſich zuſammenzufaſſen. Jedes Volk
verehrt ſolche Helden ſeiner Geſchichte, welche in höherem Sinne
als die Andern Träger und Organe ſeines nationalen Geiſtes
ſind, und in welchen das Volk gleichſam ſich ſelbſt verkörpert
ſchaut. Aber es bleibt doch immer nur bei Annäherungen und
Anſätzen zu einer vollen Repräſentation. Vollends wenn es
ſich um Zuſammenfaſſung des allgemeinen menſchlichen Weſens
und Geiſtes handelt. Auch die größten Repräſentanten des
menſchlichen Geiſtes, auch die univerſellſten Geiſter an die wir
denken mögen — wie weit bleiben ſie hinter dem Ziele, Repräſentanten der Menſchheit ſelbſt zu ſein, zurück! Jeſus iſt
ein ſolcher Repräſentant; er iſt der einzige. Er iſt das leib-
hafte Urbild der Menſchheit. Nicht bloß einzelne Seiten des
Menſchenweſens ſind in ihm zur Ausbildung und Darſtellung
gekommen, ſondern das Menſchenweſen ſelbſt tritt uns hier in
ſeiner urbildlichen Wahrheit und Reinheit, frei von den
Trübungen und Verkehrungen, welche die Sünde in daſſelbe
gebracht hat, entgegen. Wir ſehen unſre eigne Wahrheit in
ihm verwirklicht. In dieſer Urbildlichkeit iſt zugleich die allgemeine Vorbildlichkeit Chriſti begründet. So verſchieden-
artig die Menſchen nach Individualität und Nationalität ſein
mögen — ein jeder findet in Jeſu gleicherweiſe ſein Vorbild.

Zwar war Jesus eine individuelle und eine nationale Er-
scheinung, er war Marias Sohn und stammte aus Israel,
sein äußeres Leben umfaßte nur einen beschränkten Kreis von
Situationen — und doch trägt diese bestimmte und spezielle
Gestalt seiner geschichtlichen Erscheinung durchweg so sehr den
Charakter der Allgemeinheit an sich, daß er für alle zu allen
Zeiten und unter allen Verhältnissen das höchste, umfassendste,
ein unerschöpfliches Vorbild ist. Ihm gegenüber schwindet jeder
Gedanke an nationalen Gegensatz, an Entfernung der Zeiten,
an Verschiedenheit natürlicher Geistesbildung: „die Hellenen
werden seine Jünger, wiewohl er keine Philosophenschule unter
ihnen gegründet hat; der Brahmine verehrt ihn, obwohl Männer aus der niederen Kaste der Fischer ihn verkünden; der rothe
Canadier betet ihn an, wiewohl er zu den weißen Männern gehört,
die jener haßt; aller Unterschied der Farbe, Gestalt, Sitte und
Gewohnheit ist aufgehoben in ihm, in dem alle Söhne Adams
ihre Einheit wiederfinden." [31]

In ihm hat die Menschheit ihre Einheit und damit die
Geschichte der Menschheit ihr Ziel gefunden. Er ist der da
kommen sollte. Die ganze Geschichte vor ihm ist eine Weissagung
auf ihn. Der Gang der äußeren Geschichte, die Entwicklung
der Geistesgeschichte ist auf ihn angelegt; ihr Resultat ist ihn
zu fordern ohne ihn erzeugen zu können; in ihm findet sie
dann ihre Erfüllung. Darin ruht die geheime Macht seiner
Wirkung und das ist das Unterpfand seines Siegs, daß Er die
Forderung und das Ziel der gesammten natürlichen Entwicklung
der Menschheit ist. Er ist die Erfüllung der Weissagung Israels
und der Völker; denn er ist die Erscheinung des göttlichen Heils-
raths. Aber er ist auch die Erfüllung der Weissagung unsres eigenen
Herzens. Er ist das Geheimniß unsrer Sehnsucht. Das ist das geheime Band, das uns alle von Natur unbewußt mit ihm verknüpft
und unwillkürlich zu ihm zieht. Er ist es den wir im Grunde
meinen, ohne es zu wissen. Wir sind alle auf ihn angelegt, so daß
wir erst in Ihm Ruhe finden für unsere Seelen, weil die
Wahrheit unsres Seins. So ist er unser aller Ziel.

Darin ist seine universelle Stellung zur Welt be=
gründet. Er spricht in den stärksten Worten hievon. Er be=
zeichnet sich als den Herrn der Welt. Das Geschick der
ganzen Welt und aller Einzelnen knüpft er an seine Person,
macht er abhängig vom Glauben an ihn. Ueber alles mensch=
liche Maß hinaus geht seine Rede, wenn er hievon spricht.
Er ist aber der Herr der Welt nur um ihr Erlöser zu sein.
Er ist gekommen zu suchen und selig zu machen was verloren
ist. Das ist es was er der Welt geben will: die Erlösung von
den Sünden, das wahre Verhältniß zu Gott, den Frieden, das
Heil. Er ist der Herr nur um der Erlöser, der Mittler zu
sein, der die Scheidewand beseitigen will welche die Sünde
zwischen den Menschen und Gott aufgerichtet hat, und die Ver=
söhnung stiften welche die Grundlage des neuen Bundes sein
soll. So redet Jesus von sich, von seinem Beruf und seiner
Bedeutung.

Damit stellt er sich der gesammten übrigen Menschheit
gegenüber und hebt sich über die Gleichheit mit uns weit
hinaus, tritt der ganzen Menschheit gegenüber mit göttlicher
Machtvollkommenheit und Autorität. Besonders wenn er von
seiner Zukunft spricht. In den stärksten Worten, die man sich
denken kann, redet er von dieser. Da er eben als ein Ver=
brecher gerichtet wurde und den schmählichen Tod am Kreuze
vor Augen sah, da wiederholte er gegen seine Richter das
Wort, das er schon vorher zu seinen Jüngern gesprochen: er
werde erhöht werden zur Rechten der göttlichen Majestät, in
göttlicher Herrlichkeit, umgeben von den Engeln Gottes die in
seinem Dienste stehen um seine Befehle auszuführen, erscheinen,
alle Völker der Erde vor seinen Richterstuhl rufen und sie
richten je nachdem sie sich gegen ihn verhalten haben. Dieses
Wort hat er gesprochen, es ist eine Thatsache; denn es bildet
die Grundlage seiner Verurtheilung, und es ist der allgemeine
Glaube, die festeste Hoffnung der ersten Christenheit gewesen.
Aber es ist ein unerhörtes Wort. In dem Munde eines jeden
andern Menschen wäre es Wahnsinn. Selbst der wahnsinnige

Hochmuth römischer Kaiser, die für ihre Bildsäulen religiöse
Verehrung verlangten, hat sich nicht bis zu einem solchen un=
erhörten Gedanken verirrt. Und hier spricht der demüthigste
unter allen Menschen jenes Wort, spricht es mit der größten
Gelassenheit, nicht in einem Momente der Aufregung, die ihn
etwa unzurechnungsfähig machte, sondern wiederholt, zur Be=
lehrung für seine Jünger, zur warnenden Erinnerung für
seine Feinde, in aller Ruhe und Gelassenheit, in einem Augen=
blicke wo er, äußerlich zwar der Gewalt unterliegend, innerlich
aber über seine Feinde siegend, über alle Bosheit und Schlechtig=
keit der Menschen durch die Erhabenheit seines sittlichen Wesens
sich erhebt und den größten sittlichen Triumph feiert — da
bezeichnet er sich als den gottgleichen Herrscher und Richter
der Welt!

Dieses Wort muß Wahrheit sein. Denn hier gibt es kein
Mittleres zwischen Wahrheit und Wahnsinn. Da hilft uns
kein rationalistisches Tugendideal, da reicht auch das bloße Ur=
bild und Vorbild der Menschheit nicht aus, sondern wir müssen
die Grenzen der Menschheit verlassen und die Wurzeln seines
Daseins und die Heimat seines Wesens und Lebens in Gott
selbst aufsuchen, um die Möglichkeit dieses Wortes zu verstehen.
Dieses Wort wäre ein unlösbares psychologisches Räthsel, wenn
Jesus nicht mehr wäre als ein Mensch. Dieses Wort wäre
eine Unmöglichkeit, wenn Jesus unter dieselben Gesetze des
endlichen Daseins fiele wie wir. Er muß seinem Wesen nach
dem Bereiche des bloß endlichen Daseins entnommen sein und
dem des ewigen und göttlichen Lebens angehören. Sein ab=
solutes Verhältniß zur Welt, das er sich beilegt, fordert ein
absolutes Verhältniß zu Gott. Dieses bildet die nothwendige
Voraussetzung für jenes. Nur von hier aus erklärt sich jenes,
aber erklärt es sich auch wirklich. Nur weil er zu Gott so steht
wie er steht, nur darum steht er zu uns so wie er sagt. Er
ist der Menschensohn, der Herr der Welt, der Richter derselben,
nur weil er der Sohn Gottes ist.

So bezeichnet er sich durchgängig. Wenn er das Höchste,

Innerlichste, Verborgenste, das Einzigartige und Ewige seines Wesens nennen will, so nennt er sich den Sohn Gottes. Das ist nicht etwa ein Gedanke oder eine Erfindung späterer Zeiten, das ist das Zeugniß Jesu selbst. So liegt es vor; Niemand kann es leugnen. Die ersten Evangelien enthalten das so gut wie das vierte. Wenn auch das vierte mehr in die Tiefe geht und mehr die verborgenen ewigen Gründe des Daseins und des Wesens Jesu aufdeckt als die ersten, wenn auch die ersten mehr sein Verhältniß zur Welt darstellen, während das vierte mehr sein Verhältniß zu Gott betont, welches den verborgenen Hintergrund und die Voraussetzung seines Verhältnisses zur Welt bildet —: die Sache selbst enthalten jene so gut wie dieses, und gerade jene sprechen es in einem charakteristischen Wort auf das Unzweideutigste aus, daß seine absolute Welt= stellung in seinem absoluten Gottesverhältniß begründet sei. „Alle Dinge sind mir übergeben von meinem Vater — heißt es einmal bei Matthäus (11, 27) — und Niemand kennet den Sohn denn nur der Vater, und Niemand kennet den Vater denn nur der Sohn und wem es der Sohn will offenbaren." Er steht in einem unvergleichlichen Verhältniß zum Vater. Wie das Wesen des Vaters der Welt verborgen ist, so auch das des Sohnes; aber wie der Sohn dem Vater bekannt ist, so der Vater dem Sohn. Zwischen Beiden ist die innigste Vertrautheit, während sie der Welt gegenüber im Dunkel des göttlichen Geheimnisses stehen, welches erst Christus enthüllt hat, indem er aus dieser Verborgenheit Gottes in die Welt der Menschen hereintrat. So sondert er sich von der Menschheit ab und nimmt sich mit Gott zusammen, als Einer der mit ihm zusammengehört, mehr und inniger mit ihm zusammengehört als mit den Menschen, mit denen er doch zunächst zusammen= zugehören scheint. Dieß bildet denn auch das stets wieder= kehrende Thema im vierten Evangelium. Er nennt sich den Sohn Gottes im absoluten Sinn. Nicht wie Menschen etwa Gottessöhne heißen können, vermöge der Schöpfung oder ver= möge einer sittlichen Gottähnlichkeit; bei Jesus ist es Bezeichnung

seines Wesens= und Lebensverhältnisses. Nicht gradeweise son=
dern wesentlich sondert er sich damit von den Menschen ab.
Gott ist wohl auch sein Vater, aber ganz anders als der
Menschen Vater. Er heißt uns sprechen: Unser Vater; er selbst
redet zu Gott niemals so. Sein Verhältniß zu Gott ist einzig=
artig. Er steht mit Gott in absoluter Gemeinschaft (Joh. 10,
33. 38); er ist die Gegenwart und Offenbarung Gottes schlecht=
hin (14, 9 ff. Kap. 17); er trägt das göttliche Leben schlecht=
hin in sich (5, 26), darum will er auch geehrt sein wie der
Vater (5, 27); kurz er nimmt sich völlig mit Gott zusammen
und tritt so als Einer, der mit Gott zusammengehört, der Welt
und der ganzen Menschheit gegenüber. Aber wie kann ein
Mensch so zu Gott stehen, daß zwischen beiden die innigste
Lebensgemeinschaft stattfindet, ohne daß eine Schranke zwischen
beiden bestände, weder die Schranke der Sündigkeit noch die
der Kreatürlichkeit, wenn er nicht wesentlich mit Gott zu=
sammengehört, also auch ewig —? Und so treibt diese Er=
wägung mit Nothwendigkeit rückwärts zur Forderung eines
ewigen göttlichen Seins, welches Jesus im vierten Evangelium
zu vielen Malen ausspricht, wenn er von sich sagt daß er von
Gott ausgegangen und in die Welt gekommen sei, ja wenn er
die Einwendungen seiner jüdischen Gegner durch jenes merk=
würdige Wort überbietet: Wahrlich, wahrlich, ich sage euch,
ehe denn Abraham ward bin ich (Joh. 8, 58), und wenn er
dieses sein vorzeitliches Sein als ein Sein in der Gemeinschaft
göttlicher Herrlichkeit und Liebe bezeichnet (17, 5. 24). Damit
setzt er sich also in das ewige Wesen und Leben Gottes selbst
hinein. In diesem höchsten Sinne nennt er sich Sohn Gottes.

Daß diese evangelischen Sätze eine wirkliche historische Ueber=
lieferung enthalten, müssen wenigstens der Hauptsache nach auch
die Kritiksüchtigsten anerkennen. Auch Renan kann nicht umhin
zuzugestehen, daß Jesus, wenn auch erst in späterer Zeit, sich
Sohn Gottes im übermenschlichen Sinne genannt und den
Glauben daran zum ersten Gebote seines Reiches gemacht habe.
Freilich sieht er darin nur düstere Schwärmerei und eine fanatische

Verirrung Jesu, die er durch seinen Tod gleichsam gesühnt habe. Dann — müssen wir sagen — hätte Jesus den Tod verdient, dann hätte die jüdische Obrigkeit ihn mit Recht als Gotteslästerer verurtheilt, und er wäre nicht um unsrer, sondern um seiner eigenen Sünde willen gestorben. Aber wem, der noch nicht allen Eindruck von der sittlichen Reinheit und Hoheit seines Charakters und der ruhigen Klarheit seines Geistes verloren hat, wem ist es möglich dieß im Ernste zu denken? Wer darf es wagen, Jesum in solche trübe Niederungen geistiger und sittlicher Verirrung herabzuziehen? Wir sollen uns von ihm zu seiner Höhe emporziehen lassen, aber wir sollen ihn nicht zu unsrer Tiefe herabziehen, und obendrein in die Gesellschaft von verirrten Geistern und Charakteren, die wir nur mit Mitleiden oder mit Verachtung betrachten. Nein, für uns ist die Frage damit entschieden: Hat Jesus wirklich in diesem übermenschlichen Sinne sich Sohn Gottes genannt, dann muß es auch Wahrheit sein. Als Napoleon einst, so wird erzählt, auf Helena, wie er öfter that, auf die großen Männer der Vorzeit zu sprechen kam und sich mit ihnen verglich, da wandte er sich plötzlich an einen seiner Begleiter mit der Frage: Kannst du mir sagen wer Jesus Christus gewesen? Und als dieser gestand, er habe sich bis jetzt noch nicht die Zeit genommen darüber nachzudenken, da fuhr jener fort: Nun denn, so will ich es dir sagen. Und nun verglich er Jesus Christus mit sich und mit den Größten der Vorzeit und zeigte wie Jesus über allen stehe, und schloß dann mit den Worten: „Ich denke, ich verstehe mich etwas auf Menschen, und ich sage dir: diese alle waren Menschen und ich bin ein Mensch, aber — dem Einen gleicht Keiner, Jesus Christus war mehr als ein Mensch." [32]

So muß es auch sein. Ist er wirklich der Herr der Welt wie er sagt, — so ist er es nur wenn er so mit Gott zusammengehört wie er lehrt. Die geschichtliche Person Jesu Christi und sein Wort ist eine Thatsache. Diese Thatsache kann man feststellen und sie steht fest. Aber diese Thatsache bleibt uns ein unerklärliches Räthsel, so lange wir es nicht durch sein Selbstzeugniß von seiner Gottessohnschaft uns lösen lassen. Ist er Sohn Gottes in jenem Sinne, dann ist alles klar und alles Uebrige nothwendig. Ist aber jenes nicht der Fall, dann wissen wir schlechterdings nicht, was wir mit ihm anfangen sollen. Aber was ist dann alle übrige Erkenntniß die wir gewinnen werth, alle Erkenntniß des menschlichen Geistes und seiner Geschichte, des menschlichen Wesens und seiner Be= stimmung, wenn wir die größte Thatsache der Geschichte der Menschheit, welche die Lösung aller Räthsel und das Heil unsres ganzen Lebens zu sein behauptet, als das Unerklärlichste von allem was es gibt stehen lassen müssen? Und wenn wir es auch immerhin stehen lassen wollten — wir könnten nicht darum herumkommen; überall tritt es uns in den Weg; wir müssen uns in ein Verhältniß dazu setzen. Es ist aber kein anderes Verhältniß zu ihm möglich, wenn es nicht der ab= solute Widerspruch mit sich selbst sein soll, als daß wir ihn gelten lassen als den, der er nach seinem Selbstzeugniß ist: als den ewigen Sohn des Vaters, der selbst göttlichen Wesens ist.

Das ist auch der unwillkürliche Eindruck, den wir von seiner ganzen geschichtlichen Erscheinung empfangen. Es ist ein Be= kenntniß des übermächtigen Gefühls, wenn Thomas, überwältigt durch die Erscheinung des Auferstandenen, in die Worte aus= bricht: Mein Herr und mein Gott. Aber dieses Bekenntniß des Gefühls ist auch das Bekenntniß des Denkens, bei welchem die Bewegung unserer Gedanken schließlich mit Nothwendigkeit anlangt.

Wir haben zwei Institutionen Jesu. Er ist nicht auf Erden erschienen, um äußere Ordnungen des religiösen Lebens zu machen. In der Tiefe des Geistes und Herzens, in der Innerlichkeit des Seelenlebens wollte er den Grund seines Baues legen den er errichtet hat und der bestehen wird wenn Himmel und Erde untergehen. Aber zwei Institutionen hat er angeordnet und hinterlassen — es sind die zwei Handlungen der Kirche, welche den äußeren Höhepunkt des christlichen und kirchlichen Lebens ausmachen, die beiden Handlungen welche wir, um sie vor allen andern auszuzeichnen, Sakramente nennen: Taufe und Abendmahl. Ihre Einsetzung durch Christus selbst steht außer Frage. Beide haben etwas Geheimnißvolles in sich und beide verkünden ein Geheimniß. Indem Jesus in der Taufe sich zwischen Gott den Vater und den heiligen Geist, den Geist Gottes mitten hineinstellt, stellt er sich damit in den Umkreis des ewigen göttlichen Lebens und Wesens hinein und sagt von sich, daß er der Sohn Gottes sei im Sinne der Gemeinschaft des göttlichen Wesens. Indem er im Abendmahl von seinem Leib und Blute spricht, das er für die Sünden der Welt in den Tod gebe, läßt er uns den letzten Zweck seiner Erscheinung auf Erden erkennen, in welchem der ewige Liebesrath Gottes zur Offenbarung und zum Vollzuge gekommen. Die Taufe sagt uns, wer in Jesu auf Erden erschienen, das Abendmahl, wozu er erschienen. Es sind die beiden Mysterien der Trinität und der Versöhnung, welche durch diese beiden Institutionen Jesu uns thatsächlich verkündigt und gelehrt werden. Das sind die beiden Zentralwahrheiten des Christenthums. Aber mit ihnen betreten wir das Allerheiligste desselben. Nur bis auf die Schwelle dieses Allerheiligsten wollte ich Sie führen, indem ich die Grundwahrheiten des Christenthums Ihnen darlegte und ihre Wahrheit und Nothwendigkeit zu rechtfertigen versuchte.

Ich bin am Ende meiner Aufgabe.

Der Weg, den wir gemeinsam zurückgelegt, ging aus von den Widersprüchen dieses Daseins, von den Räthseln des Menschenlebens, von den Fragen des Menschenwesens. Wir sahen: das Räthsel des Seins fordert Gott, den persönlichen Gott! Gott aber ist nicht eine todte Macht, sondern das Leben der Liebe, und seine Liebe hat ihn nicht ein verschlossenes Geheimniß bleiben lassen, sondern er hat sich den Menschen geoffenbart. Das Ziel seiner Offenbarung aber ist Jesus Christus. In diesem ist Gott selbst offenbar geworden. Hier

lösen sich die Widersprüche unsres Daseins. Gestehen wir es
uns doch, welche Widersprüche wir in uns tragen! Sie sind
der Stachel der uns nicht zur Ruhe kommen läßt. Erst in Jesu
Christo kommen wir zur Ruhe; in ihm lösen sich die Gegen=
sätze. Er ist die Einheit dieser Gegensätze, von Gott und Mensch,
von Heiligkeit und Sünde, von Himmel und Erde. Er ist die
absolute Versöhnung. Wenn wir auch alle Räume durch=
messen — wir finden höchstens den Gott der Macht. Wenn
wir alle Zeiten durchmessen — wir finden höchstens den Gott
der Gerechtigkeit. Den Gott der Gnade finden wir nur in
Jesu Christo. Der Gott der Gnade aber ist allein die Ver=
söhnung der Gegensätze der Welt und unsres Herzens. In
Jesu Christo haben zu allen Zeiten die Christen ihren Frieden
und ihre Freude gefunden. Das gesammte Leben der ganzen
Kirche ist ein Bekenntniß zu ihm. Alles ihr Thun, ihr ganzer
Kultus, ihre Verkündigung, ihre Gebete und Gesänge und ihre
heiligen Feiern sind nichts als ein Zeugniß von Ihm, und alle
Kunst des Wortes und der bildlichen Darstellung, die sie von
Anfang an in ihren Dienst genommen, ist eine Verherrlichung
Jesu. Und so lange noch Dankbarkeit auf Erden sein wird,
wird man sein nicht vergessen; so lange wird sein Name in
den Herzen leben und auf den Lippen schweben. Wer ihn den
Menschen nehmen würde, der würde den Grundstein aus dem
edelsten Bau der Menschen reißen. Aber es ist nicht bloß das
Gedächtniß eines Vergangenen, welches die Christenheit bewahrt,
es ist das Verhältniß zu einem Lebenden, ein persönliches,
lebendiges Verhältniß. Ihm schlagen die Herzen, ihm beugen
sich die Kniee. Und stets wird das Bild Jesu, wie es uns in den
Evangelien entgegentritt, seine geheimnißvolle Gewalt über die Ge=
müther der Menschen üben, und der Geist der von ihm ausgeht zum
Bande werden, welches sie in Glaube und Liebe mit ihm verknüpft,
und dadurch zum lebendigen Liebesbande auch unter den Men=
schen. So lange Christen auf Erden leben werden, das heißt bis
zum Ende der Tage, werden sie einander erkennen an dem Gruß
mit dem sie sich begrüßen: Gelobt sei Jesus Christus!

Damit lassen Sie mich schließen.

Ich habe versucht nach dem Maße meiner Kräfte Rechen=
schaft zu geben von dem guten Grunde unsres Glaubens. Ich
habe versucht zu zeigen, daß unser Glaube nicht ein Gedicht
unserer Gedanken, sondern daß er Wahrheit ist, eine Wahrheit
die sich rechtfertigt vor der Vernunft, vor dem Gewissen und
vor dem Herzen.

So bleibt mir denn nur dieß Eine noch übrig, daß ich das
Wort, welches ich zu Ihnen habe sprechen dürfen, dem Segen
Gottes befehle.

Anmerkungen.

Anmerkungen zum ersten Vortrag.

1. Goethe's sämmtl. Werke. Ausg. in 40 Bdn. 1840. Bd. 4. S. 264.

2. Fabri, Briefe gegen den Materialismus. 2. Aufl. 1864. Motto.

3. Die ersten großartigen Grundzüge dieser neuen christlichen Weltanschauung hat Paulus in seiner Rede auf dem Areopag zu Athen Ap.-Gesch. 17, 11—31 entworfen, und dann in den ersten elf Kapiteln des Römerbriefs weiter ausgeführt.

4. Der alte Kirchenlehrer Athenagoras sagt in seiner Vertheidigungsschrift gegen die Heiden (c. 11): „Wer unter jenen spitzfindigen Dialektikern und Philosophen hat seine Zuhörer nur in der Einsicht so weit gebracht als die gemeinsten Leute bei uns selbst in der Uebung gekommen sind?"

5. Nägelsbach, Nachhomer. Theologie 1857, S. 476 von der platonischen Spekulation: „Aber diese Spekulation wird nie zur Religion, und zwar nicht bloß weil die Masse der Spekulation unfähig ist. Vielmehr beruht jede Religion auf Thatsachen, die falsche auf vermeintlichen, die wahre auf wirklichen, und solche fehlen der Spekulation".

6. Vgl. K. v. Raumer's Geschichte der Pädagogik I. 2. Aufl. 1846. S. 37—65 und Zeitschrift für Protestantismus und Kirche 1855 Bd. 30: Die Humanisten und das Evangelium. Außerdem Hundeshagen, Der deutsche Protestantismus, 1847, S. 56, und Gieseler's Kirchengeschichte II, 4. S. 480 f. — Poggius wirft dem Philelbus Dinge vor, welche auch die „Buhlmenschen auszusprechen sich schämen" (quae etiam prostituti et meretricarii verentur verbis proferre). Die griechische Sünde der Päderastie kam wieder auf: Puerorum atque adolescentum amores nefandos sectaris. Von seinen eigenen facetias sagt er gegen Valla: „Was Wunder daß meine Späße einem ungebildeten und bäurischen Barbaren nicht gefallen. Dagegen werden sie von Anderen, die um ein gutes Theil gelehrter sind als du, belobt und gelesen und sie

führen fie im Mund und in den Händen." Das auf den fleißigften
Quellenftudien ruhende, in hohem Grade intereffante Werk von Jac.
Burckhardt: Die Kultur der Renaiffance in Italien, Bafel 1860, gibt
bei aller Hochftellung jener Kulturperiode Italiens doch eine Reihe von
Belegen für das im Texte ausgefprochene Urtheil. Ihm entnahm ich
die angeführte Aeußerung Macchiavelli's Discorsi I. c. 12. Aehnlich
äußert derfelbe c. 55: Italien fei verderbter als alle anderen Länder; dann
kommen zunächft Franzofen und Spanier. Ich führe noch einige Stellen
aus Burckhardt's Werke an. S. 456: „Der damalige italienifche Unglaube ift im Allgemeinen höchft berüchtigt, und wer fich noch die
Mühe eines Beweifes nimmt, hat es leicht hunderte von Ausfagen und
Beifpielen zufammenzuftellen." Aus Anlaß von Maffuccio's Novellen
äußert Burckhardt S. 460 über den Zuftand der Klostergeiftlichkeit: „Die
Bethörung und Ausfaugung der Völkermaffen durch falfche Wunder
verbunden mit einem fchändlichen Wandel bringen hier einen denkenden Zufchauer zu einer wahren Verzweiflung." Von Maffuccio felbft
die Aeußerung: „Die Nonnen gehören ausfchließlich den Mönchen; fo-
bald fie fich mit Laien abgeben, werden fie eingekerkert und verfolgt;
die anderen aber halten mit Mönchen förmlich Hochzeit, wobei fogar
Meffen gefungen, Kontrakte aufgefetzt u. f. w. werden." Es folgt dann
eine Reihe wahrhaft gräßlicher Belege. Später fchildert Burckhardt
die herrfchende Macht des vielfältigften Aberglaubens „und wie fowohl
mit diefem als mit der Denkweife des Alterthums überhaupt die Er-
fchütterung des Glaubens an die Unfterblichkeit enge zufammenhing"
S. 550. Hiemit mag man vergleichen, wie der neuefte Biograph Savonarola's, Pasqual-Villari I. Bd. 1868 (überf. v. Mor. Berdufchek)
über Lorenzo Medici, fein Leben und feine fittenverderbende Wirkung
urtheilt S. 33: über die fittenlofen Lieder die er dichtete und bei den
Carnevalsaufzügen in den Straßen öffentlich fingen ließ, über feine
Graufamkeiten, fchamlofen Ausfchweifungen, über „die reißend fchnelle,
höllifche Korruption des Volks, auf die er unaufhörlich mit aller Kraft
und allen Fähigkeiten feines Geiftes hinarbeitete — das alles verzeiht
man ihm, weil er ein Förderer der Künfte und Wiffenfchaften ge-
wefen!" S. 34: „Aber Künftler, Schriftfteller, Staatsmänner, Adel und
Volk, alles war moralifch verdorben, jeder öffentlichen und privaten
Tugend, jedes fittlichen Gefühls bar." Ich füge noch etliche Aeußerungen eines fo Kundigen wie Gregorovius in feiner Schrift über
Lucretia Borgia I. 1874 über die fittlichen Zuftände der Renaiffancezeit
hinzu. S. 89: „Nachdem fich in der Renaiffance der erfte Bruch mit
dem Mittelalter und feiner asketifchen Kirche vollzogen hatte, trat eine
fchrankenlofe Emancipation der Leidenfchaften ein. Alles was für heilig
gegolten hatte, wurde verlacht. Die italienifchen Freigeifter fchufen eine

Literatur, deren nackter Cynismus nirgend seines gleichen hat. Von dem Hermaphroditus des Beccadelli bis zu Berin und Pietro Aretino herab breitete sich ein literarischer Sumpf aus, vor dessen Anblick der ernste Dante wie vor einem höllischen Pfuhle würde zurückgebebt sein. Selbst in den minder lasciven Novellen — und in den minder obscönen Komödien sind doch immer Ehebruch und die Verspottung der Ehe das herrschende Motiv. Die Hetäre wurde die Muse der schönen Literatur der Renaissance. Sie stellte sich dreist neben die Heiligen der Kirche mit ihr um die Palme des Ruhms zu streiten. Eine handschriftliche Gedichtsammlung aus der Zeit Alexander VI. enthält eine fortlaufende Reihe von Epigrammen, welche erst die Jungfrau Maria und viele heilige Frauen feiern und dann in demselben Athemzuge ohne Absatz noch Bemerkung Hetären der Zeit verherrlichen. — Die Heiligen des Himmels und die Jüngerinnen der Venus wurden ohne weiteres nebeneinandergestellt als berühmte Frauen." — S. 90: „Der Werth des Menschenlebens stand im niedrigsten Preise, während die verbrecherische Selbstsucht offen mit dem Prädikat der Großsinnigkeit (magnanimitas) bezeichnet wurde." „Egoismus und gemüthlose Ausbeutung von Verhältnissen und Menschen waren nirgends so an der Regel als im Vaterland Macchiavellis" und noch jetzt. „Frei von den pedantischen Vorurtheilen der Deutschen — haben die Italiener im Gegentheil jede Macht der Persönlichkeit, und mochte sie noch so bastardisch und illegitim sein, sofort anerkannt (S. 91), aber sie sind auch ebenso leicht die Sklaven des Erfolgs gewesen. Macchiavelli behauptet, daß die Schuld des moralischen Verfalls Italiens die Kirche und die Priester trugen, aber waren etwa diese Kirche und diese Priester nicht Produkte Italiens? Er hätte sagen sollen, daß Wesenheiten, welche bei den Germanen innerlich werden, bei den Italienern äußerlich bleiben. Luther konnte unter ihnen nie entstehen."

7. Schiller äußert über und gegen Kant in s. Abh. Ueber Anmuth und Würde, zuerst erschienen in der neuen Thalia 1793: „Er ward der Drako seiner Zeit, weil sie ihm eines Solons noch nicht werth und empfänglich schien. Aus dem Sanctuarium der reinen Vernunft brachte er das fremde und doch wieder so bekannte Moralgesetz, stellte es in seiner ganzen Heiligkeit aus vor dem entwürdigten Jahrhundert und fragte wenig darnach, ob es Augen gibt, die seinen Glanz nicht vertragen. Womit aber hatten es die Kinder des Hauses verschuldet, daß er nur für die Knechte sorgte?" Werke, Ausg. 1847. 11. Bd. S. 354. Ueber diesen Gegensatz von Kant und Schiller in den Moralprinzipien vgl. meine Lehre vom freien Willen, 1863, S. 337 ff.

8. Goethe, Sprüche in Reimen. Werke, 3. Bd. S. 3 ff.

9. Guizot, L'Eglise et la société chrétiennes en 1861 p. 13: toutes

les attaques dont le christianisme est aujourd'hui l'objet, quelque
diverses qu'elles soient dans leur nature et dans leur mesure, partent
d'un même point et tendent à un même but: la negation du surnaturel
dans les destinées de l'homme et du monde, l'abolition de l'élément
surnaturel dans la religion chrétienne comme dans toute religion, dans
son histoire comme dans ses dogmes. So pflegt man den religiösen
Gegensatz der Geister gegenwärtig in Frankreich überhaupt zu bezeichnen.
Vgl. z. B. Pressensé Jesus Christus. Seine Zeit u. s. w. übers. v.
Fabarius 1866 S. 1 ff. Aber auch in Deutschland. Vgl. Dav. Strauß,
Das Leben Jesu, für das deutsche Volk bearbeitet, 1864, in der Wid=
mung S. XI: „Eine Weltansicht die, mit Ablehnung aller übernatür=
lichen Hülfsquellen, den Menschen auf sich selbst und die natürliche
Ordnung der Dinge stellt."

10. Ich stelle hier etliche Bekenntnisse von Vertretern dieser nicht=
christlichen Weltanschauung zusammen. Strauß konnte früher die
wahre Christlichkeit seiner Weltanschauung rühmen (— vgl. Zwei fried=
liche Blätter 1839 S. XXX ff. „Wir finden unsere heutige Weltanschauung
christlicher als die urchristliche selbst" —) und seine Abhandlung über
das „Vergängliche und Bleibende im Christenthum" mit den Worten
schließen: „Also keine Furcht, es möchte Christus uns verloren gehen,
wenn wir Manches von dem, was man bisher Christenthum nannte,
preiszugeben uns genöthigt sehen! — Bleibt uns aber Christus, und
bleibt er uns als das Höchste was wir in religiöser Beziehung kennen
und zu denken vermögen, als derjenige, ohne dessen Gegenwart im
Gemüthe keine vollkommene Frömmigkeit möglich ist; nun so bleibt
uns in ihm doch wohl das Wesentliche im Christenthum" (a. a. O.
S. 132). Aber später hat er sich zum Christenthum, nämlich zum
historischen, in immer schärfere Opposition gestellt. Er bezeichnet in
seinem Lebens= und Charakterbild Märklins 1851 S. 125 den Natura=
listen Feuerbach als den Mann, „der auf das i, welches wir gefunden
hatten, erst den Punkt gesetzt" und schildert hier überhaupt den Bruch
mit dem Christenthum als die unvermeidliche Forderung der Wahr=
haftigkeit z. B. S. 124, 127, 130, u. ö. Und die Vorrede zum 3. Bd.
seines Ulrich Hutten (1860) ist voll Bitterkeit. Aber nicht bloß ein
Wort der Bitterkeit, sondern gradezu lästerlich ist das Wort S. XXIV ff.:
„Wir außerhalb (der Kirche) können versichern, daß nie einer von uns
daran gedacht hat oder daran denken wird, weder dem alten Haupt=
mann Schiller zu Gunsten eines höheren Wesens die Vaterschaft an
seinem Sohn abzusprechen, noch den Recepten, die dieser als Regiments=
medicus verschrieb, eine todtenerweckende Kraft beizulegen, noch den
Umstand, daß über dem Begräbniß des Dichters bis heute ein Geheim=
niß ruht, zu der Vermuthung zu benutzen, er sei wohl bei lebendigem

Leib in himmlische Regionen erhoben worden." — In seinem „Leben Jesu für das deutsche Volk" (1864) bezeichnet Strauß die von ihm vertretene Weltansicht als eine solche, welche den Menschen auf sich selbst stellt S. IX und fügt später, diese Worte durch den Druck noch besonders auszeichnend, hinzu (S. XIX): „Wer die Pfaffen aus der Kirche schaffen will, der muß erst das Wunder aus der Religion schaffen." — In seinem „Alten und Neuen Glauben" (1872) vollends ist er bis zum Gemeinen in der Polemik herabgesunken. Vgl. Allg. Ev.-Luth. Kirchenzeitung 1872 Nr. 48. 49. — Neben den Aeußerungen dieses philosophisch-theologischen Repräsentanten der „modernen Weltanschauung" möge das poetische Bekenntniß von Prutz (Deutsches Museum 1862 S. 687) stehen „Kreuz und Rosen":

Nur mir kein Kreuz auf's Grab gesetzt,
Sei's Holz, sei's Eisen oder Stein!
Stets hat's die Seele mir verletzt
Das Marterholz von Blut und Pein:
Daß eine Welt so gottbeseelt,
So voller Wonne um und um,
Zu ihres Glaubens Symbolum
Sich einen Galgen hat erwählt.

— — —

D'rum nicht das Kreuz mir auf das Haupt!
Pflanzt Rosen um mein Grab herum:
Die Rose sei das Symbolum,
D'ran eine neue Menschheit glaubt.

Einen besonders scharfen Ausdruck hat diese Denkweise — in ihrer Anwendung auf das Gebiet des politischen Lebens — in J. B. v. Schweitzers Zeitgeist und Christenthum (Leipz., O. Wigand 1861, gefunden. Bei der vielseitigen praktischen Wirksamkeit welche der Verfasser an der Spitze mehrfacher Vereine und seiner Zeit in der Redaktion des auf Lassalleschen Prinzipien ruhenden „Socialdemokraten" hatte, ist seine Schrift von doppelter Bedeutung, und die rücksichtslose Konsequenz, mit welcher die Prinzipien, die er vertritt, geltend gemacht werden, macht sie geradezu zum Programm dieser Richtung. Ihr Grundgedanke ist die Unvereinbarkeit des Christenthums, wie jeder positiven Religion, mit dem siegreich vorandringenden Zeitgeist. Schweitzer führt ihn in folgender Weise — soweit der Inhalt des Buches uns hier interessirt — durch. Wie ist die Religion entstanden? und wodurch wird sie gehalten? Durch ein dreifaches Bedürfniß, S. 15: durch das metaphysische, welches zur Erklärung des Unerklärlichen seine Zuflucht zur Annahme einer übernatürlichen Ursache nimmt; durch das ethische Bedürfniß, welches, um das sittliche Räthsel des Bösen gegenüber dem Guten zu erklären, eine ausgleichende und vergeltende göttliche Gerechtigkeit fordert; und durch das Bedürfniß der

Hülfe, welches im Gefühl der eigenen Ohnmacht ſich gern an einen
ſtärkeren Arm hält. Aber in dieſer dreifachen Beziehung iſt die Religion ein Erzeugniß der Schwäche, der Schwäche des Gedankens wie
des Willens. Darum hat ſie auch ihre Heimat bei dem ſchwächeren
Geſchlecht der Frauen S. 313 ff. Denn den Frauen fehlt die Stärke
des Gedankens wie des Willens. Und alle Frauen ſind zum Aberglauben geneigt, von der Königin bis zur Viehmagd S. 323. Re-
ligiöſer Glaube aber iſt Aberglaube, ſo gut wie Kartenſchlagen u. dgl.
S. 316 ff. — Gegenwärtig nun iſt das Chriſtenthum in einer unauf-
haltſamen Auflöſung begriffen. Die Wiſſenſchaft, die Kultur zerſetzt
das Chriſtenthum, zerſetzt alle Offenbarungsreligion immer mehr
S. 76. 84. Und der moderne Zeitgeiſt iſt unverträglich damit. Welches
iſt das Prinzip des modernen Zeitgeiſtes? Das demokratiſche, die
kosmopolitiſche Demokratie S. 99. Der Gegenſatz dazu iſt der Kon-
ſervatismus. Religion, Chriſtenthum, Kirche aber ſind eminent kon-
ſervative Mächte. So ſtehen denn Zeitgeiſt und Chriſtenthum einander
gegenüber nicht als zwei Meinungen oder Anſichten, ſondern als zwei
Prinzipien S. 105. Dieſe Gegenſätze ſind unverträglich; da gilt keine
Schonung. „Wenn es gilt, im günſtigen Augenblicke die Gewalt zu
ſtürzen, durch welche die gute Sache ſyſtematiſch darniedergehalten wird,
wenn es gilt, für die Verkörperung der politiſchen Grundſätze der neuen
Zeit in ihren äußeren Einrichtungen Platz zu ſchaffen, da muß mit
unerbittlicher Schonungsloſigkeit jedes Hinderniß rechts und links
darniedergeſchlagen, da muß mit eiſerner Konſequenz vorgeſchritten
werden, einerlei ob die Bahn durch lachende Frühlingsfluren oder über
Trümmer und Leichen führt." Wenn nun ſo der neue Kulturſtaat ſich
erhebt, was wird in demſelben an die Stelle des Chriſtenthums treten?
Eine neue Religion? Das iſt unmöglich. Dieſelbe Kulturentwicklung,
welche das Chriſtenthum als Offenbarungsreligion aufzulöſen begonnen,
macht jede neue Offenbarungsreligion unmöglich S. 190. „Der Staat
der Zukunft wird ohne Religion beſtehen" S. 196. „Als das wahre
und wirkliche Palladium der öffentlichen Sicherheit, der bürgerlichen
Ruhe und Ordnung erſcheint demnach nicht die Religion, ſondern das
Strafgeſetzbuch" S. 225. Dann wird ein Zeitalter der Toleranz und
Humanität anbrechen S. 266. Und von beſonderem Vortheil wird es
ſein, daß es dann keine Theologie und keine Theologen mehr geben
wird und die dadurch zur Verfügung kommenden geiſtigen Kräfte in
national-ökonomiſch produktiver Weiſe zur Verwendung kommen werden
S. 267. Und wie viel Geld wird man erſparen, wenn man nicht mehr
für die Kirchen und Geiſtlichen u. ſ. w. zu ſorgen haben wird! Wer
dann noch Religion u. ſ. w. haben will, der mag ſich's ſein eigenes
Geld koſten laſſen S. 270. — Das iſt das Programm des Zeitgeiſtes.

So ſcharf ſtehen die Gegenſätze einander gegenüber, wenn ſie auch nicht
überall in ſolcher Schärfe zum Bewußtſein oder zum Ausdruck kommen.
Die thatſächlichen Konſequenzen jenes Widerſpruchs aber haben ſich bereits zu vollziehen begonnen. Eine zuſammenfaſſende Darſtellung und
Kritik dieſes prinzipiellen Gegenſatzes habe ich zu geben verſucht in
meiner Schrift: „Die modernen Weltanſchauungen und ihre
praktiſchen Konſequenzen. Vorträge über Fragen der Gegenwart
aus Kirche, Schule, Staat und Geſellſchaft im Winter 1880 zu Leipzig
gehalten". 2. Aufl. Leipz. 1880.

Anmerkungen zum zweiten Vortrag.

1. Strauß, Glaubenslehre I, 351.

2. Blaise Pascal, der ſcharfſinnige Mathematiker, geiſtvolle Gegner
der Jeſuiten und glänzende Schriftſteller aus der goldenen Zeit der
franzöſiſchen Literatur, hat in ſeinen Pensées fragmentariſche Vor-
arbeiten für eine große Apologie des Chriſtenthums hinterlaſſen, die
er als das Werk ſeines Lebens anſah. Er erklärte zehn geſunde Jahre
dazu nöthig zu haben, und Gott ſchenkte ihm nur vier kranke. Er
ſtarb 1662, 39 Jahre alt. Unter den heftigſten Zahnſchmerzen, Kopf-
ſchmerzen, Koliken, die ihn bei Tag und Nacht verfolgten, hat er ſo-
wohl die ſchwierigſten mathematiſchen Probleme (über die Cykloide)
gelöſt, die kein anderer zu löſen vermochte, als auch dieſe Bauſteine
für ſeinen großen Bau geſammelt. Sein Tod hat den Späteren die
Pflicht auferlegt, das von ihm begonnene Werk wieder aufzunehmen
und fortzuführen. — Ueber Paskal vgl. Tholuck, vermiſchte Schriften,
1. Th. 1839 S. 224 ff. Reuchlin, Paskal's Leben und der Geiſt ſeiner
Schriften, 1840. Neander, Wiſſenſchaftliche Abhandlungen, herausg. v.
Jacobi, 1851. Weingarten, Paskal als Apologet des Chriſtenthums
1863. Dreydorff, P., ſein Leben u. ſ. Kämpfe 1870. — Neuere Ausgaben
ſeiner Pensées: Paris, Didot 1861 mit den Pensées von Nicole; die beſte
von Prosper Faugère 2 Bde. Paris 1844. Ueberſetzungen: von Kleuker
1777 mit werthvollen Anmerkungen; nach Faugère's Ausg. von Schwarz
Lpzg. 1845, Otto Wigand, 2 Bde. Ich zitire nach Faugère, füge aber
die Seitenzahlen der Didot'ſchen Ausgabe in Klammern bei. Die angeführte Stelle ſteht II, 84 (49). Ueberhaupt iſt der ganze Abſchnitt
Grandeur et misère de l'homme II, 79 ff. (44 ff.) zu vergleichen, welchem
die meiſten der folgenden Zitate aus den Pensées entnommen ſind.

3. Goethe, Geſpräche mit Eckermann II, 132. Heyder, Ueber das
Verhältniß Goethe's zu Spinoza. Ztſchr. für die luth. Theologie und
Kirche 1866, 2 S. 266: „Goethe war zeitlebens überzeugt, daß jede
Forſchung, die auf ein Letztes kommen wolle, endlich bei einem un-

lösbaren Problem ankommt." — Daß der Mensch sich selbst ein Räthsel sei, spricht der griech. Kirchenlehrer Gregor v. Nazianz einmal carm. de hum. nat. 1, 3, 14) ergreifend aus: „Ich saß gestern im Schatten eines Hains. Einsam verzehrte sich meine Seele. Ich war versunken in meinen Schmerz. Mich bewegten die Fragen: was bin ich gewesen? was bin ich jetzt? was soll aus mir werden? Ich weiß es nicht. Auch ein Weiserer als ich weiß es nicht. Von Nebeln umhüllt irre ich dahin. Was ich war ist mir verschwunden; was werde ich morgen sein, wenn ich noch bin?" Vgl. auch Rousseau, Émile I. IV t. II (Oeuvres, Paris 1820, T. IX) p. 17: Nous n'avons point la mesure de cette machine immense, nous n'en pouvons calculer les rapports; nous n'en connaisons ni les premières lois ni la cause finale; nous nous ignorons nousmêmes; nous ne connaissons ni notre nature ni notre principe actif.

4. Naville, Das ewige Leben. Sieben Reden. Ueberf. v. Frieder. Preffel. Leipz. 1863. S. 15 f.

5. Goethe, Faust:

So tauml' ich von Begierde zum Genuß,
Und im Genuß verschmacht' ich nach Begierde.

Vgl. auch Dalton, Nathanael, Vorträge über das Christenthum. 2. Aufl. Petersburg 1864. S. 34. Byron berechnete daß er nur 11 glückliche Tage in seinem Leben gehabt habe. Und Nelson beneidet nur den, „dessen unzerstörbare Besitzung 6 Fuß unter der Erde liegt". Goethe war eines der seltensten Schoßkinder des Glücks, und doch bekennt er von sich einmal in den Gesprächen mit Eckermann: „Ich kann wohl sagen daß ich in meinen fünfundsiebzig Jahren keine vier Wochen eigentliches Behagen gehabt." Ziethe, Die Wahrheit und Herrlichkeit des Christenthums. Sieben Vorträge. Berlin 1863. S. 43.

6. Pascal Pensées II, 90 (149). II, 147 (178).

7. Pasc. Pens. II, 118 (191: pour cela statt pour l'éternité).

8. Pasc. Pens. II, 88 (149). Vgl. noch p. 104 (180): nous avons une idée du bonheur et ne pouvons y arriver; nous sentons une image de la vérité et ne possédons que le mensonge: incapables d'ignorer absolument et de savoir certainement, tant il est manifeste que nous avons été dans un degré de perfection dont nous sommes malheureusement déchus! Rousseau Confess. VI: Nous sommes si peu faits pour être heureux ici-bas, qu'il faut nécessairement que l'âme ou le corps souffrent, quand ils ne souffrent pas tous les deux.

9. Pasc. Pens. II, 82 (48).

10. Das Gefühl dieser Widersprüche erzeugt die Sehnsucht, wie sie Schiller ausspricht in seinen Gedichten „Sehnsucht" und „der Pilgrim":

Ach, kein Steg will dahin führen,
Ach, der Himmel über mir,
Will die Erde nicht berühren,
Und das Dort wird niemals Hier!

So ist es auch, um einen andern Dichter zu nennen, gewiß nicht bloß Anlehnung an die kirchliche Lehre, wenn in B y r o n ' s „Kain" „durch's ganze Stück eine Art von Ahnung auf einen künftigen Erlöser durchgeht" (Goethe 33, 161). Vgl. nachher Anm. 14.

11. Pasc. Pens. I, 104 (180). Ueber den Widerspruch des Wollens im Menschen vgl. auch Rousseau Emile l. IV p. 41 f.: l'homme n'est point un; je veux et je ne veux pas, je me sens à la fois esclave et libre; je vois bien, je l'aime, et je fais le mal: je suis actif quand j'écoute la raison, passif quand mes passions m'entrainent; et mon pire tourment, quand je succombe, est de sentir que j'ai pu résister.

12. Vgl. hierüber H e r b e r , Geschichte der hebräischen Poesie in seinen sämmtlichen WW. zur Religion und Theologie Bd. 1. S. 160. Ders. in s. Aeltesten Urkunde ꝛc. Bd. 7 S. 83 ff.

13. H o m e r ' s Jlias 17, 446.

14. Eine reiche Sammlung hieher gehöriger Aeußerungen findet sich in Thudichum's Uebersetzung der Tragödien des S o p h o k l e s 1. Theil, 1827. S. 311 ff. Anm. zu V. 1191 ff. des Oedipus in Kolonos. Ich hebe Einiges heraus. „Von dem Elend des Menschenlebens tönt eine leise Klage durch das ganze Alterthum, eine Klage ohne Trost bei den Aeltesten, die keiner besseren Zukunft entgegensahen. Hinfälligen Blättern gleich, sind die Geschlechter der Menschen (Ilias 6, 146. 21, 464), kein Wesen elender als sie (17, 446), die gleich dem Nichts (Oedipus rex 1166), ein Traum des Schattens (Pindar P. 8, 136), traumähnlich (Aeschylos Prom. 549), des Rauches Schatten (Soph. Phil. 932. Antig. 1152), nur Scheinbilder (Aj. 126) einhergehn." „Plinius, sonst überkurz und gedrungen, wird beredt in der Schilderung unseres Elends (Hist. nat. VII init.)." „Vor andern ergreifend ist das Epigramm des A e s o p u s (Anth. gr. 10, 123):

Wie dir ohne den Tod, o Leben, entfliehn? Ungezählt ist,
　　Was dich quälet, und schwer, beides, ertragen und fliehn.
Süß ist womit die Natur sich schmückete: Weite des Meeres,
　　Erde, Gestirne, die Lichtkreise der Sonn' und des Monds:
Alles das Andere Schmerzen und Furcht: und welchem des Guten
　　Ward, mit Vergeltung bald fasset die Nemesis ihn."

„P l u t a r c h u s gibt ein schönes Bruchstück (de consol. I, p. 276):

O komme, Tod, du unsrer Uebel sichrer Arzt,
Du Hafen aller Menschen vor der Stürme Noth.

Nie geboren zu sein, oder doch schnell wieder zu sterben, haben nach Plinius (VII, init.) Viele für das Beste gehalten." „Alexis (Athen. 3, 124. 6) führt als einen Spruch vieler Weisen an:

> Es ist das Beste, nimmerdar geboren sein:
> Doch wenn geboren, eilig an dem Ziel zu stehn.

Schon vor Theognis sang Bacchylides (Fr. 3):

> Geboren nicht sein wär' uns das Beste,
> Und nimmer zu seh'n der Sonne Strahl:

und Theognis selber (543 ed. Welcker):

> Nie geboren zu sein, dem Irdischen wär' es das Beste;
> Und den durchbringenden Strahl nimmer der Sonne zu seh'n:
> Doch dem Geborenen, schnell durch des Aides Thore zu bringen
> Und zu liegen mit viel deckender Erde behäuft."

Dazu noch Soph. Oed. Col. 1225:

> Selig nimmer geboren sein!
> Doch dem Lebenden ist fürwahr,
> Rascher woher er gekommen ist,
> Wieder zu gehen, der Güter zweites.

Die angeführten Worte des Plinius sind aus seiner Naturgeschichte (II, 5. 7. VII, 1) genommen". Aehnliche Zusammenstellungen auch bei Stirm, Apologie des Christenth. S. 200 f., Dalton, Nathanael S. 49 f. und Hettinger Apologie des Christenthums I, 1863 S. 52 u. 512 ff. Besonders ist Plinius' Klage über die Widersprüche des menschlichen Daseins oft wiederholt und zitirt worden. Unter den neueren Dichtern verweise ich vornehmlich auf Lenau — vom Pessimisten Leopardi zu schweigen — z. B.:

> „Wo ist ein Herz das keine Schmerzen spalten?
> Und wer ans Weltenende flüchten würde,
> Stets folgen ihm des Lebens Truggestalten."

Oder jenes andere aus der letzten Zeit vor des Dichters Wahnsinn in seinem Dichterischen Nachlaß herausg. v. Anast. Grün (Stuttg. 1851) S. 198 —:

> 's ist eitel Nichts, wohin mein Aug' ich hefte!
> Das Leben ist ein vielbesagtes (?) Wandern,
> Ein wüstes Jagen ist's von dem zum andern,
> Und unterwegs verlieren wir die Kräfte.
>
> Ja, könnte man zum letzten Erdenziele
> Noch als derselbe frische Bursche kommen,
> Wie man den ersten Anlauf hat genommen,
> So möchte man noch lachen zu dem Spiele.
>
> Doch trägt uns eine Macht von Stund' zu Stund',
> Wie's Krüglein, das am Brunnenstein zersprang,

Und dessen Inhalt sichert auf den Grund
So weit es ging, den ganzen Weg entlang.
Nun ist es leer; wer mag daraus noch trinken?
Und zu den andern Scherben muß es sinken.

Dem möchte ich den Schluß eines Sonetts des Michel Angelo gegenüberstellen, welches H. Harrys in seiner Uebersetzung der Gedichte
M. A.'s (1868) unter Nr. 68 bringt:

Du gabst dem ewgen Gott die arme Hülle,
Du hast ihn in die Zeitlichkeit entsendet.
Auf daß also sich sein Geschick erfülle.
Sei du mit deiner Huld ihm zugewendet,
Hilf ihm, o Herr, sich stärken und erheben,
Sein Heil ist ganz in deine Hand gegeben.

Lasaulx, Ueber die Linosklage, Würzb. 1842, beginnt mit den
Worten: „Es ist mehrfach bemerkt worden, daß in den meisten ächten
Volksliedern etwas Sehnsüchtiges, Schwermüthiges, Klagendes vor-
herrsche. Sehnsucht ist ein mit den Menschen zugleich gebornes Gefühl,
von seinem innersten Wesen unzertrennlich. — Nach dem Falle mischte
sich mit seiner Sehnsucht das Gefühl der Wehmuth über die verlorene
Unschuld des Lebens, und diese beiden Grundgefühle des menschlichen
Herzens, Sehnsucht und Wehmuth, durchdringen seitdem allen ächten
Volksgesang." S. 9. „Eine so allgemeine Trauer über den Verlust und
Untergang der ursprünglichen Schönheit des Lebens muß sich nothwendig aus einer Zeit herschreiben, die jenseits der partialen Völker-
geschichte liegt; sie kann nur der Nachhall eines Gefühls sein, welches
nicht bloß ein und das andere Volk, sondern die Menschheit erfüllt hat.
Jener Jammerlaut ist der Grundton der frühesten Menschengeschichte
(Creuzer, Symb. II, 423) und zieht darum in den mannichfachsten Formen
durch die ältesten Sagen der Völker." — Außerdem vgl. über dieses
Thema Vortrag 7. Anm. 8. —

15. Pasc. Pens II, 9 (154).

16. Pasc. Pens. II. 6 (151 f.).

17. Malebranche bei Nicolas Philos. Studien über das
Christenthum. Uebers. 4. Aufl. I, 111. Und Leibniz bei Naville
S. 172.

18. Worte Naville's S. 31.

19. Sprüche in Prosa. WW. Bd. 3. S. 325. Ferner S. 181: „Der
Irrthum ist viel leichter zu erkennen als die Wahrheit zu finden; jener
liegt auf der Oberfläche — diese ruht in der Tiefe; darnach zu forschen
ist nicht Jedermanns Sache."

20. Nicolas I, 20.

21. Pasc. Pens. II, 172 (291, 265). J. G. Fichte, Bestimmung
des Menschen WW. II. S. 293. 294. Er kommt in dieser Schrift oft-

mals auf diesen Gedanken zurück, z. B. S. 254. „Ist nur der Wille unverrückt und redlich auf das Gute gerichtet, so wird der Verstand von selbst das Wahre fassen." S. 255. „Aus dem Gewissen stammt die Wahrheit." S. 356. „Unser gesammtes Denken ist durch unsren Trieb selbst begründet, und wie des Einzelnen Neigungen sind, so ist seine Erkenntniß." Vgl. hiemit auch Goethe, Sprüche in Prosa a. a. O. S. 238: „Eigentlich kommt Alles auf die Gesinnungen an; wo diese sind, treten auch die Gedanken hervor, und nachdem sie sind, sind auch die Gedanken." Vgl. damit das Wort von Matth. Claudius: „Die Menschen wollen nicht wie sie denken, sondern sie denken wie sie wollen."

22. Roth, Gymnasialpädagogik S. 68.

23. Vgl. Chalybäus, Fundamentalphilos. 1861 S. 20 f. und besonders Winter in meiner Zeitschr. für kirchl. Wissenschaft u. kirchl. Leben 1882 S. 324 ff. „der Glaube als sittliches Verhalten", wo auch ähnliche Aeußerungen angeführt sind.

Anmerkungen zum dritten Vortrag.

1. Lichtenberg's Vermischte Schriften, nach dessen Tode aus den hinterlassenen Papieren gesammelt. Bd. I, S. 166. Oftmals zitirt, z. B. auch Ziethe S. 78, Dalton S. 51. Zum Vorhergehenden vgl. Paskal, Ueber die Nothwendigkeit der Gottesgewißheit II, 29: Il est sans doute qu'il n'y a point de bien sans la connaissance de Dieu; qu'à mesure qu'on en approche on est heureux, et que le dernier bonheur est de le connaitre avec certitude; qu'à mesure qu'on s'en éloigne on est malheureux, et que le dernier malheur serait la certitude du contraire.

2. Lichtenberg I, 47.   Epiktet, Dissert. I c. 16.   Opp. ed. Schweighaeuser I p. 91.

3. Cicero De legibus, I, 8 (24): Ex tot generibus nullum est animal praeter hominem quod habeat notitiam aliquam dei, ipsisque in hominibus nulla gens est, neque tam immansueta, neque tam fera, quae non, etiam si ignoret qualem habere deum deceat, tamen habendum sciat. (Vgl. Kahnis Dogmatik I, 1861 S. 132). Artemidorus Ὀνειροκριτικῶν I cap. 8. „Kein Volk ist ohne Gott, ohne einen obersten Regenten; einige aber verehren so, andere anders die Götter." Vgl. hierüber Fabricii bibliographia antiquaria Ed. 3. 1760 p. 303 sqq., wo eine größere Anzahl von ähnlichen Aeußerungen der Alten, welche die Allgemeinheit des Gottesglaubens beweisen, beigebracht ist. Lüken, Die Traditionen des Menschengeschlechts, Münster (1856) 1869 S. 15 ff. Dieß Buch, eine Frucht fünfzehnjährigen Fleißes, scheint weniger bekannt und anerkannt zu sein als es verdient. Vgl. Zöckler's gelehrte und interessante Abhandlung „Wider die Behauptung einer völligen Religionslosigkeit gewisser Völker" in s. Werke über „Das Kreuz Christi" 1875 S. 417—426.

4. Cicero De natura deorum I, 17: Intelligi necesse est, esse deos, quoniam insitas eorum vel potius innatas cognitiones habemus. De quo autem omnium natura consentit, id verum esse necesse est. Ueber die Beweiskraft der **Allgemeinheit** des Glaubens hat Fechner in seiner Schrift: Die drei Motive und Gründe des Glaubens, Lpz. 1863, S. 62—70 vortreffliche Erörterungen angestellt, indem er nachweist, wie der unberechtigte Glaube, b. h. der Irrthum je länger je mehr in Konflikt gerathe mit der Natur der Dinge und seine nachtheiligen Folgen immer mehr offenbare, so daß er dadurch sich allmählich aufhebe, während dem Glauben aus seiner Uebereinstimmung mit der Natur der Dinge immer mehr Unterstützung und dadurch Bewährung erwachse und seine segensreichen Folgen zur Bestätigung seiner Wahrheit und seines Rechtes werden.

5. Besonders Tertullian in s. Schriften De testimonio animae c. 1 s. 5 s. u. Apologet c. 17.

6. Aehnlich argumentirt auch Sokrates in s. Gespräch mit Aristodemus (Xenoph. Memor. I, 4, 9): „Siehst du doch deine eigene Seele, welche die Lenkerin deines Körpers ist, ebensowenig". Vgl. auch Mark Aurel Meditatt. XII, 28: „Wer dich fragt, wo du Götter gesehen, oder woher dir ihr Dasein erschlossen, daß du sie hoch ehrest, dem antworte: Erstlich sind sie auch dem Anschauen sichtbar (nämlich in ihren Wirkungen); hiernächst habe ich ja selbst meine Seele nicht gesehen und achte sie gleichwohl." Vgl. Jacobi, Von den göttlichen Dingen und ihrer Offenbarung, 2. Ausg. 1822 S. 11. Aehnlich Nicolas I, 202.

7. Pasc. Pens. I, 155. 156. (30. 31). Lichtenberg II, 83. Jacobi a. a. O. S. 9.

8. Matthias Claudius Werke, 7. Aufl. 1814. 1. Bd. S. 10. Es sei mir verstattet noch einige schöne Zeugnisse anzuführen. Der Heide Kleanthes (um 260 v. Chr.) besingt seinen Zeus mit den Worten:

> „Höchster, unsterblicher Gott, vielnamiger, ewiger Herrscher,
> Waltender in der Natur, du Lenker des Alls nach Gesetzen,
> Heil dir! mit dir zu reden ist jeglichem Menschen gestattet:
> Sind wir doch deines Geschlechts; ein Grundton wurde gegeben
> Jedem der Wesen zur Stimme, die leben und weben auf Erden:
> Damit will ich dich preisen und immer erheben dein Machtwort."

(Knapp Christoterpe 1844 S. 80 f.). Und der Kirchenlehrer Gregor v. Nazianz singt in seinem Hymnus „an den Namenlosen":

> Alles verkündet nur dich, was spricht und was mangelt der Sprache:
> Alles verehret nur dich, was denkt und was ohne Gedanken:
> Denn vor dir sind die Wünsche gemein und gemein sind die Schmerzen

Aller, es stehet dich Alles und Alles hebet, erkennend
Deiner Verkündigung Zeichen, nach dir hin die schweigende Hymne.
In dir kommt Alles zur Ruhe, zu dir strömt Alles geschaaret.

9. Jacobi a. a. O. S. 7 u. 189. Pasc. Pens. II, 113 f. (243):
Dieu est un dieu caché.

10. Pasc. Pens. I, 9, 8. 58. II, 113. 114. 1118 u. ö. (242—246).

11. Aristoteles de mundo c. 6. Cicero Tuscul. I c. 28. De
divinat. II c. 76. Vgl. Kahnis a. a. O. S. 157—161, wo auch das
Nähere über die Geschichte dieses Beweises beigebracht ist.

12. Guizot, L'église et la société chrétiennes p. 14. Vgl. auch
Napoléon, Mémorial de Sainte-Hélène par Las Cases T. IV p. 160:
Tout proclame l'existence d'un dieu, c'est indubitable. p. 162: Dire
d'où je viens, ce que je suis, où je vais, est au dessus de mes idées,
et pourtant tout cela est. Je suis la montre qui existe et ne se connait pas. T. V. p. 324.

13. Vgl. die eingehende Behandlung dieses Beweises bei Kahnis
a. a. O. S. 161—168. Unter den Aeußerungen der Alten ist besonders
Cicero de natura deorum II, 37 auszuzeichnen, wo Cicero mit Nachdruck gegen die Möglichkeit eines Zufalls polemisirt; denn warum
sollen nicht durch zufällige Mischung des Alphabets auch poetische
Verse oder durch das zufällige Zusammentreffen der Atome kunstreiche
Bauwerke entstehen können, wenn diese bildungsreiche und schöne Welt
durch zufällige Verbindung von Körpern ohne einen göttlichen Verstand
entstanden ist? Und auch Kant, der die Giltigkeit aller dieser Beweise
in Abrede stellte, gesteht zu: „Dieser Beweis ist der älteste, klarste
und der gemeinen Menschenvernunft am meisten angemessene. Er be-
lebt das Studium der Natur, weil er selbst im Denken das Dasein
hat und dadurch immer neue Kraft bekommt. Er bringt Wesen und
Absichten dahin, wo sie unsere Beobachtung nicht von selbst entdeckt
hätte und erweitert unsere Naturkenntnisse durch den Leitfaden einer
besonderen Einheit, deren Prinzip außer der Natur ist. Diese Kennt-
nisse weisen aber wieder auf ihre Ursache, nämlich die veranlassende
Idee, zurück und vermehren den Glauben an einen höchsten Urheber
bis zu einer unwiderstehlichen Ueberzeugung." Vgl. Kahnis a. a. O.
S. 164 f.

14. Thiers führt in s. Histoire du Consulat et de l'Empire tom. III
p. 220 folgende Aeußerung des „General Bonaparte" gegen den Gelehrten Monge, den er viel in seiner Gesellschaft hatte, an: „Hören
Sie, meine Religion ist sehr einfach. Ich blicke hin auf dieses Universum, so weit und groß aus so vielen Theilen zusammengesetzt, so
prachtvoll! und ich sage mir, daß es nicht das Ergebniß eines Zufalls
sein kann, sondern das Werk irgend eines unbekannten Wesens, das

allmächtig ist und den Menschen in demselben Grade übertrifft wie das Universum unsere schönsten Kunstwerke. Sehen Sie zu, Monge, nehmen Sie Ihre Freunde, die Mathematiker und Philosophen, zu Hülfe, ob Sie wohl einen triftigeren und entscheidenderen Grund finden können! Was Sie auch anstellen mögen ihn zu bekämpfen, Sie werden ihn nicht entkräften." Nicolas I, 75.

15. Vgl. Perty, Anthropologische Vorträge 1863 S. 39: „Manche haben von Ideen gesprochen, welche sich im Laufe der Zeiten ändern und mit ihnen die Organismen, die deren Verwirklichung sind: — aber Ideen setzen ein solche erzeugendes Prinzip voraus. Einige, welche kein schaffendes Prinzip annehmen, lassen den Kosmos selbst das Vernünftige sein; ein Lebendiges und Vernünftiges und dabei Bewußtloses!" Rousseau Émile l. IV. t. II. p. 36: Il ne dépend pas de moi de croire que la matière passive et morte a pu produire des êtres vivans et sentans, qu'une fatalité aveugle a pu produire des êtres intelligents, que ce qui ne pense point a pu produire des êtres qui pensent. — Je crois donc que le monde est gouverné par une volonté puissante et sage; je le vois, ou plutôt je le sens at cela m'importe à savoir.

16. Maistre, Abendst. v. St. Petersburg I, 116 bei Hettinger S. 127 Anmerk.

17. 1782 schrieb Joh. v. Müller mitten aus seinen großen historischen Studien von Kassel aus an seinen Freund Karl Bonnet, von dem ihn bis dahin die Verschiedenheit der Glaubensansichten noch getrennt hatte: „Sie lieben mich, mein theurer, verehrter Freund; werden Sie mich aber nicht noch mehr lieben, wenn ich Ihnen ähnlicher sein werde, wenn Sie erfahren, daß uns fortan nichts mehr scheiden wird? Seit ich in Kassel bin, las ich die Alten, ohne auch nur Einen auszunehmen, nach der Zeitordnung in welcher sie lebten; und sobald mir irgend eine bemerkenswerthe Thatsache aufstieß, machte ich mir Auszüge. Ich weiß nicht, warum es mir vor zwei Monaten in den Sinn kam, einige Blicke in das Neue Testament zu thun, ehe meine Studien zu der Zeit vorgeschritten waren, in welcher es geschrieben ward. Wie soll ich Ihnen ausdrücken, was ich darin fand! Ich hatte es seit vielen Jahren nicht mehr gelesen, und ehe ich es zur Hand nahm, war ich gegen dasselbe eingenommen. Das Licht, welches Paulus auf der Reise gen Damaskus blendete, war für ihn nicht wunderbarer, nicht überraschender, als für mich da ich plötzlich entdeckte: die Erfüllung aller Hoffnungen, die höchste Vollkommenheit der Philosophie, die Erklärung aller Revolutionen, den Schlüssel zu allen scheinbaren Widersprüchen der physischen und moralischen Welt, das Leben und die Unsterblichkeit. Ich erblickte das Wunderbarste durch die kleinsten Mittel vollführt. Ich erkannte die Beziehungen aller Revolutionen Asiens und Europas auf das elende Volk, bei welchem die Verheißungen niedergelegt waren, wie wenn man wichtige Papiere Jemandem anvertraut, der sie weder lesen noch verfälschen kann. Ich sah die Religion in dem für ihre Erscheinung günstigsten Augenblick zu Tage treten, und in der Weise welche die geeignetste für ihre Annahme war. ... Die ganze Welt schien dazu nur geordnet, die Religion des Erlösers zu begünstigen, und wenn diese Religion nicht die eines Gottes ist, so verstehe ich nichts mehr. Ich habe kein Buch darüber gelesen; bisher aber fehlte mir bei meinen Studien der früheren Zeiten immer Etwas, und erst seit ich unsern Herrn kenne, ist Alles klar vor meinen Augen, mit ihm giebt es Nichts was ich nicht zu lösen vermöchte." WW. 15, 315 ff. Auch bei Naville S. 156 f. Augustin nennt die Geschichte ein Gedicht des göttlichen Verstandes, De civ. XI, 18: Deus ordinem seculorum tanquam pulcherrimum carmen honestavit.

18. Vgl. das Nähere hierüber bei Kahnis a. a. O. S. 153 ff. Zum Vorhergehenden vgl. auch Nicolas I, 81 ff.

19. Cic. De legg. II, 4. und das schöne Fragment aus Cic. de republ. I, 3 bei Lactant. Div. instit. VI, 2. Die Lit. dieses Beweises z. B. bei Hahn Lehrb. des christl. Glaubens I, 228.

20. So z. B. oftmals Strauß, Glaubenslehre I, 393. Leben Märklin's S. 155 u. ö.

21. Pasc. Pens. II, 314. 315 (219. 245).

22. Zur näheren Belehrung hierüber verweise ich besonders auf die treffliche Schrift von Weißenborn, Vorlesungen über Pantheismus und Theismus, Marburg 1859. In seiner Abh. über das Verhältniß Goethe's zu Spinoza (Ztschr. für luth. Theol. 1866, 1) hat Heyder darauf aufmerksam gemacht, daß der Pantheismus in zwei große Hauptformen sich theile, in den orientalischen und occidentalischen. Jener läßt die Welt in Gott untergehen, dieser Gott in der Welt. Jenem ist Gott die Ruhe, diesem Bewegung; dort ist Gott das Sein, hier ist Gott Werden, Prozeß. Deßhalb wird jener der wirklichen Welt nicht gerecht und mächtig im Gedanken, während dieser im Grunde kein Absolutes gewinnt; denn jener kennt kein Werden, dieser kein Sein, im Prozeß des Endlichen wird Gott stets ohne je wahrhaft wirklich zu sein.

23. Jacobi, Ueber die Lehre des Spinoza, in Briefen an Herrn Moses Mendelssohn. Breslau 1785. Wogegen Mendelssohn: Moses Mendelssohn an die Freunde Lessing's. Ein Anhang zu Herrn Jacobi's Briefwechsel über die Lehre des Spinoza. Berlin 1786. Nach Engel's Versicherung hat die Veröffentlichung jener Briefe den nächsten Anlaß zu Mendelssohn's Tod gegeben — so sehr ging es diesem zu Herzen,

daß sein Freund Lessing ihm ein solches Geheimniß wie seinen pantheistischen Glauben vorenthielt, während er es Jacobi in jenem Gespräche in Wolfenbüttel sofort offenbarte. „Doch Herr M. wäre vielleicht
ohne die Briefe gestorben", meint Claudius. Vergl. überhaupt Matth.
Claudius Werk Bd. V. S. 102—120.

24. Einen poetischen Dolmetscher hat Spinoza besonders an Berthold
Auerbach gefunden, z. B. in seinem Roman Auf der Höhe. Schelling
aber hat in einem interessanten Gedicht (aus dem Jahre 1800) eine
poetische Darstellung seiner pantheistischen Spekulation gegeben (Sämmtliche WW. Abth. 1. Bd. 4. S. 546 ff.). Etliche Zeilen daraus mögen
hier folgen:

> Die Kraft wodurch Metalle sprossen,
> Bäume im Frühling aufgeschossen,
> Sucht wohl an allen Ecken und Enden
> Sich an's Licht herauszuwenden,
> Läßt sich die Mühe nicht verdrießen,
> Thut jetzt in die Höhe schießen,
> Sein' Glieder und Organ' verlängern,
> Jetzt wieder kürzen und verengern,
> Und hofft durch Drehen und durch Winden
> Die rechte Form und Gestalt zu finden.
> Und kämpfend so mit Füß' und Händ'
> Gegen widrig Element
> Lernt er im Kleinen Raum gewinnen,
> Darin er zuerst kommt zum Besinnen.
> In einen Zwergen eingeschlossen,
> Von schöner Gestalt und graden Sprossen
> (Heißt in der Sprache Menschenkind)
> Der Riesengeist sich selber find't.
> Vom eisernen Schlaf, vom langen Traum
> Erwacht, sich selber erkennet kaum,
> Ueber sich selbst gar sehr verwundert ist,
> Mit großen Augen sich grüßt und mißt.
> Könnt' also zu sich selber sagen:
> „Ich bin der Gott den sie im Busen hegt,
> Der Geist der sich in Allem bewegt:
> Vom ersten Ringen dunkler Kräfte
> Bis zum Erguß der ersten Lebenssäfte,
> Wo Kraft in Kraft und Stoff in Stoff verquillt,
> Die erste Blüth', die erste Knospe schwillt,
> Zum ersten Strahl von neugebornem Licht,
> Das durch die Nacht wie zweite Schöpfung bricht,
> Und aus den tausend Augen der Welt
> Den Himmel so Tag wie Nacht erhellt,
> Ist eine Kraft, ein Wechselspiel und Weben,
> Ein Trieb und Drang nach immer höherm Leben."

25. Vgl. Friedr. Schlegel, Ueber die Sprache und Weisheit
der Indier 1808 S. 127. 97. 98. 114; Jacobi, Von den göttlichen

Dingen S. 154 f. Naville, Der himml. Vater S. 217. „Die Ver=
götterung des Menschengeistes ist die Rechtfertigung aller seiner
Thaten und zieht als unmittelbare Folge die Vernichtung aller Sittlich=
keit nach sich".

26. Vgl. das poetische Bekenntniß der Hoffnungslosigkeit des Pan=
theismus in Rückert's schönem Gedicht: Die sterbende Blume. Die
Forderung persönlicher Fortdauer nennt der Pantheismus den an=
spruchsvollen Egoismus des Individuums, z. B. Strauß, Leben
Märklin's S. 156. Rückert hat aber jenes Gedicht später mißbilligt.
Vgl. Allg. Ztg. 1873 Nr. 47 Beilage. „Frbr. Rückert, Erinnerungen
eines jüngeren Freundes" S. 711. „Das war ein sehr böses Gedicht,
rief er mit einem schmerzlichen Tone, als mißbillige und beklage er die
dort ausgesprochene poetisch=enthusiastische Ergebung in das Schicksal
einer nur gattungsmäßigen, nicht persönlichen Fortdauer."

27. Vgl. was Stahl hierüber sagt in f. Fundamenten einer christ=
lichen Philosophie S. 24 ff.

28. Vgl. hierüber Stahl a. a. O. S. 14 ff. — Ueber die Un=
möglichkeit das Bewußte aus dem Bewußtlosen hervorgehen zu lassen
vgl. z. B. auch Rousseau Émile IV t. II p. 26: Il ne dépend pas de
moi de croire — que ce qui ne pense point a pu produire des êtres
qui pensent.

29. Pascal, Pensées II, 198 (287). II, 171 (292). Nicolas I, 147 f.
führt folgende Stelle aus der Lélia von George Sand an, die wohl
aus eigener Erfahrung sagen konnte, ob menschliche Liebe uns die Be=
friedigung gibt die wir suchen: „Der Himmel thut uns Noth, und den
haben wir nicht. Darum suchen wir den Himmel in einem Geschöpfe
das uns ähnlich ist, und vergeuden für dasselbe alle hohe Kraft die
uns zu edlerem Gebrauche verliehen war. Wir verweigern Gott das
Gefühl der Anbetung, ein Gefühl das nur darum in uns gelegt worden
um uns zu Gott wieder hinzuführen; wir übertragen es auf ein un=
vollkommenes und schwaches Wesen, welches nun der Gegenstand unserer
Abgötterei wird" u. s. w.

30. Ludwig Feuerbach hat 18 Seiten lang den Tod besungen
„Reimverse auf den Tod" 1830. WW. III, 91—108.

Es zieht mich fort von diesem Leben,
Daß ich dem Nichts mich thu' ergeben.
Die alte Fabel lehret zwar:
Ich käme zu der Engelschaar;
Doch das ist Wahn der Theologen,
Die uns von jeher angelogen.
Mein leibiges Derselbesein
Das modert in dem Todtenschrein:
Es endet die Jdentitas,

Der Tod ist nicht ein leerer Spaß.
— — —
D'rum liebes Ich, ade! ade!
Auf ewig hin! o weh! o weh!
O liebe Seel' o jammre nicht,
Wenngleich das Ich zusammenbricht.

Es zieht mich in das Nichts hinunter
Als neuen Lebens Feuerzunder:

Luthardt, Vorträge I. 11. Aufl.

—   —   —

Zu euch, ihr lieben Kindelein,	Aus unsrer kalten Todtengruft.
Die ihr statt unsrer tretet ein,	
Und athmet eure Lebensluft	Ich muß in Nichts zu Grunde geh'n,
	Soll neues Ich aus mir entsteh'n u. s. w.

Diesen Reimversen geht eine Reihe von Abhandlungen über den Tod voran S. 1 ff., in denen der Tod verherrlicht wird, z. B. S. 20: „Der zeitliche sinnliche Tod setzt als seinen Grund einen unzeitlichen, übersinnlichen Tod voraus. Dieser ewige, übersinnliche Tod ist — Gott."

Anmerkungen zum vierten Vortrag.

1. Vgl. K. v. Raumer, Kreuzzüge 1. 1840. S. 110. Kurz, Bibel und Astronomie 4. Aufl. 1858. S. 21 Anm.

2. Dieselbe Grundanschauung ist ausgesprochen in O. L. Erdmann's (in Leipzig) Vortrag über das Verhältniß der naturwissenschaftlichen Forschung zum religiösen Glauben, im amtlichen Bericht über die 34. Versammlung deutscher Naturforscher und Aerzte in Karlsruhe im Sept. 1858, Karlsr. 1859, S. 19 ff. Siehe besonders S. 20: „Eine Grenze kann und darf die Naturwissenschaft ihrem Wesen nach nicht überschreiten — ich meine die Grenze, über welche hinaus keine sinnliche Erfahrung und kein auf sinnliche Erfahrung gegründeter Schluß möglich ist." Auch S. 22: „Die Wissenschaft hat keine Antwort auf die vorhin gestellten Fragen (über den Ursprung der Materie u. s. w.); sie berühren eine Grenze, welche menschliche Forschung nimmer überschreiten wird. Hier endet die Wissenschaft, hier beginnt die Religion, sie allein hat eine Antwort auf jene Fragen, indem sie uns den Glauben lehrt an Gott den allmächtigen Schöpfers Himmels und der Erden." — Vgl. auch A. v. Humboldt: „Die Kosmogenie setzt die Existenz aller jetzt im Weltall zerstreuten Materie voraus und beschäftigt sich nur mit den mannigfaltigen Zuständen, welche diese Materie durchlaufen ist, bis sie ihre dermalige Form und Mischung erhalten hat. Was außer diesem Kreise liegt, gehört zu den Anmaßungen der philosophirenden Vernunft", in dem Aufsatze: Die Entbindung des Wärmestoffs u. s. w. in Molls Jahrb. der Berg- und Hüttenkunde 3. Bd. S. 6. Selbst Birchow bekennt (Archiv für pathol. Anatomie 1855, 16. Heft, bei Fabri Briefe gegen den Materialismus. 2. Aufl. 1864 S. 61): „Ich habe ausdrücklich erklärt, daß die Naturforschung nicht im Stande sei das Räthsel der Schöpfung zu lösen." In einem vor der Naturforscherversammlung zu Stettin 1863 gehaltenen Vortrage über den vermeintlichen Materialismus der heutigen Naturforschung wiederholt der berühmte Patholog dieses Geständniß mit der Hinzufügung daß die Genesis des Bewußtseins beseelter Lebewesen eine nicht in geringerem Grade über alles naturwissenschaftliche

Erkennen und Begreifen hinausgehende Thatsache sei (vgl. die Stelle bei J. Huber, Zur Kritik moderner Schöpfungslehren, München 1875, S. 17). Wesentlich die nämlichen Grenzsteine: das Wesen des Atoms als des Grundbegriffs aller materiellen Existenz einerseits und die Genesis des Bewußtseins andrerseits, setzt Dubois-Reymond dem Bereiche des mit naturwissenschaftl. Mitteln Erkennbaren in seinem berühmten, vor der Naturforscherversammlung zu Leipzig 1872 gehaltenen Vortrage: „Ueber die Grenzen des Naturerkennens" (neueste Aufl. 1882). Ihm stimmt zu der Historiker des Materialismus F. A. Lange (Gesch. des Mat., 2. Aufl. 1873, I, T. 15; II, S. 148 ff.); desgleichen Preyer (Ueber die Erforschung des Lebens, 1873, S. 36. 40 ff.), K. E. v. Baer (Studien aus dem Gebiete der Naturwissenschaften, 2. Hälfte, St. Petersburg 1876, S. 218 ff.) und noch zahlreiche andere angesehene Physiologen wie Ludwig, Vierordt, Fick, Donders rc. (vgl. Wigand, Der Darwinismus und die Naturforschung Cuvier's u. Newton's, Thl. II 1876, S. 153; Ulrici, Der Philosoph Strauß, 1873, S. 31; G. Freiherr v. Hertling, Ueber die Grenzen der mechanischen Naturerklärung, Bonn 1875, S. 18 ff. 75 ff.; Zöckler, Die Grenzen des Naturerkennens im Bew. des Gl. 1882, S. 166).

3. Vgl. Wuttke, Ueber die Kosmogonieen der heidnischen Völker vor der Zeit Jesu und der Apostel. 1850; H. Lüken, Die Stiftungsurkunde des Menschengeschlechts, Freiburg 1876.

4. Vgl. Fabri Briefe u. s. w. S. 224, wo auch eine entsprechende Aeußerung A. v. Humboldt's angeführt ist.

5. Vgl. Hettinger S. 164 u. Fabri S. 66. An die trefflichen Erörterungen dieser beiden Schriften (bes. Hett. 178—185. Fabri S. 82 —86) schließt sich die folgende Kritik des Materialism. mehrfach an. Vgl. außerdem die hieher gehörigen Schriften von J. Rud. Strohecker (Die freie Naturbetrachtung gegenübergestellt der materialistischen Lehre von Stoff und Kraft, Augsb. 1869), M. E. A. Naumann (Die Naturwissenschaften und der Materialismus, Bonn 1869), L. Weis (Anti-Materialismus; Vorträge aus dem Gebiete der Philosophie mit Hauptrücksicht auf deren Verächter, Berl. 1870. 71, 2 Bde.), Barnard (Die neueren Fortschritte der Naturwissenschaften [Rede vor der amerikan. Naturforschervers. zu Chicago], a. d. Engl. von Klöden, 1869, S. 50 ff.), M'Cosh (Christianity and Positivism, New-York 1871, p. 32. 206, 213 ss.); auch Guizot; Méditations sur l'état actuel de la Religion chrét., Par. 1866, p. 313 ss., wo das Willkürliche und Nichtige der Hypothesen, mit welchen der Materialismus operirt, besonders treffend gezeigt ist.

6. Kant, Metaphys. Anfangsgründe der Naturwissenschaft 3. Hauptst.

3. Lehrsah. Werke Bd. 5, S. 407. Außerdem vgl. Erdmann a. a. O.
S. 21: „Was hat die (angeblich) von Ewigkeit bestehende Materie zuerst
in die Bewegung gesetzt, deren Folge die heutige Gestaltung war?"
„Wie erwachte auf der Erde das Leben der Thier- und Pflanzenwelt
— zuletzt das Menschenleben?" — Fabri S. 84 u. Hettinger S. 173
führen aus Virchow Ges. Abh. 1855 die Stelle an: „So wenig eine
Kanonenkugel sich durch die Kräfte, die ihr innewohnen, bewegt, und
ebensowenig die Kraft, mit der sie andere Körper trifft, eine einfache
Resultante der Eigenschaften ihrer Substanz ist, so wenig sind auch die
Lebenserscheinungen ganz und gar aus den Eigenschaften der die einzelnen Theile zusammensetzenden Substanz zu erklären." Ferner
Cornelius, Ueber die Bildung der Materie 1856 S. VIII. 16. 18.
19: „Wie es zugehe, daß ein Atom durch den leeren Raum auf ein
anderes wirke, ist schlechthin unbegreiflich." — Zur Kritik der Atomen-
lehre des modernen Materialismus vgl. überhaupt J. H. Fichte in
d. Ztschr. für Philosophie 1854, 24. Bd., S. 24 f.; auch Ebrard,
Apologetik Thl. I, 1874, S. 102 ff. K. Laßwitz, Atomistik u. Kriti-
cismus. Braunschweig 1878; Rob. Flint, Antitheistic Theories.
Edinburgh 1878).

7. Z. B. Czolbe bei Fabri S. 89.

8. Spinoza, Ethik, 4. Buch, Vorr. Als Beispiel aus der modernen
Naturwissenschaft vgl. Schleiden's Polemik bei Fabri S. 134 f., oder
Büchner, Natur und Geist 1875 S. 267 ff.: „Der schädliche und zu
zahllosen Irrthümern und falschen Anschauungen führende Zweck-
mäßigkeitsbegriff." „Die ausgezeichnetsten Forscher in den verschiedensten Branchen der Naturwissenschaften haben in den letzten Jahren
sich mit großer Energie und Einstimmigkeit gegen die Anwendung des
philosophischen Begriffs der Zweckmäßigkeit — erklärt" u. s. w. Unter
den neuesten naturphilosophischen Gegnern der Annahme von Zwecken
in der Natur sind E. Häckel (Natürl. Schöpfungsgeschichte, S. 9. 55.
443 u. ö., auch Anthropogenie S. 17. 535. 691 u. ö.) und F. A. Lange,
Gesch. des Materialismus 2. Aufl. II. S. 245 ff. 273 ff.) als besonders
einflußreich hervorzuheben. — Es ist das Verdienst Trendelenburg's,
in seinen Logischen Untersuchungen 2. Aufl. 2 Theile 1862 den Zweckbegriff in seiner Nothwendigkeit nachgewiesen und wieder zu Ehren gebracht zu haben. Vgl. den Abschnitt: der Zweck Th. 2 S. 1 ff. Die
folgenden Ausführungen im Texte beruhen hierauf und sind theilweise
wörtlich diesen philosophischen Erörterungen entnommen. Ich kann
dieselbe denen die sich genauer darüber. unterrichten wollen nicht
dringend genug empfehlen. Ich hebe hier noch einige Stellen aus.
S. 3: „So wird das Auge im Dunkel des Mutterleibes zubereitet,
damit es geboren dem Lichte geöffnet werde. Das Auge bildet sich in

der verschlossenen Werkstatt der Natur, aber dennoch entspricht es dem Lichte, das in unendlicher Entfernung von derselben entspringt u. s. w." S. 4: „Das Licht hat das Auge nicht gemacht noch erregt, und doch sehnt sich nach ihm die schlummernde Kraft des lichthellen Nerven". „Allenthalben erscheint in den entsprechenden Gegensätzen der äußeren und der inneren Thätigkeit eine Uebereinstimmung." „Der Zweck regiert das Ganze und bewacht die Ausführung der Theile." S. 5: „Wie sich in dem Werkzeuge des Gesichtes der Zweck offenbart, so wiederholt er sich auf ähnliche Weise in den empfänglichen Organen der übrigen Sinne." Er erinnert dann S. 8 ff. daran, wie Cuvier die Einheit des thierischen Organismus in der Zweckbeziehung der einzelnen Theile desselben auf einander nachgewiesen habe. Gehen wir zum Menschen über, „so stimmt auch hier das Niedrige zu dem Höchsten". S. 11. S. 12: „In dem Niedern liegt ein Vorblick auf das Höhere und das Ganze ist aus Einem Gedanken entworfen. Was sich in sich zu vollenden scheint, wie selbständig in sich geschlossen, dient wieder als Glied einem umfassenderen, bedeutsameren Leben." S. 24 f.: „Eine bewußtlose Zweckmäßigkeit ist zwar das Faktum der bildenden Natur, aber nicht mehr als ein Faktum. Wenn man in dem Worte schon das Räthsel glaubt gelöst zu haben, so hat man es vielmehr nur geschärft, denn wie kann die tiefsinnige Zweckmäßigkeit bewußtlos und blind gedacht werden?" S. 27: Diese „prästabilirte Harmonie scheint auf eine die Glieder umfassende Macht hin zu weisen, in welcher der Gedanke das A und O ist". Aehnlich spricht sich Liebig für die Herrschaft der Idee und des Zweckes im Reiche der organischen Bildungen aus, in s. Chemischen Briefen 5. Ausg. 1861, 23. Brief S. 202 f., wo er überhaupt die materialistischen Ansichten bezeichnet als „die Meinungen von Dilettanten, welche von ihren Spaziergängen an den Grenzen der Gebiete der Naturforschung die Berechtigung herleiten, dem unwissenden und leichtgläubigen Publikum auseinander zu setzen, wie die Welt und das Leben eigentlich entstanden sei u. s. w. Vgl. auch Fechner, Die drei Motive u. s. w. S. 117 f.: „Ich las einmal, daß die Larve des Hirschhornkäfermännchens sich bei ihrer Verpuppung ein größeres Gehäuse baue, als sie zur Ausfüllung mit ihrem zusammengekrümmten Leibe brauche, damit die dereinst sich entwickelnden Hörner auch noch Platz haben. Was weiß die Larve von ihren künftigen Hörnern? u. s. w." Stuß, die Thatsachen des Glaubens (Zürich 1865), S. 66: „Der tiefer blickende Beobachter kann nicht umhin für den größtmöglichen Irrthum es zu erklären, auf dem Gebiete des organischen Lebens das Walten einer bewußten Absicht und die Wirksamkeit eines nach Zwecken handelnden Wesens zu verkennen." Es ist bedeutsam, daß sogar ein Darwinist wie Huxley dem fanatischen Anti-

teleologismus mancher seiner naturphilosophischen Glaubensgenossen,
z. B. Häckel's, zu Gunsten der Annahme einer gewissen Zweckmäßigkeit
der organischen Natur entgegentreten zu müssen gemeint hat (in dem
Essay: The Genealogy of Animals, vgl. W. Jackson, The Philosophy
of Natural Theology, Lond. 1874, p. 509 ss.). So ruft auch J. Stuart
Mill, der bekannte sensualistische Philosoph, in seinen nachgelassenen
drei Essays „Ueber Religion", Lond. 1874 (Ess. III: On Theism.) den
zweckleugnenden Jüngern der modernen unfehlbaren Wissenschaft ein
kräftiges Halt! zu. So wenig er die übrigen Beweise für das Dasein
Gottes gelten lassen will, dem argum. teleologicum oder physicotheol.
legt er auch heute noch eine hohe Bedeutung bei. Das Sehen der
Thiere und Menschen z. B. sei vom phys- oder antiteleologischen Standpunkte der Naturbetrachtung aus schlechthin unerklärbar. „Beim gegenwärtigen Stande der Wissenschaft ist die Wahrscheinlichkeit für einen
intelligenten Urheber immer noch größer, als die für die entgegengesetzte
Ansicht." — Auch Ed. v. Hartmann's Philosophie des Unbewußten
statuirt das Walten einer zweckmäßig, aber unbewußt wirkenden Ursache der Natur, freilich ohne den inneren Widerspruch zu erkennen,
der in der Verbindung des Unbewußten und des Zweckmäßigen liegt.
Vom Standpunkte einer besonneneren und korrekteren naturphilosophischen Spekulation sind für das gute Recht teleologischer Betrachtungsweise neuerdings eingetreten: die Philosophen J. H. Fichte (Eine
theistische Weltansicht, 1873, S. 149 ff.), Ulrici (Der Philosoph Strauß,
1873, S. 9. 34 ff.), Joh. Huber (Der alte und der neue Glaube rc.
1873; sowie: Zur Kritik mod. Schöpfungslehren, S. 10 ff.); die The-
logen W. Jackson (a. a. O.), James Martineau (Religion as affected
by modern Materialism., Lond. 1874), A. Ebrard (Apologetik I,
S. 337 ff.), F. Reiff (Gibt es einen Weltzweck? Heilbronn 1881);
die Naturforscher A. v. Mühry (Ueber die exakte Naturphilosophie,
2. A., Gött. 1880), A. Wigand (Der Darwinismus rc., I, 200 ff.
332 ff. II, 325 ff. 365. 377 ff.), v. Hanstein (Ueber den Zweckbegriff
in d. organ. Natur, Bonn 1830) und besonders K. E. v. Baer (Ueber
Zweckmäßigkeit oder Zielstrebigkeit überhaupt und in den organ. Naturwesen insbesondere — Gesammelte Reden u. Aufsätze II, S. 49 ff. 170 ff.).
Die Ausführungen des Letzteren gegenüber der jetzt so viele Naturforscher
beherrschenden „Teleophobie" (d. h. Zweckscheu), die zwar „historisch begreiflich", aber an sich auf keine Weise zu rechtfertigen sei, verdienen
besondere Beachtung. So S. 220: „So wenig wir die geistigen Ope-
rationen aus den körperlichen erklären können, — — so gewiß ist das
geistige Leben als das Ziel des organischen zu betrachten"; S. 229:
die Harmonie der Natur — „löst sich auf in Ziele und in Naturgesetze als Mittel zur Erreichung dieser Ziele" .... Kurz: „die ganze

Natur wirkt vernünftig; sie ist der Ausfluß einer Vernunft.... Alle Nothwendigkeiten und Nöthigungen in ihr führen zu Zielen und alle Zielbestrebungen (Entelechien) werden nur erreicht durch Nothwendigkeiten und Nöthigungen" u. s. f.

9. **Schleiden**, Das Alter des Menschengeschlechts u. s. w. Drei Vorträge, 1863, S. 28: „Die älteren Experimente von Ehrenberg, Schwann, Schultze u. AA., in neuerer Zeit wieder durch die umfassenden Untersuchungen von Pasteur bestätigt, haben bewiesen, daß eine s. g. generatio aequivoca, d. h. eine Entstehung spezifisch bestimmter Keime ohne Mitwirkung gegebener Organismen aus formlosem Stoffe in der Natur nicht vorkommt. Dagegen hat sich der alte Harvey'sche (?) Satz: „Alles Lebendige entsteht aus einem Ei" vollkommen bewährt und nur noch physiologisch bestimmter und schärfer dahin aussprechen lassen, daß alles Lebendige, d. h. Pflanze und Thier, aus einer Zelle entsteht." Aehnlich **Liebig**, Chem. Briefe a. a. O., **Huxley**, Ueber unsere Kenntniß von den Ursachen der Erscheinungen der organischen Natur (Sechs Vorlesungen ꝛc., übers. von K. Vogt, 1865), S. 65; H. **Hoffmann**, Untersuchungen zur Bestimmung des Werthes von Species und Varietät, 1869, S. 4; U. **Stutz**, Ueber die Schöpfungsgeschichte 1867, S. 15 ff. Bis gegen 1870 galt überhaupt bei der größten Mehrzahl der Naturforscher der alte Streit zwischen Heterogenisten (Vertheidigern der Urzeugungslehre) und Panspermisten (Anhängern des Satzes: Omne vivum ex ovo) als zu Gunsten der Letzteren entschieden, und zwar dieß hauptsächlich durch jene Experimente Pasteur's, durch welche, nach Huxley's Ausdruck, „die Urzeugung ihren schließlichen Gnadenstoß erhalten hat". Seitdem ist nun allerdings in Folge der scharfsinnig ausgedachten Versuche eines englischen Heterogenisten, H. **Charlton Bastian** (Verf. der Schriften: The Modes of Origin of lowest Organisms, 1871; The Beginnings of Life, 1872, etc.) die Annahme, daß noch gegenwärtig Urzeugungsprozesse wenigstens in Gestalt der spontanen Bildung von Bakterien, Monaden u. a. Organismen winzigster Art möglich seien oder vielmehr täglich stattfänden, wieder etwas wahrscheinlicher geworden; vgl. K. E. v. Baer a. a. O. S. 279; Alph. Decandolle, Histoire des Sciences et des Savants depuis deux Siècles, 1873, p. 4; E. R. Hartmann, Thierproduktion und Darwinismus, 1876, S. 110 f. Doch herrscht selbst innerhalb des darwinistisch-materialistischen Heerlagers noch erheblicher Zwiespalt darüber, ob diesen Bastian'schen Experimenten wirkliche Beweiskraft zukomme. Während Häckel, Schaaffhausen, v. Hellwald, H. v. Barth ꝛc. sie als beweiskräftig anzuerkennen geneigt scheinen, beharren zahlreiche Andere bei ihrer unbedingten Verwerfung des Glaubens an eine fortdauernde Urzeugung und erklären die zur Widerlegung Bastian's

angestellten Gegenexperimente der englischen Mikroskopisten Sander-
son, Dallinger, Drysdale 2c. allein für wahrhaft zuverlässig und
beweiskräftig. Neuestens scheinen die von den gleichen Ergebnissen be-
gleiteten Versuche des berühmten Physikers Tyndall die Bastian'schen
Demonstrationen vollends entkräftet und entwerthet zu haben. Vgl.
Zöckler, im „Daheim" 1875, S. 44 f., „Beweis b. Glaubens" 1876,
S. 443; Geschichte der Beziehungen zwischen Theol. u. Naturw. II,
723 f.; J. W. Dawson, Die Natur und die Bibel (Gütersloh 1877),
S. 128 ff.

10. Für die Annahme, daß wenigstens die allerersten Organismen
auf dem Wege spontaner Urzeugung entstanden seien, erklären sich
z. B. Burmeister (Geschichte der Schöpfung, 7. Aufl. S. 350), Mor.
Wagner (Wissenschaftl. Beil. zur Augsb. Allg. Ztg. 1872, März),
G. Seidlitz, Die Darwin'sche Theorie, 2. Aufl. 1875, S. 234;
Zöllner, Ueber die Natur der Kometen 2c. 1873, S. XXIV ff. —
Dagegen haben neuerdings Mehrere die von W. Thomson (vor der
brit. Naturforscherversammlung 1871) vorgetragene Hypothese, daß die
Anfänge des organischen Lebens unseres Planeten auf mit Moos- oder
Algenkeimen bewachsene Asteroidensplitter, also auf die Meteorsteinfälle
der Urzeit zurückzuführen seien, als bequemstes Auskunftsmittel be-
grüßt. Für diesen Regressus in infinitum soll sich u. a. Liebig ausgesprochen haben (nach M. Wagner a. a. O.); deßgleichen erklären sich
dafür Helmholtz, Edg. Quinet, der nordamerik. Geologe Sterry
Hunt u. mehrere Andere; vgl. Maibauer, Die physische Beschaffenheit des Sonnensystems, 1872, S 90 ff., G. v. Gizycki, Philosophische
Konsequenzen der Lamarck-Darwin'schen Entwicklungstheorie, 1876,
S. 15 ff. Zur Kritik dieser Hypothese vgl. besonders F. Pfaff (Ueber
die Entstehung der Welt und die Naturgesetze, Frankfurt 1876, S. 32 ff.),
der sie gewiß mit Recht als „eine widersinnige, allen physikalischen Gesetzen Hohn sprechende Annahme, die aufzustellen wahrhaft den Muth
der Verzweiflung erfordert", charakterisirt (ähnlich auch schon in dem
Vortrage: „Ist die Welt von selbst entstanden oder ist sie geschaffen
worden?" Fürth 1875, S. 21 ff.).

11. Liebig, a. a. O. S. 206: „Nie wird es der Chemie gelingen,
eine Zelle, eine Muskelfaser, einen Nerv, mit Einem Wort einen
der wirklich organischen, mit vitalen Eigenschaften begabten Theile
des Organismus oder gar diesen selbst in ihrem Laboratorium dar-
zustellen."

12. Worte Eckstein's, Die Askesis der alten heidn. u. s. w. Welt
1862 S. 22, bei Hettinger S. 191. Vgl. Frohschammer, Das
Christenthum und die Naturwissenschaft, 1876, S. 61: „Jedenfalls ist
noch nicht bewiesen, daß in der Natur von selbst aus unorganischen

Stoffen ohne Vermittlung organischer Kräfte eiweißartige Stoffe sich
bilden. Und selbst wenn es gelingen sollte, durch Experimente der=
gleichen eiweißartige Bildungen zu Stande zu bringen, so ist damit
noch nicht bewiesen, daß solche auch von selbst in der Natur entstehen,
da beim Experiment „doch immer auch noch das planmäßige, ver=
ständige Einwirken des Forschers hinzukommt" 2c. 2c. Aehnlich
A. Voller, Die Entwicklung der naturwissensch. Erkenntniß, Elber=
feld 1876, S. 38.

13. Die Inschrift lautet:

> Non parem Pauli gratiam requiro,
> Veniam Petri neque posco, sed quam
> In crucis ligno dederas latroni,
> Sedulus oro.

Ich habe in den früheren Ausgaben dieser Vorträge die Inschrift
irrthümlich als eine von Kopernikus selbst verfaßte Grabschrift be=
zeichnet. Inzwischen aber habe ich mich aus den Arbeiten Prowe's
über Kopernikus überzeugt, daß die (einem Gedichte des Aeneas Syl=
vius Piccolomini: De passione Domini entnommene) Strophe erst von
dem Thorner Stadtphysikus Dr. Melchior Pyrnesius († 1589) auf das
zu s. Zeit dem K. errichtete Denkmal gesetzt wurde (K. ist mit ge=
falteten Händen vor einem Krucifix abgebildet; neben dem linken Arm
liegt ein Todtenkopf und im Hintergrund ist ein Himmelsglobus und
daneben ein Zirkel: unterm rechten Arm steht diese Strophe). Da jene
Ansicht immer von Neuem wiederholt wird, so will ich ihre Korrektur
hiemit ausdrücklich betont haben. Gesucht scheint mir die Erklärung Lichten=
berg's, in s. Biogr. des Kop. (Verm. Schr. VI, 128) zu sein, dieß ihm
in den Mund gelegte Sündenbekenntniß beziehe sich auf die astron.
Ketzerei des Kopernikus. — Die fromme Gesinnung des Kop. und den
Zusammenhang, in welchem seine Entdeckung mit derselben steht, hebt
Czynski in seiner sonst allerdings unkritisch gearb. Biographie des K.
(Kopernik et ses travaux Paris, 1847) oftmals und mit Recht hervor. —
Kepler schließt sein Werk von der Harmonie der Welten mit den
Worten: „Ich danke dir, mein Schöpfer und Herr, daß du mir diese
Freuden an deiner Schöpfung, dieß Entzücken über die Werke deiner
Hände geschenkt hast. Ich habe die Herrlichkeit deiner Werke den
Menschen kundgethan, soweit mein endlicher Geist deine Unendlichkeit
zu fassen vermochte. Wo ich etwas gesagt, das deiner ganz unwürdig
ist, oder nachgetrachtet haben sollte der eigenen Ehre, das vergib mir
gnädiglich." Und von Newton erzählt man, daß er wie Klopstock
den Namen Gottes nicht nannte, ohne sein Haupt zu entblößen. Ueber
Kepler vgl. s. Leben von Breitschwert (1831) und die Anzeige
hiervon in Tholuck's Verm. Schriften Bd. II, S. 384 - 402. Den reli=
giösen Gesichtspunkt in den Arbeiten Kepler's und Newton's betont

auch Czynski in der angef. Schrift über Kopern. p. 233 ff. 285 ff. Vgl.
Zöckler, Gottes Zeugen im Reich der Natur, Gütersloh 1881 (I,
101 ff. 156 ff. 218 ff.). Daselbst Mittheilungen über noch andere Him-
melsforscher von christlich frommer Richtung, bes. Tycho Brahe, Huyg-
gens, Gauß, Bessel, Secchi. — Was übrigens die S. 64 angeführten
großen Zahlen für die Entfernungen der Fixsterne betrifft, so sind
diese durch die neueren Untersuchungen Struve's bedeutend modifizirt
worden, wenigstens alle die, welche lediglich aus der Berechnung der
Lichtstärke abgeleitet wurden. Aus denselben geht hervor, daß selbst
von den größten Teleskopen für kein Gebilde der Himmelsräume eine
beträchtlich größere Entfernung als 12,200 Jahre Lichtwegs überschritten
werden kann, so daß ein Stern, der nach Herschel in einer Entfernung
von 2300 Sternweiten liegt, nach Struve nur 368½ wirklich entfernt
ist. Vgl. Klein, Der Fixsternhimmel 1872 S. 318 ff. — Außerdem
hat die oben voraussetzungsweise zugestandene Herschel'sche Auffassung
des Weltalls als aus unzähligen Fixstern- oder Milchstraßensystemen
von der Art und Größe des unsrigen bestehend durch die Untersuchunger
neuerer Astronomen, wie R. Proctor 2c. sehr erhebliche Einschränkungen
erfahren. Die meisten, ja vielleicht alle Nebelflecken und Sternhaufen
gelten der neuesten Astronomie als zu unsrem Fixsternsystem gehörig,
so daß von einer Vielheit von Weltensystemen hienach eigentlich nicht
mehr die Rede sein kann und das Himmelsgebäude des älteren Herschel
gewissermaßen eine beträchtliche Einengung erlitten hat. Vgl. Proctor,
Other Worlds than ours, 2. Edit. Lond. 1870, p. 285 ss.; Klein
a. a. O., sowie „Sternhaufen und Sternschwärme" im „Ausland", 1873,
Nr. 1—3.

14. Vgl. Chalmers, Apolog. Abhandlungen (a series of discourses
on the christian revelation u. s. w. 6. Ausg. 1817), 3. Abth. bei Tholuck,
Verm. Schriften Bd. I, S. 209; auch M. Perty: Ueber die Grenzen
der sichtbaren Schöpfung nach den jetzigen Leistungen der Mikroskope
und Fernröhre, Berl. 1874 u. Fr. Pfaff, Großes u. Kleines in Raum
u. Zeit (Heidelb. 1881).

15. Vgl. Kurz, Bibel und Astronomie 4. Aufl. 1858, S. 339; und
ähnlich bei Ebrard, Der Glaube an die heil. Schrift und die Ergebnisse der Naturforschung. 1861. S. 6 ff.

16. Vgl. Mädler, Astron. Briefe S. 129. Die sog. Spektral-
analyse, welche die Heidelberger Chemiker Bunsen und Kirchhoff
im J. 1859 als neues Mittel zur Untersuchung des Sonnenlichtes entdeckten, hat in der Sonne die Metalle Natrium, Kalium und Eisen,
Nickel, Kobalt, Mangan, Kupfer, Zink, Barium, Magnesium, Chromium,
Calcium, Aluminium, Strontium, ferner Wasserstoff, sowie neuestens
Sauerstoff nachgewiesen. Mehrere dieser Stoffe hat man auch in ein-

zelnen Fixsternen z. B. im Sirius gefunden. Vgl. Beweis des Glaubens von Zöckler und Grau u. s. w. 1866, Jan., S. 218; Proctor a. a. O. S. 41 ff. sowie im Contemp. Rev. 1877, Oct.; P. Zech, Das Spectrum und die Spectralanalyse, München 1875, S. 92 ff.; Tyndall, Die physikalischen Grundlagen der Sonnenchemie (Fragmente aus den Naturwissenschaften, 1873, S. 469 ff.).

17. Mädler, Astronom. Briefe S. 236. Uebrigens haben die Astronomen Faye, Zöllner, Secchi u. AA. neuerdings wahrscheinlich gemacht, daß die Sonne nicht, wie man bisher gewöhnlich annahm, ein mit einer leuchtenden Lichthülle umgebener dunkler und fester Körper, sondern ein verdichteter Gasball sei, aus dessen erhitztem Innern stets Ströme glühenden Gases aufsteigen und an die Oberfläche gelangen. Als bewirkende Ursache dieses Gluthzustandes betrachtet die moderne Sonnenphysik theils die mit ungeheurer Energie vor sich gehende Kontraktion des immer dichter und fester werdenden Sonnenballs (so besonders Helmholtz, Maxwell 2c.), theils die Entbindung zusammengesetzter chemischer Substanzen im Sonnenkörper (so P. Secchi in Rom), theils die Speisung desselben durch beständig in ihn hineinstürzende Meteormassen, die gleichsam die Feuerung der Sonne bildeten (so J. R. Mayer, W. Thomson, Schiaparelli, Kirkwood, Proctor 2c.). Vgl. überhaupt Maibauer a. a. O., S. 43 ff.; P. Zech, Himmel und Erde 2c., 1870, S. 112 ff.; Proctor, The Sun, 1872, p. 409 ss.

18. Vgl. zum Folgenden Ebrard, Der Glaube an die heil. Schrift u. s. w. S. 164. Außerdem Kurtz a. a. O. S. 224—232; Proctor Other Worlds etc., p. 58—178. Ueber die Schwere der einzelnen Planeten vgl. die Tabelle bei Pfaff, Schöpfungsgeschichte, 2. Aufl. 1877, S. 200. — Auch ein Ludw. Feuerbach (Sämmtl. W. I, S. 58) erinnert daran, daß „nicht überall wo Raum genug ist auch schon die Bedingungen des organischen, wenigstens des höheren organischen Lebens sich vorfinden", um daraus die Meinung zu widerlegen, daß alle Sterne bewohnte Welten seien.

19. Kurtz, Bibel und Astronomie S. 290. Wenn Faye 2c. in Betreff der Sonne Recht haben — und der Pariser Astronom Camille Flammarion, La pluralité des mondes habités, deutsch von Fr. Ab. Drechsler, Leipz. 1865, gibt ihnen Recht — so versteht sich die Unbewohnbarkeit der Sonne, dann aber auch die der sonnenartigen Fixsterne von selbst. Den Sonnen verbleibt so wesentlich nur die Bedeutung, die Herd- und Leuchtfeuer ihrer Systeme zu sein (vgl. 1 Mos. 1, 15. 16). Vgl. auch Pfaff a. a. O. 114 ff.; Proctor, Other Worlds etc. p. 20. 225 ss.; The Sun etc. p. XVIII.

20. Vgl. den interessanten aber vom naturalistischen Standpunkte aus geschriebenen Aufsatz im Morgenbl. 1864 Nr. 1—3: Seit der Leipziger Schlacht; auch Flammarion's phantastische Spekulationen in der merkwürdigen Schrift: „Berichte aus dem Jenseits" (Récits de l'Infini, Par. 1873), sowie die etwas nüchterner gehaltenen Betrachtungen von Dr. Felix Eberty: Die Gestirne und die Weltgeschichte. 3. Aufl. Bresl. 1874.

21. Nachdem am Anfang dieses Jahrhunderts die neptunistische Theorie, vertreten und begründet besonders durch Werner († 1817) in Freiberg, herrschend gewesen, welche die Bildung der Gebirgsschichten durch die theils chemische theils mechanische Wirksamkeit des Wassers erklärte, mußte sie ihre Geltung bald an die plutonistische Theorie abtreten, welche die Gebirge durch das im Innern der Erde angenommene Feuer gehoben sein ließ. Diese Hebungstheorie, wie sie besonders Leop. v. Buch begründete, Alex. v. Humboldt und Arago vertraten, wurde trotz mannigfachen Widerspruchs, auch Goethe's, die in der Wissenschaft herrschende. Aber in der neueren Zeit ist ihre Herrschaft immer mehr erschüttert worden, besonders durch die chemische Schule von Nep. Fuchs u. A., welche die Gesteinbildungen auf das Medium des Wassers oder wässeriger Lösungen zurückführt. Besonders entscheidend wurde der Nachweis, daß die Beschaffenheit und die Bestandtheile des Urgebirgs, des Granits mit einer Bildung aus feurigem Flusse unvereinbar seien sondern das Wasser fordern. — Dieß hat in neuerer Zeit besonders Mohr in Bonn in seinem mit rücksichtsloser Polemik gegen die Plutonisten geschriebenen Werke „Geschichte der Erde 1866" geltend gemacht. Vgl. den überaus lesenswerthen Vortrag von Stutz Ueber die Schöpfungsgeschichte nach Geologie und Bibel, Zürich 1867. In Folge dessen haben auch bereits viele Plutonisten sich zu wesentlichen Einschränkungen ihrer Theorie und Zugeständnissen an die chemisch-neptunistische verstanden, so daß eine die Wahrheitselemente beider Anschauungsweisen in sich vereinigende mittlere Ansicht schon jetzt als die herrschende betrachtet werden darf. Vgl. Zöckler, Die Urgeschichte der Erde 2c. 1868, S. 36 ff.; Cornelius, Die Entstehung der Welt. Gekr. Preisschr. 1870, S. 101; Herm. Credner, Elemente der Geologie (1872) 5. Aufl. 1883 (Ausland 1872, S. 977 ff.). — Was die Aufeinanderfolge der einzelnen Formationen betrifft, so theilt der Plutonist Naumann in s. Lehrbuch der Geognosie 2. Aufl. 1862. 2. Bd. S. 41 ff. die sedimentären Formationen (d. h. die durch allmähligen Wasserniederschlag entstandenen und fossilhaltigen, im Unterschied von den eruptiven und nicht fossilhaltigen) ein in 1. paläozoische oder primäre, 2. mesozoische oder sekundäre, 3. känozoische oder tertiäre und quartäre Formationen, an welche letztere sich dann die Bildungen der Gegenwart anschließen. Die primären wiederum zerfallen: 1. in die silurische oder ältere Uebergangsformation, 2. die devonische oder neuere Uebergangsformation (— diese Namen, silurische und devonische sind nach den betreffenden Gegenden Englands: Wales, dem Wohnsitz der alten Silurer, und Devonshire gebildet, vgl. Nau mann a. a. O. S. 302 Anm. —), 3. die Steinkohlenformation, 4. die permische Formation oder Rothliegendes und Zechstein. Die tertiären Formationen zerfallen 1. in die Triasformation, 2. die jurassische Formationsgruppe und 3. die Kreideformation. Die tertiären Formationen zerfallen in die eokäne, oligokäne, miokäne und pliokäne. Daran schließen sich die quartären Bildungen der Diluvial- und Alluvialzeit. — Eine neuere Terminologie, die sich z. B. in der popul. Geologie von K. Zittel, Aus der Urzeit (München 1871), S. 64 ff. gebraucht findet, behält für die einzelnen Formationen die angegebenen gewöhnlichen Benennungen im Wesentlichen bei, substituirt aber den Namen, paläozoisch, mesozoisch 2c., die Ausdrücke „paläolithisch, mesolithisch, känolithisch". — Uebrigens ist in dieser ganzen Frage wohl zu unterscheiden zwischen der Bildung des Stoffs und der Gestaltung der Erdoberfläche, welche man gegenwärtig auf die Faltungen (Gebirge) zurückführt, wie sie durch die fortschreitende Abkühlung und in Folge dessen Zusammenschrumpfung der Erdoberfläche herbeigeführt worden seien.

22. Vgl. hierüber Zittel a. a. O., S. 136 ff. Ueber die Thierreste in den Steinkohlenbildungen S. 220 ff. Ueber die großen Steinkohlenlager in Rußland und Nordamerika vgl. Ausland 1866 Nr. 40 S. 959; L. Simonin, Les richesses souterraines dea Etats-unis. — Revue des deux Mondes 1875, Oct. p. 675 sq.; A. Kirchhoff, Die bauernden Machtgrunblagen der B.-St. von Nordamerika (in b. Deutschen Revue, 1879, S. 241 ff.).

23. Lichtenberg, Geologische Phantasien im Göttinger Taschenbuch für 1795 S. 79, nach Tholuck, Verm. Schr. II, 156. Aber auch Friedr. Pfaff äußert sich in der Vorrede zu seinem Werke: Allgemeine Geologie als exakte Wissenschaft, Leipz. 1875 in einer Stärke, welche sachlich dem Lichtenberg'schen Worte gleichkommt — und unsres Wissens ist ihm bisher nicht widersprochen worden —: „Es ist gewiß eine nicht zu leugnende und auffallende Thatsache, daß trotz der häufig statt fehlender zwingender Beweise angeführten „Uebereinstimmung der Forscher" nicht eine einzige geologische Erscheinung angeführt werden kann, weche nicht in der verschiedensten und widersprechendsten Weise erklärt würde. Von der Gestalt und Temperatur der Erde an bis zu den noch vor unseren Augen vor sich gehenden Bewegungen der Erdrinde und den Wirkungen des Wassers gibt es nicht eine einzige geologische Thatsache, über welche nicht die abweichendsten Theorien aufgestellt wurden und werden, aber keine, die nicht, so wohl begründet sie auch erschien, bezweifelt, dagegen auch keine, die nicht, so schlecht sie auch begründet war, geglaubt wurde. In jedem der folgenden 16 Kapitel wird man Beweise für diese Sätze finden. Angesichts dieser Thatsachen dürfte es eine wohl aufzuwerfende Frage sein: In wie weit kann die gegenwärtige Geologie auf den Namen einer exakten Wissenschaft Anspruch machen?" Vgl. auch Pfaff's neuere Schrift: „Das Alter der Erde", Heilbronn 1881, den engl. Anonymus „The Verifier", Lond. 1877, und die lehrreiche Schrift des norwegischen Geologen Theod. Kjerulf, Einige Chronometer der Geologie; deutsch durch R. Lehmann, Berlin 1880.

24. Der berühmte englische Geologe Charles Lyell († 1875) hat durch seine Principles of geology (1830) den Grundsatz zur fast allgemeinen Anerkennung gebracht, daß von Anfang an die noch heute thätigen Ursachen allein wirksam gewesen und zur Erklärung der Erdbildung herbeizuziehen seien. Diese sei demnach als ein Prozeß allmähliger Veränderung auf chemisch-physikalischem Wege zu verstehen. Die Folge dieser Hypothese ist die Annahme ungeheurer Zeiträume. So hat man den Bildungsprozeß der Erde mit ihrem (nach Kant-Laplace's Theorie) ursprünglichen gasförmigen Zustande bis zu ihrer für organische Wesen nöthigen Abkühlung auf 350 Mill. Jahre, den Zeitraum seit dem ersten Auftreten organischer Wesen auf 1280 Mill. Jahre berechnet. Aber nach anderen Berechnungen ist auch diese Zahl noch zu gering und würde die ganze Bildungsgeschichte unseres Erdballs etwa 2 Milliarden Jahre, wenn nicht noch mehr erfordern. Aber alle diese Berechnungen sind gänzlich unsicher. Man hat z. B. berechnet, daß der Mississippi jährlich etwa 37,000 Mill. Kubikfuß Erde aus seinen Quellgegenden nach den Mündungen zu hinabführe; darnach nimmt Lyell an, daß zur Bildung seiner 16,000 engl. Quadratmeilen großen Anschwemmung etwa 67,000 Jahre nöthig waren, während ein anderer Forscher hiefür 158,000 Jahre fordert. Zur Kritik dieser und ähnlicher Hypothesen vgl. besonders Pfaff, Zur Chronologie der Geologen (Bew. d. Glaubens 1874, S. 28 ff.); auch Herm. J. Klein: Geologische Altersberechnungen und ihr Werth (Globus Bd. XV, S. 328 ff.), sowie desselben „Entwicklungsgeschichte des Kosmos", 1870. Ferner Ad. Bastian, Schöpfung oder Entstehung, 1874, S. 83 ff. 113 f. — Allerdings wird sich von jener quietistischen Theorie aus nur schwer erklären lassen, wie die sog. vorweltlichen Thierreste, statt unter dem Einfluß der allmählig wirkenden Kräfte zu verwittern, an einzelnen Orten in großen Massen in den Erdschichten eingeschlossen werden und sich erhalten konnten, oder wie in Sibirien eine große Menge Elephanten in vollkommen erhaltenem Zustande unter den Eisfeldern begraben, oder Farrn und Palmen im hohen Norden gefunden werden tonnten, wenn nicht plötzliche Katastrophen angenommen werden. Gegen die Annahme ungeheurer Zeiträume, wie sie von der Lyell'schen und Darwin'schen Schule zur Erklärung der eingetretenen Veränderungen gefordert werden, hat Göppert in Breslau durch Experimente nach-gewiesen, daß in Siedhitze schon in wenigen Jahren aus Vegetabilien u. dgl. sich Braunkohle herstelle (vgl. Andr. Wagner in der Evang. Kirchenzeitung 1862, S. 120 ff.); und ebenso haben v. Leonhard und Ehrenberg wie der franz. Geologe Daubrée auf die raschen Ver-änderungen aufmerksam gemacht, welche durch höhere Temperatur-grade hervorgerufen werden, so daß in Folge dessen die Millionen und Billionen von Jahren, mit denen man dort rechnet, sich wesentlich ver-mindern würden (Zöckler, Die Urgeschichte u. s. w. S. 44 f. 141 ff.). Ueberhaupt tritt der eine Zeit lang herrschend gewesenen Schule jener „Quietisten" neuerdings wieder eine wachsende Zahl von „Katastrophisten" oder Vertretern der Annahme von öfteren ruckweisen Fortschritten und plötzlichen Umwälzungsperioden gegenüber; so W. Thomson (Ausl. 1869. Nr. 31; 1870, Nr. 11); F. Pfaff (Allgemeine Geologie 1873, S. 186 ff. 213 ff. 239 ff.); v. Baer a. a. O. S. 417. 430 ff. Vgl. auch A. Decandolle a. a. O. S. 6 und Kjerulf a. a. O. Uebrigens ist diese ganze Zeitfrage kein religiöses Interesse.

25. Charles Darwin. On the origin of species by means of na-tural selection or the preservation of favoured races in the struggle for life, 1859. Seitdem in 7. Aufl. erschienen. Ueberf. v. Bronn: Darwin, über die Entstehung der Arten u. s. w. 1860. Die hier vor-getragenen Ansichten haben rasch vielfache Zustimmung auch in Deutsch-land gefunden, freilich nicht minder auch Widerspruch. So sieht z. B. Perty in Darwin's Sätzen, wonach „aus einer Protococcuszelle durch natürliche Züchtung in etwa 20 Mill. Jahren ein Mensch hervorgehen soll, nur „kühne Sprünge und willkürliche Behauptungen". Der be-rühmte Louis Agassiz (Contributions etc. vol. III) nennt die Dar-win'sche Transmutationstheorie „einen wissenschaftlichen Mißgriff, un-wahr in ihren Thatsachen, unwissenschaftlich in ihrer Methode, ver-derblich in ihrer Tendenz". Und der bekannte Naturforscher v. Baer in Petersburg schreibt an Rudolf Wagner: „Je mehr ich in Darwin gelesen, um so mehr bin ich von meiner eigenen (beschränkten) Trans-mutationslehre zurückgekommen" (nach Fabri S. 239). Rud. Wagner aber bezeichnete die Darwin'sche Theorie als einen „großartigen histori-schen Roman". — Nicht minder hat sich auch Göppert in Breslau (Ueber die Darwin'sche Transmutationslehre mit Bezug auf fossile Pflanzen, 1864), gestützt auf ebenso umfassende und genaue Kenntniß des gesammten Reichs der Botanik, namentlich auch der urweltlichen Pflanzengeschlechter, gegen die phantastischen Behauptungen Darwin's erklärt und behauptet, daß die ganze vegetabilische Paläontologie auf's Klarste lehre, daß „neue Arten ohne inneren genetischen Zusammenhang zu allen Zeiten entstanden und vergangen" seien, sowie daß einzelne Ordnungen von den ältesten Zeiten bis jetzt keinerlei Veränderungen erfahren haben. Vgl. Beweis des Glaubens a. a. S. O. 29 f. Und Liebig a. a. O. S. 204 hat offenbar Darwin im Sinne, wenn er vom „Dilettantismus" spricht, der „voraussetzt, daß es dem Schöpfer bequemer geworden sein müsse, anstatt vieler der mannigfaltigsten Entwicklung fähiger Keime oder Zellen nur Eine zum Leben zu wecken und die Entfaltung der Idee durch diese Eine Zelle der Zeit und dem Zufall zu überlassen". Und zum Beleg seines Satzes: „Die strenge wissenschaftliche Forschung weiß von einer Kette der organischen Wesen nichts", beruft er sich auf Bischoff „den Meister in der Entwicklungsgeschichte" (in seinen im Frühjahr 1858 in München gehaltenen Vorträgen), der von der schon einmal dagewesenen Zeit spricht, „wo man es für einen unerträglichen und abgeschmackten Hochmuth erklärte, daß sich der Mensch für irgend etwas Besseres und Höheres halte als die Thiere, und daß nur der Dünkel Unterschiede festzustellen sucht, welche seine Anmaßung rechtfertigen sollen", und dagegen unter Anderem ausführt: „Je genauer man die Thiere und namentlich auch jene bis dahin seltenen Affenarten kennen lernt, um so mehr überzeugt man sich, daß trotz vielfach großer Uebereinstimmung zwischen ihnen und den Menschen doch auch noch körperliche Verschiedenheiten sich finden, so groß als irgend welche, die uns zur Aufstellung verschiedener Genera und Arten von Naturkörpern nur irgend bestimmen. Die so begeistert aufgenommene und vertheidigte Kette der Wesen löst sich bei genauerer Bekanntschaft in einzelne Glieder und Typen auf, welche zwar entschieden einen Fortschritt in der Organisation darbieten und in sich entwickeln, sich aber keineswegs in unmittelbarer Reihe aneinander fügen, sondern zwischen sich Sprünge und Unterschiede darbieten, wie sie nicht so groß zwischen Thier und Mensch zu sein brauchen, um beide durch eine nicht vermittelbare Kluft von einander zu trennen." Vgl. Bischoff's ausführliche Monographie: Ueber Verschiedenheit in der Schädelbildung des Gorella, Chimpanse und Orang Utan, vorzüglich nach Geschlecht und Alter, nebst einer Bemerkung über die Darwin'sche Theorie, München 1869 (mit 22 Tafeln in Querfolio), sowie außerdem U. Stutz, Ueber die Schöpfungsgeschichte u. s. w. S. 26 ff.; Joh. Huber, Die Lehre Darwin's kritisch betrachtet, 1871; M. Perty, Die Natur im Lichte philosophischer Anschauung, 1869, S. 427 ff. 701. 714 f.; A. Bastian a. a. O., passim; F. Pfaff, Die Theorie Darwin's und die Thatsachen der Geologie, Vortrag ꝛc., 1876, S. 11 ff. — Inzwischen hat Darwin selbst die Konsequenzen seiner Theorie für die

Entstehung und Urgestaltung des Menschen gezogen in seinem Werke: „Die Abstammung des Menschen" (The descent of man and selection in relation to sex) übers. v. V. Carus, 2 Bde. 1871. Einige Mittheilungen mögen zeigen wie willkürlich hier die Phantasie spielt: „Die Urerzeuger der Menschen waren ohne allen Zweifel einstmals mit Haaren bedeckt; beide Geschlechter hatten Bärte; ihre Ohren waren spitzig und konnten bewegt werden, und die Körper waren mit einem Schwanz versehen, welcher die geeigneten Muskeln besaß." „Unsere Vorfahren haben ohne Zweifel auch auf den Bäumen gelebt und hielten sich in warmen waldbedeckten Gegenden auf. Die Männer hatten große Hundszähne und bedienten sich derselben als einer furchtbaren Waffe." — „In einer noch früheren Periode müssen die Urerzeuger des Menschen im Wasser gelebt haben, denn die Morphologie zeigt uns klar daß unserer Lungen aus einer modifizirten Schwimmblase bestehen, welche einst als Floß diente." „Die frühesten Vorläufer des Menschen, welche im Dunkel der Zeit sich verlieren, waren so niedrig organisirt wie der Amphioxus und vielleicht noch niedriger." U. s. w. Es ist nur zu bedauern, meint der „Globus" (dem das obige entnommen ist), daß Darwin, welcher die behaarten Urahnen so speziell kennt und schildert, sie nicht auch durch bildliche Illustrationen anschaulich macht und den ganzen Stammbaum vom Amphioxus an bis zum heutigen Menschen gibt. Hier hat denn freilich Prof. Häckel in Jena nachgeholfen, der scharfsinnige Meister im Konstruiren zoologischer Stammbäume vom winzigsten Moner des Protistenreichs bis zum Homo sapiens. Vgl. aus seiner „Natürlichen Schöpfungsgeschichte" (5. Aufl. 1875) besonders seine „Anthropogenie oder Entwicklungsgeschichte des Menschen", 1874. Darin wird, unter Zugrundlegung des Axioms, daß „die Keimesgeschichte stets nur ein Auszug oder eine kurze Rekapitulation der Stammesgeschichte" sei, die Genealogie unseres Geschlechts durch 28 Hauptglieder hindurch von den Moneren und Amoeben an aufwärts verfolgt und diese unsere glorreiche Ahnengeschichte auch schematisch, durch Stammbäume und Tabellen (vgl. besonders S. 406) versinnbildlicht. Während der Diluvialzeit entstand die erste Menschenart, der Urmensch oder Affenmensch, welcher der Urvater aller andern Arten wurde, aller Wahrscheinlichkeit nach in der Tropenzone der alten Welt aus menschenähnlichen Affen oder Anthropoiden, von denen nur bis jetzt keine fossilen Reste bekannt sind, die aber jedenfalls dem heute noch dort lebenden Orang und Gorilla sehr nahe standen. Während Darwin den Menschen in Afrika entstehen, M. Wagner den Affen in Europa durch die Eiszeit zur Vernunft kommen läßt, findet Häckel seine Geburtsstätte in Lemurien, welches aber in's Meer gesunken ist! „Diese Darwinerei" — sagte ein Naturforscher im Hinblick auf manche deutsche Verfechter jener Theorie — „wird einst in der Geschichte der Naturwissenschaft als eine wüste Episode der Verirrungen betrachtet werden." Selbst gemäßigte Darwinianer haben gegen die üppig phantastischen Kombinationen Häckel's entschieden Proteste abgelegt. So klagt Prof. C. Semper in Würzburg (Der Häckelismus in der Zoologie ꝛc., Vortrag, 1876) mit Bezug auf dieselben: „So sehen wir denn in der modernsten Zoologie Dogmatismus, Unfehlbarkeit und Phantasterei gerade so gepaart, wie auf dem Gebiete des dogmatischen religiösen Glaubens, gegen welchen die Ergebnisse immer voran in's Feld geführt werden" ꝛc. Vgl. überhaupt Bew. d. Glaubens, 1876, S. 198 ff. und das 7. Buch von Zöckler's Gesch. der Beziehungen zwisch. Theol. u. Naturw. (II, S. 579 ff.).

26. Vgl. hierüber z. B. Perty a. a. O. S. 50 ff. — Huxley in s. Schr.: Zeugnisse über die Stellung des Menschen in der Natur. Deutsch v. J. Victor Carus 1863. S. 152: „Es sind der Gründe genug vorhanden für die Annahme, daß der Mensch schon mit den Thieren des Diluviums gelebt hat." Quenstedt, Klar und Wahr. Neue Reihe popul. Vorträge über Geologie, 1872, S. 159 ff. 194 ff. — Ueber die Diluvialzeit zurück, bis in die späteren Epochen der Tertiärformation, verlegen die Ursprünge des Menschengeschlechts besonders die französischen Paläontologen wie Lartet, Hamy, de Mortillet (L'homme tertiaire, Paris 1873), Dupont ꝛc., während die Deutschen — und unter ihnen sogar solche wie Häckel, s. die vor. Anm. — die englischen zum Theil (besonders der berühmte Höhlenforscher Boyd Dawkins in d. Schrift: Early Man in Britain etc. Lond. 1880), sowie einzelne besonnenere Franzosen wie A. Bertrand, Broca, de Nadaillac ꝛc. bei der Annahme eines erst diluvialen oder postglacialen Charakters der ältesten menschlichen Ueberreste stehen bleiben (Bew. d. Gl. 1875, S. 314 f., Zöckler, Gesch. d. Beziehungen ꝛc. II, 761 ff.). Vgl. übrigens auch unten, Anmerk. 1 u. 2 zum 5. Vortr.

27. Vgl. hierüber den trefflichen Abschnitt in Pfaff's Schöpfungsgeschichte, 2. Aufl. S. 741 ff. Ueber das Verhältniß des mosaischen Schöpfungsberichts zu den Ergebnissen der geologischen Forschung begnüge ich mich statt Vieler nur v. Baer a. a. O. S. 464 anzuführen: „So erscheinen denn auch die Angriffe auf die mosaische Schöpfungsgeschichte als komische Anachronismen, da schon längst die neuere Naturwissenschaft sich mit derselben zurechtgefunden hat. Wenn man sie nicht ganz wörtlich, sondern nur dem Wesen nach nehmen will, muß man gestehen, daß eine erhabenere aus alter Zeit uns nicht überkommen ist und kaum gegeben werden kann." — Daß die im Text S. 77 erwähnte Nebeltheorie von La Place doch nicht so unfraglich und unbestritten ist wie sie bisher galt, zeigt Ulrici,

Gott und die Natur, 2. Aufl. 1866, S. 337 ff., vgl. Zöckler, Die Urgeschichte S. 32 ff. Huber, Zur Kritik moderner Schöpfungslehren, 1875, S. 28 ff.; Wigand, Der Darwinismus 2c. II, 472 ff.

28. Vgl. Pfaff a. a. O. S. 519 ff. Die jährliche Produktion Englands an Kohlen schätzt man auf 34 Mill. Tonnen, während die übrigen Länder Europas mit Ausschluß Rußlands jährlich 60 Mill. Tonnen liefern. In Nordamerika umfaßt allein das Pittsburger Flöz über 690 Quadratmeilen, nach Naumann I, 590. Nach Bischoff erforderten die Pflanzen, welche die Kohlen des Saarbrücker Reviers lieferten, allein 1 Mill. 4177 Jahre zu ihrem Wachsthum. Dabei ist aber die Bildung der vielen oft 100 Fuß mächtigen Schichten zwischen den einzelnen Kohlenflötzen gar nicht mit in Rechnung gebracht. Ueber das Unsichere dieser Zahlen vgl. Anm. 25. Sogar ein so entschieden darwinistisch gerichteter Forscher wie Schaaffhausen in Bonn bekennt (Archiv f. Anthropologie Bd. V, S. 118): „Ein sicheres Chronometer, die (geologischen) Zeiten zu messen, fehlt uns. Die Angabe, daß die im Milschlamm 72 Fuß tief gefundenen Thonscherben 24,000 Jahre alt seien —, ja selbst die Berechnung Steenstrup's, die Steinzeit Skandinaviens sei 4000 Jahre alt, sie beruhen alle auf unsicheren Annahmen" 2c. Vgl. auch Pfaff, Allg. Geologie, S. 279 ff.; Wigand a. a. O. I, 284 u. Kjerulf a. a. O.

29. Perty, Anthrop. Vorträge S. 16.

Anmerkungen zum fünften Vortrag.

1. Von Werken der bibelfeindlichen oder materialistischen Richtung gehört hieher besonders: Charles Lyell, The geological evidences of the antiquity of man. Lond. 1863 (deutsch v. Louis Büchner: Die geolog. Beweise für das Alter des Menschengeschlechts. Leipz. 1864, neue Ausg. nach der 4. Aufl. des engl. Origin. 1874). Auch J. Schleiden, Das Alter des Menschengeschlechts, die Entstehung der Arten 2c. Drei Vortr., 1863. Osc. Schmidt und Franz Unger, Das Alter der Menschheit und das Paradies. Zwei Vortr., 1866. K. Sigwart, Das Alter des Menschengeschlechts, 3. Aufl. 1874. — In neuester Zeit hat man allerdings angefangen die großen Zahlen, mit denen man bisher rechnete, bedeutend zu ermäßigen. Eine bequeme und belehrende Uebersicht über den gegenwärtigen Stand der Frage findet man in der „Vierteljahrs-Revue der Fortschritte der Naturwissenschaften" herausg. v. d. Redaktion der „Gäa", 1. Bd. 1. Hft. 1873 (Cöln u. Leipz., E. H. Mayer) S. 67—160. Ich hebe im Folgenden einige Stellen aus. Es ist von den Höhlenfunden die Rede welche die Gleichzeitigkeit der Menschen mit Thieren früherer Perioden beweisen, und als „merkwürdig" bezeichnet, daß die neueren Untersuchungen „statt der früher beliebten Jahrhunderttausende nur mäßige Zahlen liefern" (S. 88). Man hat die Rennthierzeit 8000 Jahre hinter die Gegenwart zurückverlegt, man könnte „sogar bloß 4000 Jahre hinter die Gegenwart" hinaufgehen (S. 89). Prof. Fraas ist einer der hauptsächlichsten Vertreter der Richtung, welche „nicht mit Hunderttausenden von Jahren um sich wirft, mit einem schadenfrohen Seitenblick auf den Theologen, der dasteht und nur über 6000 Jahre disponiren kann" (S. 114). Man sehe besonders Fraas' Beiträge zur Kulturgeschichte, aus schwäbischen Höhlen entnommen (Archiv für Anthropol. Bd. V, 1872 S. 172 ff.) und seinen Vortrag: Die alten Höhlenbewohner (in Virchow's u. Holtzendorff's Sammlg., H. 168). In ähnlichem maßvollerem Sinne äußern sich Quenstedt, Klar u. Wahr, S. 145 ff., u. Graf Wurmbrand (Ueber die Chronologie prähistorischer Funde — Rede auf dem Dresdener Anthropologen-Congreß, 1874), der es sogar überhaupt für noch zweifelhaft erklärt, ob der Mensch wirklich Zeitgenosse der Mammuththiere, vorweltlichen Rhinocerosse, Höhlenlöwen ꝛc. gewesen sei, jedenfalls aber sein Zusammenleben mit diesen Thieren erst in die Zeit nach der großen Eisperiode des Diluviums gesetzt wissen will — eine Ansicht, die freilich durch die Funde von Schussenried für widerlegt gilt. Vgl. auch den nordamerikanischen Geologen J. W. Dawson (Nature and the Bible, N.-York 1875, p. 159 ss.), sowie K. E. v. Baer a. a. O., S. 410: „Wenn einige Naturforscher neuester Zeit dem Menschengeschlecht sogar ein Alter von Hunderttausenden oder Millionen von Jahren geben wollen, so entbehrt diese Meinung aller Gründe. . . . Ich schließe, daß das Alter des Menschengeschlechts nicht viel größer sein mag, als man nach den biblischen Nachrichten gerechnet hat", ꝛc. — Vgl. auch Fr. Ratzel, Vorgeschichte des europäischen Menschen, 1874, S. 37 ff., sowie den in Anmerk. 28 zum vor. Vortr. mitgetheilten Ausspruch Schaaffhausen's.

2. Die Pfahlbauten waren längere Zeit eines der beliebtesten Themata. Die Literatur hierüber in Artikeln und Abhandlungen ist unzählig. Wenn auch Maurer, Ueber Alter, Zweck und Bewohner der Pfahlbauten (Ausland 1864. Nr. 39—42) in seiner Bestreitung der landläufigen Ansichten vielleicht etwas zu weit geht, so kommt man doch in immer weiteren Kreisen von den übertriebenen Ansichten, welche man früher über das Alter dieser Bauten hatte, je länger je mehr zurück. Vgl. z. B. auch Augsb. Allg. Zeitung 1866 Beilage Nr. 90. Es ist hier geltend gemacht, daß die eisernen Gegenstände, welche man in immer größerer Anzahl gefunden, die Dauer der Pfahlbauten während der Römerzeit und bis zum Ende derselben im 3. u. 4. Jahrh. n. Chr. beweisen; daß die Geräthe aus Erz aber höchstens bis in's 6. oder 7. Jahrh. v. Chr. hinaufführen; daß aber auch in den Bauten, welche kein Metall aufweisen, doch Spuren eines Verkehrs mit der Ostsee (Bernstein) und mit Asien (Nephrit) vorhanden sind, welche nicht erlauben über 1000 bis 1200 v. Chr. hinaufzugehen. Vgl. auch Ausland 1866, Nr. 18, S. 418 ff. „Alle besonnenen und wahrhaft gründlichen Pfahlbautenforscher stimmen jetzt darüber überein, daß sie selbst die der Steinzeit angehörigen untersten Schichten dieser Bauten nicht sehr lange vor der bekannten historischen Zeit, also frühestens zwischen 1200 und 2000 v. Chr. entstehen lassen, das Bronze- und Eisenalter der Pfahlbautenbewohner aber erst kurz vor dem letzten Jahrtausend v. Chr. beginnen und bis in die nächsten Jahrh. n. Chr. fortdauern lassen" (Zöckler, Die Urgeschichte S. 153, vgl. dess. Urstand des Menschengeschlechts [Gütersloh 1879], S. 309 ff. Noch skeptischer hat neuerdings Unger (Uebersicht unsrer Kenntniß von den Pfahlb., Vortrag, s. Korrespondenzbl. der deutschen Alterthumsvereine 1874, Nr. 1, S. 3 ff.) die Frage wegen des Alters der mitteleuropäischen (schweizerischen und süddeutschen, mecklenburgischen ꝛc.) Pfahlbauten und ihrer Kulturreste besprochen. Wie frühe die darin vorfindlichen Bronzegeräthe diesseits der Alpen eingeführt seien, lasse sich nicht bestimmen, doch gewährten die gallischen Philippermünzen (aus den letzten Jahrhunderten v. Chr.) einen gewissen Anhaltspunkt hiefür. „Wie lange aber vor Einführung der Bronze Pfahlbauten dort bestanden haben, darüber läßt sich gar nichts sagen. Jede Angabe eines bestimmten Alters ist willkürliche Phantasie und nur geeignet, ein ungünstiges Vorurtheil gegen die Besonnenheit der Forschungen über die Pfahlbauten zu erwecken." — Zum Beweis des hohen Alters des Menschengeschlechts dienten besonders auch die sogen. Kieseläxte in Nordfrankreich und England: axt- und keilförmige Kiesel von mehreren Zoll Länge mit einem groben scheinbar absichtlichen Schnitt, aber unpolirt und ohne ein Loch zum Hindurchstecken des Stiels. Seit 1847, wo der französische Geologe Boucher de Perthes in s. Antiquités antediluviennes die im Sommethal bei Amiens und Abbeville gefundenen beschrieb und als künstliche Erzeugnisse eines der späteren Tertiär- und der ältesten Diluvialzeit angehörigen urweltlichen Menschengeschlechts nachweisen zu sollen glaubte, haben sich diese Funde sehr gemehrt und die allgemeine Aufmerksamkeit sehr in Anspruch genommen. Nicolas Whitley aus Cornwall dagegen, der seit einer Reihe von Jahren die Kiesellager Großbritanniens untersucht hat, hält es für unmöglich, in diesen axt- oder auch pfeilförmigen Kiesel- und Feuersteinen Kunstprodukte zu erkennen: 1. weil diese Lager

viel zu ausgedehnt und massenhaft sind, als daß man auch nur an
Fabriken solcher Waffen denken könnte, 2. weil sich stets nur Aexte
oder höchstens Messerklingen und Pfeilspitzen finden, aber kein anderes Kunstwerkzeug, 3. weil die Form eine Abstufung vom rohen
Bruch bis zur deutlichen Beil- oder Pfeilgestalt zeige, 4. weil in den
meisten Fällen die Art des Bruchs auf natürliche Ursachen deute. In
Folge dessen hält Whitley diese Steine für Fragmente von Kieselgeröll,
welche durch Eisströmungen herbeigeschwemmt seien. (Vgl. Zöckler,
Die Urgeschichte S. 147 f.) Jedenfalls ist ein beträchtlicher Theil der
roheren oder unpolirten Steinwerkzeuge sowohl jener nordfranzösischen
und südenglischen Fundstätten, als anderer Gegenden, z. B. Aegyptens
(wo neuerdings Hamy, Lenormant, Zittel, Rohlfs u. A. gleichfalls
ausgedehnte Trümmerstätten prähistorischer „Waffenfabriken" entdeckt
haben wollen) überhaupt hinsichtlich seines Kunstcharakters von zu
zweifelhafter Beschaffenheit, als daß irgendwelche Altersbestimmungen
darauf gegründet werden könnten. Und soweit die betr. Geräthe
wirklich Kunstprodukte sind, nöthigen sie an sich, abgesehen von ihren
Lagerungsverhältnissen, nicht bis in eine vorhistorische Zeit zurückzugehn,
da noch jetzt zahlreiche wilde Völker verschiedener Erdtheile sich ausschließlich, oder fast ausschließlich steinerner Waffen bedienen, die s. g.
Steinzeit also auch jetzt noch lokal fortdauert. Vgl. R. Hassenkamp,
Ueber die Spuren der Steinzeit bei Aegyptern, Semiten und Indogermanen (Ausland 1872, Nr. 16); F. Ratzel a. a. O. S. 38:
F. Sandberger, Eine Mahnung zur Vorsicht (Corresp.-Bl. der
deutschen Alterthumsvereine, 1873, Nr. 2, S. 13), sowie was speziell
jene ägyptischen Waffenwerkstätten betrifft: Mariette-Bey, in der
Academy, 20. März 1875. — Wie vorsichtig man mit den Schlüssen,
die man aus scheinbaren Feuersteingeräthen gezogen, bei dem un-
schwer eintretenden „freiwilligen Zerspringen" des Feuersteins sein
muß, betont speziell bezüglich Aegyptens: Lepsius (Corr.-Bl. der d.
Alterth.-V., 1871, Nr. 5, S. 34), sowie im Allgemeinen: die Vierteljahrs-Revue der Fortschritte der Naturwissenschaften I, 1. 1873
S. 78 f. — Ueber die sogen. Küchenabfälle (Kjökkenmöddinger) und
ihr Alter vgl. ebendas. S. 129 ff., über die Pfahlbauten S. 136 ff.
„Man darf es offen aussprechen, daß mit der Altersangabe
über diese Gegenstände anfangs ein ungeheurer Schwindel
getrieben worden ist; man rechnete mit vielen Jahrtausenden,
wo man mit der gleichen Berechtigung ebensoviele Jahrhunderte
hätte annehmen dürfen" (S. 129). „Man darf es heute ruhig aussprechen, daß alle Pfahlbauten ohne Ausnahme einer und derselben
Periode angehören und daß diese in die historische Zeit fällt"
(S. 139).

3. Ueber Darwin vgl. bereits Anm. 25 des 4. Vortr. Die stark angeschwollene Literatur für und wider den Darwinismus hat bereits mehrfache Versuche zu bibliographischen Zusammenstellungen hervorgerufen; vgl. besonders Spengel, Die Fortschritte des Darwinismus, Nr. 1. 1874, Nr. 2. 1875; Seidlitz, Literatur zur Descendenztheorie pro u. contra (als Anhang zu des Verf.s Schrift: „Die Darwin'sche Theorie", 2. Aufl., 1875), sowie die zusammenhängende geschichtliche Darstellung der Theorie (während der ersten anderthalb Jahrzehnte ihres Bestehens) von Zöckler, Gesch. der Beziehungen ꝛc. Bd. II, S. 579 ff. — Unter den Anhängern des Darwinismus sind in der Ziehung der Konsequenzen des Descendenzprinzips rücksichtlich des thierischen Ursprungs der Menschheit besonders weit gegangen: Häckel (s. Vortr. 4, Anm. 26), Büchner, Kraft und Stoff, 7. Aufl. 1862, sowie: „Sechs Vorlesungen über die Darwin'sche Theorie", 1868; Schleiden, Drei Vorträge für gebildete Laien, 1863, 3. Vortrag: Die Stellung des Menschen in der Natur (z. B. S. 48: „Der gradweise abzumessende Unterschied zwischen Goethe und dem Australneger ist bei weitem größer als der von Letzterem zum Thier"; S. 55 f.: selbst in Bezug auf das Gehirn „besteht kein wesentlicher Unterschied" und — „selbst der religiöse Trieb unterscheidet den Menschen nicht wesentlich vom Thier, sowenig die Biene wegen des Honigbereitens u. s. w. aufhört Thier zu sein" ꝛc.); K. Vogt, Vorlesungen über den Menschen, seine Stellung in der Schöpfung und in der Geschichte der Erde, 2 Bde. 1863 („Zwischen Mensch und Thier besteht keine tiefere Kluft als innerhalb des Thierreichs selber"; „der Mensch ist nur das höchste Entwicklungsprodukt der fortgeschrittenen thierischen Zuchtwahl, hervorgegangen aus der zunächst unter ihm stehenden Gruppe der Affen" ꝛc.); auch Seidlitz a. a. O. und Osc. Schmidt, Descendenzlehre und Darwinismus, 1873, S. 262 ff. Manche der Argumente für die Affenursprungslehre, welche in den Kundgebungen dieser extremen Darwinianer eine Zeit lang eine große Rolle spielten, sind bereits längst als wissenschaftlich unhaltbar dargethan worden und daher aus den jüngsten Plaidoyers für den Darwinismus schon wieder verschwunden. So u. a. die berühmte Mikrokephalentheorie Vogt's (a. a. O. I, 246 ff. II, 278 ff.), wonach die jetzige normale Menschheit sich aus ursprünglicher Mikrokephalie hervorgebildet hätte und das verkümmerte Gehirn des Idioten, gemäß dem Gesetze der sogen. Atavismen oder Rückbildungen, der Hirnbeschaffenheit unsrer frühesten Vorfahren, der Affenmenschen, unmittelbar nahe stehe. Eine eklatante Niederlage hat die deutsche Anthropol. Gesellschaft auf ihrer Gen.-Vers. zu Stuttgart 8. Aug. 1872 dieser Theorie Vogt's bereitet. Aus einem vorgelegten mikrokephalen Menschengehirn (es hatte nur 32 Loth, während das

Gehirn des Gorilla 40 Loth hat) und seiner spezifischen Verschiedenheit vom Affengehirn bewies Prof. Dr. v. Luschka in Tübingen gegen den anwesenden Vogt daß seine Theorie unhaltbar sei. Und die folgenden Redner sprachen sich in demselben Sinne aus, während Vogt dagegen nichts aufzubringen vermochte, ja zugestehen mußte, daß er nie ein solches Gehirn untersucht habe. Zu dem gleichen Resultat gelangte am 9. Aug. Dr. Lucä aus Frankfurt von der Schädelbildung der Säugethiere aus und Hofrath Ecker auf Grund s. Untersuchgn. über das Fötusgehirn. Vgl. Ausland 1872 Nr. 42; auch Aeby, Beiträge zur Kenntniß der Mikrokephalie (Archiv für Anthropologie, Bd. VII, H. 3. S. 239 ff.), sowie nochmals Lucä, beim Frankfurter Anthropologen-Kongreß 1882, wo auch Virchow das Entstammtsein des Menschen vom Affen als vorerst nur theoretisch postulirt, nicht thatsächlich erwiesen behandelte. — Auch im Punkte der angeblichen paläontologischen Bewahrheitung der Affenabstammungslehre mußte schon manche voreilige Behauptung darwinistischerseits wieder zurückgenommen werden. Der bloß pathologische, also für eine besondere Affenähnlichkeit unsrer frühesten Vorfahren nichts beweisende Charakter solcher fossilen Schädel wie der Neanderthaler, der Brüxer, der Canstatter Schädel 2c. ist neuerdings ziemlich allgemein zugestanden; s. sogar v. Hellwald im „Ausl." 1872, S, 1124; auch E. Ratzel, Vorgeschichte des europäischen Menschen, S. 95 ff., sowie das Geständniß Zittel's (in einem Vortrage vor der Münchener anthropolog. Gesellschaft: „Ueber die ältere Steinzeit und die Methode vorhistorischer Forschung" 1873): „daß bisjetzt wenigstens die Kluft, welche den Menschen in körperlicher Beziehung von den Affen trennt, von den vorgefundenen fossilen Resten in keiner Weise überbrückt wird" (vgl. Beweis d. Glaubens, 1873, S. 571). — Unter den zahlreichen naturwissenschaftlichen Gegenschriften verdienen überhaupt diejenigen besondere Beachtung, welche, ohne den Grundgedanken der Darwin'schen Lehre, namentlich einer maßvollen Anwendung des Descendenzprinzips auf die Entwicklung der Pflanzen= und Thierwelt, feindlich entgegenzutreten, doch gegen die Affenabstammung des Menschen mehr oder minder energischen Protest zu Gunsten der Annahme einer ursprünglichen und spezifischen Verschiedenheit desselben von der Thierwelt einlegen. Von ausländischen Kritikern des Darwinismus gehören dahin besonders der Mitentdecker der Entwicklungslehre Alfr. Russ. Wallace (Beiträge zur Theorie der natürl. Zuchtwahl; a. d. Engl. von A. B. Meyer, 1870); die nordamerikanischen Geologen Dana (Manual of Geology, 2. edit. 1874) und Dawson (Nature and the Bible, 1875), der berühmte Anthropologe A. de Quatrefages (Recueil des rapports sur les progrès des lettres et des sciences, 1867 u. L'espèce humaine, Par. 1878. Deutsch:

Das Menschengeschlecht, Lpz. 187², 2 BB.); von deutschen namentlich Quenstedt (Klar u. Wahr, S. 64), v. Baer (Studien ꝛc. a. a. O., besonders S. 413, wo sogar eine Aeußerung wie die von O. Fraas: „Daß aus einer jener Affenspezialitäten das Menschengeschlecht hervorgegangen sein soll, ist der wahnwitzigste Gedanke, den Menschen je über die Geschichte der Menschheit dachten", im Wesentlichen zustimmend beurtheilt wird), auch der Philosoph des Unbewußten v. Hartmann, dessen hauptsächlich im Punkte der Menschenschöpfung differirende, sonst großentheils zustimmende Stellung zum Darwinismus sich nahe mit derjenigen von Wallace berührt (Philos. d. Unbew., 3. Aufl., S. 564 ff., Wahrheit und Irrthum im Darwinismus, 1875). — Mehr „auf der ganzen Linie bestritten" wurde die Darwin-Häckel'sche Evolutionslehre in A. Wigand's schon mehrfach zitirtem zweibändigen Werke: „Der Darwinismus und die Naturforschung Newton's u. Cuvier's" (1874 —76), der umfangreichsten und gehaltvollsten der bisjetzt erschienenen Kritiken der fraglichen Theorie innerhalb der deutschen Literatur. Doch ist auch Wigand, wie schon der Vorläufer seines großen Werks, das Schriftchen: „Die Genealogie der Urzellen als Lösung des Descendenzproblems" 1872 zeigte, einer vorsichtigeren Anwendung des Descendenzprinzips auf botanischem und zoologischem Gebiete keineswegs abgeneigt. Aehnlich steht der Verfasser der bedeutendsten bisher in England erschienenen Kritiken des Darwinismus, der (kath.) Naturforscher St. George Mivart (On the Genesis of Species, 1871. Man and Apes, 1873). Bei einer entschieden abwehrenden Haltung gegenüber allen Positionen des Darwinismus ist der große nordamerikanische Zoologe Agassiz († 1873) bis an sein Ende beharrt (vgl. sein von Prof. Giebel in deutscher Bearbeitung herausgegebenes opus posthumus Der Schöpfungsplan; Vorlesungen über die natürlichen Grundlagen der Verwandtschaft unter den Thieren, 1875). Aehnlich verhält sich auch Quatrefages a. a. O. (I, S. 103 ff.). — Hinsichtlich der religiös-sittlichen Seite verweise ich auf den instruktiven Artikel „Das darwinistische Moralprinzip und seine Konsequenzen" in der Allg. Ev.-luth. Kirchenzeitung 1875, Nr. 43—45.

4. Eine eingehende Darstellung oder Besprechung der Lehre von Agassiz gibt Waitz, Anthropologie der Naturvölker I, 218 ff., obwohl auch er geneigt ist anzunehmen, „daß es in der heißen Zone vielleicht mehrere Punkte gegeben hat, an welchen einst Menschen entstanden und von denen sie ausgingen" S. 229; aber was er sonst beibringt, spricht entschieden für die Einheit des Menschengeschlechts. Vgl. die nächstfolgenden Anführungen.

5. Ueber die Rasseneintheilung überhaupt vgl. Waitz a. a. O. S. 258 ff. Die Eintheilung der Menschheit ist bekanntlich eine sehr ver-

schiedene, weil eben scharf gesonderte Abtheilungen nicht existiren. Cuvier nahm 3 Klassen an, Blumenbach 5, Lesson 6, Fischer 7, Bory 15 u. s. w. Und wie in der Zahl, so variirt man auch in der Wahl des Eintheilungsprinzips. Blumenbach legte den verschiedenen Durchmesser des Schädels zu Grunde: die kaukasische Rasse zeichnet sich durch eine ovale Form des Schädels, wenig vorspringende Backen- und Oberkieferknochen aus; die äthiopische weicht nach der einen Seite hin dadurch ab, daß die Längendimension eine sehr überwiegende wird, während bei dem Mongolen eine mehr viereckige in die Breite gezogene Schädelform sich herausstellt. Vgl. Pfaff, Schöpfungsgesch., 2. A. S. 715 ff. Dem ähnlich nimmt A. Wagner, Gesch. der Urwelt II, 34 als Hauptformen an: die ovale welche bei der kaukasischen Rasse, die breitgesichtige welche bei der mongolischen, und die keilförmige welche bei der schwarzen Rasse vorherrscht. Vgl. Perty, Anthropol. Vorträge S. 66 und: Die Anthropologie als Wissenschaft von dem körperl. u. geist. Wesen des Menschen, Bd. I, 1873. S. auch die lehrreiche „Zusammenstellung verschiedener Eintheilungen des Menschengeschlechts" bei M. Rauch, Die Einheit des Menschengeschlechts, Augsburg 1873, S. 418 —428. Eine Siebenzahl menschlicher Rassen statuirt, in theilweisem Anschluß an Blumenbach, O. F. Peschel in seiner „Völkerkunde" 1874 (Australier, Papuaner, Mongolen [einschließl. d. Amerikaner], Dravidas, Hottentotten nebst Buschmännern, Neger und Mitteländer — die letzteren die 5 Aeste der Hamiten, Semiten, Basken, Kaukasusbewohner und Arier oder Indogermanen in sich befassend). — Der Gesichtswinkel, wie ihn zuerst Camper (1765) der Rasseneintheilung zu Grunde legte, wird gebildet durch die beiden Linien von der Stirne zum Oberkiefer und von der Mitte des äußeren Gehörganges bis zur Basis der Nase. Dieser Winkel beträgt bei den Europäern durchschnittlich 80°, auch bis zu 90° (d. h. der obere Theil des Gesichts tritt verhältnißmäßig hervor), dagegen bei einigen Negerstämmen 70° (d. h. der untere Theil des Gesichts tritt hervor), bei den Affen jedoch (nach Pöppig) höchstens 50°. Aber auch bei den Buschmännern kommen Schädel mit fast 90° vor. Vgl. Pfaff, S. 642. Deßhalb hat Blumenbach statt des Gesichtswinkels den Durchmesser des Schädels zur Grundlage der Rasseneintheilung gemacht, aber auch hievon nachgewiesen, daß dieß nicht ein Beweis gegen die Einheit des Menschengeschlechts sei, sondern für dieselbe. Vgl. s. Beiträge zur Naturgesch. I, 156 ff.: „Ein Wort zur Beruhigung in einer allgemeinen Familienangelegenheit"; Tholuck, Verm. Schr. II, 210 ff.; Rauch a. a. O. S. 124. 151 ff.; Quatrefages, II, 98 ff.

6. Vgl. nähere Ausführungen bei Waitz, Anthrop. u. s. w. I, 195 ff., sowie besonders bei Quatrefages, I, 71 ff. 98 ff.

7. Perty, Anthrop. Vorträge S. 104. Aber auch wenn dieß zweifelhaft sein sollte, wie denn die Abstammung der heutigen Magyaren von den alten Hunnen bestritten ist, so steht doch die Thatsache daß das Klima u. s. w. den äußeren Organismus verändert hat fest. Vgl. Ausl. 1672, Nr. 5, S. 105 f. „Ist es doch eine bekannte Thatsache daß die Abkömmlinge europäischer Ansiedler in N.-Amer. in ihrem Schädelbau den Habitus der Yankees annehmen und in sehr kurzer Zeit eine längliche Gesichtsbildung und den auffallend langen Hals erhalten. Wie das Klima verändernd auf die Hautfarbe einwirkt, ist ebenfalls bekannt" u. s. w. S. auch Rauch, S. 159. 190 ff.; Quatrefages, II, 250 ff.

8. Waitz II, 230: „Der Mensch scheint sich bei der Uebersiedlung in verschiedene Klimate in der That den Hausthieren sehr ähnlich zu verhalten, mit dem einzigen Unterschied, daß er eine solche Uebersiedlung in dem Maße besser verträgt, in welchem er in seiner Natur höher steht. Wie in fremdem Klima Thierrassen ausarten und sich den einheimischen verähnlichen, auch ohne Vermischung mit ihnen, so auch der Mensch, außer insoweit wesentliche Verschiedenheiten der Nahrung, Lebensweise und Kultur bei Eingewanderten und Eingebornen dieß verhindern." Bei den Thieren erstreckt sich diese Verschiedenheit zwischen Thieren derselben Art bis auf den Knochenbau, die Zahl der Rippen u. s. w. Vgl. Blumenbach, Beitr. zur Naturgesch. I, 24 ff. Morgenblatt 1833 Nr. 204 ff.: „Geologische Grillen". Rauch, S. 210 ff.

9. Perty, S. 70. 86 f. J. B. Davis hat in den Philosophical transactions of the R. Society of London 1868 die Untersuchung über 1139 Schädel von 133 verschiedenen Stämmen aus allen Erdtheilen niedergelegt, Prof. Dr. Frdr. Pfaff in Erlangen gibt darüber im „Beweis des Glaubens" 1870, 2 u. 3. S. 127 ff. („Ueber das Gehirnvolumen bei den verschiedenen Menschenracen und die daraus gezogenen Schlüsse") ein sehr interessantes Referat, welches die Behauptungen des Materialismus an der Hand der Thatsachen widerlegt. Das deutsche Gehirn ist das größte (1425 Kubikcentimeter), das französische unter den europäischen das kleinste (1280), kleiner als das der Eskimos (1319), ja sogar als das der Papuas (1297). Und doch stehen die Franzosen an geistiger Begabung nicht unter anderen Völkern. Das kleinste Gehirn ist das australische (1173). Das kleinste Menschengehirn, das man kennt, ist das eines Hinduweibs von 1040 resp. 912 Kubikcentimetern, während das größte Affengehirn das man bisjetzt gemessen nur 537 resp. 490 beträgt! Vgl. Quatrefages, II, 144 ff. Daß die Verschiedenheit der Schädelformen für die Feststellung der Rassenverwandtschaften sowie für die Ermittlung ethnologischer Verhältnisse überhaupt ohne wesentlichen Belang ist, gilt der neuesten anthropologischen Forschung als ausgemacht; vgl. Peschel, Ueber den wissenschaftl. Werth der Schädelmessungen, im „Ausland" 1872, Nr. 10, sowie Völkerkunde, S. 61; R. v. Jhering, Zur Reform der Kraniometrie, in Bastian's Ztschr. f. Ethnologie 1873, H. III, S. 121. 165 ff. Siehe auch die von Rauch S. 190 ff. sowie von Ebrard, Apologetik I, 260 f. zusammengestellten Zeugnisse verschiedener Anthropologen ebenhiefür.

10. Perty, S. 78. Auch Waitz I, 390 ff.

11. Perty, S. 85. Vgl. auch F. H. Reusch, Bibel und Natur; Vorlesungen ꝛc., 3. Aufl., Freibg. 1870, S. 393: „Solche Gleichheit (namentlich betreffs der durchschnittlichen Lebensdauer, der Krankheitsfähigkeit, der Normaltemperatur des Körpers, der mittleren Pulsfrequenz, der Dauer der Schwangerschaft ꝛc.) findet sich in der Thierwelt nirgends bei verschiedenen Species Eines Genus, sondern nur bei den Varietäten Einer Species."

12. Waitz I, 226. Perty, S. 43.

13. Waitz I, 228. Zöckler, Die einheitl. Abstammung des Menschengeschlechts (Jahrb. f. deutsche Theologie 1863, I), S. 69 f.

14. Eine reichhaltige Zusammenstellung dieser gemeinsamen Ueberlieferungen der Völker findet sich in der früher angeführten Schrift von Lüken, Die Traditionen des Menschengeschlechts. 1856. 2. sehr verm. Aufl. 1869. Vgl. auch Ebrard, Apologetik, II, S. 10—498; Zöckler, Vom Urzustand des Menschengeschl. S. 84 ff.

15. Andr. Wagner, Streitschr. gegen Burmeister. S. 41. Rauch, S. 178—189.

16. Waitz I, 126. Rauch, S. 181.

17. Vgl. die Klage des Achilles geg. Odysseus in d. Unterwelt, Odyss. XI, 488:

> Nicht mehr rede vom Tode ein Trostwort, edler Odysseus!
> Lieber ja wollt' ich das Feld als Tagelöhner bestellen
> Einem dürftigen Mann, ohn' Erb' und eigenen Wohlstand,
> Als die sämmtliche Schaar der geschwundenen Todten beherrschen.

18. Bei Gastmählern und Trinkgelagen pflegte man ein silbernes Todtengerippe auf den Tisch zu bringen und herumzureichen mit den Worten:

> Wehe uns armen Geschöpfen! Wie gar nichts ist doch das Menschlein!
> Also werden wir Alle, wenn uns einst der Orkus dahinrafft.
> Darum gelebt, so lang uns des Lebens Genuß noch vergönnt ist!

Vgl. Lessing, Wie die Alten den Tod gebildet, Ausg. von Lachmann, VIII, 254. Petron. ed. Mich. Hadr. p. 115: Potantibus ergo et accuratissimas nobis lauticias mirantibus larvam argenteam attulit

servus sic aptatam, ut articuli ejus vertebraeque laxatae in omnem
partem verterentur. Hanc quum super mensam semel iterumque
abjecisset et catenatio mobilis aliquot figuras exprimeret, Trimalcio
adjecit:

> Heu, heu, nos miseros quam totus homuncio nil est.
> Sic erimus cuncti, postquam nos auferet orcus.
> Ergo vivamus, dum licet esse bene.

Auf vielen alten Grabbenkmalen war dieselbe Denkweise ausgesprochen:
z. B. „Der du dieß liesest, genieße das Leben, denn nach dem Tobe ist
weder Lachen, noch Spiel, noch irgend eine Wollust“; ober: „Freunde,
ich rathe euch, mischt einen Becher Wein und trinkt ihn, das Haupt
mit Blumen bekränzt; das Uebrige verzehrt nach dem Tobe die Erde“
u. bergl. m.

19. Karl Vogt, Köhlerglaube und Wissenschaft. Eine Streitschrift
gegen Rub. Wagner, 1855. Fast gleichzeitig: Louis Büchner, Kraft
und Stoff, 1855. Beide Schriften erlebten in kürzester Zeit eine Reihe
neuer Auflagen (die letztere bis 1878 bereits zwölf). Außerdem
Büchner, Physiologische Bilder, 1872 und: „Der Gottesbegriff u. dessen
Bedeutung in der Gegenwart, 1874. Deßgleichen Moleschott's
Schriften: Physiologie der Nahrungsmittel, 1850. 2. Aufl. 1853. Lehre
der Nahrungsmittel für das Volk, 1850. 2. Aufl. 1853. Physiologie
des Stoffwechsels in Pflanzen und Thieren, 1851. Der Kreislauf des
Lebens, 1852. Aus neuester Zeit besonders G. H. Lewes, Problems
of Life and Mind, 1873; J. C. Fischer, Das Bewußtsein; materialistische Anschauungen, 1874; W. Wundt, Grundzüge der physiologischen Psychologie, 2 Thle. 1874; Alex. Bain, Geist und Körper, a. d.
Engl., Leipz. 1874; R. Noel, Die materielle Grundlage des Seelenlebens, 1874; Jul. Ochorowitz, Die Bedingungen des Bewußtwerdens.
Eine physiologisch-psychologische Studie, 1874. — Unter den Gegenschriften gegen diese Kundgebungen des modernen anthropologischen Mo-
nismus, in welchem die Anschauungsweise des älteren Materialismus
(Lamettrie, Holbach 2c.) und der Phrenologen wie Gall, Spurzheim 2c.
in raffinirterer Weise wieder auflebt, vgl. schon K. Ph. Fischer, Die
Unwahrheit des Sensualismus und Materialismus, 1853, und als
„Nachtrag“ dazu: Ueber die Unmöglichkeit den Naturalismus u. f. w.
1854; Aug. Weber, Die neueste Vergötterung des Stoffs, 1856;
Frauenstädt, Der Materialismus, seine Wahrheit und sein Irrthum
(gegen Büchner, Kraft und Stoff) 1856. Frohschammer, Menschen-
seele und Physiologie. Eine Streitschrift gegen K. Vogt, 1856; Fabri,
Briefe gegen den Materialismus, 1856. 1864; Dess., Kritische Umschau
in der materialistischen Streitliteratur, in der Evang. Kirchenzeitung,
Juli und August 1856. Auch Fichte in s. Anthropologie, 1856; Zur

Seelenfrage 1859 u. s. w.; Rud. Wagner, Der Kampf um die Seele vom Standpunkt der Wissenschaft, 1857. Unter den späteren Schriften hebe ich besonders die von Ruete, Ueber die Existenz der Seele vom naturwissenschaftlichen Standpunkte, 1863, hervor, welche auf dem Wege der Induktion „die Annahme einer selbstständigen Seele empirisch rechtfertigt", indem sie nachweist, „daß das geistige Prinzip bei den Sinneswahrnehmungen in einer von den reinen Sinneseindrücken bis zu einem gewissen Grade unabhängigen und daraus unerklärbaren Weise thätig ist". S. 88. Ich muß auf die zahlreichen interessanten Nachweise selbst, welche diese Schrift gibt, verweisen. Eine gründliche Untersuchung der Seelenfrage enthält auch Ulrici, Gott und die Natur. 2. Aufl. 1866 S. 261 ff. Vgl. auch Weis, Antimaterialismus II; Seydel, Zur Kritik des Materialismus, 1872; Wigand, Der Darwinismus 2c., II, 298. 501 ff. Ebrard, Apologetik I, S. 74 ff.; M'Cosh, Christianity and Positivism, N.-York 1871, p. 188. 206 ss.; P. Janet, Le cerveau et la pensée, Par. 1873.

20. Nach Büchner, Kraft und Stoff, 7. Aufl. 1862 S. 106—109 und Hettinger S. 250.

21. Schon der röm. Dichter Lucretius in seinem großen Gedichte De rerum natura (vgl. A. Lange, Gesch. des Materialismus, 2. Aufl. I, 97. 139 ff.) lehrt vollständig diesen psych. Materialismus z. B. III, 446 ff.

> Ferner bemerken wir noch, daß, zugleich erzeuget die Seele
> Mit dem Körper, zugleich heranwächst mit ihm und altert.

> Hat die gewaltige Zeit zuletzt den Körper zerrüttet
> Und die Glieder sinken mit stumpf gewordenen Kräften,
> Dann so sinkt auch der Geist. —
> Also löset sich auf das gesammte Wesen der Seele,
> Und es zergeht wie der Rauch in den hohen Lüften zergehet:
> Sintemal wir es sehn sich zugleich mit dem Körper erzeugen,
> Gleich fortwachsen mit ihm und mürbe vom Alter zerlechzen.

Feuerbach meint auch (sämmtl. Werke III, 309), des Lucretius Gründe gegen die Unsterblichkeit seien noch heute giltig und man könne gegen „die unsinnige Kopulation eines sterblichen und eines unsterblichen Wesens nichts Besseres sagen, als er bereits gesagt habe". — Der Philosoph des modernen Materialismus ist Ludw. Feuerbach. Vgl. Grundsätze der Philosophie der Zukunft, 1843, II, 269 ff. „Die Aufgabe der neueren Zeit war die Verwirklichung und Vermenschlichung Gottes — die Verwandlung und Auflösung der Theologie in die Anthropologie" (§. 1. 52). Demnach ist der Mensch der einzige und höchste Gegenstand der Philosophie, die Anthropologie also, mit Einschluß der Physiologie, die Universalwissenschaft (§. 54). Diese aber in

dem Sinne, daß „Gott selbst als ein materialistisches Wesen bestimmt"
(§. 14) und der Mensch in seiner sinnlichen Wirklichkeit genommen
wird. „Der Leib in seiner Totalität ist mein Ich, mein Wesen selber."
„Die neue Philosophie ist die offenherzige sinnliche Philosophie (§. 36).
Nur die Sinnlichkeit ist Wahrheit und Gewißheit (§. 38). Da ist denn
natürlich „der Gegensatz von Leib und Seele selbst logisch kein halt=
barer" II, 358. „Sinnlichkeit ist Wirklichkeit." „Sinnlichkeit ist Voll=
kommenheit" II, 366. 367. „Wer nicht mehr sinnlich ist, ist nicht mehr"
S. 368. Diese Gedanken sind dann in seinen verschiedenen Abhand=
lungen über den Tod, Bd. 3, weiter ausgeführt und wiederholt.
Moleschott, Physiologie des Stoffwechsels in Pflanzen und Thieren"
1851. S. XII: „Ein unsinnliches Wesen ist ein Unsinn." S. XIV: „Nur
aus dem Stoffwechsel begreift sich das Leben." S. XXII: „Die Angel,
um welche die heutige Weltweisheit sich dreht, ist die Physiologie des
Stoffwechsels." Andere Aeußerungen s. vorn im Text. K. Vogt in
s. Bildern aus dem Thierleben: „Der Theologie, die mit der Ver=
nichtung der Seele als gesonderten, für sich bestehenden Dings von
selbst aufhört, und sich deshalb mit der Wuth der Verzweiflung für
die Existenz dieses Dinges wehrt, der Theologie ist die Seele ein
individuelles, immaterielles Prinzip, welches in einem bestimmten
Körper seinen Wohnsitz aufgeschlagen hat und diesen Körper als In=
strument benutzt. — — Für die Naturforschung dagegen ist die Seele
kein immaterielles, von dem Körper trennbares Prinzip, sondern nur
ein Kollektivname für verschiedene Funktionen, die dem Nervensystem,
— dem Gehirn ausschließlich zukommen. — Geht das Organ, der
Körper, zu Grunde, so hört damit auch die Funktion auf; stirbt der
Körper, so hat damit auch die Seele ein vollständiges Ende. — —
Somit wäre dem einfachen Materialismus Thür und Thor geöffnet —
der Mensch so gut wie das Thier nur eine Maschine, sein Denken das
Resultat einer bestimmten Organisation, der freie Wille damit auf=
gehoben? u. s. w. Ich kann nichts anders sagen als: Wahrlich so ist's.
Es ist wirklich so. Der freie Wille existirt nicht, und mit ihm nicht
eine Verantwortlichkeit und Zurechnungsfähigkeit, wie sie die Moral
und Strafrechtspflege und Gott weiß was noch uns auferlegen wollen.
Wir sind in keinem Augenblicke Herren über uns selbst, über unsere
geistigen Kräfte, so wenig als wir, um mich hier einigermaßen grob
auszudrücken, Herren darüber sind, daß unsere Nieren eben absondern
sollen oder nicht" u. s. w. Büchner, Kraft und Stoff (1862), be=
zeichnet zwar den Vogt'schen Vergleich: „Die Gedanken stehen in dem=
selben Verhältniß zu dem Gehirn wie die Galle zur Leber oder der
Urin zu den Nieren" als einen sehr schlecht gewählten (S. 129), meint
aber doch, „die Seelenthätigkeit ist ein Funktion der Gehirnsubstanz"

(S. 133). — „Nun leugne man noch — daß der Menschengeist ein Produkt des Stoffwechsels sei!" (S. 148). S. 149 wird nachgewiesen, daß es keine angeborenen Ideen gebe, sondern es hänge Alles, auch das Moralische, „mit den äußeren Verhältnissen zusammen" S. 167). Demnach (S. 179) „können wir keine Wissenschaft, keine Vorstellung vom Absoluten, d. h. von dem haben, was über die uns umgebende sinnliche Welt hinausführt". Natürlich gibt es auch keine persönliche Fortdauer S. 185 ff. Und schließlich wird der spezifische Unterschied zwischen Mensch und Thier verneint (S. 217 ff.). — Eine Reihe solcher Stellen hat auch Fabri S. 9 ff. angeführt, welcher an die Spitze seiner Erörterungen das treffende Wort Hamann's stellt: „Eine Vernunft, die sich für eine Tochter der Sinne und Materie bekennt, seht das ist unsere Religion; eine Philosophie, welche den Menschen ihren Beruf auf allen Vieren zu gehen offenbart, nährt unsere Großmuth, und ein Triumph heidnischer Gotteslästerung ist der Gipfel unsers Genies!" Dieses Wort findet seine Bestätigung in Schriften wie Rich. Schuricht's Auszug aus dem Tagebuch eines Materialisten, Hambg., Hoffm. u. Campe 1860, in welchem die Selbstsucht als das Prinzip des ge= sammten Lebens, auch des religiösen gefeiert, das Ideal gehöhnt, die „Trostlosigkeit unserer Lage" bekannt und selbst ein Feuerbach als ein überwundener Standpunkt behandelt wird. Aus neuester Zeit gehört hieher z. B. Jul. Duboc, Das Leben ohne Gott; Untersuchungen über den ethischen Gehalt des Atheismus, 1875, und namentlich E. v. Hart= mann: Die Selbstzersetzung des Christenthums und die Religion der Zukunft, 1874 (vgl. die Kritiken dieser letzten Schrift von J. v. Oosterzee im Bew. d. Glaubens, 1875, S. 16 ff., sowie von O. F. Heman, Ed. v. Hartmann's Religion der Zukunft, Leipz. 1876; C. Braig, Die Zukunftsreligion des Unbewußten u. das Prinzip des Subjekti= vismus, Freiburg 1882). Vgl. auch meine Vorträge über die modernen Weltanschauungen, 9. Vortr. S. 164 ff.

22. Hierüber Fabri S. 63. 65. 70.

23. Fabri S. 35; M'Cosh, Christ. and Positivism, p. 188 ss.

24. Hettinger, S. 264.

25. Vgl. Schubert, Die Geschichte der Seele. 4. Aufl. 1850. I, S. 444 u. 465. Auch die von Delitzsch (System der Apologetik 1869, S. 501 ff.), von Perty (Die mystischen Erscheinungen der menschlichen Natur I, 48 ff.; II, 128 ff.), von F. Splittgerber (Schlaf u. Tod 2c., 2. A. 1882 und: Aus dem inneren Leben, Lpz. 1880) u. AA. zusammen= gestellten Beispiele von Euthanasie frommer Christen aus älterer und neuerer Zeit.

26. Liebig, Chemische Briefe 5. Ausg. 1865, 25. Brief S. 207: „Der geistige Mensch, so sagen sie (nämlich „die Dilettanten in der

Naturwissenschaft", wie Liebig diese Materialisten stehend bezeichnet),
sei das Produkt seiner Sinne, das Gehirn erzeuge die Gedanken durch
einen Stoffwechsel und verhalte sich zu ihnen wie die Leber zur Galle.
So wie die Galle untergehe mit der Leber, so gehe der Geist unter
mit dem Gehirn. — Wenn Sie die Schlüsse dieser Leute entkleiden von
dem geborgten Flitter und Tand —, so bleibt übrig, daß die Beine
zum Laufen und daß das Gehirn zum Denken da sei und daß das
Denken gelernt werden müsse, so wie das Kind das Laufen lerne; daß
wir ohne Beine nicht gehen und ohne Gehirn nicht denken können;
daß eine Verletzung der Fortbewegungswerkzeuge das Gehen und eine
Verletzung der Werkzeuge des Denkens das Denken ändert. Aber das
Fleisch und die Knochen, woraus die Beine bestehen, bewegen sich nicht,
sondern sie werden bewegt durch eine Ursache die nicht Fleisch und
Bein ist, sie sind Werkzeuge der Kraft; die weiche Masse, die man Gehirn nennt, ist das Werkzeug der Ursache welche die Gedanken erzeugt. — — So wie die Harfe tönt, wenn ihre Saiten der Wind bewegt, so denkt das Gehirn durch den Stoffwechsel; so hört das Ohr,
so sieht das Auge; aber das Gehirn an sich denkt keinen Gedanken,
das Ohr hört nicht die Musik, das Auge sieht nicht die leuchtende
Sonne, den grünen Baum, es empfindet nicht die Sprache des Augen-
paars, das ihm Liebe zustrahlt —. Der geistige Mensch ist nicht das
Produkt seiner Sinne, sondern die Leistungen der Sinne sind Produkte
des intelligenten Willens im Menschen." Vgl. ferner Helmholtz, Die
neueren Fortschritte in der Theorie des Sehens (in „Popul. wissenschaftliche Vorträge", Braunschweig 1865, H. II, S. 1—98), und
J. R. Mayer, Ueber einige nothwendige Konsequenzen und Inkon-
sequenzen der Wärmemechanik (Vortrag vor der Naturforscherbers. zu
Innsbruck, s. Ausland 1869, S. 1064): „Ein grober Irrthum ist es,
wenn man diese beiden parallel laufenden Thätigkeiten (nämlich die
molekulare ob. materielle Thätigkeit und die Denk-Thätigkeit des Hirns)
identifiziren will. — — Das Gehirn ist nur das Werkzeug, es ist nicht
der Geist selbst. Der Geist aber, der nicht mehr dem Bereiche des
sinnlich Wahrnehmbaren angehört, ist kein Untersuchungsobjekt für den
Physiker oder Anatomen". Gegen die Versuche der modernen „physiologischen Psychologie", die Identifikation des Denkens mit den mole-
kularen Hirnfunktionen mit Hülfe des physikalischen Gesetzes von der
Erhaltung und Verwandlung der Kraft zu vollziehen, vgl. auch M'Cosh
a. a. O. p. 206 ff., Wigand, Der Darwinismus II, 298 ff. 501 f.,
Ebrard, Apol. I, 74 ff.

27. Vgl. O. L. Erdmann, Ueber das Verhältniß der naturwissenschaftlichen Forschung u. s. w. S. 20: „Was wir sehen, fühlen,
kurz was wir sinnlich wahrnehmen, das ist — so müssen wir glauben!

Soll aber was wir nicht sehen, nicht fühlen, kurz nicht sinnlich wahrnehmen, darum auch nicht sein?. Die Frage bedarf der Antwort nicht." „Wenn das Wesen des Lebens, wenn insbesondere die Thätig= keit der denkenden Seele sich aus mechanischen und chemischen Gesetzen gewiß nicht erklären läßt, so ist die Annahme, daß hier die Wirkungen anderer Kräfte vorliegen, nach allgemeinen wissenschaftlichen Grund= sätzen nicht nur zulässig, sondern geradezu geboten." „Daß mechani= sche und chemische Ursachen auf die Aeußerungen der Lebens= und Geistesthätigkeit den mächtigsten Einfluß üben, wer wird das leugnen? Wenn aber daraus der Schluß gezogen werden soll, daß Leben und Seele auch nur mechanische und chemische Ursachen haben können, so wird das nur mit Hülfe einer Logik gelingen, welche schließt: ich kenne nur mechanische und chemische Wirkungen, folglich gibt es keine an= deren." — Ein beliebtes Thema der heutigen Physiologie ist die Er= klärung des Lebensprozesses als Mechanismus. Aber so viel darin geleistet worden, so bleiben doch noch viel Geheimnisse. Das Leben selbst ist ein solches. Und die geistigen Funktionen weisen noch auf andere als bloß mechanische Kräfte hin. Dieß hat Prof. Preyer aus Jena auf der Leipziger Naturforscherversammlung 1872 in seinem Vor= trag über die „Erforschung der Mechanik des Lebens" anerkannt. Wir sind überall von Mysterien der Existenz umgeben. Man beruft sich auf die Experimente; aber die Voraussetzung alles experimentalen Forschens ist der Glaube an die eigene Vernunft. Die gefeierte Rede welche Dubois=Reymond auf derselben Versammlung über die Grenzen der naturwissenschaftlichen Erkenntniß hielt, gipfelt in dem kantischen Satze, daß wir das Ding an sich nicht kennen können. Naturwissenschaftliches Erkennen ist die Zurückführung der Veränderung in der Körperwelt auf die Bewegung der Atome, die durch Central= kräfte jener bewegt werden. Dadurch ist unser Kausalitätsbedürfniß vor der Hand befriedigt, sofern dadurch die Bewegungsursachen in der Körperwelt auf eine konstante Summe von kinetischer (bewegender) und potentieller Energie zurückgeführt sind, welche einer bestimmten Summe von Materie anhaftet. Aber die dadurch nicht entfernten Grenzen des naturwissenschaftlichen Erkennens bestehen 1. in der Un= möglichkeit das Wesen der Materie und der Kraft zu begreifen, 2. das Bewußtsein selbst in seiner niedersten Form der Empfindung von Lust und Unlust erklären zu können. Vgl. schon oben Anm. 2 zum 4. Vortr.

28. Guizot in seinen Méditations etc. II, 249 ff. gibt interessante Mittheilungen und eine einschneidende Kritik dieses sog. Positivismus des Aug. Comte und seiner Anhänger Littré in Paris und John Stuart Mill in London. Und vollkommen gilt gegen diese Richtung was Naville in seiner sittlichen Entrüstung gegen Taine ausführt (Der himmlische Vater S. 217 ff.), daß „die Verherrlichung des Erfolgs die erste und sicherste Folge der sittlichen Gleichgültigkeit" sei, welche die Seele dieser Denkweise bilde. Vgl. ferner M'Cosh in der bereits mehrfach angef. Schrift Christianity and Positivism öfter; J. B. Tissandier, Origenes et développement du Positivisme contemporain, Par. 1874, sowie was das Verhältniß des franz. Positivismus zu seinem britischen Doppelgänger, dem s. g. Sekularismus betrifft, die ungemein lehrreichen Mittheilungen von Maurice Davies, Heterodox London, or Phases of Free Thought in the Metropolis, London 1874 (und daraus Zöckler: Londons kirchliche Zustände, in der Evang. KZtg. 1875, Nr. 29 f.; auch dessen Art. „Positivismus" und „Sekularismus" in Herzogs Prot. Real-Encykl., 2. Aufl.). Eine kleine gute Schrift gegen den Positivismus ist auch: Das Christenthum und der Positivismus. Aus dem Französ. v. d. Verf. der Schriften: La religion pure et sans tache u. s. w. Hamburg, Verlag der Alsterdorfer Anstalten (Oncken) 1861.

29. Büchner, a. a. O. S. 217: „Der Mensch hat keinen absoluten Vorzug vor dem Thier und seine geistige Ueberlegenschaft über dasselbe ist nur relativ. Keine einzige geistige Fähigkeit kommt dem Menschen allein zu" — also auch nicht die des Selbstbewußtseins, des sittlichen und des religiösen Bewußtseins? Freilich die beiden letzteren verneint Büchner überhaupt. S. 218: „Der geistige Prozeß ist bei den Thieren (nämlich bei der ihr Handeln begleitenden Ueberlegung) seinem Wesen nach vollkommen derselbe wie bei den Menschen." S. 221: „Wie weit endlich entfernt sich der Neger vom Affen?" S. 222: „Den brasilianischen Urmenschen schildert Burmeister als ein Thier in seinem ganzen Thun und Treiben und jedes höheren geistigen Lebens ganz entbehrend." Aehnliches bei Fr. Körner, Thierseele und Menschengeist; Versuch zur Ausgleichung der materialistischen und der idealist. Weltansicht 1872, sowie in desselben Naturethik, Hamb. 1873. — Gegen diese Herabwürdigung des Menschen zum Thier (von welcher Zöckler, Lehre vom Urzustand S. 139 ff. noch weitere Beispiele zusammenstellt) vgl. schon Rousseau, Emile l. IV. p. 39: Quoi! je puis observer, connaitre les êtres et leurs rapports: je puis sentir ce que c'est qu'ordre, beauté, vertu; je puis contempler l'univers, m'élever à la main qui le gouverne; je puis aimer le bien, le faire; et je me comparerais aux bétes! Ame abjecte, c'est ta triste philosophie qui te rend semblable à elles: ou plutôt tu veux en vain t'avilir; ton génie dépose contre tes principes, ton coeur bienfaisant dément ta doctrine et l'abus même de tes facultés prouve leur excellence en dépit de toi.

30. Ueber die große Bedeutung der aufrechten Stellung des Menschen vgl. Lotze Mikrokosmus II, S. 84. Fichte Anthropologie
(2. Aufl.) S. 546. Beide betonen, daß dadurch der Mensch die Hände
frei behalte zu freier Verwendung, indem er sie nicht zur Stütze be-
dürfe. Darin liegt zugleich daß die Hand für den Menschen charakteristisch ist. Ueber die Hand vgl. den Bridgewater-Traktat des berühmten
engl. Chirurgen und Anatomen Charles Bell († 1842): „Ueber die
menschliche Hand", a. d. Engl. von H. Hauff, Stuttg. 1836, sowie schon
Kant Anthropologie (S. W. X) S. 336: Die Charakterisirung des Menschen als eines vernünftigen Thieres liegt schon in der Gestalt und
Organisation seiner Hand und Fingerspitzen" u. f. w. Auch Fichte
a. a. O. betont die eigenthümlich gebildete Hand „als Werkzeug freier
künstlerischer Thätigkeit". Hegel nennt die Hand „das absolute Werkzeug", das „Werkzeug der Werkzeuge", Encykl. (S. W. VII, 2), S. 240.
242 f. Vgl. hiezu Rothe Thepl. Ethik (2. Aufl.) 2. S. 90 f., sowie außerdem v. Baer, a. a. O., S. 326.

31. Ausgehend von der Anschauung, daß der Mensch der Zweck
der gesammten Natur und somit auch die centrale Zusammenfassung
der verschiedenen Entwickelungsstufen sei, in denen das Naturleben sich
darstellt, hat Aristoteles die Seele der Menschen als vegetative (als
das dem Pflanzenleben entsprechende Vermögen der Vegetation d. h.
der Ernährung des leiblichen Organismus), als sensitive und locomotive
(als das dem Thierleben entsprechende Vermögen der Empfindung und
örtlichen Bewegung) und als vernünftige (das dem Menschen eigenthümliche Vermögen der Vernunft) bezeichnet. Vgl. z. B. Schwegler,
Gesch. d. Philos. 4. Aufl. 1860. S. 79. Die Scholastik des Mittelalters
hat sich auch hierin — wie auch sonst in ihrer Psychologie und Ethik
— an Aristoteles angeschlossen. Unter Verweisung auf Thomas Aquinas
betritt auch Hettinger S. 285 f. den Weg dieser Eintheilung. Zu dem
über das Empfindungsleben Gesagten vgl. Dalton S. 31 und über
das neue Prinzip des Selbstbewußtseins ebend. S. 28 f.

32. Vgl. zum Folgenden Wiese. Die Bildung des Willens.
3. Aufl. 1872 und Dalton a. a. O. S. 38 f. über die drei Stufen
der Willensentwicklung, ich will, ich will, ich will den Willen
Gottes.

33. Vgl. Goethe, Sprüche in Prosa. Bd. 3. S. 172: „Der Mensch
wäre nicht der Vornehmste auf der Erde, wenn er nicht zu vornehm
für sie wäre." Auch K. E. v. Baer a. a. O., S. 464: „Ist es nicht
menschenwürdiger, groß von sich und seiner Bestimmung zu denken,
als nur auf das Niedere gerichtet, allein die bestiale Grundlage in sich
anzuerkennen? Von dieser nach dem Niederen strebenden Richtung ist
leider die neue Lehre sehr gefärbt. Ich möchte lieber hochmüthig als

niederträchtig sein, und ich erinnere mich des Ausspruches von Kant: „Der Mensch kann nicht groß genug vom Menschen denken". Die neueren Ansichten dagegen sind mehr eine Beschönigung aller thierischen Regungen im Menschen."

Anmerkungen zum sechsten Vortrag.

1. Plutarch., Advers. Colotem Epicureum c. 31 (p. 1125). Vergl. Fabric., Bibliogr. antiq. p. 304. Artemidori Ὀνειροκριτικῶν I, 9: „Kein Volk ist ohne Gott, ohne einen obersten Regenten; einige aber verehren so, andere anders die Götter." Cic. De legg. I, 8: „Unter so vielen Gattungen von Geschöpfen gibt es keines außer dem Menschen, das einige Kenntniß von Gott hätte; unter den Menschen ist kein Volk so unbändig und so wild, daß nicht, auch wenn es nicht weiß welchen Gott es haben soll, doch wüßte daß man einen haben muß." Hiezu vgl. Nic. I, 154, und ihm folgend Hett. S. 359. Uebrigens möge Vortr. 3 Anm. 3 verglichen werden. Ich füge hier noch die schöne Stelle von Guizot, L'église et la société chrétiennes en 1861 p. 14 an: Dans tous les lieux, sous tous les climats, à toutes les époques de l'histoire, à tous les degrés de la civilisation, l'homme porte en lui ce sentiment, j'aimerais mieux dire ce pressentiment, que le monde qu'il voit, l'ordre au sein duquel il vit, les vaits qui se succèdent régulièrement et constamment autour de lui ne sont pas tout; en vain il fait chaque jour, dans ce vaste ensemble, des découvertes et des conquêtes; en vain il observe et constate savamment les lois permanentes qui y président; sa pensée ne s'enferme point dans cet univers livré à sa science, ce spectacle ne suffit point à son âme; elle s'élance ailleurs; elle cherche, elle entrevoit autre chose, elle aspire pour l'univers et pour elle même à d'autres destinées, a d'autres destinées, à un autre maitre:

Par delà tous ces cieux le dieu des cieux réside,

a dit Voltaire, et ce dieu qui est par delà tous les cieux, ce n'est pas la nature personnifiée, c'est le surnaturel en personne. C'est a lui que les religions s'adressent, c'est pour mettre l'homme en rapport avec lui qu'elles se fondent. Sans la foi instinctive des hommes au surnaturel, sans leur élan spontané et invincible vers le surnaturel, la religion ne serait pas. Vgl. auch Waitz, Anthropol. der Naturvölker I, 324 über die Allgemeinheit der Religion.

2. Joh. v. Müller's Werke, Th. 33 S. 5 und Jean Paul in seinen „Erinnerungen aus den schönsten Stunden für die letzten". WW. 47, 125.

3. Diese Gedanken sind besonders in der mystischen Theologie

heimisch, in der neueren Zeit vielfach in Predigten und in apologetischen Arbeiten verwerthet und ausgeführt, vgl. besonders Hett. S. 374 f.,
auch Dalton S. 40 f. Gregor v. Nazianz, An den Namenlosen:

> In Dir kommt Alles zur Ruhe, zu Dir strömt Alles geschaaret,
> Ende von Allem bist Du. —

4. Diese Frage über das psychologische Wesen der Religion, ob sie
ein Wissen, Wollen oder Fühlen sei, ist in der Theologie viel verhandelt. Ursprünglich faßte man sie als ein Thun, als eine bestimmte
Weise der Gottesverehrung (cultus dei) — so in der alten Kirche bis
herab zu den alten protestantischen Dogmatikern —; dann als ein
Wissen — so zur Zeit des Rationalismus und der Hegel'schen Philosophie —; seit Schleiermacher als eine Bestimmtheit des Gefühls,
welches aber jederzeit in Wissen und Thun übergehe. Die Religion
als Glaube zu bezeichnen ist vielen neueren kirchlichen Dogmatikern geläufig; vgl. z. B. Kahnis Dogmat. I (1. Aufl. 131. 142 f.) 105 ff.

5. Fichte, Sämmtl. Werke II, 253 f.: „Nicht das Wissen ist dieses
Organ (mit welchem man nämlich die höchste Realität erreicht) — der
Glaube ist es, dieses freiwillige Beruhen bei der sich uns natürlich dar-
bietenden Ansicht, weil wir nur bei dieser Ansicht unsere Bestimmung
erfüllen können." — Er ist kein Wissen, sondern ein Entschluß des Willens
das Wissen gelten zu lassen." Vgl. auch weiterhin seine Erörterungen
über den freien Willensakt des Glaubens.

6. Vgl. zu diesem ganzen Abschnitt über das Gebet die schöne Stelle
in Guizot's Schrift L'église u. s. w. p. 14 ff.

7. Vgl. Nägelsbach, Die nachhomerische Theologie 1857 S. 211 ff.
Dieser Schrift (S. 217) ist auch die im Text mit Anführungszeichen
bezeichnete Stelle entnommen. Lasaulx Ueber die Gebete der Griechen
und Römer, Würzb. 1842. S. 5: „Nicht nur mit den religiösen, mit
allen wichtigen Handlungen des Lebens, ja fast mit allen Momenten der täglichen Gewohnheit desselben waren Gebete verbunden."
(S. 9 f.) „In der ältesten Zeit pflegte man vorzugsweise in der Stille
der Nacht unter freiem Himmel mit unbedecktem Haupte die Götter
anzurufen, ganz hingegeben dem lebendigen Gefühl der Unendlichkeit.
— Sonst war die Zeit des Gebets regelmäßig am Morgen und am
Abend, und beim Anfang wie beim Schluß des Mahles. Außerdem
wurden nicht nur die religiösen Handlungen, die mit Opfern verbunden
waren, sondern alle bedeutenden Momente des Lebens mit Gebeten eröffnet. Die Versammlungen des Volkes wie des Rathes, alle Kriegs-
unternehmungen, jeder Kampf und alle Wettspiele, sogar das Theater:
alles ward mit Zeus, d. h. mit Gebet begonnen. In Rom pflegte man
nach Anordnung des Königs Numa zu Anfang jedes Jahres gewisse
Gebete und Opfer für das Heil des ganzen Jahres darzubringen. Alle

Wahlcomitien eröffnete der präsidirende Magistrat mit einem solemne carmen precationis u. s. w., ebenso alle Volksmusterungen auf dem Marsfelde und alle Senatssitzungen; und gleicherweise begannen die Magistrate, namentlich die Consuln, als die Häupter der Republik, ihr Amt mit einer solemnis votorum nuncupatio im Tempel des capitolinischen Jupiter u. s. w." Jeden dieser Sätze hat Lasaulx mit Stellen aus den alten Schriftstellern belegt. — Die Stelle aus Homer ist Odyssee 3, 43 ff. Den angeführten Vers bezeichnete Melanchthon als den schönsten im ganzen Homer. Die Vorschrift des Sokrates findet sich bei Xenophon Oecon. 6, 1. In dieser Schrift 7, 7 läßt Xenophon den Ischomachus sogar den Unterricht seiner jungen Gattin in der Haushaltungskunst nicht eher beginnen, als nachdem er geopfert und gebetet hat, daß ihm sein Lehren, ihr das Lernen zum Heil gereichen möge. Und ähnliche Stellen finden sich bei Xenoph. noch oft, vgl. Nägelsb. S. 217. Die Aeußerung Plato's ist aus De legg. VI p. 356 und Tim. p. 22, 4 ff. entnommen. Darnach verfährt Plato auch selbst Tim. p. 47, 8. De legg. IV p. 347, 1. X p. 193, 11. Epinomis p. 352, 10. Gleicherweise beginnt auch Demosthenes seine Rede De corona mit der Anrufung der Götter; und dasselbe behauptet Servius ad Aen. XI, 301 von den Römern: majores nullam orationem nisi invocatis numinibus inchoabant, sicut sunt omnes orationes Catonis et Gracchi. (Lasaulx S. 9.) Selbst Julius Cäsar nahte auf den Knieen Stufe für Stufe dem capitolinischen Jupiter, als er nach vierfachem Triumphe demselben sein Dankgebet darbrachte (Dio Cassius 43, 21. Lasaulx S. 12). Von den mancherlei Aeußerungen über das Gebet will ich nur noch die des Sophisten Maximus von Thyrus (Diss. XI p. 207) anführen: „Jeder solle, wie Sokrates gethan habe, dessen Leben ein fortwährendes Gebet gewesen, nichts Anderes von den Göttern erbitten als Tugend der Seele, ruhiges Gemüth, ein tadelloses Leben und den Tod in froher Hoffnung." (Lasaulx S. 8.) Ueber die Entweihung des Gebets aber vgl. Döllinger, Heidenth. und Judenth. 1857, S. 635.

8. Binet, Reden über religiöse Gegenstände, übers. von Vogel. Frankf. 1835, S. 354. Ueber das Gebet vgl. Monrad, Aus der Welt des Gebets, deutsch von Michelsen, 6. Aufl. 1881. Leonhardt, Das christl. Gebet. 7 apol. Vortr. 2. Aufl. 1878. Haffner, Das Gebet des Herrn 1880 und meine Vorträge über die Moral des Christenthums. 3. Aufl. 1882. 4. Vortr. S. 71 ff. mit den betr. Anmerkungen S. 243 ff.

9. Kant, Religion innerh. der Grenzen d. bloßen Vernunft. Sämmtl. WW. herausg. von Rosenkranz X, 236 Anm.

10. Ueber das Verhältniß von Religion oder Christenthum und Bildung vgl. Lübker, Vorträge über Bildung und Christenthum 1843.

Im Anschluß hieran Harleß, Das Christenthum und die Literatur
der allgemeinen Bildung, Zeitschr. für Protestantismus und Kirche
1862 Novbr., wieder abgedr. in s. Schrift: Das Verhältniß des Christenthums zu Cultur- und Lebensfragen der Gegenwart, 1863. — Hinsichtlich des staatlichen und sozialen Lebens vgl. Montesquieu
L'esprit des lois XXIV, 3: „Wunderbare Erscheinung: die christliche
Religion, die nur das Glück des künftigen Lebens zum Gegenstand zu
haben scheint, begründet auch das Glück des gegenwärtigen Lebens."
Wie denn Montesquieu diesen Gedanken überhaupt in jenem Zusammen-
hange weiter ausführt, besonders gegen Bayle's Behauptung daß das
Christenthum mit der Erfüllung der bürgerlichen Pflichten unverträglich
sei; vgl. Nicolas 2, 345, in einem lesenswerthen Abschnitt. An jenes
Wort Montesquieu's erinnert auch Ziethe S. 26, und bringt unter
Anderm auch S. 28 die Erzählung von einem Negerfürsten, welcher
das Geheimniß von Englands Größe wissen wollte, und welchem die
Königin Victoria nicht ihre stolzen Kriegsschiffe oder ihren reichen
Kronschatz, oder ihre tapferen Soldaten oder ihre gefüllten Seehäfen
zeigte, sondern eine Bibel übersandte mit den Worten: „das Wort
Gottes ist das Geheimniß von Englands Größe". Auch Hettinger
S. 407 führt mehreres hieher Gehörige an. Ich erinnere außerdem an
jenes bekannte Wort Goethe's (Westöstl. Divan. WW. Bd. 4, S. 264):
„Alle Epochen in welchen der Glaube herrscht, unter welcher Gestalt er
auch wolle, sind glänzend, herzerhebend und fruchtbar für Mitwelt und
Nachwelt. Alle Epochen dagegen in welchen der Unglaube, in welcher
Form es sei, einen kümmerlichen Sieg behauptet, und wenn sie auch
einen Augenblick mit einem Scheinglanze prahlen sollten, verschwinden
vor der Nachwelt, weil sich Niemand gern mit Erkenntniß des Un-
fruchtbaren abgeben mag." Besonders französische Gelehrte haben den
Zusammenhang der Geschichte der menschlichen Gesellschaft mit der
Religion und der Entwicklung der Gottesidee nachgewiesen. So sucht
Franck Edutes orientales 1861 zu zeigen, wie der Werth der bürgerlichen Verfassung eines Volks in Verhältniß stehe zu dem Werthe
seiner Religionsidee. Und schon Edgar Quinet lehrt in seinen Vorlesungen zu Lyon (Unité morale des peuples modernes 1839, Anhang
zu seinem Génie des religions), daß die religiöse Idee der eigentliche
Kern der Zivilisation und das gestaltende Prinzip der politischen Ver-
fassungen sei. Den Uebergang zu dieser Denkweise bezeichnet Benjamin
Constant. „Er hatte sein Werk über die Religion im Geist des Atheismus
entworfen, aber er endigte es, indem er die nothwendige Bedingung
des Bestehens der zivilisirten Gesellschaft im religiösen Gefühl suchte."
Vgl. Naville, Der himmlische Vater S. 60 f.

11. Hettinger führt S. 519 die Aeußerung Guizot's an: Alle

politischen und sozialen Fragen führen in ihrer letzten Lösung immer
wieder auf das religiöse Prinzip zurück; und Proudhon's in
seinen „Bekenntnissen eines Revolutionärs": Es ist überraschend, daß
sobald wir in der Politik in die Tiefe gehen, wir immer auf die Theologie stoßen. Proudhon beginnt auch s. Système des contradictions
économiques ou philosophie de la misère (1846, 2 Bde.) mit einer
Untersuchung über die Gottesidee; und Guizot legt jenen Gedanken
seinen Discours sur l'histoire de la révolution d'Angleterre (1850) zu
Grunde.

12. Guizot, L'église etc. p. 167.

Anmerkungen zum siebenten Vortrag.

1. Ein ähnlicher Gedankengang bei Nicolas I, 203 ff., wo auch
eine bezeichnende Aeußerung des französ. Philosophen Cousin angeführt ist: „Vom Menschengeschlecht gilt dasselbe wie vom Individuum.
Eine Uroffenbarung erleuchtet die Wiege der menschlichen Civilisation;
alle alten Ueberlieferungen gehen bis in ein Zeitalter, wo der Mensch,
eben aus der Hand Gottes hervorgehend, unmittelbar von ihm alle
jene Aufklärung und alle jene Wahrheiten empfängt, die bald nachher
durch die Zeit und durch das stümperhafte Wissen der Menschen ver-
dunkelt und entstellt wurden." Er verweist auf eine Reihe von Stellen
aus den Alten selbst welche dieses Bewußtsein aussprechen. Pluto läßt
seinen Sokrates sich auf die Tradition der Alten berufen, welche „besser
waren als wir und den Göttern näher standen" (οἱ μὲν παλαιοὶ κρείτ-
τονες ἡμῶν καὶ ἐγγυτέρω θεῶν οἰκοῦντες ταύτην τὴν φήμην παρέδοσαν)
wo sich's um den Glauben an die göttliche Weltregierung handelt
Phileb. opp. IV p. 219, in den Fragen der Religion überhaupt Tim.
IX p. 324, in der Frage von der Unsterblichkeit der Seele und der
jenseitigen Vergeltung Opp. IX p. 115 — wie dieß auch durchweg anerkannt ist, vgl. z. B. Cousin: Die Traditionen des Orients dienten
den Anschauungen des Plato zur Basis, in ihnen lag, so zu sagen, der
Stoff aller seiner Gedanken (Traduct. de Platon t. IV, notes sur le
Phèdre, Nicolas I, 208), oder Ackermann: So oft er eine Glaubenslehre aufstellt, verweist er auf alle heilige Ueberlieferungen (das Christliche in Plato S. 52). Aehnlich wie bei Plato äußert sich auch Aristoteles (Metaph. XII, 8. De mundo 6) und Cicero De legg. 2, 11:
antiquitas proxime accedit ad deos; auch Tusc. I, 12. Mit Nicolas
und seinen Anführungen stimmt dann auch Hettinger S. 422 f. überein.
Geschichtliche Belege für die größere Reinheit der religiösen Vorstellungen
und Kulte bringt Nicolas I, 159 ff. Nicht minder vgl. hierüber Lüken,
Die Traditionen u. s. w. S. 27, wo eine Reihe von entsprechenden

Aeußerungen von Creuzer, W. Schlegel, Movers, Grimm, Gottfr. Müller angeführt wird.

2. Die erste Stelle in dem der platon. Schule angehörenden Dialog Alcibiades II, p. 150. Vgl. auch Plato Politia p. 271—275: „bis Einer kommt der uns gründlich unterrichte." — Die zweite Stelle Plato Phaedo p. 85. Diese Stellen sind oft in apologetischem Interesse zitirt worden: so die erste von Nicolas I, 152. 202. II, 123 ff. 126; die zweite von demf. I, 206 f. II, 409, und ebenso v. Hettinger S. 422. Auch Stirm S. 466 und Dalton S. 121. 122. 146 erinnern daran.

3. Neander, Denkwürdigkeiten I, 28. Ueberhaupt bietet dieser ganze Abschnitt jener Schrift interessante Beiträge zu diesem Thema. Xenophanes schließt seine Schrift über die Natur mit den Worten: „Niemand hat Gewisses erkannt, noch wird er es erkennen, über die Götter und was ich von dem Weltall sage. Denn wenn er auch selbst das Vollendetste sagte, so weiß er es dennoch nicht, sondern Wahn ist über alles verhängt", bei Tholuck, Der sittliche Charakter des Heidenth. S. 5.

4. Die erste Stelle Cicero's findet sich Tusc. I, 41: harum sententiarum quae vera sit, deus viderit; quae verisimilis, magna quaestio est. Aehnlich De nat. deor. III, 39. Die zweite Academ. quaest. 1, 12. Die dritte Cic. Tusc. III, 1, 2: igniculos nobis dedit parvulos, quos celeriter malis moribus opinionibusque depravati sic restinguimus, ut nusquam naturae lumen appareat. Vgl. auch Nicolas I, 200 und II, 410, und Hett. S. 473.

5. Kant an Jacobi, in Jacobi's WW. III, 523.

6. Schiller, „Die Gunst des Augenblicks" und „Das Glück":

> Aus den Wolken muß es fallen,
> Aus der Götter Schooß, das Glück.

> Selig welchen die Götter, die gnädigen, vor der Geburt schon
> Liebten, welchen als Kind Venus im Arme gewiegt,
> Welchen Phöbus die Augen, die Lippen Hermes gelöset,
> Und das Siegel der Macht Zeus auf die Stirne gedrückt u. s. w.

> Groß zwar nenn' ich den Mann, der sein eigner Bildner und Schöpfer,
> Durch der Tugend Gewalt selber die Parze bezwang:
> Aber nicht erzwingt er das Glück, und was ihm die Charis
> Neidisch geweigert, erringt nimmer der strebende Muth.
> Vor Unwürdigem kann dich der Wille, der ernste, bewahren: —
> Alles Höchste, es kommt frei von den Göttern herab.

Zu Schiller vgl. Vilmar, Vorless. über die Gesch. der deutschen Nationalliter. 2. Aufl. 1847 S. 609. Mozart's Bekenntniß, daß ihm seine Gedanken wie im Traum kommen, und Goethe's Wort an Eckermann: „jede Produktivität höchster Art, jedes bedeutende Aperçu, jede Erfindung, jeder große Gedanke, der Früchte bringt und Folge hat, steht in Niemandes Gewalt und ist über alle irdische Macht erhaben. Dergleichen hat der Mensch als unverhofftes Geschenk von oben, als reine Kinder Gottes zu betrachten, die er mit freudigem Danke zu empfangen und zu verzehren hat. — In solchen Fällen ist der Mensch oftmals als ein Werkzeug zu betrachten, als ein würdig gefundenes Gefäß zur Aufnahme eines göttlichen Einflusses" (1876. III, S. 162).

7. Plutarch. De recta ratione audiendi 2. (Hettinger S. 507.) Kant, Religion innerhalb der Grenzen der bloßen Vernunft, 1793 f. In Kant's sämmtl. Werken von Rosenkranz, 1838, Th. 10. Schon die Ueberschrift der ersten Abhandlung lautet: „Von der Einwohnung des bösen Prinzips neben dem Guten oder über das radicale Böse in der menschlichen Natur." Vgl. meine Schrift: Die Lehre vom freien Willen u. s. w. 1863. S. 347. 348. Außerdem Nicolas II, 5 ff. Dalton S. 49 f.

8. Bd. 30. Winkelmann, Antikes. Heidnisches S. 10—13. „Wirft sich der Neuere fast bei jeder Betrachtung in's Unendliche, um zuletzt, wenn es ihm glückt, auf einen beschränkten Punkt wieder zurückzukehren, so fühlen die Alten ohne weiteren Umweg, sogleich ihre einzige Behaglichkeit innerhalb der Grenzen der schönen Welt. Hieher waren sie gesetzt, hiezu berufen, hier fand ihre Thätigkeit Raum, ihre Leidenschaft Gegenstand und Nahrung." Dann schildert Goethe, wie der „heidnische Sinn" einen solchen „von der Natur selbst beabsichtigten Zustand des menschlichen Wesens" erzeuge, daß wir, „in dem höchsten Augenblicke des Genusses, wie in dem tiefsten der Aufopferung, ja des Untergangs, eine unverwüstliche Gesundheit gewahr werden." Märklin in Strauß, Leben Märklin's, 1851, S. 127: „Ich will aus voller Seele ein Heide sein: denn hier ist doch Wahrheit, Natur, Größe." Strauß nennt den Christen einen Engel der auf einem gezähmten Thier reitet, und rühmt die gesunde Sinnlichkeit des griechischen Lebens in Schubart's Leben II, 461. Wogegen Roth in Studien u. Kritiken 1850, 2. Und auch Goethe bekennt a. a. O. S. 14, daß „das Verhältniß zu den Frauen, das bei uns so zart und geistig geworden, sich kaum über die Grenzen des gemeinsten Bedürfnisses erhoben".

9. Vgl. vorn die 14. Anm. zum zweiten Vortrag, die Beiträge aus Thudichum zu Sophocles Oed. Col. v. 1191 ff. Ein altes Orakel, welches Silen dem Midas gegeben haben soll auf die Frage, was dem Menschen das Beste sei, lautet:

> O vom unseligen Gott und der bösen Tyche gezeuget,
> Eintagskinder, was zwingt ihr mich zu sagen was besser ich schwiege?
> Ruhiger ist ja das Leben, dem eigenes Uebel verborgen.
> Nimmer geboren zu sein, das ist dem Menschen das Beste.

Aristot. in Plut. Cons. ad Apoll. c. 27. Ueberhaupt ist diese ganze Schrift Plutarch's zu vergleichen. Ebenso spricht das Delph. Orakel bei Cicero Tusc. I, 47. Und Plinius H. n. VII in XXVIII, 2: „quapropter hoc primum in remediis animi sui habeat, ex omnibus bonis quae homini natura tribuit, nullum melius esse tempestiva morte." Lüken S. 302: „Ueberhaupt sind die alten Dichter voll von diesen Klagen und das griechische Heidenthum, so sehr es äußerlich den orientalischen Religionen mit ihren Büßungen und Kasteiungen gegenüber einen gewissen Schein der Heiterkeit zu Schau trug, konnte im Innern doch nicht den Charakter einer gewissen tragischen Verzweiflung des mit dem unerbittlichen feindlichen Geschick ringenden menschlichen Geistes verbergen. — Wir sehen die Philosophen — endlich dem Weltschmerze erliegen." Lasaulx, Abhandlung über den Sinn der Oedipussage, Würzburg 1841. S. 10 f.: „Die aus den Schwächen und Sünden des natürlichen Menschen hervorgehende Unseligkeit des Lebens hat kein Volk tiefer empfunden als die Griechen. Denn mitten durch die äußere Herrlichkeit und Freude des hellenischen Lebens zieht von Anbeginn bis zum Untergang desselben ein tiefer Klagelaut: ihre größten Weisen und Dichter haben es wiederholt ausgesprochen, daß man keinen Sterblichen glücklich preisen solle vor seinem Ende. In aller Munde war das alte Jammerlied: am besten sei es niemals geboren zu werden, das zweite darnach: so bald als möglich zu sterben. In der Blüte seines Lebens sank Achilleus hin, das Ideal des hellenischen Wesens am Anfang seiner Geschichte, und in der Fülle seiner Jugend ward Alexander hingerafft, der macedonische Heldenjüngling, am Ende der nationalen Existenz des griechischen Lebens (Hegel's Philosophie der Gesch. S. 232). Auch des Oedipus Leben, der als Repräsentant des Griechenthums betrachtet werden darf, enthält nichts Anderes als die Thatsache dieser inneren Unseligkeit des hellenischen Bewußtseins." Lasaulx deutet auch seinen Namen οἰδίπους (der Zweifüßige d. h. der Mensch): „Wehemensch". „Weil das Griechenthum in letzter Instanz doch nur eine falsche Lösung vom Räthsel des menschlichen Lebens gewonnen hatte, darum mußte es untergehen." Lasaulx schließt seine geistvolle Abhandlung mit den Worten S. 13: „Mir ist nächst der Sage von Achilleus keine andere bekannt, die eine grandiosere Vision über das Griechenthum enthielte als die Oedipussage." — Was die Kunst der Griechen anlangt, so äußert sich Thiersch in diesem Sinne wenigstens über die überaus schöne Statue der Leukothea (— so nach der herkömmlichen Ansicht —) der Münchener Glyptothek, in den Verhandlungen der Erlanger Philologenversammlung S. 46: ein leiser Zug von Melancholie sei in derselben nicht zu verkennen, ein Hauptzug der höheren Schönheit u. f. w. — Mir ist dieser Zug

auch sonst mehrfach in antiken Bildwerken entgegengetreten. Vgl. auch
Histor.-polit. Blätter 1864. Bd. 53, H. 9, S. 765, in einer Abh. über
„Graf Friedr. Leop. Stolberg. Nach seinen neueren Biographen
Dr. Menge und W. v. Bippen“: „Beachtenswerth unter den mannich-
fachen dahin gerichteten Aufzeichnungen (nämlich Stolberg's über die
Kunstwerke alter und neuer Zeit bei seinem Aufenthalt in Rom
1791-92) ist die feine Bemerkung die er über den Charakter der
antiken Plastik in Vergleich zur christlichen damals schon machte und
später in seiner Geschichte der Religion Jesu auf's neue bekräftigte.
Er findet nämlich daß den Köpfen der alten Statuen, sowohl der
Götter als der Menschen ein gewisser Charakter von Härte und un-
theilnehmendem Sinn, der Ausdruck tiefer ernster Melancholie aufgedrückt sei; selbst auf den Gesichtszügen der ewigen Götterjugend
schwebe wie eine schwarze Wolke der Gedanke des Todes. Dieses Urtheil ist bekanntlich von späteren Aesthetikern und Kunstkennern, von
Solger, Schnaase, Lasaulx in ziemlich übereinstimmender Weise bestätigt worden.“ — Hegel vergleicht die Niobe, deren Schönheit im
Schmerz versteinert, mit der jungfräulichen Mutter Maria, deren Schmerz
ganz anderer Art: „sie empfindet den Dolch der die Mitte ihrer Seele
durchdringt, das Herz bricht ihr, aber sie versteinert nicht. Sie hatte
nicht nur die Liebe, sondern ihr volles Inneres ist die Liebe, freie
konkrete Innigkeit, die inmitten des Verlustes im Frieden der Liebe
bleibt.“ Hegel, Aesthetik herausg. v. Hotho. 2. Aufl. Bd. 3, 46. Vgl.
auch Bd. 2, 77. 101. 425 u. ö. Vgl. auch meinen Vortrag: Ueber die
Darstellung des Schmerzes in der bildenden Kunst 1864 und in den
gesammelten Vorträgen 1876 S. 296. — Ueber die Inder s. Fr. Schlegel.
Ueber die Sprache und Weisheit der Inder S. 100. „Was die Dichter
der Alten in einzelnen Sprüchen von dem Unglück des Daseins singen,
jene traurigen Strahlen einer durchaus furchtbaren Weltansicht, die sich
in tiefbedeutenden Trauerspielen aus dem Gedanken eines dunklen
Schicksals über die Sagen und Geschichten der Völker verbreiten,
sammle man sich in ein Bild und verwandle das vorübergehende
dichterische Spiel in bleibenden ewigen Ernst, so wird man am besten
das Eigenthümliche der alten indischen Ansicht aufgefaßt haben.“ Vgl.
auch Stirm S. 200 f. und Hettinger S. 512 f. Nicolas II, 12 f.,
der unter Anderm eine bezeichnende Aeußerung der Madame de Sévigné
an ihre Tochter anführt, worin sie — trotz des Glücks das ihr das
Leben und ihr Geist bot — über das Leid des Lebens und noch mehr
über den Tod klagt und fortfährt: „und ich finde den Tod so schrecklich,
daß ich das Leben noch mehr darum hasse, weil es mich zu ihm hin-
führt, als weil es mit Dornen besät ist. Du wirst mir sagen: ich wolle
also wohl ewig leben? Durchaus nicht! Im Gegentheil hätte man

mich um meine Meinunng gefragt, so wäre ich gerne in den Armen meiner Amme gestorben" (16. Mai 1672).

10. Seneca De ira 3, 26; val. 2, 9 u. 27. De benef. I, 10. Vgl. Lüken, S. 403 - 405. — Hiemit mag verglichen werden was unter den **Neueren** z. B. Schopenhauer sagt in s. Schr. "Die Welt als Wille u. Vorstellung" II, 690 f.: „Daß wie Paulus, Augustinus und Luther lehren, die Werke nicht rechtfertigen können, indem wir alle wesentlich Sünder sind und bleiben, beruht zuletzt darauf, daß, weil operari sequitur esse, wenn wir handelten wie wir sollten, wir auch sein müßten was wir sollten. Weil wir aber sind was wir nicht sein sollten, thun wir auch nothwendig was wir nicht thun sollten. Darum also bedürfen wir einer völligen Umgestaltung unsres Sinnes und Wesens d. h. der Wiedergeburt." „Demnach ist eigentlich unsre einzige wahre Sünde die Erbsünde." Uebrigens vgl. meine Vortr. über die Heilswahrheiten des Christenthums 6. Aufl. 1889. 2. Vortr. S. 22 nebst den betr. Anmerkungen.

11. Selbst Bayle erklärt (Article Manichéens): „warum wußten die Heiden nichts Gescheidtes darüber zu sagen? Nur durch die Offenbarung kommt man aus dieser Schwierigkeit heraus." Nicolas II, 24.

12. Vgl. Lüken, Die Traditionen des Menschengeschlechts. S. 74 ff. J. Kuhl, Die Anfänge des Menschengeschlechts und sein einheitlicher Ursprung 1875, S. 113 ff.; Ebrard, Apologetik II, 10 ff.; G. Gerland, Anthropologische Beiträge, I. Bd. 1875, S. 100 ff.; E. L. Fischer, Heidenthum und Offenbarung, Mainz 1878.

13. Sehr belehrend hiefür ist, was wir in Perthes' Leben I, 60 ff. lesen, der diesen Entwicklungsgang von Kant zu Schiller und von da zur christlichen Wahrheit selbst durchmachte. Vgl. auch meine Vortr. über die Heilswahrh. des Christenth. 6. Aufl. S. 44.

14. Vgl. Stahl, Fundamente einer christlichen Philosophie. S. 39.

15. Hierüber hat Schiller in seiner Abhandlung Ueber die ästhet. Erziehung des Menschen (1795), im 5. Briefe sich in treffender Weise ausgesprochen, wenn er „in dem Drama der jetzigen Zeit" auf der einen Seite Verwilderung, auf der anderen Erschlaffung findet und nachdem er die Gesetzlosigkeit jener geschildert fortfährt: „Auf der andern Seite geben uns die civilisirten Klassen den noch widrigeren Anblick der Schlaffheit und einer Depravation des Charakters, die desto mehr empört, weil die Kultur selbst hier Quelle ist. Die Aufklärung des Verstandes, deren sich die verfeinerten Stände nicht ganz mit Unrecht rühmen, zeigt im Ganzen so wenig einen veredelnden Einfluß auf die Gesinnungen, daß sie vielmehr die Verderbniß durch Maximen befestigt. — — Mitten im Schooße der raffinirtesten Geselligkeit hat der Egoismus sein System gegründet u. f. w. — Die Kultur, weit entfernt uns in Freiheit zu setzen, entwickelt mit jeder Kraft die sie in uns ausbildet nur ein neues Be= dürfniß" u. f. w.

16. Rougemont, Christus und seine Zeugen. Uebers. von Fabarius. Barmen 1859. S. 245 ff.

17. Z. B. Strauß, Leben Jesu, Vorrede XVIII: „Was für unsere Zeit mit Recht den Hauptanstoß an dem ganzen alten Religionswesen bildet, ist der Wunderwahn." XIX.; desgl. schon in f. Glaubenslehre I, 354 u. öfter, sowie „Der alte und der neue Glaube" 1872. Aehnlich die schweizerischen Reform=Theologen Lang, Biedermann, sowie die jüngsten Vertreter des theologischen und philosophischen Naturalismus in England, wie Baden Powell (in dem Oxforder Essay: On the Study of the Evidences of Christianity, 1860), der anonyme Verfasser der 1874 erschienenen bibelfeindlichen Wunder= und Offenbarungskritik „Supernatural Religion" (7. edit. 1876); Tyndall, „Ueber Wunder und besondere Fügungen" (in seinen Fragmenten aus den Naturwissen= schaften, deutsche Ausg., bevorwortet v. Helmholtz, 1874, S. 49 ff. 574 ff.). Auch der von Virchow 1874 bei der Naturforscherversamm= lung zu Breslau geh. Vortrag über „Louise Lateau" gehört hieher, weil er zugleich mit den kathol. Mirakeln auch die biblischen Wunder bestreitet. Ueber das Wunder vgl. mein Kompendium der Dogmatik §. 35. Aus der dort angeführten Literatur hebe ich hier nur heraus Beyschlag, Die Bedeutung des Wunders im Christenth. 2. Aufl. 1863. Benz, Der christl. Wunderbegriff und seine neueren Gegner. 1874. Voigt, Fundament. Dogmatik S. 245 ff.

18. Rousseau, Lettres de la montagne. P. 1 lettre III. Oeuvres 1. Paris 1820. p. 250; Cette question sérieusement traitée, serait impie, si elle n'était pas absurde: ce serait trop d'honneur à celui qui la résoudrait négativement que de le punir; il suffirait de l'enfermer. Mais aussi quel homme a jamais nié que dieu pût faire des miracles? Vgl. auch Nicolas IV. 276—326. Hett. S. 562 f.

19. Guizot, L'église etc. p. 14 ff.

20. Ziethe S. 81. Vgl. auch Guizot, L'église etc. p. 14 f. Méditations sur la religion chrétienne p. 27 ff. Hettinger S. 557. Das Waisenhaus in Halle ist ein bleibendes Denkmal wunderbarer Gebetserhörungen. Bericht davon hat Aug. Herm. Francke in f. oft aufgelegten Schrift: Segensvolle Fußtapfen des noch lebenden und waltenden, liebreichen und getreuen Gottes (zuerst 1709 in Halle er= schienen) gegeben.

21. Aehnlich Dalton S. 185 f. u. Hett. S. 571. Ueber die Frage des Wunders vgl. auch die vortreffliche Abhandlung von Uhlhorn, Die modernen Darstellungen des Lebens Jesu. Vier Vorträge. Han=

nober 1866. 4. Vortrag S. 104 f. und die eingehenden Untersuchungen
von Rothe. Zur Dogmatik 1864, S. 84 ff. Auch Grau, Ueber den
Glauben als die höchste Vernunft 1865, S. 11 ff., sowie die gegen jene
englischen Wunderbestreitungen gerichteten apologetischen Ausführungen
von Mozley (Bampton Lectures for 1865), Mansel (On Miracles as
Evidences of Christianity), M'Cosh (Method of Divine Government,
10. edit. 1870), James Gairdner (The historical view of Miracles,
im Contempor. Review, Okt. 1875 u. Febr. 1876).

22. Aehnlich Ziethe S. 86 ff. Stirm S. 445 und die neuere
gläubige Theologie überhaupt.

23. Niebuhr, Lebensnachrichten I, 470 f. Und unmittelbar vorher: „Der, dessen irdisches Leben und Leiden geschildert wurden, hätte
mir vollkommen reale Existenz und seine ganze Geschichte dieselbe
Realität, wenn sie auch in keinem einzigen Punkte buchstäblich genau
erzählt wäre. Daher auch das Grundfaktum der Wunder, welches
meiner Ueberzeugung nach zugegeben, oder das Unsinnige, nicht bloß
Unbegreifliche angenommen werden müßte, der Heiligste sei ein Betrüger und seine Jünger Betrogene oder Lügner gewesen, und Betrüger
hätten eine heilige Religion geprebigt, in der Alles Entsagung ist" u. s. w.
(Brief an B*** 1812.) Ueber die Wunder Muhameds vgl. Tholuck,
Verm. Schr. I, 1—27. Folgendes Beispiel der phantastischen muhame-
danischen Wundererzählungen, welches Tholuck a. a. O. anführt, mag
genügen. Um eine von seinen Gegnern in Mekka von ihm geforderte
Probe zu erfüllen, habe Muhamed am Mittag Nacht werden lassen,
darauf sei der Mond geflogen gekommen, habe einen siebenfachen Rund-
gang um die Kaaba gemacht und sich vor ihr niedergebeugt, sei dann
mit ehrerbietiger Reverenz vor den Propheten getreten und habe vor
allen Einwohnern Mekkas laut gerufen: Friede sei über dir, o Achmet!,
sei dann in den rechten Aermel des Propheten hineingegangen und zum
linken wieder herausgekommen, habe sich darnach in zwei Hälften ge-
spalten, die sich an den Orient und Occident postirten, und sich endlich
wieder zusammengeschlossen, um seinen Lauf wie vorher ruhig fortzusetzen, „ohne daß man ihm jetzt noch irgend ein dérangement an-
merken könnte". — Aber alle diese Erzählungen gehören späteren Zeiten
an. Muhamed selbst hat sich für unfähig erklärt, Wunder zu thun.
Vgl. auch Ziethe S. 89.

24. Ein ähnliches Zeugenverhör bei Hettinger a. a. O. 528 ff.
Vgl. auch Rougemont, Christus und seine Zeugen, bes. S. 126 ff.
Das Zeugniß der Apostel. S. 145 ff.: Das Zeugniß der Apostel in der
Kirche. Ferner Auberlen, Die göttliche Offenbarung I, 7 ff.

25. So besonders Holsten, ein Anhänger der sog. Tübinger oder
Baur'schen Schule, in s. Abhandlung: Die Christusvision des Paulus

und die Genesis des paulinischen Evangeliums. Zeitschr. für wissenschaftliche Theologie 1861. 3. S. 224 - 284. Die Erscheinung Christi, welche Paulus vor Damaskus hatte, soll ein bloß innerer Vorgang gewesen sein, der mit der nervösen Natureigenthümlichkeit Pauli in Zusammenhang stehe; denn er litt an „epileptischen Krampfzufällen": davon sind die Schläge des Satansengels, von denen der Apostel spricht, zu verstehen (S. 251). Durch solche Mittel sucht man sich des paulinischen Zeugnisses von der wirklichen Auferstehung Jesu zu entledigen. Dagegen hat Beyschlag, Studien und Kritiken, 1864. H. 2. S. 197 — 264, „Die Bekehrung des Apostels Paulus mit besonderer Rücksicht auf die Erklärungsversuche von Baur und Holsten", darauf hingewiesen, wie deutlich und bestimmt Paulus zwischen inneren und äußeren Erscheinungen unterscheide (vgl. Ap.-Gesch. 10, 17. 12, 9. 18, 9. 22, 17. 2 Kor. 12): „mithin hing das ganze apostolische Bewußtsein des Paulus an dem Punkte, daß er den Herrn nicht bloß visionär, sondern leibhaftig gesehen" (S. 225). Freilich bekennt Holsten: Die Kritik „muß diese Vision als den immanenten psychologischen Akt seines eigenen Geistes zu begreifen suchen" d. h. sie kann von ihren philosophischen Voraussetzungen aus, da sie überhaupt transcendente Kausalitäten leugnet, das historische Faktum nicht anerkennen. — Ueber die Auferstehung Christi vgl. mein Kompendium der Dogmatik §. 56, 2 und die dort angeführte Liter. Ich erwähne hier nur noch: Gebhardt, Die Auferst. Chr. u. ihre neuesten Gegner 1864. Greiner, Die Auferst. J. Chr. von den Todten nach ihrer Thatsächlichk. u. ihrer Bedeutung für den christl. Glauben 1869. Kahnis, Die Auferst. Chr. als geschichtl. Thatsache. Vortr. Lpz. 1873.

26. Von diesem Punkt geht Auberlen in seiner oben angeführten Schrift aus. S. 11 ff. Auch Uhlhorn S. 111. Vgl. Dens. in s. Bremer Vortrag über die Auferstehung Christi (Neue apolog. Vorträge von Zöckler u. s. w. Gotha, Perthes 1869. 5. Vortrag).

27. Baur, Das Christenthum und die Kirche der drei ersten Jahrh. 2. neu durchgearb. Aufl. 1860 kurz vor seinem Tode erschienen. S. 39.

28. Vgl. Anm. 24. Baur selbst bekennt in dem oben angef. Werke S. 45 von Paulus: „Können wir in seiner Bekehrung, in der plötzlichen Umwandlung aus dem heftigsten Gegner des Christenthums in den entschiedensten Herold desselben nur ein Wunder sehen, so erscheint es um so größer, da er in diesem Umschwung seines Bewußtseins auch die Schranken des Judenthums durchbrach und den jüdischen Partikularismus in der universalen Idee des Christenthums aufhob." Wenn er aber daraus einen rein innerlichen Vorgang macht, so kann er doch nicht umhin zu gestehen: „keine, weder psychologische noch dialektische

Analyse kann das innere Geheimniß des Aktes erforschen, in welchem Gott seinen Sohn in ihm enthüllte."

29. Aehnlich Nicolas IV, 167.

30. Lessing's Werke, Ausg. von Lachmann, X, 10.

31. Aus Lessing, Bemerkungen zum 1. Fragment: „Von Ver- schreiung der Vernunft auf den Kanzeln". WW. X, 14.

32. Goethe, Gespräche mit Eckermann 2, 132. „Der Mensch ist ein dunkles Wesen" u. s. w. Vgl. auch 1, 226. 227. 3, 199. „Wir wandeln Alle in Geheimnissen." 3, 200. Sprüche in Prosa. WW. 3, 169. 298. 325. Faust, 1. u. 2. Th. WW. 11, 30. 12, 15. Vgl. Stirm S. 442. Hett. S. 438 ff. Ueber Newton vgl. Nicolas I, 112.

33. Stahl, Fundamente einer christlichen Philosophie. S. VII.

34. Vgl. Fabri, Briefe gegen den Materialismus.

35. Pasc. Pens. II, 347 (186). Dazu der nächste Satz: Que si les choses naturelles la surpassent, que dira-t-on des surnaturelles? — Das Wort Hamann's bei Hettinger S. 419. Außerdem vgl. die ganze Einleitung Hamann's zu s. bibl. Betrachtungen I, 51—63 u. I, 103. „Je weiter die Vernunft sieht, desto größer ist das Labyrinth in dem sie sich verliert."

36. Fechner, Die drei Motive und Gründe des Glaubens. S. 4. Zu dem Vorhergehenden vgl. Nicolas IV, 419 f.

37. Gespräche mit Eckermann I, 227.

38. Vgl. Hettinger S. 445. Außerb. Baco De augment. scient. X, 1: modo animus ad amplitudinem mysteriorum pro modulo sue dilatetur, non mysteria ad angustias animi constringantur. Grau, Ueber den Glauben als die höchste Vernunft 1865, S. 13 f. 17.

39. Paskal kommt immer wieder auf diesen Widerspruch des Christenthums mit unserer Vernunft zurück und gebraucht ihn gerade als einen Beweis für die Wahrheit des Christenthums. Vgl. z. B. Pens. II, 105 (181) in Bezug auf die Lehre vom Sündenfall und von der Erbsünde; oder II, 145 (184): le christianisme est étrange u. s. w. II, 146 (211): sources des contrariétés: un dieu humilié, et jusqu'à la mort de la croix; un Messie triomphant de la mort par sa mort: deux natures en Jésus Christ etc. — Vgl. auch Weingarten, Pascal als Apologet des Christenthums, 1863. S. 28: „Der Schlußgedanke der Pensées ist die göttliche Ironie des Christenthums, durch welche gerade das scheinbar Falsche und Unglaubliche zum Erweis der Wahrheit wird, jene Ironie, von der Paulus im ersten Korintherbriefe redet und die in dem bekannten Worte Tertullian's ihren Ausdruck ge- funden hat, das, wenn irgend eines, den Pensées zum Motto dienen könnte: credo quia absurdum, cum credimus, nihil desideramus ultra credere."

40. Julius Müller, in der deutschen Zeitschr. für christliche Wissenschaft u. s. w. 1853 Nr. 30. S. 240.

41. Pascal, Pens. II, 146 (182).

42. Pasc. Pens. II, 172. Derf. Gedanke ebendaf. Anm.: La seule religion contre la nature, contre le sens commun, contre nos plaisirs, est la seule qui ait toujours été.

43. Pasc. Pens. II, 156.

44. Pasc. Pens. II, 204 (198).

45. Pasc. Pens. II, 348 (187).

46. Pasc. Pens. II, 347 (186).

47. Nicolas II, 300 gebraucht diesen Ausdruck von Plato.

48. Pasc. Pens. I, 156 (30. 31).

Anmerkungen zum achten Vortrag.

1. Eine recht gute kurze Darstellung der heidnischen Religion hat Stirm im 10. Briefe seiner Apologie S. 355—392 gegeben.

2. Vgl. z. B. Roth, Die höchsten Götter der arischen Völker in d. Zeitschrift der deutschen morgenländischen Gesellschaft 1852, I, S. 67 —77, wo nachgewiesen ist, daß die Götter ursprünglich Lichtgötter waren und mehr als sittliche denn als Natur-Mächte gedacht wurden. So führen auch noch die Gottesnamen deus u. ähnl. (sanskrit. Wurzel div) u. s. w. auf den Begriff des Lichts zurück. Ueber den ursprünglichen (Mono)theismus vgl. Welcker, Griech. Götterlehre I, 229: „Das Ursprüngliche ist Gott, nicht Götter", u. Schlottmann, Handwörterb. des bibl. Alterth. 1875 „Baal" S. 126: „Hiebei wurde das Uebernatürliche in Folge einer Trübung des ursprüngl. Gottesbewußtseins mehr und mehr in das Natürliche herabgezogen". Diesen mythologischen Prozeß hat bef. Max Müller in seinen Essays (deutsch 2 Bde. Lpz. 1869) und nachdrücklich B. v. Strauß u. Torney, Essays zur Allgem. Religionswissensch. 1879 z. B. S. 20 ff. u. in der Einl. zum Schiling 1880 geltend gemacht. — Eine Reihe von Aeußerungen von Plato, Aristoteles u. A. welche dieselbe Ueberzeugung aussprachen, hat Tholuck angeführt in s. Schr. Der sittl. Charakter des Heidenthums, 3. Aufl. 1867 S. 1 f.

3. So berichtet Plutarch im Leben Numa's Kap. 8 und Varro bei Augustin de civit. IV, 31; Varro beruft sich dabei auf das Beispiel der Juden, welche ebenfalls die Gottheit bildlos verehren. Vgl. Tholuck a. a. O. S. 34 f.

4. Z. B. Wuttke, Die Geschichte des Heidenthums I, S. 19. Gute Bemerkungen hierüber enthält auch der Vortrag von Dillmann, Ueber den Ursprung der alttest. Religion 1865. Z. B. S. 7: „Die heidnischen

Religionen sind sämmtlich Naturreligionen, ihr Prinzip ist die Vergötterung der Natur. Ihre Götter sind ursprünglich nichts als Natur-
mächte" u. s. w. — Von diesem Prinzip aus bestimmen sich auch die
Stufen der heidn. Religionen. Entweder sind es die Naturdinge
welche den Gegenstand der Verehrung bilden (Fetischismus), oder die
Naturkräfte (die zeugende und gebärende Kraft), oder die Naturgesetze
(Gestirne), oder das Naturleben, oder die Naturideen, welche sein Thun
repräsentirt, wie in Aegypten, bis sich in Griechenland die Idee des
Menschen herausarbeitet.

5. Ueber Buddha und den Buddhismus ist in neuerer Zeit viel
geschrieben und er wiederholt mit dem Christenthum verglichen worden.
Vgl. besonders Oldenberg, Buddha, sein Leben, seine Lehre, seine
Gemeinde. Berlin 1881. 459 S., auf Grund der älteren ceylonischen
Literatur. Diese Schrift zeichnet sich nicht bloß durch gründliche
Kenntniß und schöne Darstellung sondern auch durch ihr maßvolles
Urtheil über das Verhältniß des Buddhismus zum Christenthum aus.
Sonst hat man beide allerdings vielfach in ihrem religiösen Gehalt
und besonders in ihrer Moral in Parallele mit einander gestellt.
Neuerdings hat Rud. Seydel in Leipzig in s. Schr.: Das Evangelium
von Jesu in seinen Verhältnissen zur Buddha-Sage und Buddha-Lehre
u. s. w. 1882 das Christenthum auch geschichtlich zum großen Theil auf
buddhistische Vorbilder und Einflüsse zurückzuführen gesucht. Aber das
wissenschaftliche Urtheil über diesen Versuch ist ziemlich allgemein
ganz abfällig ausgefallen. Und auch religiös und moralisch ist ein
fundamentaler Unterschied zwischen beiden, abgesehen davon daß der
Buddhismus eigentlich nur Philosophie und nicht Religion ist. Denn
er hat keinen Gott, kein Gebet, keine persönliche Unsterblichkeit. Der
Buddhismus ist der Versuch eine Erlösung zu denken, in welcher der
Mensch sich selbst erlöst, und zwar auf dem Weg des Erkennens.
Das aber wovon er erlösen will ist nicht die Sünde und ihre Schuld
sondern das Leiden. Ist das Wissen erreicht, so ist alles Leiden überwunden. Die Sittlichkeit des Buddhismus ist daher auch nicht aktive
Einwirkung auf die Welt sondern (mönchische) Loslösung von der Welt.
Daß daher der Buddhismus auch nicht geeignet ist zur Weltreligion,
weil er nicht aus dem Leben sondern aus einer dem Leben abgewandten
Spekulation erwachsen und blind ist für die Bedeutung und den Werth
des Lebens, erkennt auch Kuenen an in seiner National and universal
religions. London 1882 (S. 293): Die Hauptsache ist: das Christenthum ist die Religion der wirklichen Erlösung weil der Versöhnung
mit Gott. Vgl. auch meine Gesch. der christl. Ethik I, 1888 S. 21 ff.

6. Vgl. über diesen monotheistischen Zug Nägelsbach, Hom.
Theologie S. 127; über diesen Zug besonders bei Aeschylus Nägels-

bach, Nachhomer. Theol. S. 138. Die unwillkürlichen Aeußerungen dieses unmittelbaren Gefühls bei Tholuck a. a. O. S. 4. — Ueber den monotheist. Zug in den Religg. überh. vgl. Dillmann S. 9 f.

7. Vgl. hiezu den Schluß von Nägelsbach's Nachhomer. Theol. S. 476.

8. Plutarch hat diese Erscheinung für wichtig genug gehalten, darüber eine eigene Schrift zu schreiben De defectu oraculorum, in welcher er sich zur Unterstützung der Ansicht, daß die Genien sterben und mit ihnen die Orakel aufhören, auf die zu Tiber's Zeit in Rom vielbesprochene Geschichte beruft von dem Klageruf den man von einer einsamen Felsen= insel des mittelländ. Meeres vernommen: „der große Pan ist gestorben" (Πὰν ὁ μέγας τέθνηκεν).

9. Nägelsbach, Nachhomer. Theologie S. 432. Meine Schr. Die antike Ethik in ihrer geschichtl. Entwicklung. Lpz. 1887. S. 28 ff.

10. Ueber den unsittlichen Einfluß der griechischen Mythologie und Religion vgl. die angeführte Abhandlung Tholuck's. Speziell Plato's und Anderer Verwerfungsurtheil über die Mythen der Dichter S. 10 ff.; die Unsittlichkeiten des heidnischen Gottesdienstes S. 62 ff. 75. Auch Tzschirner, Fall des Heidenthums I, 1829. S. 26. Anm. Einzelne Beispiele über die Wirkung einzelner Kunstwerke Plin. Hist. nat. 36, 5. Daher die Angriffe in der alten Kirche gegen die heidnische Kunst Augustinus, De civ. Dei II, 7. Clem. Alex. Strom. V, 5. Pro= trept. 2. Tertull. De idolol. 3. Vgl. Kunstblatt 1831 Nr. 28 ff.: „Von den Ursachen und Grenzen des Kunsthasses in den 3 ersten Jahrh. n. Chr." Auch Grüneisen in s. vortreffl. Abh. „Ueber das Sittliche der bildenden Kunst der Griechen" (Zeitschr. für histor. Theol. 1833, Heft 3. S. 1—113) betont bei aller Anerkennung des sittlichen Adels besonders in der früheren griechischen Kunst diese unsittliche Wirkung der späteren S. 91 ff. Und um einen ganz unbefangenen Zeugen hinzuzufügen, so vgl. Augsburg. Allgemeine Zeitung 1864 Nr. 2 Beilage „Neuester Zustand der Ausgrabungen von Pompeji": „Aber diese ewigen „Phalluffe" in mannigfaltigstem Genre von ⅔ Zoll bis 3 Fuß·Höhe auf dem Straßenpflaster, über den Thoren, an den Wänden, auf allen Gesäßen und Utensilien von Erz, Thon und Farbe — diese nicht endenden Priape, dieser ganze gräßliche heidnische Quark von Sodom und Gomorrha — man geräth dadurch wirklich auf theo= logische Erklärungen der Weltgeschichte — man wagt fast unter Schau= dern zu bekennen, daß es hohe Zeit war diese Greuel zu bedecken mit dem schrecklichen Werk des Vulkans, mit dem Mantel reinen Christen= thums! Denn — man wird uns hier hoffentlich keiner puritanischen Prüderie fähig halten — wenn das so in einer römischen Landstadt aussah, wie mag es erst in Rom selbst gewesen sein, oder gar auf den

hohen Schulen der Lüderlichkeit, in Korinth und Alexandrien!" Ueber das Hetärenwesen und die allgemeine Herrschaft der Päderastie vgl. z. B. Nägelsbach, Nachhomerische Theologie 1857 S. 234 ff. Becker, Charikles 2. Aufl. 2, 199 („man möchte lieber von einem für unser sittliches Gefühl so grauenhaften Bilde das Auge ganz abwenden und zur Ehre der Menschheit an der Möglichkeit so verworfenen Treibens zweifeln"). Friedr. Hermann, Privat-Alterthümer § 29 2c. Reich- haltige Mittheilungen über das Alles bei Döllinger, Heidenthum und Judenthum S. 638 ff. 683 ff. 718 ff. Stirm S. 232. Nicolas I, 232 ff. u. besonders Friedländer, Darstellungen aus der Sitten- geschichte Roms von Augustus bis zum Ausgang der Antonine. Lpz. 3 Thle. 1874 ff.

11. Cicero De invent. I, 29: Eos qui philosophiae operam dant non arbitrari deos esse. Tholuck S. 51 ff.

12. Lucret. I, 932: religionum animum nodis exsolvere pergo.

13. Plutarch, De superstitione. Vgl. Stirm S. 164. Tholuck S. 57 f. Wie dieser Aberglaube sich zu einem System der Welt- und Lebensansicht zu gestalten suchte, kann man ersehen aus A. v. Harleß interessanter Schrift: Das Buch von den ägyptischen Mysterien. Zur Geschichte der Selbstauflösung des heidnischen Hellenenthums, 1858.

14. Ueber den sittlichen Ernst des alten Rom vgl. Tholuck S. 27 ff. Ueber die Religiosität der alten Römer vgl. Kuntze, Röm. Bilder aus alter und neuer Zeit. Lpz. 1883 S. 234 ff. Meine Schr. Die antike Ethik u. s. w. S. 126 ff.

15. Zu diesem Abschnitt über Sokrates überhaupt vgl. Hettinger S. 818 ff. und das geistvolle Schriftchen: Sokrates und Jesus Christus von Frdr. v. Rougemont. Aus dem Französ. übers. v. Wannemacher. Basel 1865. Ueber Sokrates' Moralprinzip den Gesetzen des Staates zu gehorchen Xen. Memorab. VI. 4, 12. 6, 6; über das Verhalten zu Freund und Feind: νικᾶν τοὺς μὲν φίλους εὖ ποιοῦντα, τοὺς δὲ ἐχθροὺς κακῶς II, 6, 35 und Plato Crito T. VIII p. 178, vgl. Schmidt, Die bürgerl. Gesellschaft in der altröm. Welt, übers. v. Richard 1857 S. 18; über sein Gespräch mit der Hetäre Theodota Memor. II, 11: Zeller, Philosophie der Griechen. 2. Aufl. II, 1, 65. Nägelsbach, Nach- homerische Theologie S. 239. Ueber die Liebe denkt und urtheilt Sokr. ebenso äußerlich und im Grunde niedrig wie sein ganzes Volk. Er parallelisirt sie mit Essen und Trinken. Vgl. Xenoph. Memor. I, 3, 8 ff. Zwar warnt er den Kritobulos, der den Sohn des Alkibiades geküßt hatte; aber er weiß schließlich (3, 14) keinen anderen Rathschlag zu geben, als daß man sich wegen der ἀφροδίσια an solche mache, die nur Mittel zur Befriedigung des leiblichen Bedürfnisses seien ohne die Seele an sich zu ziehen, also an die häßlichsten u. s. w. Rousseau's

Wort über Sokrates und Christus Emile IV. t. II. p. 110: Quels préjugés, quel aveuglement ne faut-il point avoir pour oser comparer le fils de Sophronisque au fils de Marie? Quelle distance de l'un à l'autre! p. 111. Oui, si la vie et la mort de Socrate sont d'un sage, la vie et la mort de Jésus sont d'un dieu. Ueber den politischen Charakter der antiken Sittlichkeit vgl. auch F. H. Jacobi, Woldemar, WW. V, 382.

16. Vgl. Neander, Wissenschaftl. Abhandlungen herausgegeben von J. L. Jacobi 1851, S. 140—214: Ueber das Verhältniß der hellenischen Ethik zur christlichen: 2. Sokrates und Plato. 3. Aristoteles. Ueber Aristoteles vgl. auch F. H. Jacobi a. a. O. V, 421 f. u. meine Antike Ethik u. f. w. Lpz. 1887, Sokrates S. 38 ff., Plato S. 44 ff., Aristoteles S. 55 ff. Ueber den Unterschied der antiken u. der christl. Moral meine Gesch. der christl. Ethik I, 1888 S. 18 ff. — Auch Zeller, Philosophie der Griechen II, 1, 569: Plato „äußert sich auch über die stärksten Verirrungen (nämlich der sinnlichen Freundschaft oder der Knabenliebe) mit einer Milde, welche uns in hohem Grade auffallen müßte, wenn wir uns nicht erinnerten, daß Plato eben ein Grieche war". Ueber seine niedrige Ansicht vom Verhältniß zu den Frauen ebendas. S. 570. Das angeführte Diktum Augustin's: De civ. de VIII, 5. Ueber die Mangelhaftigkeit der sittlichen Anschauung auch der Besten der alten Welt vgl. auch Stirm S. 231 ff.

17. Das war das Argument welches spätere christliche Schriftsteller den Platonikern mit Recht entgegenhielten. Z. B. Arnobius (Adv. gentes II. p. 39): „Ihr — so redet er die Platoniker an — sucht das Heil eurer Seelen in euch selbst und meint, ihr werdet Götter kraft eigenen eingebornen Drangs. Wir dagegen versprechen uns nichts von unsrer Schwachheit und finden beim Blick auf unsere Natur, daß sie keine Kraft habe und bei jeglichem Streit der Dinge von ihren Leidenschaften überwältigt werde" u. f. w. Vgl. Harleß, Das Buch v. d. ägypt. Mysterien S. 110.

18. Neander a. a. O. 1. Der Stoicismus. Meine Antike Ethik S. 104 ff. — Die Bemerkung über die Unbekanntschaft der alten Welt mit dem Begriff der Demuth und die Veränderung der Bedeutung des Wortes humilitas ist von Apologeten schon zu wiederholten Malen gemacht worden; vgl. z. B. Stirm S. 236, wie man das auch in den lat. Lexicis angemerkt finden kann. Schmidt a. a. O. S. 14: „Die Demuth d. h. die niedrige Stellung war ein Grund der Verachtung in den Augen der alten Philosophen des Heidenthums (z. B. Cic. Tusc. V, 10); auf ihrem rein äußerlichen Standpunkt haben sie keinen Begriff davon, daß der Name Demuth einst einer der reinsten Tugenden gegeben werden könnte." Wie wenig der Stoicismus die Tugend der

Liebeskannte, ist bekannt (vgl. Schmidt a. a. O. S. 300), nicht minder der Lehrsatz des Begründers dieser Schule: „weder Vergebung noch Almosen". Ueber die spätere religiöse Stoa meine Antike Ethik S. 146 ff.

19. Allerdings meinte Epikur zunächst die geistige Lust, aber nicht losgelöst von der körperlichen. In seiner Schule hat man denn auch bald die Konsequenzen dieses bedenklichen Prinzips gezogen. Vgl. Zeller, Die Philosophie der Griechen. 2. Aufl. III, 1, 1. S. 405. Daß diese Schule keine selbständige geistige Macht der Sittlichkeit kannte sondern nur die nöthige Berechnung, vgl. ebendas. 406 f. Meine Antike Ethik S. 97 f.

20. Quintil. Instit. I. Prooem. — Cicero spricht Tusc. II, 4 mit den stärksten Worten von dem grellen Kontrast zwischen Lehre und Leben der Philosophen und gibt eine sehr üble Schilderung von denselben. Döllinger S. 605. Tholuck S. 52.

21. Dies gesteht im Grunde auch Zeller zu, so sehr er sonst Seneka gegen die Vorwürfe eines Dio Cassius in Schutz nimmt. III, 1, 1. S. 641 f. Ueber die Moral Seneka's vgl. Schmidt S. 303 ff.; meine Antike Ethik S. 146 ff. Tertullian nennt ihn: Seneca noster. De anima c. 19, vgl. Schmidt S. 321.

22. Z. B. die bekannte Stelle Seneca De ira II, 8. 9: „Alles ist voll von Verbrechen und Lastern; es wird mehr begangen als man mit Strafen wieder gut machen kann. Man kämpft gleichsam einen ungeheuren Wettkampf der Verworfenheit. Größer wird tagtäglich die Lust der Sünde, geringer die Scheu. Nachdem alle Achtung vor dem Besseren und Gerechteren geschwunden ist, stürzt sich die Lust wohin es ihr beliebt. Und es verbirgt sich bereits das Laster nicht mehr, ungescheut stellt es sich vor Aller Augen; und so sehr in die Oeffentlichkeit ist die Verworfenheit getreten und hat eine solche Gestalt in Aller Gemüthern erlangt, daß Unschuld nicht bloß selten, sondern überhaupt gar nicht vorhanden ist" u. s. w. Derselbe a. a. O. 3, 26: „Was verberge ich unter sanften Worten die allgemeine Krankheit? Wir Alle sind böse. Was der eine am Andern tadelt, das wird Jeder in seinem eigenen Busen wiederfinden. Böse leben wir unter Bösen." Seneka tröstet sich wie viele Andere damals mit dem nach den alten Sagen nahen Untergange der Welt, in welchem das alte Menschengeschlecht untergehen und eine neue Menschheit frei von Lastern entstehen werde (et dabitur terris homo inscius scelerum); vgl. Lüken S. 305. Ebenso klagt Mark Aurel τῶν πρὸς ἑαυτόν, daß „Treue und Ehrgefühl und Gerechtigkeit und Wahrheit von der weiten Erde zum Himmel entschwunden seien". Und Juvenal ruft aus Sat. 12, 26—30:

> Selten sind die guten zu finden, kaum so viel an Zahl noch,
> Als man Mündungen zählt des Nils und Thore von Theben.

Wahrlich ein neuntes Alter der Welt, weit schlechter als jenes
Eisern', ist jetzt, für dessen Schlechtigkeit die Natur selbst
Keinen Namen erfand und kein Metall hat geboren.

Aehnlich 15, 70. 71. — Die Erwartung eines Weltuntergangs ist
vielfach ausgesprochen. So legt der Dichter Seneka in der Tragödie
„Herkules auf dem Oeta" dem alten Priestersänger Orpheus eine
Weissagung vom Ende der Welt und der Götter in den Mund V,
1103—1115:

Wenn Gesetz und Sitte gelöst
Und sich nahet der jüngste Tag,
Wird begraben des Südens Pol u. f. w.
Suchen wird den verlornen Tag
Zitternd Titans gebrochener Strahl.
Dann wird stürzen des Himmels Burg,
Ganz verschüttend den Ost und West.
Alle die Götter ohn' Unterschied
Werden gehen in Tod und Nacht.

Außerdem Seneca, De beneficiis 6, 22, Sen. Thyest 831, Vergilii
Georgica 1, 303. Schon bei nicht ganz gewöhnlichen Naturerscheinun=
gen wandelte die Menschen damals die Furcht vor dem nahen Untergange an. Besonders war dieß bei dem verderblichen Ausbruch des
Vesuvs der Fall Dio Cass. Tit. 66 u. Plin. sec. Epp. 6, 20. Auch
Senecae Quaest. nat. 3, 5 f. Nur pflegte man nicht vom „letzten Tag",
sondern charakteristisch von der „letzten Nacht" zu sprechen. Vgl. Döring
zu Plin. a. a. O.

23. Allerdings werden diese Zukunftsbilder der nordischen Mythologie neuerdings von den norwegischen Gelehrten Bunge und Bang
auf den Einfluß christlicher Sibyllen zurückgeführt, aber diese Ansicht
hat unter den deutschen Germanisten bisher viel mehr Widerspruch als
Zustimmung gefunden.

24. Belege zu dem Angeführten finden sich bei Lüken S. 312 ff.
Stirm S. 181 f. Ueber die Prometheussage verweise ich noch auf
Lasaulx, Prometheus. Die Sage und ihr Sinn. Würzb. 1843, wo
das fast Messianische dieses Mythus geistvoll aber zu sehr vom christ=
lichen Standpunkt aus entwickelt wird, weßhalb sich hiegegen auch der
Widerspruch gleichgesinnter Philologen erhoben hat, vgl. Nägelsbach,
Nachhomer. Theol. S. 484.

25. Plato De republ. II, p. 361 sq. Vgl. auch Rousseau, Émile
I. IV. t. 2. p. 109 f. Quand Platon peint son juste imaginaire couvert
de tout l'opprobre du crime et digne de tous les prix de la vertu, il
peint trait pour trait Jésus-Christ: la ressemblance est si frappante,
que tous les pères l'ont sentie, et qu'il n'est pas possible de s'y tromper.
Diese platonische Stelle ist oftmals von den alten und neuen christlichen
Apologeten zitirt worden.

26. Cic. Tusc. II, 22: quem (nämlich in quo erit perfecta sapientia) adhuc nos quidem vidimus neminem, sed philosophorum sententiis, qualis futurus sit, si modo aliquando fuerit, exponitur.

27. Die erste Stelle: Verg. Ecl. IV vgl. Augustinus De civ. Dei X, 27: die zweite Stelle Verg. Aen. 6, 792; vgl. auch Lüken S. 356. — Ueber die Erwartungen eines jüdischen Weltherrschers, die man dann vielfach auf Vespasian bezog, vgl. Sueton. Vita Vespas. 4 u. 5., Dio Vespasianus 64, 1. Taciti Hist. 5, 13 u. 1, 10. 2, 1 u. 28. Josephus De bello Jud. 5, 3 u. ö. „Durch den ganzen Orient, sagt Sueton an der ersten Stelle, hatte sich die alte und feste Ueberzeugung verbreitet, es sei vom Schicksal bestimmt, daß zur damaligen Zeit aus Judäa welche hervorgehen würden, die sich der Herrschaft der Welt bemächtigen würden." Und ebenso Tacitus und Josephus.

28. Tert. Apolog. 17, besonders aber in s. Schrift De testimonio animae. „Die Zeugnisse der Seele — sagt er hier — sind je wahrer desto einfältiger, je einfältiger desto volksthümlicher, je volksthümlicher desto allgemeiner, je allgemeiner desto natürlicher, je natürlicher desto göttlicher." Vgl. besonders cap. 2. Ebenso Minucii Felicis Octavins 18; auch Cyprianus De idol. vanit. (Opp. per Jo. Oxon. 1690 p. 15).

29. Ueber die ältest. Religion vgl. Dillmann, Ueber den Ursprung der ältest. Religion. Gießen 1865. v. Orelli, Der nation. Charakter der ältest. Religion. Zürich 1871. Vgl. meine Gesch. der christl. Ethik I, 26 ff.

Anmerkungen zum neunten Vortrag.

1. Vgl. hiezu die schönen Ausführungen in Ranke's 3. Band seiner Weltgeschichte über das providentielle Verhältniß des röm. Imperiums zum Evangelium.

2. Ueber die Bedeutung des Staats als die Bedingung aller Sittlichkeit und Frömmigkeit vgl. Nägelsbach, Nachhomerische Theologie S. 288 ff. Ueber den Mangel alles Kosmopolitismus, ebendas. S. 208. Orig. c. Cels. II, 46. Neander Denkw. 1, 39. Döllinger, S. 664 ff. Ueber die Vorbereitung der vorchristlichen Zeit auf das Christenthum überhaupt vgl. besonders Stirm S. 152 ff., wo auch auf Polybius 1, 3 verwiesen wird, der das Bewußtsein davon ausspricht, daß die Geschichte, die vorher sporadisch war, nun ein Ganzes wird in welchem alle Länder in einander greifen. Auch Nicolas II, 162 ff. 165 ff. 170. — Zu dem Nachweis aber, daß das Christenthum das Ziel der gesammten früheren geschichtlichen Entwicklung sei, vgl. die früher (3. Vortr. 18. Anm.) angeführte Aeußerung Joh. v. Müller's WW. 15, 315 ff.

3. Näheres hierüber s. in den kirchengeschichtlichen Darstellungen. So z. B. bei Giefeler I §. 40: „Volksstimmungen im römischen Reich gegen das Christenthum", wo eine Reihe heidnischer Vorwürfe zusammengestellt ist. Pascal, Pens. II, 319 (223): Tout ce qu'il y a de grand sur la terre s'unit: les savants, les sages, les rois. Les uns écrivent, les autres condamnent, les autres tuent. Et nonobstant toutes ces oppositions, ces gens simples et sans force résistent à toutes ces puissances et se soumettent mêmes ces rois, ces savants, ces sages, et ôtent l'idolátrie de tout la terre. Et tout cela se fait par la force qui l'avait prédit. Wie sich Alles gegen das Christenthum zu verbinden schien, hat auch Schmidt S. 266 ff. gut ausgeführt. — Ein vollständiges Bild dieses großen Kampfes gibt vor Allem Uhlhorn, Der Kampf des Christenthums mit dem Heidenthum. 3. Aufl. Stuttg. 1879.

4. Tac. Ann. XV, 44: multitudo ingens, haud perinde in crimine incendii, quam odio humani generis convicti sunt.

5. Plin. Epp. X, 97: affirmabant hanc fuisse summam vel culpae suae vel erroris, quod essent soliti stato die ante lucem convenire carmenque Christo quasi Deo dicere secum invicem, seque sacramento non in scelus aliquod obstringere, sed ne furta, ne latrocinia, ne adulteria committerent etc.

6. Tert. Apolog. 37.

7. Man hat die Zahl der Märtyrer zwar oftmals übertrieben und die Geschichte derselben zuweilen ausgeschmückt; aber wir haben doch auch zuverläffige Berichte, welche uns ein ergreifendes Bild sowohl von den ausgesuchten Martern, mit denen man die Christen peinigte, als auch von der Treue und Standhaftigkeit, welche sie bewiesen, geben. Ignatius, der Bischof von Antiochien, der nach Rom geführt und den Löwen vorgeworfen wurde, 107 n. Chr. („Ich bin ein Waizenkorn Gottes, durch die Zähne der wilden Thiere soll ich zermahlen werden, damit ich als ein reines Brod Gottes erfunden werde"), Polykarp, der ehrwürdige Bischof von Smyrna, der zum Feuertode verurtheilt wurde, um 160 n. Chr. („Sechsundachtzig Jahr bin ich in seinem Dienst und er hat mir nie ein Leid gethan, wie könnte ich ihn lästern, meinen König und Heiland!") sind würdige Nachfolger der Apostel, deren Schüler sie auch waren. Die Märtyrer zu Lyon und Bienne 177 n. Chr., vor allen die zarte Blandina, deren unüberwindliche Standhaftigkeit auch den Heiden bewundernbes Staunen abnöthigte; Perpetua und Felicitas in Karthago, 202 n. Chr., die durch die Liebe zu Jesus auch die Mutterliebe zu überwinden stark genug waren, und so viele andere, sind ewig bewundernswürdige Vorbilder christlicher Treue bis in den Tod. Vgl. die Erzählungen in Euseb., Kirchengesch. III, 36. IV, 15. 16. V, 1. V, 41. 42 u. s. w.

8. Laurent, Etudes sur l'histoire de l'humanité T. V, p. 596, bei Hettinger S. 778. Derselbe Gedanke bei Stirm S. 450.

9. Pens. II p. 337 (233). Mahomet en tuant, Jésus-Christ en faisant tuer les siens. Enfin cela est si contraire, que si Mahomet a pris la voie de réussir humainement, Jésus-Christ a pris celle de périr humainement; et qu'au lieu de conclure que puisque Mahomet a réussi, Jésus-Christ a bien pu réussir, il faut dire que puisque Mahomet a réussi, Jésus-Christ (andere Lesart le christianisme) devait périr. Auch bei Nicolas IV, 50. Pascal führt in diesem Zusammenhang noch eine Reihe anderer Unterschiede an. So: p. 335 (233): Tout homme peut faire ce qu'a fait Mahomet; car il n'a point fait des miracles, il n'a point été prédit. Nul homme ne peut faire ce qu'a fait Jésus-Christ; p. 336 (232): Quels miracles dit-il lui même avoir faits? Quel mystère a-t-il enseigné selon sa tradition même, quelle morale et quelle félicité? — Mahomet non prédit, Jésus-Christ prédit.

10. Ueber dieses sittliche Wunder vgl. auch Nicolas IV, 286. 356. Ueber die sittl. Wirkungen des Christenthums vgl. Neander's Denkw. I, 19 ff.

11. Tert. Apol. 39: Vide, inquiunt, ut invicem se diligant (ipsi enim invicem oderunt), et ut pro alterutro mori sint parati (ipsi enim ad occidendum alterutrum paratiores). Stirm S. 239. Bereits Schmidt S. 289 f. führt fast alle die Stellen an, die in dieser und den folgenden Anmerkungen zitirt sind.

12. Der Heide Cäcilius im Octavius des Minucius Felix. c. 9.

13. Julian: Ep. 49 ad Arsacium, pontif. Galatiae. Lucian: De morte Peregini 13 (337 sq.). Galenus bei Abulfeda Historia anteislamica ed. Fleischer, 1831. p. 109: „Die meisten Menschen, unvermögend, die logische Beweisführung der Wahrheit zu verstehen, bedürfen der Belehrung durch Gleichnisse: so haben die, welche man Christen nennt, ihren Glauben nur aus den Parabeln ihres Meisters geschöpft. Jedoch handeln sie zuweilen wie diejenigen welche der wahren Philosophie folgen. — Es gibt unter ihnen welche, die in ihrem Eifer sich zu beherrschen und ehrbar zu leben dahin gelangt sind den wahren Philosophen in nichts nachzustehen."

14. Libanius bei Chrysost. ad. viduam junior. c. 2. I, p. 340. Hettinger S. 758 Anm. Stirm S. 270.

15. Tert. Apol. 50: nec quidquam tamen proficit exquisitior quaeque crudelitas vestra, illecebra est magis sectae; plures efficimur, quoties metimur a vobis; semen est sanguis Christianorum. — Illa ipsa obstinatio, fährt Tert. fort, quam exprobratis, magistra est. Quis enim non contemplatione ejus concutitur ad requirendum, quid intus in re sit? Quis non ubi requisivit, accedit? ubi accedit, pati exoptet? So ist Justin der Märtyrer nach seinem eigenen Bekenntniß namentlich dadurch zum Christenthum geführt worden. Apol. II, 12.

16. Lact. Inst. div. V. 19. Hett. S. 774. Und bef. Schmidt S. 209 f. Zu den folgenden Worten vgl. die fast gleichlautende Stelle bei Kritzler, Die Heldenzeiten des Christenthums I. 1856. S. 94.

17. Tert. Apol. 2: Christianum hominem omnium scelerum reum, deorum, imperatorum, legum, morum, naturae totius inimicum existimas. c. 45 publici hostes Christiani. — nos nolunt Romanos haberi, sed hostes principum Romanorum. — Minucii Felicis Octavius c. 14. Der Heide Cäcilius: vos vero suspensi interim atque solliciti honestis voluptatibus abstinetis: non spectacula visistis, non pompis interestis, convivia publica absque vobis, sacra certamina, praecerptos cibos et delibatos altaribus potus abhorretis. Non floribus caput nectitis, non corpus odoribus honestatis, reservatis unguenta funeribus, coronas etiam sepulcris denegatis, pallidi, trepidi, misericordia digni et nostrorum deorum. c. 8: latebrosa et lucifuga natio, in publicum muta, in angulis garrula („ein heimliches und lichtscheues Geschlecht, im öffentlichen Leben stumm, im Winkel geschwätzig"). — c. 12: ecce pars vestrum major et melior, ut dicitis, egetis, algetis, ope, re, fama laboratis etc. c. 5: indignandum omnibus, indolescendumque est, audere quosdam et hoc studiorum rudes, literarum profanos, expertes artium etiam nisi sordidarum, certum aliquid de summa rerum ac majestate decernere, de qua tot omnibus seculis sectarum plurimarum usque adhuc ipsa philosophia deliberat. c. 12: proinde si quid sapientiae vobis aut verecundiae est, desinite coeli plagas et mundi fata et secreta rimari: satis est pro pedibus adspicere, maxime indoctis, impolitis, rudibus, agrestibus, quibus non est datum intelligere civilia, multo magis denegatum est disserere divina.

18. Celsus nennt das Christenthum ein βάρβαρον δόγμα (Origenes Contra Cels. II, 2) vgl. Baur, Dogmengesch. I, 1. S. 305 f. Und der Apologet Tatian bekennt in dieser „Barbaren-Philosophie" (βάρβαρος φιλοσοφία c. 28. 29. 35) die Wahrheit gefunden zu haben. Schmidt S. 280.

19. Vgl. hierüber auch Guizot, L'église etc. p. 153 ff. C'est le principe et le fait chrétien par excellence d'avoir chassé de la pensée humaine cette iniquité et d'avoir étendu à l'humanité tout entière ce droit à la justice, à la sympathie, à la liberté, borné jusque-là à un petit nombre et subordonné à d'inexorables conditions. On a dit d'un grand philosophe que le genre humain avait perdu ses titres et qu'il les lui avait rendus; flatterie démesurée et presque idolâtre. Ce n'est pas Montesquieu, c'est Jésus-Christ qui a rendu au genre humain ses titres. Jésus-Christ est venu relever l'homme sur la terre, en même temps que le racheter pour l'éternité, l'unité de Dieu maintenue chez les juifs, l'unité de l'homme rétablie chez les chrétiens, à ces traits éclatans se révèle l'action divine dans la vie de l'humanité u. f. w. P. 156: Cette civilisation est surtout le fruit de cette grande idée que tout homme, à ce titre seul qu'il est homme, a droit à la justice, à la sympathie et à la liberté. Cette idée a sa source dans l'Évangile; c'est Jésus-Christ qui l'a fait entrer dans le coeur humain, pour passer, de la, dans l'état social. Stirm S. 252, wie überhaupt Stirm im 8. Briefe seiner Apologie die reichhaltigsten Beiträge zur Geschichte der sittlich erneuernden Einwirkung des Christenthums in der Welt bringt, so daß er als ein Kommentar zu den folgenden Sätzen dienen kann. Die umfassendsten Nachweise hiefür finden sich in der bereits öfter angeführten Schrift von E. Schmidt, Essai historique sur la société civile dans le monde romain etc. 1853. Deutsch von Richard 1857.

20. Montesquieu, Esprit des lois VIII, 9 bei Nicolas I, 251, wo überhaupt eine Reihe spezieller Belege hiefür angeführt sind.

21. Neander, Denkw. I, 32 und die dort angeführte Stelle aus Tert. ad Scapulam 2.

22. So berechnete Voltaire, daß gegen zehn Millionen Menschen unter dem Vorwand der christlichen Religion ermordet worden, und fügt dieser Berechnung den triumphirenden Ausruf bei: religion chrétienne, voilà tes effets! Stirm S. 191.

23. So auch Goethe einmal: „Der christl. Religion gebührt das größte Lob, da sie ihren reinen edlen Ursprung immerfort dadurch bethätigt, daß nach den größten Verirrungen in welche sie der dunkle Mensch hineinzog, ehe man sich's versieht, sie sich in ihrer ersten lieblichen Eigenthümlichkeit als Mission, als Hausgenossin und Brüderschaft zur Erquickung des menschlichen Bedürfnisses immer wieder hervorthut." Stirm S. 193.

24. Eine glänzende Schilderung dieser Universalität des Christenthums hat Kahnis Dogmatik 1. Aufl. I, S. 671—674 gegeben.

Anmerkungen zum zehnten Vortrag.

1. Jean Paul (Friedr. Richter), Ueber den Gott in der Geschichte und im Leben. Sämmtl. WW. 33, 6. Stirm S. 194.

2. Ap.-Gesch. 9, 14. 21. (12, 16.) 1 Kor. 1, 2. 1 Tim. 2, 22.

3. Plinii sec. Epist. X, 97. Vgl. früher 9. Vortr. 5. Anm.

4. Vgl. den Nachweis hievon in Beyschlag's Vortrag. Ueber das Leben Jesu von Renan. 1864. S. 45 ff.

5. Zur Orientirung über die Evangelienfrage verweise ich u. A. auf Uhlhorn, Die modernen Darstellungen u. s. w. 3. Vortrag die Evangelien S. 69 ff. sowie auf Tischendorf: Wann wurden unsere Evangelien verfaßt? 4. Aufl. 1866. Ueber das Johannesevangelium speziell vgl. meine Schrift: Der johann. Ursprung des 4. Evang. Leipzig 1874.

6. In den letzten Jahrzehnten des 2. Jahrhunderts ist die ausschließliche Geltung unserer vier Evangelien und ihr kanonisches Ansehen eine unleugbare Thatsache. Die Schriften des Jrenäus, des Bischofs von Lyon, der um jene Zeit lebte, ferner das unter dem Namen des Muratorischen Kanon bekannte Verzeichniß neutestamentlicher Schriften aus der Zeit um 170, sowie die derselben Zeit angehörige syrische und lateinische Uebersetzung des Neuen Testaments sind vollgültige Zeugen hiefür. Aber schon in den Schriften des Apologeten Justin, der seine größere Apologie nach bisheriger Annahme im Jahre 138 (nach neuerer im Jahre 147) geschrieben, sind die Evangelien und besonders das johanneische unverkennbar bezeugt (vgl. meine oben angef. Schr. S. 54 ff.). Aber noch weiter zurück, bis auf den Anfang des zweiten oder das Ende des ersten Jahrhunderts führt uns das neulich bestätigte Zitat des Barnabasbriefes, welches eine Stelle des Matthäusevangeliums als eine Stelle der kanonischen Schrift anführt, vgl. Tischendorf S. 94. So daß wir demnach nicht bloß mit der Abfassung sondern auch mit der kirchlichen Geltung der Evangelien bis an das Ende des 1. Jahrhunderts gewiesen werden, also in eine Zeit, welche den Männern, unter deren Namen diese Schriften ausgingen, zu nahe stand als daß jene Benennung hätte Täuschung sein können. — Daß aber das Zeugniß der einzelnen christlichen Schriftsteller für die Evangelien nicht bloß die Bedeutung eines indibiduellen Urtheils hat, sondern Ausdruck des Urtheils der Kirche überhaupt ist, hat Thiersch, Versuch zur Herstellung des histor. Standpunkts u. s. w. 1845, S. 317 mit Recht betont.

7. Ueber diesen konservativen Charakter der ersten Kirche vgl. Thiersch a. a. O. S. 318 ff. Vgl. auch meine oben angef. Schr. S. 38.

8. Vgl. Tischendorf a. a. O. S. 99.

9. Diese Beziehungen führen bis in die erste Hälfte des 2. Jahrhunderts zurück. Vgl. Uhlhorn S. 88. Tischendorf S. 42 ff. Besonders meine Schrift: Der johanneische Ursprung u. f. w. S. 79—93. — Ueber die Irrlehren überh. sagt Irenäus († 202) in f. Schrift gegen die Häret. (III, 11, 7): „So groß ist die Gewißheit, welche über diese (4) Evangelien besteht, daß auch die Ketzer selbst Zeugniß dafür ablegen und Jeder derselben von diesen Evang. ausgehend seine Lehre zu bekräftigen sucht. Wenn nun selbst unsere Gegner für uns Zeugniß ablegen und diese Bücher gebrauchen, so ist unser Beweis sicher und wahr."

10. Vgl. hierüber Tischendorf S. 75 f.

11. Die neuere Kritik hat dieses Argument besonders für das Markusevangelium geltend gemacht, um ihre Bevorzugung dieser evangelischen Schrift damit zu rechtfertigen; aber es kommt den andern nicht minder zu gute. Vgl. auch Hettinger S. 622. Weiß, Sechs Vorträge über die Person Jesu Christi, S. 53, wo auch Ewald's Wort zitirt wird, daß durch unsre Evangelien ein „Geist bezaubernder Frische und Ursprünglichkeit, ja der spürbare Hauch der unmittelbaren Nähe Jesu Christi" wehe.

12. Weiß, Sechs Vorträge u. f. w. S. 54. „Man nehme das ganz heilige so übermenschlich erhabene und doch so menschlich lebenswahre Erlöserbild, wie es nicht im Allgemeinen nur, sondern Zug um Zug immer einzig und sich selbst gleich, fast in jedem Worte, jeder oft nur wie zufällig berichteten Handlung in unsern Evangelien gezeichnet ist; man nehme besonders in dieser Beziehung die durch Ursprünglichkeit der gewaltigsten Charakterzeichnung in jeder Richtung ganz überwältigende Darstellung der Leidensgeschichte unseres Herrn, ja man lese und höre doch nur, was in den Evangelien geschrieben steht und lasse jede weitere Frage vorerst ganz bei Seite — ob es uns nicht unwiderstehlich ergreift: das kann nicht von den Menschen erfunden sein; dieser Jesus muß im Wesentlichen so gelebt haben, wie hier von ihm berichtet ist. Denn schon der allgemeine Gedanke eines solchen Mannes in dem Geiste sündiger Menschen wäre ein Wunder, die lebensvolle Durchführung dieses Gedankens aber, dazu jedenfalls bei ursprünglich ungebildeten und anfänglich von einander unabhängigen Schriftstellern, ohne daß dieser Mann gelebt und sie ihn gesehen und gehört hätten, wäre mehr als ein Wunder, sie wäre etwas Unmögliches." — Damit mögen noch einige Aeußerungen von Rousseau verglichen werden: Emile l. IV. p. 109: Je vous avoue aussi que la sainteté de l'Évangile est un argument qui parle à mon coeur et auquel j'aurais même regret de trouver quelque bonne réponse. Voyez les livres des philosophes

avec toute leur pompe, qu'ils sont petits près celui-là! Se peut-il qu'un
livre à la fois si sublime et si simple soit l'ouvrage des hommes? Se
peut-il que celui dont il fait l'histoire ne soit qu'un homme lui même?
Est-ce là le ton d'un enthousiaste ou d'un ambitieux sectaire? Quelle
douceur, quelle pureté dans ses moeurs; quelle grâce touchante dans
ses iustructions! quelle élévation dans ses maximes! quelle profonde
sagesse dans ses discours! quelle présence d'esprit, quelle finesse et
quelle justesse dans ses réponses! quel empire sur ses passions! Où
est l'homme, où est le sage qui sait agir, souffrir et mourir sans fai-
blesse et sans ostentation? etc.   P. 111: Mon ami, ce n'est pas ainsi
qu'on invente; et les faits de Socrate, dont personne ne doute, sont
moins attestés que ceux de Jésus-Christ. — Jamais des auteurs juifs
n'eussent trouvé ni ce ton, ni cette morale; et l'Evangile a des carac-
tères de vérité si grands, si frappans, si parfaitement inimitables, que
l'inventeur en serait plus étonnant que le héros. Nicolas IV, 148 f.
Aehnlich Channing († 1842) das berühmte Haupt der amerikan. Unitarier und einer der bedeutendsten Vertreter der amerikan. Literatur
in s. Predigt The character of Christ über Matth. 17, 5 (Dr. Channing's
Works. Boston 1848. Bd. 4. S. 1—29): „Ich behaupte daß ein solcher
Charakter das menschliche Verständniß völlig übersteigt“. „Die Evangelien müssen wahr sein, sie sind nach einem lebendigen Original gezeichnet, sie sind auf Realität gegründet.“ Aus Schaff, Die Person
Jesu Christi 1865. S. 203 ff.

13. Diese Stelle aus Wisemann's gesammelten Reden IV.
findet sich bei Nicolas IV, 32 ff. u. Hettinger S. 624. Schon
Rousseau Émile l. IV, p. 111: Jamais des auteurs juifs n'eussent
trouvé ni ce ton, ni cette morale. Zwar hat in der neueren Zeit der
Frankfurter Rabbiner Geiger in s. Vorlesungen über das Judenthum
und s. Geschichte. 2. Aufl. 1865 die Behauptung aufgestellt: „Jesus
war ein Pharisäer, der in den Wegen Hillel's ging. Einen neuen
Gedanken sprach er keineswegs aus.“ Aber das ist eine Behauptung, deren Unverschämtheit nur von ihrer Albernheit übertroffen
wird. Wir haben aus dem Talmud hinreichende Kenntniß über Hillel,
um darüber urtheilen zu können. Die ganze Aehnlichkeit beruht auf
einer Berührung des Wortes Jesu Matth. 7, 12 mit einer verwandten
Aeußerung Hillel's. Hillel unterschied sich in nichts von der abgeschmackten
Buchstabenklauberei seiner Kollegen. Welches Geistes dieser gefeiertste aller
jüdischen Lehrer gewesen, ersieht man aus dem Traktat über das Ei, in
welchem die Frage behandelt und verneint wird, ob man ein Ei, welches
eine Henne am Sabbath gelegt, essen oder anfassen oder auch nur ansehen
dürfe. Vgl. den interessanten, auf eingehenden talmud. Studien be-
ruhenden Vortrag von Delitzsch, Hillel und Jesus, Erlangen 1866.

14. Diese Vergleichung ist besonders von Tholuck, Glaubwürdig-keit der evangel. Gesch., 1837, S. 406—426, im apologet. Interesse ausgeführt.

15. Weiß, Sechs Vorträge über die Person Jesu Christi, 1863. S. 51 f. Uhlhorn S. 84 f.

16. Das hat seiner Zeit besonders Hug, der röm.-kath. Theologe, in seinem vortrefflichen Gutachten über Strauß' Leben Jesu 1840 hervorgehoben.

17. Strauß, Leben Märklin's S. 51. Vorrede zu Ulrich von Hutten, Bd. 3. S. XXXI. Vgl. Weiß, Sechs Vorträge u. f. w. S. 41. In seinem „Leben für das deutsche Volk bearbeitet, 1864", dagegen betont Strauß mit großem Selbstgefühl, daß er es gewesen sei, der „den Boden bereitet auf den nachher auch Baur sich stellte" S. 97, daß dieser nur fortgesetzt habe was er angefangen, nicht vorgenommen was er unterlassen hatte S. 98.

18. Vgl. Baur, Das Christenthum und die christliche Kirche der drei ersten Jahrhunderte 2. Aufl. S. 53 f.

19. So treffend Weiß a. a. D. S. 46.

20. Köstlin, Theol. Jahrb. 1851. S. 177.

21. Vgl. hierüber bes. Tholuck, Glaubwürdigkeit in der evangel. Geschichte. 5. Abschnitt: Ueber die Widersprüche in der evangel. Ge-schichte S. 429—463.

22. Lessing: Duplik. Sämmtliche Schr. herausg. von Lachmann, X, 52 f. Ueberhaupt ist die ganze Erörterung Lessing's an jenem Orte hiemit zu vergleichen.

23. Dieselbe Vergleichung bei Joh. v. Müller, sämmtl. Werke, 1. Thl. 1810, S. 458. Auch Hettinger S. 795.

24. Vgl. die rührenden Aeußerungen von Matth. Claudius in seinen „Briefen an Andres" Thl. VI. S. 95 ff. Z. B. S. 98: „Keiner hat je so geliebt, und so etwas in sich Gutes und in sich Großes, als die Bibel von ihm saget und setzet, ist nie in eines Menschen Herz ge-kommen und über all sein Verdienst und Würdigkeit. Es ist eine heilige Gestalt, die dem armen Pilger wie ein Stern in der Nacht aufgeht und sein innerstes Bedürfniß, sein geheimstes Ahnen und Wünschen erfüllt." Und „Briefe an Andres" Thl. IV. S. 119 ff. Z. B. S. 122 ff.: „Und nun ein Erretter aus aller Noth, von allem Uebel! Ein Erlöser vom Bösen! Und nun ein Helfer, wie die Bibel den Herrn Christum darstellt, der umherging und wohlthat und selbst nicht hatte, wo er sein Haupt hinlege; — — der keine Mühe und keine Schmach achtete und geduldig war bis zum Tode am Kreuz, daß er sein Werk vollende: — der in die Welt kam, die Welt selig zu machen, und der darin geschlagen und gemartert ward und mit einer Dornenkrone wieder hinausging! — Andres, haft du je was Aehnliches gehört, und fallen dir nicht die Hände am Leibe nieder? Es ist freilich ein Geheimniß und wir begreifen es nicht, aber die Sache kommt von Gott und aus dem Himmel, denn sie trägt das Siegel des Himmels und trieft von Barmherzigkeit Gottes... Man könnte sich für die bloße Idee wohl brandmarken und rädern lassen, und wem es einfallen kann zu spotten und zu lachen, der muß verrückt sein. Wer das Herz auf der rechten Stelle hat, der liegt im Staube und jubelt und betet an."

25. Vgl. Rousseau Émile IV. t. II. p. 111: Oui, si la vie et la mort de Socrate sont d'un sage, la vie et la mort de Jésus sont d'un dieu. Aehnlich Matth. Claudius VI, 118.

26. Rousseau, Lettres de la montage P. 1. lettre 3. t. X. p. 245 f. On voit dans l'évangile que les miracles de Jésus étaient tous utiles; mais ils étaient sans éclat, sans apprêt, sans pompe, ils étaient simples comme ses discours, comme sa vie, comme toute sa conduite.

27. Eusebius Kirchengesch. IV, 3.

28. Pascal Pens. II, 222: Il faut juger de la doctrine par les miracles. Il faut juger des miracles par la doctrine. P. 223: Les miracles et la vérité sont nécessaires à cause qu'il faut convaincre l'homme entier en corps et en âme.

29. Pasc. Pens. II, 319 f. (218): Jésus-Christ a dit les choses grandes si simplement, qu'il semble qu'il ne las a pas pensées; et si nettement néanmoins, qu'on voit bien ce qu'il en pensait. Cette clarté jointe à cette naïveté est admirable.

30. Vgl. Rougemont, Christus und seine Zeugen u. s. w. übers. von Fabarius, 1859, S. 45 ff. 54 ff.

31. Worte Wisemann's Ges. Vorträge IV, bei Nicolas IV, 37 und Hettinger S. 817.

32. Es waren Worte Napoleon's zum Grafen von Montholon: „Alexander, Cäsar, Karl d. Gr. und ich — fuhr er fort — haben große Reiche gegründet; aber worauf haben wir die Schöpfungen unsres Genies gestützt? Auf die Gewalt. — Jesus allein hat sein Reich auf die Liebe gegründet, und heute noch würden Millionen Menschen für ihn sterben." Die Memoiren Bertrand's (Paris 1841, nach: Denkwürdigkeiten aus dem christlichen Leben, 1. Bdchn. Gütersloh 1845 S. 15 f.) berichten noch andere ähnliche Aeußerungen Napoleon's gegen diesen General, welcher dieselben unmittelbar nachher niederschrieb, und von denen noch etliche Sätze hier stehen mögen. „Ist einmal der göttliche Charakter Christi zugegeben, so bietet sich die christliche Lehre mit der Präcision der Deutlichkeit der Algebra dar, so daß wir die Verkettung und die Einheit einer Wissenschaft daran bewundern. — Das Dasein Christi ist, ich gebe es zu, von einem Ende bis zum andern ein

ganz mysteriöses Gewebe; aber dieses Mysterium entspricht den Schwierigkeiten die in allen Existenzen sind: man verwerfe es, und die Welt ist
ein Räthsel; nehmen wir es aber an, so erhalten wir damit eine wunderbare Erklärung der Geschichte des Menschen. — Das Evangelium besitzt
eine geheime Tugend, etwas kräftig Wirkendes, eine Wärme die zugleich
auf das Verständniß einwirkt und das Herz durchdringt. — Das Evangelium ist kein Buch, sondern ein lebendes Wesen mit einer Thätigkeit,
einer Macht die alles überwältigt was sich ihr entgegenstellt. Hier liegt
es auf dem Tische, dieses Buch aller Bücher (bei diesen Worten berührte
es der Kaiser voller Ehrfurcht); ich werde nicht müde es zu lesen, und
zwar täglich mit gleichem Vergnügen. — Die von der Schönheit des
Evangeliums entzückte Seele gehört sich nicht mehr; Gott bemächtigt
sich ihrer gänzlich, er lenkt ihre Gedanken und ihr Vermögen; sie ist
sein. Welcher Beweis von der Gottheit Christi! Bei einer so absoluten
Herrschaft hat er doch nur einen Zweck: die geistige Vervollkommnung
der Individuen, die Reinheit des Gewissens, die Einheit mit dem was
wahr ist, die Heiligkeit der Seele. — Man bewundert die Eroberungen
Alexander's. Doch hier ist ein Eroberer der zu ihrem Besten an sich
zieht, mit sich vereinigt und inkorporirt — nicht etwa eine Nation, nein
das Menschengeschlecht. Welches Wunder! Die menschliche Seele mit
allen ihren Vermögen wird ein Annexum der Existenz Christi!" — Aus
Schaff, Die Person Jesu Christi 1865 entnehme ich hierüber Folgendes.
Das angeführte Zeugniß Napoleon's für die Gottheit Christi findet sich
im Abboks Life of Napoleon Bd. 2, Kap. 32 S. 612 ff. und in desselben
Verf. Confidential correspondence of the Emperor Nap. with the empress
Josephine. New-York 1855 S. 353—363, freilich ohne eine zuverlässige
Quelle anzuführen. Schaff erzählt S. 194, Dr. Stowe hat ihm mit-
getheilt, General Bertrand habe auf einer Reise in Amerika, von einer
Gesellschaft von Geistlichen in Pittsburg befragt, ob Napoleon wirklich
diese Aeußerung gethan, die Frage bejaht. Prof. de Felice von Montauban
versichert in einem Briefe an den New-Yorker Observer vom 16. April 1842
die unzweifelhafte Aechtheit des Zeugnisses, gibt aber keinen Beweis.

Alphabetisches Inhaltsverzeichniß.

Druck von Ackermann & Glaser in Leipzig.